舵手汇

www.duoshou108.com

聪明投资者沟通的桥梁

# 江恩股票市场教程

(美)江恩(W. D. Gann) 著
文 奕 译

山西人民出版社

图书在版编目(CIP)数据

江恩股票市场教程/(美)江恩著;文奕译.
—太原:山西人民出版社,2014.9(2016.4 重印)
ISBN 978-7-203-08196-8

Ⅰ.①江… Ⅱ.①江…②文… Ⅲ.①股票市场-基本知识 Ⅳ.①F830.91

中国版本图书馆 CIP 数据核字(2013)第 102398 号

著作权合同登记号 图字:04-2013-010

Copyright © 2014 WDGann, Inc.,
Original English language edition published by
Lambert-Gann Publishing Co.
P.O. Box 0
Pomeroy, WA 99347 USA
509-843-1094
www.wdgann.com

### 江恩股票市场教程
The W. D. Gann Stock Market Course

著　　者:(美)江恩
译　　者:文　奕
责任编辑:樊　中

出　版　者:山西出版传媒集团・山西人民出版社
地　　址:太原市建设南路 21 号
邮　　编:030012
发行营销:0351-4922220　4955996　4956039
　　　　　0351-4922127　(传真)　4956038　(邮购)
E-mail:sxskcb@163.com 发行部
　　　　sxskcb@126.com 总编室
网　　址:www.sxskcb.com

经　销　者:山西出版传媒集团・山西人民出版社
承　印　厂:大厂回族自治县德诚印务有限公司

开　　本:787mm×1092mm 1/16
印　　张:27.25
印　　数:7001—10000 册
字　　数:548 千字
版　　次:2014 年 9 月第 1 版
印　　次:2016 年 4 月第 2 次印刷
书　　号:978-7-203-08196-8
定　　价:68.00 元

**如有印装质量问题请与本社联系调换**

# 序

十分荣幸为此书作序。江恩理论是技术分析王冠上的一颗璀璨明珠。

在这浮躁的年代,能将这本厚厚的书逐字读完者少,读完后能深入研究和思考者会更少,学有所成者将凤毛麟角!这很正常,因为资本市场从来都是在少数人走向成功的同时成为大多数人希望的坟墓。

15年前我初入股市,第一次见到有关江恩的书籍时我曾将那本书束之高阁,怀疑江恩的神奇是否真的存在;一年后,当我深入学习比较过各类技术分析方法后,开始重视江恩理论,因为江恩直面了市场涨跌这样的基本问题并力求用系统化的方法解决。1999年我就有在美国直接购买《江恩股票市场教程》和《江恩商品期货教程》的想法,时隔13年,竟有幸为此书作序,思绪万千。

《江恩股票市场教程》和《江恩商品期货教程》是江恩本人所著图书中介绍其投资方法最详尽的两本书。在有关江恩理论的其他书中很多令人费解的技术和话语,江恩本人在此书中直接给出了确切答案并有大量应用例证。例如江恩说的单数或者双数的平方,早年我一直猜测究竟何意?在《江恩股票市场教程》中江恩清晰直白地进行了解释。这样的例子很多。要想全面了解学习江恩理论,本书是当之无愧的首选。

为何对江恩理论质疑声不绝!为何大多数人学不到江恩理论的精髓?

我想原因大体如下:

(1)缺乏信念。不相信他的存在,半途而废。

(2)缺乏严谨的逻辑。仔细阅读江恩的所有文字会发现其思维逻辑十分严谨。

(3)缺乏必要的知识。导致本来他说的很透彻的一句话,你却不理解。

(4)抓不住重点。大多数人将问题复杂化。重术轻理,迷失在他给的大量测市工具中。

(5)缺少正确的方法。方法论是学习的捷径。我正是从他看问题的视角方法开始学习江恩理论的。

（6）追求完美，神化江恩。追求何时何价，忘记我们学习任何理论的目的是实用，而不是追求完美。

（7）忽视了细节。江恩经常将他认为最重要的话放在了字里行间。为了深藏其思想核心他甚至写了《时空隧道》这本看似是科幻的小说，只有那些拥有智慧并懂得理解的人才有可能读懂他。用他的话说那些值得教诲的人，他将给予神奇的数字和神奇的字句。《江恩股票市场教程》和《江恩商品期货教程》中提供了其研究方法的大量细节。

如今在中国机构投资者中价值投资成为主流，技术分析多在民间。技术分析，数量化分析没有得到充分的重视，甚至被某些人排挤诋毁，这些人不是孤陋寡闻就是别有用心！

江恩说过的最震撼人心的一句话是："预测一天和100年的道理是一样的！"

2011年8月12日我发表博文，预测了中国股市近8个多月的走势，给出了其间所有重要的高低转折的精确时间和涨跌节奏。彼时的预测不断被市场印证——直到现在，用铁的事实证明了江恩的这句话并非妄语，强有力地捍卫了技术分析的价值。著名数学家詹姆斯·西蒙斯利用数学模型认知市场，通过程式化交易策略实现利润，1989～2009年二十年间，创造了年均收益率35%的惊人回报，股神巴菲特同期的年均收益也仅略超20%。

一个强大的中国需要有一个强大的金融，强大的金融需要超一流的人才。我相信在不久的将来中国必将出现像江恩、西蒙斯这样的人物。

江恩直面资本市场涨跌基本问题的精神将永远激励后来者！让我们从学习开始，并最终实现超越！

百年一人

# 出 版 者 序

《江恩股票市场教程》通过法律人士的精心指点，外籍朋友的热情斡旋，出版同仁的多年努力，终于可以顺利出版了！回想十年前，当读者以万元以上的价格求购本书时，版权部就开始对本书的引进工作。十年专业证明了品质，十年诚信收获了友谊。在江恩诞辰 134 周年之日，终于签订了《江恩商品期货教程》与《江恩股票市场教程》，同时引进了美国江恩公司核心工具"江恩自然正方形计算器"、江恩秘不示人的核心教程图表册和江恩技术大师比利·琼斯集数十年研究大成的遗著《江恩技术研究精华本》。舵手和所有江恩迷多年魂牵梦绕的夙愿终于实现！

随着江恩最精华作品的出版，舵手开通了专门的网站平台，在舵手投资俱乐部（www.duoshou108.com）的江恩专区，分享丰富的江恩研究资料、图表和专业工具，搭建了一个江恩技术爱好者的网络栖息地和技术乐园，让国内投资者与全世界的江恩技术权威交流互动。

舵手证券图书

# 为什么时间循环周期可以预测商业、股票和商品市场

## （代前言）

在52年的经验积累和对过去数百年的研究之后,我充分自信,我已经证明了历史是重复的。当我们知道了价格的过去,我们就能判定价格的未来。我已经在自己的交易中检测过时间循环周期,而且,50多年来,我对股票市场和商品期货市场发表过的年度预测已经被证明是准确的。

我是《圣经》的笃信者,自然而然地相信未来不过是过去的重演。《圣经》教导我们,无论对于人还是国家,所收获的,无外乎是早先播种的。时间循环周期一再重复,是因为人性不变。这就是为什么战争会定期发生。老人不希望战争,经历过一次战争的人不愿意再发生战火。年轻人好战,因为他们读过历史故事,想要成为英雄。国家的领导人怂恿那些涉世未深的年轻人,把他们送向战场。驱动人类在战场上冒死的欲望,同样驱动他们在商场和投机市场上放手一搏。在商场上长期的成功之后,在商品期货市场和股票市场长期的上涨之后,他们变得太乐观,太好战。

商场中的人,在长期繁荣之后,变得过于乐观,过于膨胀。长期繁荣之后很容易借到钱。那些因为乐观情绪而借钱的人,不得不在悲观情绪控制他们心智的时候,同时也是环境最恶劣的时候,作出偿还。这就是为何周期在商业中,在商品期货市场和股票市场中,过去一再重复,而且未来永远重复下去。

自然法则是不变的,没有某个人或者某种人能改变它。新政拥护者未曾证明过他们能够阻止通胀。他们声称能够防止萧条和恐慌,但是在过去,从来没有谁曾经成功做到过,而且,接下来的几年会证明,政府领导人不可能通过铺张浪费阻止萧条发生。新政拥护者把种子播撒在风中,只能收获西北风。

在过去的20年里,他们已经消费和浪费了我们国家175年来积累的所有财富。联邦、州、个人负债,都是历史最高水平,这样的条件使得未来的几年成为历史上最严

峻的几年。知道时间循环周期的人可以预先判断未来，保全他们的资本并且挣钱，而那些猜测未来的人，会失去财产。现在，正是开始学习数学和科学法则的时机，用以作出准确的推演，来判断商业、股票和商品期货市场的趋势。

1954 年 4 月 5 日

# 江恩预知股市如何运行[①]

## ——华尔街科学家早已预知本年度牛市之顶

亚瑟·安吉　北方新闻金融编辑

## 一、他的指导异乎寻常

W. D. 江恩又一次做出了惊人之举,他在1921年12月所做的1922年股市行情预测悉数言中。他预言牛市波动的第一个顶部形成于4月,第二个顶部形成于8月,最终的顶部也就是牛市的终点出现在10月8日到15日之间,令人惊奇的是,20种工业股票平均价格在10月14日达到最高点,在之后的30天之间下跌了10点。

江恩判断11月将会有大幅下跌。他在预测中说到"11月10日到14日恐慌性破位"。在这段时间,股市严重下跌,很多个股在4天之内下跌10点以上,指数在11月14日这一天形成最低价,纽约股票交易所创下1500000股的巨大交易量。

我发现他的1921年股市行情预测非常卓越,于是保留了一份1922年股市行情预测,以便自行验证。现在,正值1922年年末,不得不公正地说,江恩先生基于纯粹科学和数学的卓越判断震惊了我。

## 二、江恩不是消息派

江恩不是"华尔街消息人士",不会传递所谓"内部信息"。江恩先生的预测基于深刻研究供需关系,以及运用数学分析资金、股票、商品图表。他判断应有的周期运行

---

[①] 本文为晨讯(The Morning Telegraph)1922年12月17日周日版文章。

规律,然后得出市场后续运行的顺序和时间。

在过去的30年之中,很多人宣扬他们"赢得华尔街游戏"的发现和理论,其中大多让信众蒙受损失。他们所作的总是在事后解释市场为何如此。江恩先生的理论不同于其他,他提前数月说出股市将做什么。

他的预测会说出某些股票将会在本年四月走出高点,某些股票在八月,某些股票在十月,言明他所判断的牛市运动发生的月份。在一份100只股票构成的列表当中,30只在四月创下高点,有些下跌,其他继续上涨;20只高点出现于八月,然后50只在十月走出年度高点,在这之后,发生本年度最大幅度的下跌。

他的1922年股市运行预测标明了铁路股票的最终顶部在8月14日。道·琼斯平均指数实际高点出现在8月21日,之后曾在9月11日和10月16日重新回到相同水平,但没有超越8月创下的最高点。预测与实际的误差不过7天。

## 三、他的图表是铁证

江恩先生能做出如此准确的长期预测听起来似乎不可思议,笔者不知道他如何做的,但笔者知道他确实做到了。我的注意力首先被他的1921年股市运行预测吸引,在这份预测中,他判断股市于1921年8月见底,并且在1921年12月上涨。而市场运行确实如此。他事先绘制的一年图表是铁证,股市不可思议地紧密跟随预测而运行也是事实。

江恩先生说大多数图表制作者的问题是他们只考虑一个因素——空间运动,或者仅仅记录价格一个点两个点的上涨下跌,而应该考虑的因素至少有三点,空间、成交量和时间。至关重要的是时间以及驱动价格高低点以固定间隔循环的因素。

我问江恩先生:"时间因素的原理是什么?"

他笑着说:"为了搞明白时间产生影响的原理,花了我二十年的时间苦心钻研。这是我的秘密,价值巨大而不能公布于众。而且,公众也没有做好接受它的准备。"

"水往低处流,"江恩先生接着说,"你可以用泵推使水面升高,但是当你停止这样做,水面自然就会回到原来的高度。股票也是一样。股价可以借外力高于他们的自然价值,直到小羊羔们都变得无畏,只凭心中的美好愿望,买在最高点上。然后股价被允许下跌,直跌到美好希望让位于痛苦绝望的水平,大多数猖獗一时的多头变成了空头,认赔卖出。我对于时间因素的发现使我能提前说出极端情况——供求规律使然——出现的时间。"

# W.D.江恩：
# 一位凭科学和能力置身前列的操盘手
# 他卓越的预测和交易记录[①]

不久以前，本杂志的注意力被威廉·D.江恩先生正在做出的长时间跨度的股票市场预测所吸引。江恩先生于事先给了我们大量具体点位，列示具体股票和商品将会企及的价格，以及与这些数字相当接近却将不会被触及的价格。

例如，当纽约中央铁路（New York Central）价格是 131 时，他预测价格先涨至 145，再跌至 129。他给出的数字一再被证实准确无误，他所使用的方法不同于以往的任何一位我们所检验过的专家，所以我们准备检验江恩先生，检验他做出预测的方式，以及他所做的预测如何应用于市场。

本次检验的结果从多方面来讲都是卓尔不凡的。

毫无疑问，江恩先生已经发展出一套完整的新方法，用以参透股市运行规律。他的操作基于自然律法的一定之规，这种自然律法自创世以来就存在，只是被列为当代发现。

我们将在下文中请江恩先生对他的工作作出梗概，并且已经取得了卓越的结果作为证据。我们充分认识到这样一个事实：如果有一个人，出自华尔街，掌握了一种方法，完全摒弃传统，鼓励使用科学观点，那么，这个人通常不会受到大多数人的欢迎，因为，这刺激到了既有旧学，即所谓触怒了众人。

江恩先生对他的经历和思想的描述下文给出。读此描述的时候应该认识到这样的事实，江恩先生的预测已经通过大量证据被证明是准确的。

"过去的十年之中，我把全部时间和注意力都集中于投机市场。像其他人一样，

---

[①] 《价格细节和投资文摘（The Ticker and Investment Digest）》1909 年 12 月期。

我损失了数千美元,经历了寻常的上涨和下跌,与每一个没有足够知识就挺身而入的人一样。"

"我很快就认识到了所有成功的人,无论是律师、医生或者科学家,都耗费了数年时间来研究和检验他们各自的专业或者技能,然后才尝试以此谋生。"

"我自己作为一个经纪商,处理大量账户,拥有一般人鲜有的机会去研究他人在投机市场上成功和失败的原因。我发现,90%的不具备知识和研究的交易者最终失败。"

"很快,我开始记录股票和商品市场周期性出现的上涨和下跌。这使我总结出自然律法是市场运动的基础。于是我决定,花费此生的十年时间研究自然律法,使之运用于投机市场,并且尽我所能,使投机成为有利可图的职业。在狂热地研究和检验过已知的科学之后,我发现'振荡规律'能够让我准确预测一定时间之内股市或者商品市场涨跌的具体点位。"

"这种律法决定了市场运行的原因,并且远在华尔街察觉之前就预置了结果。大多数投机者所做的事情是看着结果发生,却忽略亏损的原因。"

"在这里,我不能就'振荡律法'说太多,因为我在市场中使用它。不过,当我说出'振荡发展'是运用于无线电报、无线电话以及照相机的基本法则,其他行业的人可能能够从中窥探到一些门径。没有这个法则存在,以上这些发明至今仍不可能出现。"

"为了测试我的想法的有效性,我不仅耗费数年时间在常规方式上,还夜以继日地在纽约阿斯特图书馆(Astor Library of New York)和伦敦大英博物馆(British Museum of London)中工作了9个月,查询上至1820年的股市交易记录。我也顺带检查了杰伊·古尔德(Jay Gould)、丹尼尔·朱鲁(Daniel Drew)、范德比尔特准将(Commodore Vanderbilt)以及所有其他重要华尔街大鳄从始至今的操盘记录。我检测了联合太平洋铁路(Union Pacific)自 E. H. 哈里曼(E. H. Harriman)时代迄今的每一个报价,可以说在华尔街股票操作史上,哈里曼先生的操作是最巧妙的。数字显示,无论出自本心还是无意,他的做法都严格遵循自然律法。"

"通过回顾市场历史和大量的相关统计数据,很快就显露出一定的规律控制着股票价格的变动和波动,并且存在时间和周期法则作为这些运动的背景。观察显示交易活跃与交易清淡存在紧密的时间规律。"

"亨利·豪(Henry Hall)先生在他最近的著作《繁荣与萧条循环》中用较大篇幅提到他发现了经常性的规律的关键时间点。我所使用的律法不仅给出了这些长期周期和波段,而且给出了以天甚至小时计的股市运动。通过知道每个个股的精确波动,我能够判断它们在什么点位得到支撑,在什么点位遇到最大压力。"

"把这些与市场关联在一起就能提示涨落现象,或者股票价格的涨跌。在某些固定的时间点上,一只股票会变得特别活跃,大量成交,在其他时间点上,同一只股票会变得几乎静止或者成交量很小。我已经发现了'振荡律法'主宰并控制着这些情况。我也发现了律法中主宰股票上涨规律,以及殊为不同的控制下跌的规律。"

"当联合太平洋和其他铁路股票在八月走出高点之后正在下跌,美国钢铁(United States Steel)扔在持续上涨。'振荡律法'在起作用,让一只股票上涨,而其他股票下跌。"

"我已经发现了股票自身与身后驱动力量之间存在和谐或者不和谐关系。股票的活跃性正是全部命门所在,也因而显露出来。用我的方法,我可以判断每只股票的波动,通过把时间因素纳入考虑,我可以在大多数情况下说出给定条件下的股票运行方式。"

"判断市场趋势的能力源于我对每只股票和每个板块各自波动性质的知识。股票是运动的电子、原子、分子,遵从振荡律法,各行其道。科学告诉我们,任何一种原始的冲击力都会被分解为周期或者节拍式的运动,就如同钟摆左右往复,月球环绕轨道,年年岁岁春花又开,元素的特性也一样,根据原子数量的增加周期性改变。"

"从我进一步的检验、学习和实际测试中,我发现不但个股是振荡的,控制股价的驱动力量也是处于摆动状态。这些振荡的力量只能通过他们驱动市场价格的行为来获悉。因为市场所有重大波段或者运动都是周期性的,所以他们的行为也是依据周期规律的。"

"科学已经表明,'元素的特性是其自身重量的方程'。一位著名的科学家说过,'我们已经建立这样一种信念,已知自然的多样性凡此种种,数学是它们之间最紧密的关联。数字不是含糊的,不是混乱的,不是偶然的,而客观上往往是周期性的。改变和发展也经常以周期性的规律出现在各种领域。'"

"因此,我肯定,任何一类现象,无论是自然中的还是股市中的,必须遵守万能律法,即因果与和谐。每一种结果必然对应充足的原因。"

"如果我们希望避免投机失败,我们必须从原因入手。所有已经存在的事情,都是基于精确的比例和完美的关系。自然之中没有偶然,因为决定最高秩序的数学原理安排好了所有事情。法拉第(Faraday)说过'宇宙中只有数学化的力点,并无其他。'"

"振荡是基础,没有什么豁免于此律法,这是普世的,因此也可以用于地球上所有门类的现象。"

"通过振荡律法,市场中每一只股票按照其自身特有的活性、强度、成交量和方向而运行,运行进程中所有这些关键的性质都因各自的波动率不同而具特色。"

"股票就像原子一样,是能量的中心,所以他们是以数学形式支配的。股票创造他们自己的活动范围和力量。力量用以吸引和排斥,从原理上解释了为何某些股票一时引领市场而其他时刻变得死气沉沉。所以,要科学地投机,就绝对必须要遵守自然律法。"

"在多年耐心研究之后,我已经得到了完整完美的证明,也向其他人展示了波动如何解释一切市场阶段和条件。"

为了证实江恩先生所述和他根据其方法已经取得的能力,我们拜访了威廉·E.吉尔雷(William E Gilley)先生,一位进口督察员,居住于纽约海狸街16号。吉尔雷先生是纽约市中心地区的知名人物。他自己已经研究股市运动25年,在此期间他已经检查了华尔街曾经发表过的每一篇关于市场的公开或可得的文章。正是他鼓励江恩先生研究关于这一课题的科学的和数学的可能性。当被问到江恩先生的工作和预测给他留下的最深刻印象,他回答如下。

"我很难记住江恩先生所有的卓尔不凡的预测和操作,但是有这样几个:在1908年,当联合太平洋价格是$168\frac{1}{8}$,他告诉我在一次大幅下跌之前将不会触及169。我一路卖空到$152\frac{5}{8}$,在弱势位置回补,在上涨时又买入,从一波18点的波动中赚到了23点利润。"

"美国钢铁价位在50左右的时候,他对我说,'美国钢铁将会涨到58,但不会到59。然后会下跌$16\frac{3}{4}$点。'我们在$58\frac{3}{4}$位置卖空,止损设置于59。股价最高点是$58\frac{3}{4}$。之后下跌到$41\frac{1}{4}$,$17\frac{1}{2}$点。"

"还有一次小麦价格是89美分。他预测五月合约会达到1.35美元。我们买进并在上涨过程中赚了一大笔利润。价格实际触及1.355美元。"

"当联合太平洋在172的时候,他说会涨到$184\frac{7}{8}$,在大幅下跌之前不会再涨1/8。联合太平洋涨到$184\frac{7}{8}$,然后反复回调了八九次。我们反复做空,止损185,一次也没打到。最终价格回到$172\frac{1}{2}$。"

"江恩的计算基于自然律法。我已经严格执行他的方法数年。我知道他对主宰股票市场运动的基本原理非常有把握。我不相信当前地球上有其他人能够复制他的思想与方法。"

"今年早些时候他指出上涨行情的顶端会发生在八月份的某一天,并且计算出道琼斯平均指数届时在哪一个点位。市场恰好上涨到了那一天,并且与他的预测只差了0.4个百分点。"

我们不禁说道,"你和江恩先生一定通过这些操作挣了很多钱。"

"是的,我们挣了很多钱。他已经在过去几年里从市场中挣走了50万美元。我曾见过一次他把130美元在不到一个月时间里变成12000美元。他让钱翻倍的速度比我见过的任何人都快。"

江恩先生最震惊人的计算之一是前一个(1909年)夏天,当时他预测九月小麦会卖到1.20美元。这意味着在9月底之前必须达到这个价格。在芝加哥时间9月30日(最后一个交易日)中午12点,合约价格低于1.08美元,看起来他的预测将不会实现。江恩先生说,"如果到收盘的时候,价格没有达到1.20美元,那就证明我的整个计算方法都有问题。我不管现在价格是多少,它必须达到那儿。"九月小麦在交易的最后时刻达到 1.20 美元,并且再没有高出,也收盘于这个价格,轰动全国,成为历史。

以上都是江恩先生自己或者其他人所述和所为作为证据。现在呈现在我们监督之下发生了什么。

在 1909 年 10 月期间,在 25 个交易日里,江恩先生,在我们的监督之下,对多只股票,多空两个方向,进行了 286 次操作。结果为,其中 264 次操作盈利,另 22 次操作亏损。

他所操作的本金翻了 10 倍,也就是月底的时候,他拥有 1000% 的原始保证金。

在我们的监督之下,江恩先生在 94⅞ 位置卖空美国钢铁,称价格不会走到 95。确实没有。10 月 29 日周末的一次操作,江恩先生在 86¼ 买入美国钢铁,称价格不会低到 86。最低价是 86⅛。

我们亲眼见到他在一天之内对同一只股票发出 16 个交易指令,其中 8 个执行在各自波段的最高或者最低 1/8 点上。我们对以上确证无疑。

詹姆斯·R. 基恩(James R Keene)曾说过,"十次中正确六次的人将会发财。"有这样一个交易者,不是为了炫耀(因为他不知道结果会被公开),创造了九成以上操作实现盈利的记录。

江恩先生拒绝以任何价格透露他的方法,但无疑,他拓展了华尔街的知识库的科学性,也指出了无限的可能。

我们要求江恩先生为本刊物的读者指点一二,即出现在他的计算中的最引人注目的征兆。在此我们希望说明一点,没有谁,在或者不在华尔街,是万无一失的。

江恩先生当下指示,股市趋势,除了常规的反弹之外,会一直向下发展,直到 1910 年 3 月或者 4 月。

他计算得出,五月小麦,现在价格是 1.02 美元,将不会低于 99 美分,并将在明年春天达到 1.45 美元。

关于棉花,现在位于 15 美分水平,他估计,从当前水平大幅下跌之后,会在 1910 年春天达到 18 美分。他认为三月合约或者五月合约会出现逼空。

无论这些谋算被证明是否正确,都不会减损江恩先生现在已经创造的记录。

江恩先生生于德克萨斯州卢夫根市,三十一岁。他是一个天才数学家,对数字有极强的记忆力,也是一位盘口解读者。暂不论他的科学知识,单凭他解读盘口的直觉,仍能够打败市场。

鉴于他所拥有这些品质,我们当然毫不迟疑地预计,不出几年,威廉·D. 江恩就会被公认为华尔街顶级操盘手之一。

注意:自以上预测做出之日,棉花如预料之中下跌,最大跌幅是 120 点。五月小麦迄今的最低价是 1.01⅝,当前价格是 1.06¼。

# 目 录

第1章 投机:有利可图的职业——股票交易规则指导课程 ……………（1）
  一、前言 …………………………………………………………………（1）
    （一）快速上涨 ………………………………………………………（1）
    （二）不活跃的交易市场 ……………………………………………（1）
    （三）横向盘整 ………………………………………………………（1）
  二、如何选择领涨或领跌的股票群 ……………………………………（3）
    （一）令人失望的低价股 ……………………………………………（3）
    （二）新兴产业和成长股 ……………………………………………（3）
    （三）未来的股票 ……………………………………………………（3）
  三、如何使投机成为有利可图的职业 …………………………………（4）
    （一）基本规则 ………………………………………………………（4）
    （二）要保存的图表种类 ……………………………………………（4）
    （三）跟随主趋势 ……………………………………………………（4）
    （四）买卖规则 ………………………………………………………（5）
  四、凡事查验,持守善美 ………………………………………………（5）
    （一）长期上涨 ………………………………………………………（5）
    （二）短期内的急剧下跌 ……………………………………………（5）
    （三）小风险大利润 …………………………………………………（5）
    （四）固执的想法和固定的价格 ……………………………………（5）
    （五）如何保护利润 …………………………………………………（6）
    （六）太晚或太早 ……………………………………………………（6）
    （七）希望或恐惧 ……………………………………………………（6）
    （八）让市场按你的意愿运行 ………………………………………（6）
    （九）决不摊平损失 …………………………………………………（6）
  五、股票交易规则 ………………………………………………………（7）

(一) 最佳买点 …………………………………………………………（ 7 ）
  (二) 卖出位 ……………………………………………………………（ 8 ）
  (三) 克莱斯勒汽车:50%价位的例子 …………………………………（ 8 ）
  (四) 在哪里设置止损单 ………………………………………………（ 9 ）
  (五) 交易前先要做什么 ………………………………………………（ 9 ）
  (六) 周高低点图 ………………………………………………………（ 10 ）
  (七) 月高低点 …………………………………………………………（ 10 ）
  (八) 年高点和低点 ……………………………………………………（ 10 ）
  (九) 股票规则 …………………………………………………………（ 10 ）
  (十) 股票不会被操纵 …………………………………………………（ 16 ）
  (十一) 新兴行业和成长股 ……………………………………………（ 17 ）
  (十二) 铀类股票 ………………………………………………………（ 17 ）
  (十三) 纽约股票交易所全部上市股票的市值 ………………………（ 17 ）
 六、纽约股票交易所全部股票的平均值以及他们如何显示价格趋势 ……（ 18 ）
  (一) 美元趋势 …………………………………………………………（ 18 ）
  (二) 如何用市值图作为趋势指示器的指南 …………………………（ 18 ）
  (三) 何时观察支撑和买入位 …………………………………………（ 19 ）
 七、股票何时处于最强和最弱的位置 ……………………………………（ 21 ）
 八、为什么在新高价买入在新低位卖出有利可图 ………………………（ 22 ）
  (一) 波段交易利润更多 ………………………………………………（ 22 ）
  (二) 顺势而变 …………………………………………………………（ 23 ）
  (三) 买入股票的同时卖空另一只 ……………………………………（ 23 ）
  (四) 同时买入和卖出不同板块的股票 ………………………………（ 24 ）
 九、低价股为什么不涨 ……………………………………………………（ 26 ）
 十、纽约股票交易所的航空股 ……………………………………………（ 26 ）
 十一、39 只钢铁股平均值 …………………………………………………（ 28 ）

第 2 章  形态解读和确定股票趋势的规则 …………………………………（ 31 ）
 一、成功投机或投资的必要条件 …………………………………………（ 31 ）
 二、需要的资金 ……………………………………………………………（ 32 ）
 三、使用的图表种类 ………………………………………………………（ 32 ）
 四、主要和次要趋势 ………………………………………………………（ 33 ）
 五、趋势线指标 ……………………………………………………………（ 33 ）
  (一) 绿色趋势线 ………………………………………………………（ 33 ）

（二）红色趋势线 ……………………………………………………（33）
　　（三）三个买点 ……………………………………………………（34）
　　（四）三个卖点 ……………………………………………………（34）
六、底部和顶部形态 ……………………………………………………（35）
　　（一）单"V"字形或陡直的底部 …………………………………（35）
　　（二）"U"形底或平底 ……………………………………………（36）
　　（三）"W"底或双底 ………………………………………………（36）
　　（四）"WV"底或三重底 …………………………………………（36）
　　（五）"WW"底或四底形态 ………………………………………（36）
　　（六）顶部形态 ……………………………………………………（37）
七、市场运动的阶段 ……………………………………………………（38）
　　（一）牛市 …………………………………………………………（38）
　　（二）熊市 …………………………………………………………（38）
八、如何确定主趋势的变化 ……………………………………………（39）
　　（一）空间运动 ……………………………………………………（39）
　　（二）时间周期——识别主趋势正在变化的另一个方法 ………（39）
　　（三）多周的窄幅波动 ……………………………………………（40）
　　（四）收集和派发的位置 …………………………………………（40）
　　（五）牛市或熊市的最后阶段 ……………………………………（40）
　　（六）底部区间 ……………………………………………………（41）
　　（七）顶部区间 ……………………………………………………（41）
　　（八）股票上涨到前期顶部之上后会下跌到前期顶部之下多远？ …（41）
　　（九）熊市中股票可以走到前期底部之上多远？ ………………（41）
　　（十）5～7点或10～12点区间的数次快速上涨或下跌 ………（41）
　　（十一）市场何时处于强势或弱势位置 …………………………（42）
九、如何确定次级趋势的变化 …………………………………………（42）
　　（一）次级上涨 ……………………………………………………（42）
　　（二）次级回调 ……………………………………………………（42）
　　（三）沉闷的市场 …………………………………………………（42）
　　（四）次级运动的持续时间 ………………………………………（43）
十、如何以开盘价和收盘价确定第一个趋势变化 ……………………（43）
十一、当股票上涨到新高区域或下跌到新低区域时 …………………（44）
十二、何时使用日高低点图 ……………………………………………（44）
十三、道·琼斯20种铁路平均指数 ……………………………………（45）

十四、牛市和熊市中的突破点 ……………………………………（47）
十五、不同形态的时间周期 ………………………………………（50）

第3章 我的预测法基础——几何角度 …………………………（52）
 一、我的预测法基础 ……………………………………………（52）
 二、如何制图 ……………………………………………………（52）
  （一）年线图 …………………………………………………（53）
  （二）月线图 …………………………………………………（53）
  （三）周线图 …………………………………………………（53）
  （四）半周或3日图 …………………………………………（53）
  （五）周移动平均或中点 ……………………………………（53）
  （六）日线图 …………………………………………………（53）
 三、几何角度 ……………………………………………………（54）
 四、如何画几何角度 ……………………………………………（55）
  （一）几何角度模式图 ………………………………………（56）
  （二）如何从股票记录的低点画角度 ………………………（57）
  （三）从哪种底部画角度线或移动平均 ……………………（59）
  （四）始于底部的45°角被突破后怎么办 …………………（59）
  （五）如何从日线、周线或月线图的顶部画角度 …………（60）
  （六）从顶部画45°以上角度 ………………………………（62）
  （七）双重和三重顶部或底部 ………………………………（63）
  （八）从"0"画出的几何角度或移动平均线 ………………（64）
  （九）开始于顶部形成时的"0"角度 ………………………（65）
  （十）从顶部下到"0"并再次向上的角度 …………………（66）
  （十一）始于相同底部的两个45°角 ………………………（66）
  （十二）从一个顶部到下一个顶部的角度或移动平均线 …（68）
  （十三）始于第一个急剧下跌底部的角度 …………………（69）
  （十四）牛市或熊市的最后波段 ……………………………（70）
  （十五）始于更高的底部和更低的顶部的角度 ……………（71）
  （十六）市场运动的阶段 ……………………………………（72）
  （十七）角度线上的位置标志着强弱 ………………………（73）
  （十八）股票何时处于从底部开始的强势位置和从顶部开始的
     弱势位置 ……………………………………………（74）
  （十九）当穿越始于极限顶部的角度时 ……………………（74）

(二十)半周图上的角度 …………………………………………（75）
(二十一)新上市股票的角度 …………………………………（75）
(二十二)快速计算角度 ………………………………………（76）
(二十三)很少使用的角度 ……………………………………（76）
(二十四)经度和纬度 …………………………………………（76）
(二十五)在图表上保存时间周期的规则 ……………………（77）
(二十六)开始计算时间周期的点 ……………………………（78）
(二十七)时间与价格区间形成正方形 ………………………（79）
(二十八)价格超前于时间 ……………………………………（82）
(二十九)测算时间和价格的最强角度 ………………………（82）

第4章 通过时间周期预测 ……………………………………（85）
  一、主要时间周期 ……………………………………………（85）
    (一)10年周期 ………………………………………………（85）
    (二)7年周期 …………………………………………………（86）
    (三)5年周期 …………………………………………………（86）
    (四)次要周期 ………………………………………………（86）
  二、未来周期规则 ……………………………………………（86）
  三、月度行情预测 ……………………………………………（87）
  四、周行情预测 ………………………………………………（88）
  五、日行情预测 ………………………………………………（88）
    (一)1月2日至7日和15日至21日 ………………………（89）
    (二)7月3日至7日和20日至27日 ………………………（89）
  六、如何划分年度周期 ………………………………………（89）
  七、牛市、熊市的日历年规律 ………………………………（90）
  八、预测要记住的要点 ………………………………………（91）
  九、个股 ………………………………………………………（92）
  十、时间周期对照 ……………………………………………（92）
  十一、假日附近的趋势变化 …………………………………（97）
  十二、如何交易 ………………………………………………（97）
    (一)开始交易前你必须知道的 ……………………………（98）
    (二)交易前要关注什么 ……………………………………（98）
    (三)模拟交易练习 …………………………………………（98）
    (四)何时结束交易 …………………………………………（99）

（五）何时要等待并且不做交易 ………………………………… （99）
　　（六）遵守所有规则 ……………………………………………… （99）
十三、如何预测 ……………………………………………………… （99）
　　（一）12、20和30种工业平均指数 ………………………… （100）
　　（二）道·琼斯20种铁路平均指数 ………………………… （102）
　　（三）道·琼斯30种工业平均指数 ………………………… （103）

第5章　成交量 ………………………………………………………… （129）
　一、用成交量确定极点的规则 …………………………………… （129）
　二、成交量月记录 ………………………………………………… （130）
　　（一）纽约证券交易所1930—1935年 …………………………… （130）
　　（二）最终顶部前的最大成交量 ………………………………… （134）
　三、周成交量研究 ………………………………………………… （137）

第6章　牛市和熊市回顾 ……………………………………………… （141）
　一、第2个熊市 …………………………………………………… （141）
　二、第3个牛市 …………………………………………………… （141）
　三、第3个熊市 …………………………………………………… （143）
　四、第4个牛市 …………………………………………………… （145）
　五、第4个熊市 …………………………………………………… （147）
　六、第5个牛市 …………………………………………………… （148）
　七、第5个熊市 …………………………………………………… （149）
　八、第6个牛市 …………………………………………………… （150）
　九、第6个熊市 …………………………………………………… （152）
　十、第7个牛市 …………………………………………………… （153）
　十一、第7个熊市 ………………………………………………… （156）
　十二、第8个牛市 ………………………………………………… （158）
　十三、第8个熊市 ………………………………………………… （159）
　十四、第9个和最大的牛市 ……………………………………… （160）
　十五、第9个熊市 ………………………………………………… （166）
　十六、第10个牛市 ……………………………………………… （172）
　十七、第10个熊市 ……………………………………………… （178）
　十八、第11个小牛市 …………………………………………… （181）
　十九、第11个小熊市 …………………………………………… （182）
　二十、第12个小牛市 …………………………………………… （183）

## 第7章　股票的季节性变化 ································· (185)
　一、月度变化 ································· (186)
　二、美国钢铁季度图表 ································· (187)

## 第8章　隔夜图交易方法 ································· (215)
　一、隔夜图规则 ································· (215)
　二、美国钢铁交易——依据隔夜图 ································· (218)

## 第9章　自然阻力位和时间周期点 ································· (268)
　一、例子:美国钢铁公司 ································· (271)
　二、展望 ································· (278)
　三、时间和阻力点——根据数字的平方 ································· (281)
　　(一)数字的平方 ································· (281)
　　(二)重要的阻力数字——12 到 100 ································· (282)

## 第10章　阻力位 ································· (285)
　一、波动区间 ································· (285)
　二、最高卖出价 ································· (285)
　三、重要的股票点位 ································· (286)
　四、阻力位的顺序 ································· (286)
　五、平均点或中点 ································· (286)
　六、主要中点被突破后的下一个阻力位 ································· (287)
　七、相同价位附近的阻力点 ································· (287)
　八、如何查找阻力位 ································· (287)
　九、一般波动和极端波动 ································· (288)
　十、股票跌到前期顶部之下时 ································· (288)
　十一、空转 ································· (289)
　十二、美国钢铁阻力位 ································· (289)
　十三、波段走势的半路点 ································· (292)
　十四、识别顶部之间和底部之间的半路点的规则 ································· (293)
　　(一)顶部到顶部 ································· (293)
　　(二)底部到底部 ································· (293)
　　(三)结论 ································· (294)
　十五、克莱斯勒公司 ································· (295)
　　(一)月线图 ································· (295)
　　(二)周线图 ································· (295)

（三）平衡空间运动 ……………………………………………（296）
　　（四）收盘价和开盘价 …………………………………………（297）
十六、阻力位的9个依据 ……………………………………………（298）
十七、周移动平均或者说均值点 ……………………………………（298）

## 第11章　高级图表和其他 ………………………………………（300）

一、高级十二方图 ……………………………………………………（300）
二、九方形 ……………………………………………………………（302）
三、6个九方形 ………………………………………………………（304）
四、六边形图表 ………………………………………………………（306）
五、高级360°圆周图 …………………………………………………（309）
六、高级360°圆周图的平方 …………………………………………（314）
七、螺旋图表 …………………………………………………………（314）
八、纽约股票交易所的不变图表 ……………………………………（316）
九、美国钢铁公司的名字图表 ………………………………………（317）
十、美国的不变高级图表 ……………………………………………（317）
十一、季节性和年度时间周期 ………………………………………（319）
十二、道·琼斯30工业平均指数 ……………………………………（321）
十三、股市预测方法 …………………………………………………（322）
　　（一）图表的种类 …………………………………………………（322）
　　（二）如何预测 ……………………………………………………（323）
　　（三）股票预测的时间规则 ………………………………………（324）
　　（四）股市预测指导 ………………………………………………（326）
十四、如何从顶部和底部使用角度 …………………………………（327）
　　（一）从底部开始的角度的规则 …………………………………（328）
　　（二）为什么几何角度对股票有效 ………………………………（329）
　　（三）如何使用几何角度 …………………………………………（331）
十五、钒钢周高低点图和成交量 ……………………………………（331）
十六、道·琼斯30工业指数的月成交量图——1921年6月至1930年5月
　　………………………………………………………………………（334）
十七、快速上涨和快速下跌 …………………………………………（335）
十八、拿不准时用什么规则？ ………………………………………（336）
十九、人类的躯体 ……………………………………………………（337）

附录一　奥本汽车 ……………………………………………………（338）

**附录二 W.D.江恩的市场预测数学模型——数学价格、时间和趋势计算器** ………… (343)

一、主宰数字 ……………………………………………………………………… (344)
 （一）3和5的重要性 …………………………………………………… (345)
 （二）时间和价格5要素 ………………………………………………… (345)
 （三）三角点 …………………………………………………………… (345)

二、144正方形中的正方形 ……………………………………………………… (345)
 （一）在哪里观察趋势变化 ……………………………………………… (346)
 （二）小时时间周期 ……………………………………………………… (346)
 （三）大年度时间周期 …………………………………………………… (347)
 （四）9个空间和9个时间周期 ………………………………………… (347)
 （五）绿色角度 …………………………………………………………… (347)
 （六）何时开始一个新正方形 ………………………………………… (347)
 （七）最强和最弱的点 …………………………………………………… (348)
 （八）如何使用144正方形 ……………………………………………… (348)

三、日历日和交易日 ……………………………………………………………… (348)

四、高级正方形的位置 …………………………………………………………… (348)

五、如何在图表上放置144正方形 ……………………………………………… (349)

六、时间周期和价格阻力 ………………………………………………………… (349)

七、圆的64图表 …………………………………………………………………… (350)

**附录三 周时间周期高级计算器——确定股票和商品的趋势** ……………… (352)

一、时间周期的分割 ……………………………………………………………… (352)

二、时间和价格的第三和第四维度 ……………………………………………… (353)
 （一）圆、三角形和正方形 ……………………………………………… (353)
 （二）价格 ………………………………………………………………… (353)
 （三）时间 ………………………………………………………………… (353)
 （四）7日周期 …………………………………………………………… (354)
 （五）7日的倍数 ………………………………………………………… (354)

三、年度周期 ……………………………………………………………………… (354)
 （一）7年的倍数 ………………………………………………………… (355)
 （二）年度时间周期——三角形和正方形 ……………………………… (355)

四、时间、价格、成交量、速度、斜率或趋势 ………………………………… (355)

五、价格刻度 ……………………………………………………………………… (355)

六、如何使用高级计算器 ………………………………………………（356）
　　（一）如何在周线图上使用计算器 …………………………………（356）
　　（二）核心正方形或 1/2 点 …………………………………………（356）
七、45°角的核心正方形 …………………………………………………（356）
八、最重要的时间周期 …………………………………………………（357）
九、季节性时间周期 ……………………………………………………（357）
十、仲季周期 ……………………………………………………………（357）

附录四　如何从认购和认沽期权交易中获利 ……………………………（359）
　一、什么是股票的认购和认沽期权 ……………………………………（359）
　二、价差或双腿交易 ……………………………………………………（360）
　三、如何卖出认购和认沽期权 …………………………………………（361）
　　（一）为什么卖出认购和认沽期权 …………………………………（362）
　　（二）卖出认购和认沽期权的时间长度 ……………………………（362）
　四、如何买入认购和认沽期权 …………………………………………（362）
　　（一）认购和认沽期权经纪人 ………………………………………（363）
　　（二）直接买入认购和认沽期权的优势 ……………………………（363）
　　（三）认购和认沽期权买家的优势 …………………………………（364）
　五、如何用认购和认沽期权代替止损单 ………………………………（364）
　六、何时买入认购和认沽期权 …………………………………………（365）
　七、何时加码买入认购和认沽期权 ……………………………………（367）
　八、如何进行与认购和认沽期权相反的交易 …………………………（367）
　九、买入认购和认沽期权的股票种类 …………………………………（368）
　十、认购和认沽期权交易实例 …………………………………………（368）
　十一、买入低价股的认购或认沽期权的规则 …………………………（372）

附录五　如何卖出认购和认沽期权 ………………………………………（375）
　一、如何卖出认购和认沽期权 …………………………………………（375）
　二、卖出认购期权成为市场的空头 ……………………………………（376）
　三、如何在卖出认购和认沽期权时保护自己 …………………………（376）
　四、买入认沽期权的同时卖出认购期权 ………………………………（377）
　五、卖出认沽和认购期权的业务安排 …………………………………（377）

# 第1章　投机：有利可图的职业——股票交易规则指导课程

## 一、前言

为机会做好准备。知识比资本更重要。要在任何生意中成功,你必须有所准备,而在准备投机或投资生意时,你必须从最高点或最低点寻找股票曾经有过的最大上涨或最大下跌和最长的时间周期。大多数利润产生于活跃、快速运动的市场中。例如:股市1929年9月29日到1929年11月15日;1929年11月13日到1930年4月17日。

### (一)快速上涨

你会发现,股市从1949年6月到1950年6月;1950年6月13日到1950年7月14日,这是一个快速下跌。

1952年和1953年——1953年9月到1954年4月,快速上涨。

### (二)不活跃的交易市场

你应该置身于不活跃的交易市场之外,或保持观望,直至得到一个明确的趋势变化信号。1946年11月到1949年11月有一段不活跃的交易市场,那是大多数股票所处的狭窄区间,因为市场正经历巩固或积累期,正在为随后的大牛市做准备。

### (三)横向盘整

你必须学习了解,有时候某些股票在下跌的同时,另一些股票却在上涨,还有一些在横向盘整,你必须了解这些。

例如:1952到1954年,斯图特贝克(Studebaker)、克莱斯勒(Chrysler)、塞拉尼斯(Celanese)下跌的同时,钒钢(Vanadium – Steel)、杜邦(Dupont)和航空(Aircraft)股却

在上涨。只有通过对个股和不同股票群的研究,你才能确定一些股票正在上涨时什么股票可能会下跌。

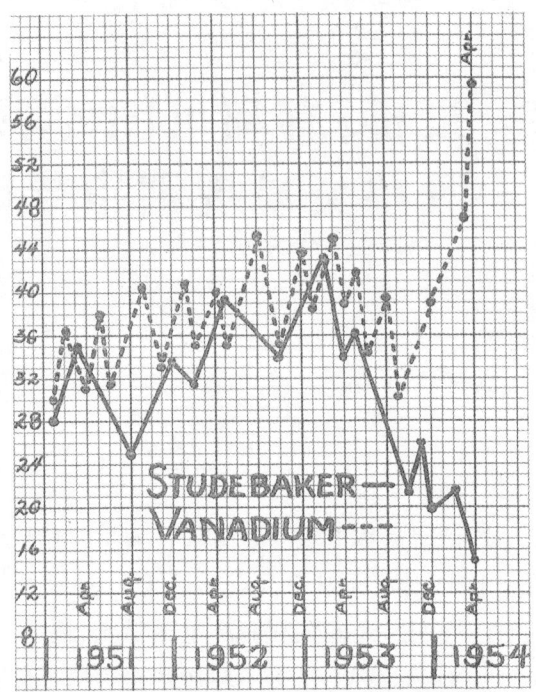

图 1-1　斯图特贝克和钒钢对比

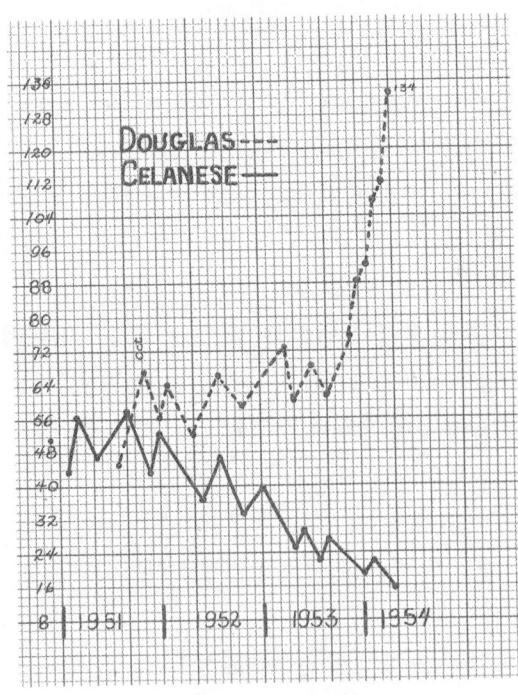

图 1-2　道格拉斯和塞拉尼斯对比

## 二、如何选择领涨或领跌的股票群

1953~1954年间，航空股是大领头羊。你可以从图表和航空股平均指数上发现，它们在哪里突破进入了新高位。例如：当股票群的平均价或平均值表明处于强势位置时，道格拉斯航空、波音航空、美国航空、格林-马丁和洛克希德航空全都显示出它们处于上涨位置。没有这些知识，你不可能取得成功。

### (一) 令人失望的低价股

历史研究证明，买入低价股往往会困住资金很长时间。你只好等待，即使没有损失，你却失去了耐性，而且当你的耐性被磨光，上涨开始时，你却在场外。许多低价股在开始上涨之前，会维持在狭窄的交易区间内5年、10年甚至更长；有一些长时间逗留在一个狭窄的交易区间之后，会下跌到新低位。获利的最好方法是挑选高价股，并且在它们突破进入新高区域并显示出活跃性时——正如下面的规则所述——买入。

### (二) 新兴产业和成长股

在新兴产业中选股并买入，但要仔细研究它们的前景并且绘制你想要交易股票的图表，如果它们是你可以得到记录的股票群的一部分，研究这个股票群并且挑选显示有领头羊迹象的个股买入。

### (三) 未来的股票

当考虑将来要买什么股票时，你必须绘制图表并且研究，例如生产铀和开发用于商业用途的原子能装置的公司。这些股票群中的公司是：巴布科克—威尔科克斯公司、邦迪克斯航空公司、道氏化学公司、杜邦、通用动力公司、通用电气公司（它是最大的企业并且有来自美国政府以及一些商业企业的订单）、纽波特纽斯船业、菲利浦斯石油、西尔韦尼亚电器公司、联合碳化物和炭精公司、美国钒矿公司和西屋电器公司。

我们认为，将来这些股票中最好的是：钒矿公司、铝业公司、通用动力公司——它现在已被伏尔提联合公司兼并。

将来的低价股中有可能由于铀矿提升价值的是在美国上市的新帕克矿业。仙童发动机和航空公司也有可能成为未来的领头羊。

当然，你一定要在纽约股票交易所的所有股票的总值显示出上升趋势时，买入这些股票，而且最好在某个股票群显示出上升趋势时买入其中的个股，选择你要买的股票正处于强势位置。

目前，你不要买入任何高价股，因为纽约股票交易所所有股票的总市值处于历史最高水平，而且因为自 1932 年以来股票的趋势普遍上涨，最后的极限低点在 1942 年 4 月，当前的牛市摆动始于 1949 年 6 月。因此，在 1954 年下半年预期股市下跌是很自然的，作为买家你必须谨慎。

## 三、如何使投机成为有利可图的职业

投机或投资是世界上最好的生意，如果你把它当作一门生意。但是，为了取得成功，你必须学习和准备，而且不要猜测、听从内部消息或者依赖希望或恐惧。如果你这么做，你将失败。你的成功取决于知道正确的规则并且遵循它们。

### (一) 基本规则

把这条规则谨记在心：股票要显示出上升趋势并且继续上涨，必须形成更高的底部和更高的顶部。当趋势向下时，必须形成更低的顶部和更低的底部并且继续下跌到更低的水平。但要记住，价格可能在一个狭窄的交易区间里运动数周或数月甚至数年，而不会形成新高或新低。但是，在长期横盘之后，当它们突破进入新低时，预示着更低的价格；在长期横盘之后，当上涨到过去的高点或过去的顶部之上时，就处于更强的位置并且预示着更高的价格。这是你必须回溯长期图表的原因，以便于观察股票处于什么位置以及在极限高点和极限低点之间的什么阶段。

### (二) 要保存的图表种类

记住古老的中国谚语："一图胜万言"。在进行交易之前，你应该绘制股票的图表并做研究。你应该有周高低点图、月高低点图和年高低点图。年高低点图应该回溯 5、10 或 20 年，如果你能得到那么远的记录的话。月高低点图至少应该回溯 10 年，而周高低点图应该回溯 2 或 3 年。当股票非常活跃时，你应该有日高低点图。日图不必回溯数月，只在股票变得极其活跃后开始。

### (三) 跟随主趋势

跟随股票的主趋势向上或向下，你总是会获利。记住，只要趋势向上，股票决不会高得不能买；只要趋势向下，决不会低得不能卖。决不仅仅因为股价高或者因为你认为太高而卖空。决不仅仅因为价格高而卖出获利。买和卖要根据明确的规则，而非希望、恐惧或猜测。决不仅仅因为股价低而买入股票。股价低通常会有为什么低的可靠理由，而且会走得更低。

### (四)买卖规则

在开始应用任何规则之前,首先要记住的是:你必须始终使用止损单来保护你的资金。进行交易时,记住,你可能是错的或者市场也许会改变它的趋势,而止损单将保护你并且限制你的损失。一个小亏损或数个小亏损可以容易地通过一个大利润赚回来,但是当你让极大的亏损逆着你奔跑时,再要赚回来很困难。

## 四、凡事查验,持守善美

这是《圣经》告诉我们的,值得牢记。许多人认为在新高位买入或在新低位卖出是错误的,但这最有利可图而且你必须向自己证明,因为当你在新高位买入或在新低位卖出时,你是与市场趋势同行,而且你的获利机会要比任何猜测或者以希望或恐惧买入或卖出好得多。

### (一)长期上涨

股票在长期上涨和快速、活跃、激烈的拉升行情结束后,大多数情况下会非常迅速地跌下来,而且比涨上去时更快或用时更短。因此,你必须在快速运动的末尾,保存一些日线图和周线图来确定第一个趋势变化并跟上它。

### (二)短期内的急剧下跌

这通常跟在一个急涨之后,而且第一个急剧下跌——它也许持续一个月或多达七周——通常纠正了超买的形势,使市场处于次级上涨的位置。

当你能够在大时间周期的终点抓住其末端时,你可以在一年的时间里于快速活跃的市场交易中获取大量的金钱。这与你是否抓住了极限低点或极限高点无关;倘若你选择领头股,获利的机会是巨大的。

### (三)小风险大利润

假如你使用止损单并且应用所有规则,然后在交易前等待一个明确的上涨或下跌的趋势变化迹象,你可以冒很小的风险而获取巨大的利润。

### (四)固执的想法和固定的价格

决不要有任何价格会走多高或会走多低的固执想法。决不在固定的价格上买或卖,因为你也许在以希望或恐惧交易,而不是跟随市场趋势并应用确定趋势何时改变的规则。

## (五) 如何保护利润

当你已经累积了利润时,用止损单保护它们就像保护你的本金一样重要,因为一旦你有了获利,它就成了你的资金,必须用止损单加以保护。你可能做的最危险的事是让交易开始不利于你。你亏掉你的利润。止损单会保护利润,而且当你和资金都在场外时你总是可以再次进入市场。记住,当你在市场之外时,你唯一会失去或错过的仅仅是机会。

52年的经验告诉我,成千上万的人试图持有直至转势而破产。市场发动之后,在你有了小利润时要避免太快地退出市场。这可能是一个极大的错误。你一看到出现了错误就迅速退出市场。如果你设了止损单,这将使你自动退出市场。

## (六) 太晚或太早

进入市场太早或退出市场太晚,你可能会损失金钱或错失机会。也就是说,没有等到显示出明确的趋势变化就开始交易,或者在你看到一个明确的趋势变化时没有采取行动。等到你有了一个可靠的明确的趋势已经改变的迹象,然后买或卖。遵循我书中的所有规则,而且通过使用所有规则你会取得更大的成功。

## (七) 希望或恐惧

我再次重复它,是因为我曾经看到过如此多的人以希望或恐惧交易而破产。当你希望市场上涨或下跌时,你决不会成功地买入或卖出。希望会毁掉你,因为那只不过是一厢情愿的,而且不会为行动提供依据。如果在你发现错了时快速行动,恐惧往往会挽救你。"恐惧市场是智慧的开端。"你只有通过深入研究才能获得的知识,会帮助你取得成功。你对历史记录研究的越多,你对能够察觉将来的趋势就越有把握。

## (八) 让市场按你的意愿运行

你必须学习并认识到,你不可能让市场按照你的意愿走,你必须按照市场的方向走而且必须跟随趋势。许多习惯于向别人发号施令并且让他们遵照执行的成功商业人士,经常——当他们进入市场时,尤其是第一次——希望市场服从他们的命令或以他们的意愿运行。他们必须认识到,他们不可能让市场趋势以他们的意愿运行。他们必须跟随由固定规则指示的市场趋势,并且用止损单保护他们的资金和利润。出现几个错误和小损失没什么害处,因为小损失是成功投机者的代价。

## (九) 决不摊平损失

这是损失掉你全部或大部分资金的确定无疑的方式。如果你买入了股票而它表明你是亏损的,那么趋势正逆你而行,买入更多——这只会增加你的损失——是非常愚蠢的。加码的时机是在市场正在于你有利的方向上运动,而且你已经有了利润时。如果你打算使投机成为有利可图的职业,你必须学习所有的规则并且运用它确定趋势。职业人士,诸如律师、医生、会计师和工程师花费数年训练的时间和大量的金钱,学习如何在他们选择的职业上取得成功。你必须花费时间和金钱学习这一专业,并且成为一位成功的投机者或投资者。

## 五、股票交易规则

**规则 1**　在新高价或过去的顶部水平买入。

**规则 2**　在价格上涨到过去的最低价之上时买入。

**规则 3**　在价格下跌到过去的顶部或最高价之下时卖出。

**规则 4**　在新低价位卖出。通常,等到价格至少上涨到最高位之上 1 到 2 点买入比较安全,而更重要的是等到收盘在这些水平之上再买入;同时等到价格下跌到过去的水平之下 1 到 2 点卖出更安全,而等到收盘于这些过去的水平之下卖出更安全。

**规则 5**　收盘价。当市场非常活跃时,要一直等到价格收盘在日线或周线图上过去的高点之上或过去的低点之下才买入或卖出;使用日高低点图,而且收盘价在高点之上或低点之下很重要。当天价格也许会迅速上涨,但当收盘时间临近时,也许会损失若干点而且收盘比前一天更低;同时,当急剧下跌时,价格也许会走到前一天的低点之下,但当临近收盘时,也许会收盘于高位附近;因此,把收盘价保存在日、周或月高低点图上始终很重要。日、周、月或年的时间周期越长,当价格超过过去的高点或突破过去的低点时,趋势变化和上涨或下跌越重要。记住这个普遍规则,当价格上涨到新高位时,通常会回调到过去的顶部,这是一个安全的买入位;当下跌到过去的低点之下时,通常会反弹回过去的低点,这是一个安全的卖出位。当然,始终用止损单进行保护。

**规则 6**　止损单。你的资金和利润必须一直用止损单——必须在你交易时而不是之后设置——保护。

**规则 7**　需要的资金量。精确地知道你可以在任意一笔交易上冒险而决不会损失你全部资金的数量是多少非常重要。你在做交易时,风险应该决不超过你进行交易所用资金的 10%,而且如果你有了一或两笔亏损,就要减少你的交易量。

### (一) 最佳买点

这个点是当价格跌到股票曾经卖出过的最高价的 50% 时;下一个最有价值和最佳的买点是极限低价和极限高价之间的 50%。(见克莱斯勒汽车的例子)

## (二) 卖出位

当价格在远低于50%点之后上涨,而且是第一次上涨到这里时,这是一个卖出位和卖空的价格,用50%位之上3点的止损单加以保护。股票第一次到达这些水平,如果日线图和周线图上有迹象表明正在形成顶部,你应该平仓多头股票并放空。

下一个重要的卖出位是极限低点和极限高点之间的50%。

## (三) 克莱斯勒汽车:50%价位的例子

1946年2月,高点141½,把它除以2得到最高卖价的50%。这等于70¾。克莱斯勒在1947年拆股并且销售除息股之后,于1949年6月跌到了44;从这个价位起——这是一个买点——趋势开始向上。

1953年1月,高点98½;我们总是在100之下期待卖盘,而克莱斯勒在这个价位形成了顶部。我们计算44和98½之间的幅度,它50%的价位在71¼。

1953年6月,克莱斯勒低点70,恰好在50%价位之下。8月反弹到73——这是一个毫无力度的反弹——并且收盘于71预示着更低,而且是一个卖空位。

1932年,克莱斯勒极限低点5美元每股;1953年高点141½。这两个极限点位的50%是73¼,当克莱斯勒能上涨并且收盘在73¼之上时,这将预示着更高的价格。

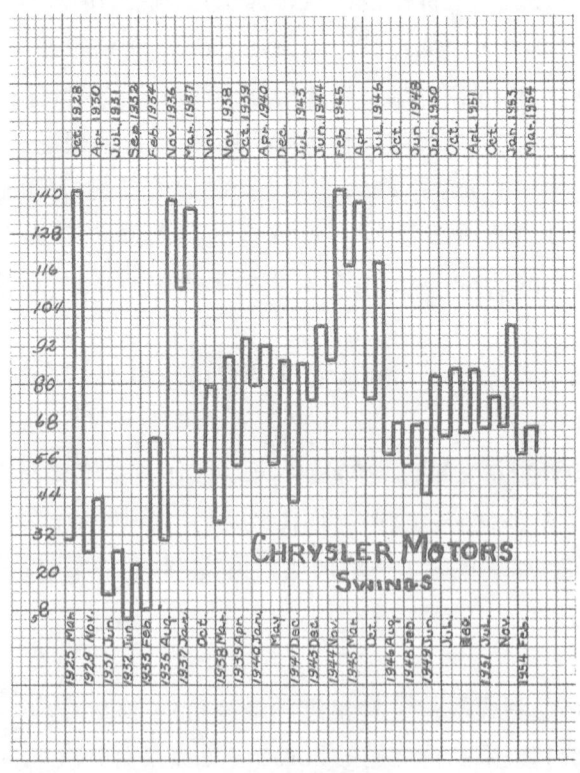

图1-3 克莱斯勒

1954年2月，克莱斯勒下跌到了57，而且反弹力度非常小。笔者写到这里时，主趋势还是向下的，当收盘于57之下时将预示着更低。下一个要观察的价格是形成于1949年6月的低点44。

查找极限高点和低点并且用同样的方法计算其他股票，得到买点和卖点以及阻力位。

当你开始交易时，确信你知道所有规则并且遵守它们，而且还要确信你设置了止损单。

## （四）在哪里设置止损单

你必须在波段低点之下设置止损单，而不是在日线图的低点之下。止损必须在周线或月线图上过去的顶部之上或过去的底部之下。

止损单应该设置在日线、周线或月线图的收盘价之下。止损单在收盘价之下要安全得多，而且一般不会被触发，因为你是根据趋势交易。止损单设置在日线或周线图的收盘价之上，比起你把它们设置在日线底部或日线顶部之下，被触发的次数更少。

市场的波段或反转可以作为设置止损单的价格——在波段的价格之下或波段的价格之上。知道在哪里适当地设置止损单极其重要。

对于在10美元左右交易的股票，如果你把止损单设置在收盘价之下1点通常很安全。

对于在20和30之间交易的股票，止损应该设置在底部之下或收盘价之下2点。

在90和150之间交易的股票；在这个价格区间里，止损应该在低点或收盘价之下3点以及高点或收盘价之上3点。

当股票非常活跃而且在这些极限高价交易时，你必须依靠日高低点图向你提供趋势变化的第一个信号——它稍后将在周高低点图上被确认。

当股票在极限高位交易时，遵守我的书中的所有规则，如果你已经有了我的《主预测课程》，应用大时间循环以及小时间周期章节的规则。

记住，知识决不会太多。持续研究和学习更多的知识，以后总是能转化为利润。

## （五）交易前先要做什么

检查所有的价格记录，日线、周线、月线和年线，并且注意所有的时间周期。当价格接近最近数周或数年的某些过去的高位或接近某些过去的低位时要注意。然后，在你交易前和交易后估算你要冒的风险是多少，设置止损单作为你错误时的保护。

## (六) 周高低点图

周高低点图是非常重要的趋势指标。当价格走到一系列周高点或低点之上,或者跌到一系列周低点之下时极其重要,预示着一个更大的趋势变化——它也许会持续许多周。

## (七) 月高低点

当价格上涨或下跌到多个月前出现的价格之上或之下时,这意味着一个也许会持续数月的更大的趋势变化。

## (八) 年高点和低点

当价格上涨或下跌到数年前形成的价格之上或之下时,这几乎总是一个大行情的明确信号,其将持续很长时间或者至少在短期内会有更大的上涨或下跌,当这些过去的高点被穿越,或低点被突破时,总会观察到回到过去的高点或略低于高点位置的回调;在它们被突破后,预期会回调到过去的高点或略低的位置。

研究年高点和低点,你将发现证据。记住,高低点被穿越历经的时间周期越长,之后的上涨或下跌越大。

## (九) 股票规则

**A. 牛市预计会跌多少,熊市预计会反弹多少**

牛市还在运行,股票正在快速上涨之后,调整很可能迅速而剧烈,但通常不会持续超过3到4周,然后,将重新恢复上升趋势,所以在牛市里,你总是可以认为大约调整1个月的股票可以买入。在熊市里,确认主趋势已经向下之后,反弹会持续3到4周,极少超过1个月;但在某些情况下,在短时间内急速、剧烈的下跌之后,反弹会持续多达2个月——同样,在牛市的极端行情之后,也有调整持续2个月的可能性。把这些规则铭记在心,当主趋势正在向上或向下变化时,你就有了指南。

**B. 如何在短时间内赚大钱**

人们都想快速致富,那就是他们为什么亏损金钱的原因,因为他们只是试图快速致富,却没有做好准备或储备知识,以便知道如何及何时在最短的时间内获取大量的金钱。我将用例子向你证明,你也可以向自己证明,你何时能够在最短的时间内获取大量的金钱。不要试图控制市场或制造市场。跟随拥有大资金的大户,你就会赚大钱。在大的造市者准备推动价格快速上涨时买入,你将在短时间内赚取大量金钱。在市场的资金大户派发股票并且准备使市场下跌,而且有明确的下降趋势的迹象时卖出。然后卖空,你将在最短的时间内赚取大量金钱。行情需要时间酝酿,吸纳或收集股票需要时间,而一旦从弱势进入强势,就会快速上涨,因为股票供应量更少,大户只需要使市场启动,而且少量的买盘就很容易使市场上涨。

另外,一旦市场到达高位,要卖出股票或派发需要很长的时间,而且使市场从强势进入了弱势。当这个阶段结束而市场准备就绪时,它会快速下跌,如果你以这种方式交易并且等到有了一个趋势已经改变的明确迹象,你确实可以在最短的时间里赚取大量金钱。

下面,我将给你一些例子证明这些规则有效,以及市场在长期上涨之后上涨最快并且在长期下跌行情的最后阶段下跌最快。

**波音航空**

1949 年 6 月低点 17¼,1950 年 5 月高点 31½,在 11 个月里上涨了 14 点。

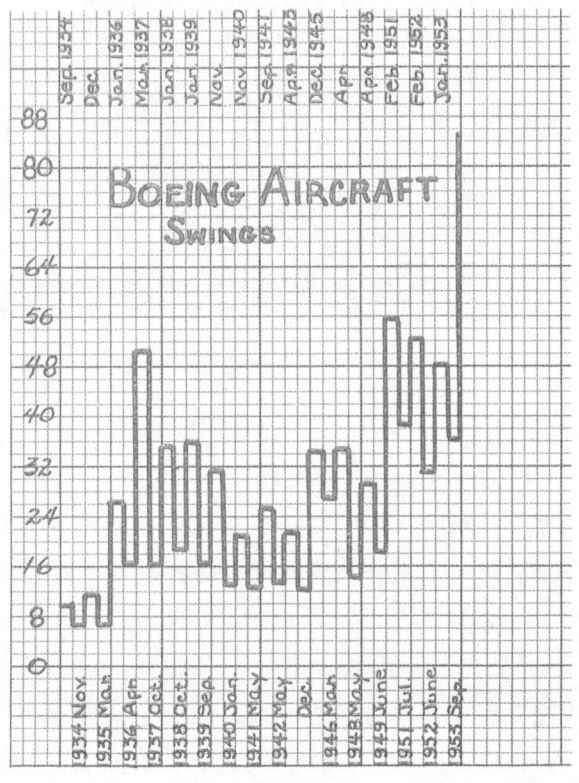

图 1-4 波音

1950 年 9 月。在 37 的新高点买入;1951 年 2 月高点 56,在 5 个月里上涨了 19 点。这在最快速和量短的时间里产生了最大的利润。

1954 年 2 月。在 57 的新高位买入。1954 年 4 月在 83 卖出,在 2 个月里上涨了 26 点。在新高买入需要勇气,而大户那么做,你在新高位买入时只是在跟随他们,而且你会在最短的时间内赚取最多的金钱。

**道格拉斯航空**

1951年6月,低点43½;1951年10月高点66½,4个月上涨了23点。

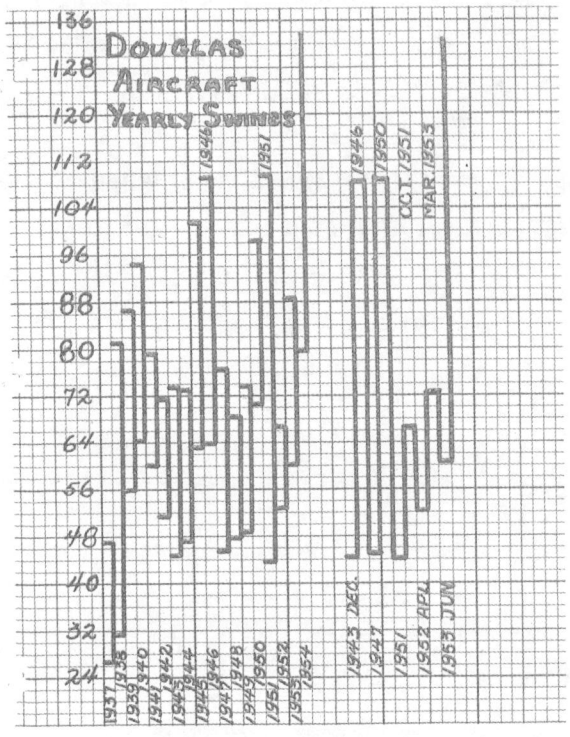

图1-5 道格拉斯

**格伦马丁**

1949年6月,低点7;1951年高点22;1952年7月,低点9。因此,1952年7月的低点9是一个更高的底部,一个支撑和买入位。趋势一直上涨到了1953年2月,高点18½。注意,1951年9月以前的最后高点19½;从这个更高的顶部起,趋势开始向下。

1953年6月到9月低点12,在1952年4月到9月的过去的顶部上,在2点的区间里逗留了4个月,表明支撑良好并且是一个买入位,你应该买入。

1954年2月穿越了18½(1953年2月的高点)。在这,你应该遵循规则并且在新高位买入。

1954年,高点是21½,成交量384000股,时间在1954年4月3日的这周。巨量表明公众在高位买入,应该出现空头回补和回调。

注意,1948年4月高点22½和1951年1月高点22;价格25½在这些过去的高位之上3½点,预示着价格可能会更高。

后来,在5月8日这周的调整把价格向下带到了21¾——这是在1948-1951年间的高位,反弹开始从21¾向上。

**美国航空**

1951年5月,高点41½;1951年7月,低点26;1951年10月,高点33;1951年12月,低点28½;1952年1月,高点33½,与1951年10月相同的高点,一个卖出位。

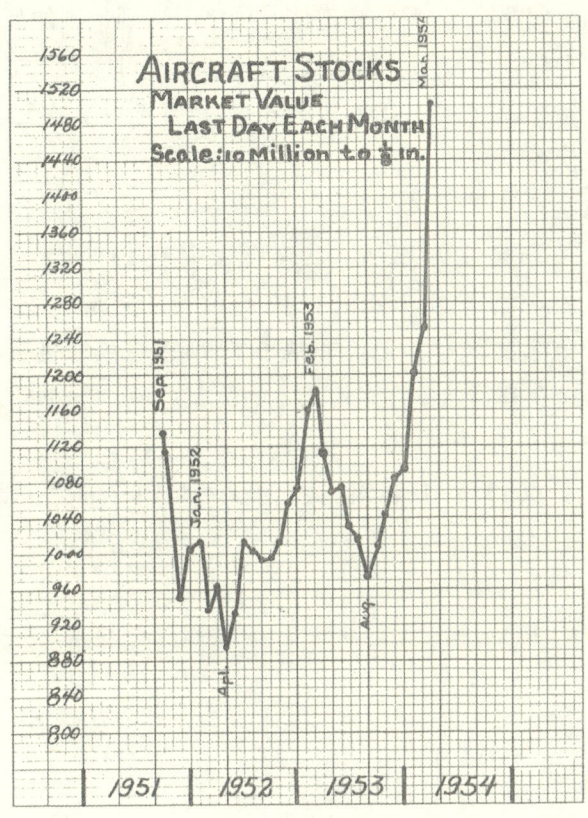

图1-6 美国航空

1952年5月,低点27½,与1951年12月相同的低点,比1951年6月的低点高。

1952年9月穿越了33——过去的高点。在新高位买入。

1953年4月,高点40½,恰好在1951年5月的高点41½之下,使这成为一个卖出位。

1953年4月和5月,低点32和31½,恰好在过去的顶部33之下,一个买入位,然后上涨重新恢复。

1953年10月,价格穿越41½——1951年5月的高点。遵循规则并在新高位买入,因为趋势向上,而且伴随着很小的调整持续向上。

1954年4月,高点59½,自从1930年9月——那时最后的高点是65——以来的最高价,而且两个以前的高点是64;因此,64~65是下一个要观察顶部的阻力位。现在,价格自1952年5月以来上涨超过了100%,当股票上涨了100%时通常会出现自然的调整。

用我们在此分析这些股票的同样方法分析其他任何航空股，实际上也可以用来分析其他任何板块的股票。首先，你应该保存纽约股票交易所统计署公布的股票板块总值图，然后收集不同个股的周、月和年高低点图，这样你会有足够远的回溯记录，你会知道重要的顶部和底部在哪里，并且知道何时价格上涨到过去的高点之上或突破到过去的低点之下而使趋势发生改变。你用资金冒险时，不可能有太多的信息或太多的记录。你必须充分准备好，然后你才能在机会到来时，基于科学的数学推论而非希望、恐惧或猜测取得时机优势。

**道格拉斯航空**

1953年10月，在新高位74买入。1954年4月在133卖出。6个月上涨59点。你于非常高的价位买入之后，可以在短时间内赚取大量金钱。为什么？因为大户已经吸纳了下面供应的全部股票，供应已经非常小了，所以当买家进场时，市场迅速上涨，而且短时间内的快速获利得益于在高位买入的买家。

**洛克希德航空**

1943年11月，低点12½；1944年8月，高点24，10个月里11½点的利润。

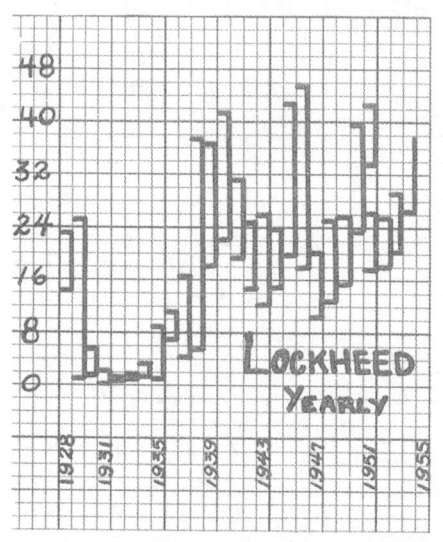

图1-7 洛克希德

1945年8月，低点25；1946年5月，高点45½，9个月里上涨了21½点。在这里，你9个月赚的利润几乎和从前21个月赚的一样多。

1951年7月，低点17½；1953年3月，高点26½，20个月上涨了9点。长时间小利润。

1953年10月，在过去的高点之上24买入；1954年3月，高点37，5个月13点的利润。这在短时间内产生了快速的利润和基于本金的大利润。

**格伦马丁**

1943年12月,低点14½;1944年12月,高点24½,12个月里上涨了10点。

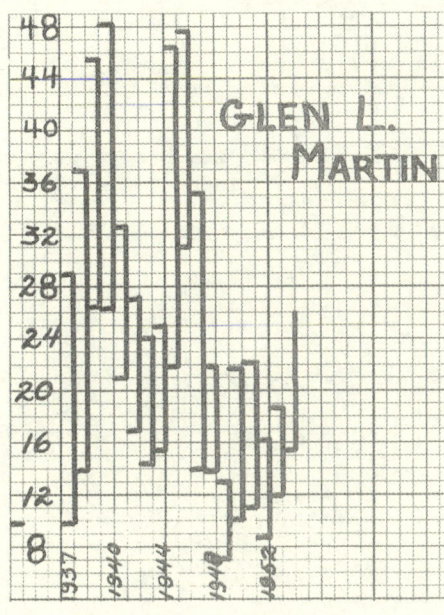

图1-8 格伦马丁

1945年8月,于22买入;1945年12月,于46½卖出,4个月里上涨24½点。再次在短时间内产生了大量利润。

1952年6月,低点9;1953年3月高点18½,9个月里上涨9½点。

1953年6月到9月,低点12。这是一个买入位;1953年10月,在穿越5个月的顶部之后于15买入。1954年4月,于26卖出。6个月9点利润。

**南方铁路**

1951年7月,低点46½。9月,高点56½,2个月里上涨了10点。

1952年2月,低点48;1952年3月在穿越了过去的顶部之后于53买入。1953年5月,在99卖出,在14个月里上涨了46点。在短时间内产生了大量利润。

**美国航空**

1951年7月,低点26;1953年3月,高点40,20个月里上涨了14点。1953年10月在新高位40买入。1954年4月,在59卖出。6个月19点利润。

**钒钢**

1950年12月,低点28½;1952年8月,高点45½,在20个月里上涨了17点。

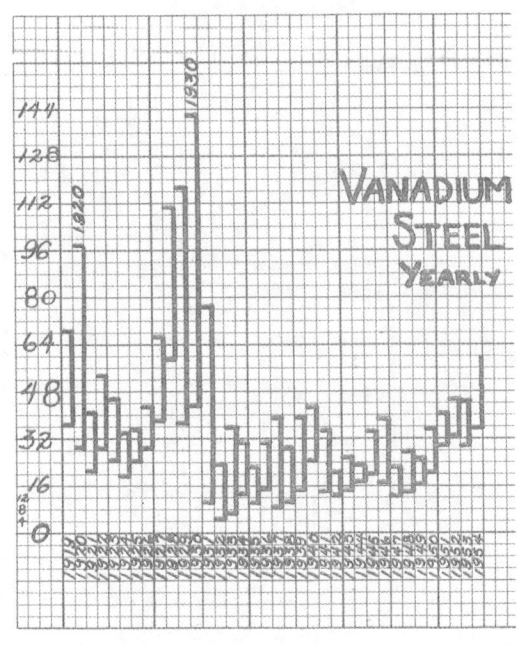

图 1-9　钒钢

1953 年 9 月。在 32（一系列过去的底部位置）买入。1954 年 4 月于 59 卖出,在 7 个月里产生了 27 点的利润。

1954 年 3 月。在新高位 47 买入;1954 年 4 月,高点 59¾。1 个月上涨了 12¾ 点。瞧,在新高位买入后,你将在短时间内赚取大量利润。这段行情为什么这么快？因为在很长的时间之后,内部人士或消息灵通人士已经买入了供应的所有钒矿股票,当它被全部吸纳并且叫价开始进入市场时,上涨就会非常迅速。这样,当你买入时,你正与市场同行并跟随造市者。因此,你在最短的时间内赚取了大量金钱。

这七只股票并非特例。你可以检查股票列表并且挑选出数百只具有类似运动的股票,而且你应该始终关注不同股票群的平均指数,当股票群的平均指数表明上涨或下跌时,挑选处于强势或弱势的股票并观察它们,在它们形成新高时买入,或者形成新低时卖出;在市场的最初和最后阶段,你可以在最短的时间内赚取大量金钱。

在没准备好赚钱时你就不可能赚钱,而要赚钱,你必须为图表、记录、书和指导课程花一些钱。这样,你是在准备跟随造市的大户并且赚大钱。

## (十) 股票不会被操纵

在股票交易所规范经纪人和市场操纵者之前,操纵市场和合谋常常有组织的推动价格低廉的低价股上涨到极限高位。在目前的形势下这不会发生;因此,大多数买家是投资者和长期投机者,几乎不会操纵市场;因此,更需要仔细研究市场和个股,获得它们将上涨的明确迹象,因为它们不会像过去那样由操纵市场者推动。在目前的形势下,多数交易者和投资者以红利和投资增值为目的买入股票。这样,你就可以仔细研究所有的规则。

## (十一) 新兴行业和成长股

将来,与原子能有关的股票当然将成为领头羊,因为就像所有的新发现和新发明一样,它将被证明非常有价值,很多公司将赚大钱。这些有原子能前景的公司股票以后会被回补。在选择新兴行业的股票买入时,你应该仔细研究它们的前景,并且绘制你打算交易的个股的图表,如果它们是股票群的一部分,你可以得到股票群平均指数的记录,研究这个股票群平均指数,然后挑选有领头羊迹象的个股买入。

## (十二) 铀类股票

铀现在是所有贵金属中最有价值者之一。它比黄金更有价值,已经发现铀矿的股票,比如像钒钢这样的股票将来更有希望成为领头羊。我们以后将以与铀相关的股票取代其他股票。

## (十三) 纽约股票交易所全部上市股票的市值

纽约股票交易所的研究和统计部门为投资者做了大量有价值的工作,他们应该为此获得极高的声誉。每到月底他们都会公布纽约股票交易所全部上市股票的总市值、全部股票的平均值、上市股票的总数和股份总数以及总值,即每个股票群和39个或更多不同股票群的市值。这对任何研究并使用这些记录的投资者和交易者来说极具价值,以后我将用含有这些股票平均值和总值的图表说明如何操作。在纽约股票交易所上市的股票总数是1536支。上市的股份总数是29亿3600万股,近30亿股。1934年3月底,在纽约股票交易所上市的全部股票市值接近1250亿美元,全部股票的均价是42.53,这是近年来的最高价。

1932年6月——全部股票的总值略低于160亿美元。

1928年11月——平均价是97.80,而1929年3月的平均价是96.67。1929年8月31日,纽约股票交易所全部股票的总市值是1358亿美元。

1932年7月1日——纽约股票交易所上市公司总数是831家;发售股票总数是1233支;股份总数是13亿1533万4438份,而目前上市的股份总数将近30亿。据此,你会发现,在股票总数增加的同时,股份数也同步增加。

1941年6月是股票的最后的极限低点。那时均价是40.74,而全部股票的总值是63,921,054,342美元。

1950年5月。全部股票的总值是85,624,559,669美元。均价38.48。当价格穿越1946年5月的高点时,预示着更高的价格,但是,你必须学会挑选强势股票群里的股票并买入。

## 六、纽约股票交易所全部股票的平均值以及他们如何显示价格趋势

### (一) 美元趋势

请参考图表(图1-12):这张图表显示了每月底所有股票的总市值。参考图表上航空股以美元显示的总市值。参考图表上显示的每月底39只钢铁股的总市值。

### (二) 如何用市值图作为趋势指示器的指南

(这个图表的刻度是16.24向上到135,意味着数十亿美元)

例如:1932年6月30日显示的低点恰好在16。这意味着在1932年的极限低点,所有股票的总值是156亿3363万3000美元。我们会参考刻度26、36和40等等,这意味着数十亿美元。

1932年2月,高点刚好在28之下;6月低点16;8月高点28;1933年2月低点200亿美元——这是一个次级下跌,并且形成了一个较1932年6月高的底部。1933年,在4月份,市值线穿越了1932年2月和8月的高点,这表明主趋势向上。1933年6月和8月,高点刚好高于360亿美元。10月,低点刚好高于300亿美元。

1934年1月,高点370亿美元。2月、3月和4月,市值维持在360亿之上,如果价格突破36就预示着将走低。

1934年7月,低点在31之下,在1933年10月的低点之上。

1935年3月——低点略低于310亿。这在相同的水平附近形成了3个支撑低点,使这里成为一个买入位。

1935年6月——市值穿越了1934年37的高点。这是我们运用规则在新高位买入的位置。

持续上涨。1936年2月和3月,高点刚好在520亿之下。1936年4月,一直下跌到48,跌幅不到40亿。

上升趋势重新恢复,1936年7月平均市值穿越1936年3月的高点32,预示着将走高。我们再次遵守规则并在新高位买入。

1937年2月和3月,高点625亿美元。市值在10亿美元的区间内盘亘达3个月,表明这里有着阻力和大量的抛售,因为总成交量巨大。

1936年12月,低点58。1937年4月,这个低点被突破,预示着更低的价格。在这儿,我们遵循规则并在更低的价位卖出。

1937年6月，低点55；紧接着反弹到7月，高点59——一个更低的顶部，然后跌到55（6月的低点）之下，表明趋势向下。你应该持有空单并且卖出更多，而抛掉所有的多头股票。主趋势持续向下。

1937年12月，低点39；1938年2月，高点41½，一个小反弹；1938年3月的低点，刚好在320亿之下、1933年10月的低点之上。1934年7月和1938年3月的下跌是1937年2月和3月的高点的50%。因此，1938年3月是一个买入位。

1938年6月，美元趋势穿越了41½——1938年2月的高点，表明要买入更多。

1938年10月和12月，高点47到47½。在1936年4月的低点之下，如果价格跌到45之下就预示着更低的价格。1939年3月和4月，低点刚好在40之上。6月和8月更高的底部预示着支撑和大量的买盘。

1939年9月，希特勒发动了战争，市值刚好上涨到41~48之下，与1938年12月形成双顶，一个卖出位或观察趋势变化迹象的位置。1940年5月，价格在36之上，紧接着反弹到10月，高点42。1941年7月，价格41，比1940年10月价格更高。11月价格突破了1941年4月的底部，后来走到1940年5月之下，预示着更低的价格。

## （三）何时观察支撑和买入位

1948年3月，低点刚好在32之下。1942年4月，低点31½。1944年3月和5月，平均市值是32½，然后开始上涨，显示出强劲的上升趋势。

1943年穿越了1940年10月和1941年7月的高点。按照规则，在新高位买入更多。1943年6月，高点略低于49，在1938年12月和1938年9月之上，预示着更高的价格。

1943年9月，高点49，与1943年5月和6月相同的高点，表明有大量的卖盘。

1943年11月，低点45½，市值跌了不足50亿美元，趋势重新恢复。1944年5月，价格穿越了1932年6月和9月的高点。此时，我们再次按照规则，在价格上涨到新高时买入。1945年8月，当对日战争结束时，价格穿越了62½——1937年2月的高点，这是一个价格将走高的明确迹象。你应该买入强势板块的股票。

1946年1月，高点78½；2月跌到了74，几乎与1943年11月相同的下跌，不足以表明主趋势改变。

1946年5月，高点850亿美元，从1942年4月的低点上涨了550亿，而且高于1937年的高点220亿。这是观察趋势变化的时候了。

1946年4月的高点是800亿美元；6月800亿美元；7月的低点79预示着更低。趋势继续下跌到1946年11月，低点650亿美元。1947年1月，高点68¼，一个小反弹，5月低点635亿美元。7月高点69¼，与1947年1月相同的高点。趋势继续向下。

1948年2月，低点631亿5800万美元。略低于1947年5月，但仍然在1937年2

月的高点之上，使这成为一个买入位。

1948年5月和6月，高点74½，在1946年2月的低点之下。1948年7月的低点预示着更低的价格。9月65½，10月高点72¼，下跌重新恢复。1949年6月的低点略低于640亿。与1947年5月和1948年2月相同的低点，一个在过去低点位置的买入位。1949年8月，价格穿越了1949年1月和3月的高点，预示着后市更高。加码买入。1949年12月，市值是760亿，在1948年5月和6月的高点之上。遵守规则并在新高位买入。急剧上涨随之而来。

1950年5月，高点856亿2400万美元，在1946年5月的高点之上，一个价格走高的信号。

1950年8月，平均值穿越了1946年和形成于1950年5月的高点——遵守规则并在新高位买入。1950年12月，平均值在1929年8月的高点之上。遵守规则并在新高位买入。

1951年4月，高点1030亿美元。6月低点970亿。平均市值的下跌幅度几乎与1950年6月相同。

7月高点1040亿，接近前一个高点，在新高位买入。1952年1月，高点112。2月低点108，3月的新高在1130亿美元。4月低点108，一个50亿美元的下跌。一个基于以前的调整的正常下跌。从这个水平起，上涨重新恢复。

1952年7月，高点1160亿美元。9月和10月的低点略低于1130亿美元，一个比1952年4月更小的下跌。

1952年12月和1953年1月，高点1205亿美元。这比1929年的高点多33(1/3)%。

1953年2月，低点略低于1190亿美元。这是3个月没有增加，这是一个应该出现调整的迹象，自1949年6月以来没有超过50亿美元的调整，应该出现一个更大的调整，也许是100亿美元。

1953年8月和9月，低点略低于100亿美元或以前调整的2倍。

1953年10月，平均市值1160亿，在1953年7月的高点之上，一个价格走高的迹象。

1954年1月，价格穿越了1200亿美元（1952年12月的高点）。我们再次遵循规则并在新高位买入，挑选显示出强劲上升趋势的板块中的股票（参考美国钢铁、钒矿和航空的图表，以及它们的平均市值）。你通过波音、道格拉斯、格林马丁和钒矿的图表可以发现，为什么我们会选择这些股票买入，为什么这些股票的价格在1954年3月和4月快速上涨。

1954年3月31日，纽约股票交易所所有股票的平均市值略高于1290亿美元。我们现在面临判断难题，平均市值何时会遇到阻力和大量的卖盘。我们用1929年900

亿美元的高点,加上它的50%,等于1350亿美元。

如果我们在1944年4月的高点上加上或使用它的325%,我们得到接近1350亿美元作为一个卖出位。

1954年4月30日是从1942年4月30日起的12年,从1932年6月30日的低点到1954年4月30日是262个月。道·琼斯工业平均指数在1930年4月于297½形成了次级高点。通过回顾历史,你发现许多趋势变化出现在4月和5月,因此,现在是接近观察股票和板块——就像带动1954年上涨的航空和钢铁股——的趋势变化的时候了。

**预期下跌多少:**

自1942年的低点以来,最大的下跌是从1937年2月到1938年3月和4月。跌幅是311亿6800万美元。从1946年5月到1948年2月和1949年6月的跌幅是217亿8500万美元。这提供一个第一次下跌的幅度会达到多少的指南。

从1949年6月到目前为止,上涨已经超过了全部股票市值100%的幅度,这预示着时间至少在接近一个重大的修正下跌,但是必须研究板块和个股,确定它们的强弱与全部股票平均市值的关系。

## 七、股票何时处于最强和最弱的位置

当股票在高位交易时,下跌并且逗留在低位很长时间,然后最终穿越了它曾经卖出过的最高价的50%,或极限低价和极限高价之间的50%,那么它处于一个非常强势的位置并且预示着更高的价格。

当股票下跌并且跌破了曾经卖出过的最高价的50%时,就处于一个非常弱势的位置,通常,当股票到达这个点时会适度反弹,有时候这是大涨的最终底部。下一个重要的点是极限高点和极限低点之间的50%,当股票没能维持住这个水平并且跌到它之下时,就处于可能的最弱位置并且预示着低得多的价格。在许多情况下,到达这些点的下跌或到达这些重要的50%点的反弹,会逗留数周或数月而不会上涨到其之上或突破到它之下,但是一旦这些点被穿越,你就应该反转头寸。如果你是空头,回补空仓并买入。如果你是多头,卖出多仓并放空。这样你将获利,因为你是在最强的位置跟随趋势买入股票和在最弱的位置卖出股票。你必须记住,如果这是卖出股票的时机,你就要抓住,因为在弱势位置趋势向下;卖空——当然,要遵循我的书里的所有规则——同样很好。

你必须给市场时间来显现趋势变化。假如有人在过去的两年中于非常高的价位买入了斯图特贝克(Studebaker)、在高位买入了克莱斯勒(Chrysler)或赛拉尼斯(Celanese)。他们发现主趋势已经改变时,假如已经有了5点甚至10点的亏损,如果他们卖出认赔并做空,不但会赚回已有的损失,而且会在空头一边赚取大量利润。这就是跟随趋势赚钱。例如:赛拉尼斯(Celanese)1951 年的高点是 58,1953 年 4 月,高点的 50% 是 29。赛拉尼斯(Celanese)跌破 29 后,在于 1954 年跌到 16 之前从未站上高点之上 2 点。这是股票一旦损失了其 50% 的价值时,会变得多么疲弱的证据。

1953 年,斯图特贝克(Studebaker)高点 43½。这个最高价的 50% 是 21¾;在 1953 年 12 月突破这个水平后,在 1954 年 4 月于 15 卖出之前,从未反弹到它之上 2 点,这是为什么从最高位下跌 50% 时要放空股票的另一个证据,因为你这么做是顺势而为。

## 八、为什么在新高价买入在新低位卖出有利可图

股票处于要上涨到新高的足够强的位置时,在这些高点之下已经逗留了数月、数周或数年,由于良好的需求和强有力的购买意向而变强。因此,你在这时买入是顺势而行,这就是获利的正确方式。

决不违逆趋势,始终顺应趋势你就会赚钱。

股票跌到新低位时就处于弱势位置,因为供应大于需求、卖盘强于买盘,因为理由充分,如果你在股票弱势时卖空,你就会有 90% 的正确时机,但始终基于规则用止损单保护。

### (一) 波段交易利润更多

如果你回顾活跃股票 5 年、10 年或 20 年的历史,并注意所有 10 点或以上的运动,你会发现,交易这些波段比为了股息或为了资金大幅增加而持有的交易,利润更大。

1925 年,克莱斯勒(Chlrvsler)从 28 附近开始,一直上涨到了 141,在出现许多幅度达 10 到 50 和 75 点的上下摆动后,最终于 1932 年跌到了 5 美元。从 1932 年上涨到 1954 年,克莱斯勒(Chrysler)形成了一个每股 5 美元到 141 美元的区间,总计 136 点,这会提供 13600 美元/100 股的利润。在这同一时间段,如果计算克莱斯勒(Chrysler) 10 点或以上的运动,合计 1458 点。只要你能抓住这些运动的 1/2 或 50%,这会从 136 点的区间获取 729 点的利润。这证明,波段值得交易。就是说,在市场显示出价格已经到达最高点时离场并做空,然后在市场有了已经形成低点的明确迹象时再次进场交易,进场、出场……而不是持有并且让市场涨跌很多年,仅仅收入了股息,最终从你买入或卖出开始计算,以很小的资金利息回报清仓。

## (二) 顺势而变

形势会时不时地改变,趋势运行一段时间之后也会改变,如要获利,你必须顺应趋势和随时而变。不要持有太长时间或仅仅因为利息收益而持有;要为使你的资金增值交易而不要过多地受股息困扰。任何规则的价值在于:"能在实际交易中经得起时间的考验吗?"我根据实战经验证明我的所有规则,诸如在新高位买入和新低位卖出;并且向你证明,值得跟随趋势并且在股票到达新高位买入和跌到新低位时卖出。回顾这份课程里的图表:赛拉尼斯(Celanese)、道格拉斯航空(Douglas Aircraft)、波音(Boeing)、洛克希德(Lockheed)、格伦马丁(Glen Martin)、斯图特贝克(Studebaker)、美国航空(United Aircraft)和钒钢(Vanadium Steel),这样你就能自己证明这些规则多么有效。

## (三) 买入股票的同时卖空另一只

为了证明这个规则,我展示了赛拉尼斯、道格拉斯航空、斯图特贝克和钒钢的图表。

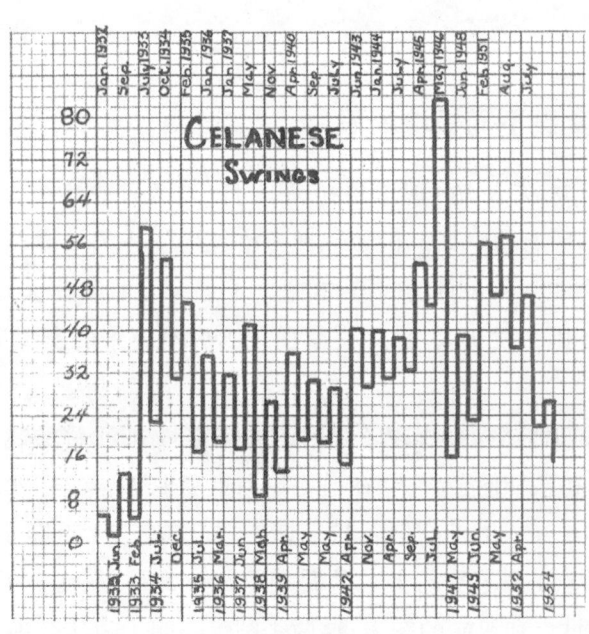

图1-10　塞拉尼斯

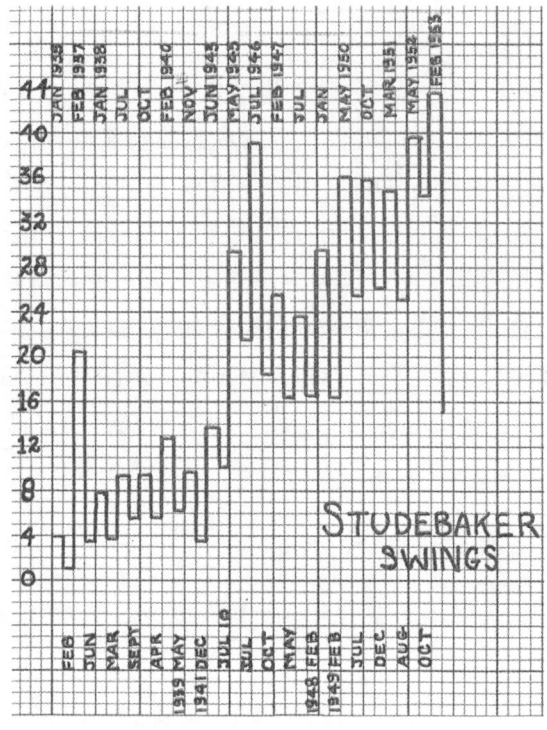

图1-11 斯图贝克

## （四）同时买入和卖出不同板块的股票

1951年7月，于48买入100股道格拉斯，8月，当两只股票在相同的价位附近交易时，于52卖出100股赛拉尼斯。假如你把道格拉斯的止损单设在45，你在52卖出赛拉尼斯时止损设在59——8月的高点58之上1点。假如你没有买入更多的道格拉斯——你应该根据规则多次买入，你应该根据规则放空更多的赛拉尼斯，冒很小的风险获取大量的利润。

1954年4月，假如道格拉斯出现了最后的大突击，并且上涨穿越了高点110，最后你于130平仓，扣除利息和佣金，你会在道格拉斯上获取72点即7200美元的利润；同时，扣除佣金，你在16买入的100股赛拉尼斯空单获取了34点即3400美元的利润，你以5200美元的资金在两笔交易上总共获利10600美元，不到3年时间利润率超过100%。参考斯图特贝克和钒矿的图表，这两张图表表明了为什么买入钒矿、卖空斯图特贝克能获取大利润。

1951年3月，于34卖空100股斯图特贝克，因为36有两个顶部而第三个较低的顶部在35，止损放在37。

1951年8月，于26买入100股斯图特贝克，因为在这相同的水平附近有3个低点;并且为多头账户买入 100 股斯图特贝克。

1951 年 3 月,于 32 买入 100 股钒钢,因为它在 31 这个低位附近长达 6 个月。止损设在 29。

1953 年 3 月,于 44½ 卖出平仓 100 股钒钢,因为 1952 年 8 月和 1952 年 3 月的先前高点是 45 和 45½,使这形成了双顶。

1953 年 3 月,于 44½ 卖空 100 股钒钢,止损在 47。

1953 年 2 月,斯图特贝克高点 43½,与钒钢差不多在相同的水平。

1953 年 3 月,在突破 2 月份的低点和形成于 1952 年 5 月 39½ 的低点时,于 38½ 卖空 100 股斯图特贝克,并且把我们在 38½ 的 100 股多头仓位卖出平仓。斯图特贝克空头的止损单设在 45½。

1953 年 6 月,斯图特贝克突破了 34(1952 年 10 月～11 月的低点),你应该在 31 卖空更多。

1953 年 6 月,把 200 股空单的止损设在 34。斯图特贝克继续下行,1953 年 9 月跌到了 21¾ 之下,从 43½ 起 50% 的下跌,仅仅反弹到了 26,然后突破了 21¾——这预示着价格会走得更低。

1954 年 1 月和 2 月,高点 21¾,一个极弱的反弹;持有 200 股空单,止损 22¾。

1954 年 4 月 30 日,斯图特贝克低点 15,主趋势向下。如果你把斯图特贝克全部平仓,利润是 60 点或 6000 美元。

1951 年 3 月于 32 买入了钒钢;1953 年于 44½ 卖出 100 股,并且在 44½ 卖空 100 股。

1953 年,买入 100 股回补 31 的空头,因为它处于 1951 年 4 月和 5 月的低点;同时,我们于 31 为多头账户买入 100 股钒钢,止损单设在 29。

1954 年 2 月,于 41 买入 100 股钒钢,因为它处于 1953 年 7 月和 8 月的顶部 39½ 之上 2 点的新高位,而且在 1953 年 12 月和 1954 年 1 月的顶部 39½ 之上 2 点。

1954 年 3 月,于 47 买入 100 股钒钢,因为它处于新高位,在 1952 年 8 月和 12 月以及 1953 年 3 月的高点之上,表明主趋势向上,而且处于自 1931 年以来的最高位,显示出非常强的态势。

1954 年 4 月,钒钢到达了 59¾ 的高点。注意,1953 年 9 月 30½ 的低点加上 50% 等于 61,一个可能的高点。成交量是多年来的最大量,表明也许至少到达了一个可能的调整顶部。因此,我们于 59½ 卖出 300 股多头,但不要放空,因为主趋势仍然向上。我们卖出的这些股票是在 31、41 和 47 买入的。扣除利息和佣金,总共赚了 57 点的利润即 5700 美元。把它加到 6000 美元的利润上,通过遵循规则而非猜测,在 3 年的时间里以大约 3500 美元的资金,在斯图特贝克上赚了 11500 美元,超过资金的 300%,或每年 100% 的利润。

我没有特意挑选这些股票，因此它们并不是特例。不同的板块中还有许多表现同样不错的股票。

1953年，钒钢低点30½，斯图特贝克28，刚好差4点①。

1954年4月，钒钢大约比斯图特贝克高45点，7个月里拉开了45点的距离。这证明，值得买入强势股的同时卖出弱势股，这表明主趋势向下。

## 九、低价股为什么不涨

形势的变化是低价股或所谓的"猫猫狗狗"股（cats and dogs）在1953年9月到1954年4月间没有跟随上涨的原因。随着道·琼斯股票7个月上涨了66点，纽约股票交易所全部上市股票的总值增加了大约240亿美元，低价股没有跟随上涨必定有某种原因。

过去，允许合伙操作和操纵以及看卖盘，低价股几乎总是在牛市的最后阶段上涨，但现在却不是这样，因为没有了合伙操纵。投资信托公司和握有大量投资资金的人，买进收益好和红利前景好的绩优公司。他们买入像通用汽车（General Motors）、新泽西的标准公司（Standard of New Jersey）、美国电话电报公司（American Tel. & Tel.）、杜邦（Dupont）、通用电气（General Electric）、威斯汀豪斯（Westinghouse）、道格拉斯（Douglas）、美国钢铁（U.S. Steel）、伯利恒钢铁（Bethlehem Steel）和钒钢（Vanadium Steel）这样的好股票。

大众买入并持有低价股，希望它们会跟随高价股上涨，但希望不会使这些低价股上涨。大户们不想让它们上涨，结果是在下一个熊市里许多低价股比高价股跌得更快。当然，大萧条的大时间循环总有一天会到来，大大小小的投资者会失去信心，并且在很低的价位卖出蓝筹股。

## 十、纽约股票交易所的航空股

纽约股票交易所的研究部门每月底公布在交易所上市的所有航空股的总市值，这个图表作为挑选买卖最好的航空股的指南非常有价值。以这些平均值绘成的图表，我们称之为美元趋势，因为它不是股票的平均价，而是整个板块的美元总值，这是一个比平均价格更重要的趋势指标。不过，研究部门还在每月底公布所有航空股以及所有其他板块的平均值。

1951年9月，总市值11亿3500万美元。11月，低点9亿5500万美元。

---

① 原文如此。

1952年1月,10亿1000万美元。4月,低点8亿9200万美元。这是极限低点。这时你要察看航空板块个股的月高低点图和周高低点图,确定最好的个股买入。

**贝尔航空**

1952年4月,在一个不活跃的交易区间里,它已经拆股而且那时不是最值得买入的股票之一。

1953年9月,形成了更高的底部,更适合买入。

**波音航空**

1952年4月。在股票拆分后,于6月形成了低点,适合买入,但在1953年9月买入更好,因为所有航空股的平均值形成了一个新的较高的低点,表明趋势正反转向上。

1954年2月是为短时间内迅速获利而买入的时机,因为穿越了过去的最高位。

**道格拉斯航空**

1952年4月是在航空股中买入它的大好时机,因为它从66½跌到了52,而43½到66½区间的50%是55,而且它1952年4月收盘于57,形成了这个不错的买点,止损51。

1953年9月,道格拉斯在62形成了低点。自1952年4月以来它已经形成了更高的底部,是非常值得买入的股票,设在60的止损进行保护。1953年12月穿越了74(过去的最高位),是为快速上涨和短时间内赚取大量利润而买入的最好的股票之一。

**洛克希德航空**

1952年4月,形成了更高的底部,但不活跃,因为它已经拆股。1953年10月,穿越过去的顶部时,它是一只更值得买入的股票。

**格伦马丁**

1952年4月是买入好时机,因为它形成比1949年的低点更高的底部已经维持了4个月。1953年9月,当它穿越过去的顶部时,仍然是更好的买入时机。

**美国航空**

1953年4月,它是一只值得买入的股票,因为它正在形成更高的底部,而短时间内的大利润可以在1953年9月买入时产生。

**全部航空股的平均值**

1953年2月,平均值是11亿8000万美元。

1954年1月,平均值形成了新高,而且1954年2月更高,那时,如果你买入道格拉斯或几乎任何航空股,你可以在短时间内赚取大量利润。

1954年3月31日,全部航空股的平均值是15亿400万美元——许多年的最高点,1954年4月底,从1952年4月的极限低点上涨了大约100%(写到这里时,我们还没有1954年4月底的数字)。

## 十一、39只钢铁股平均值

这些数字是每月最后一天的平均价。研究这本指导课程后面所附的图表,它会帮你确定整个钢铁股板块的趋势,你想挑选最好的股票买或卖时,就去研究钢铁板块的个股。

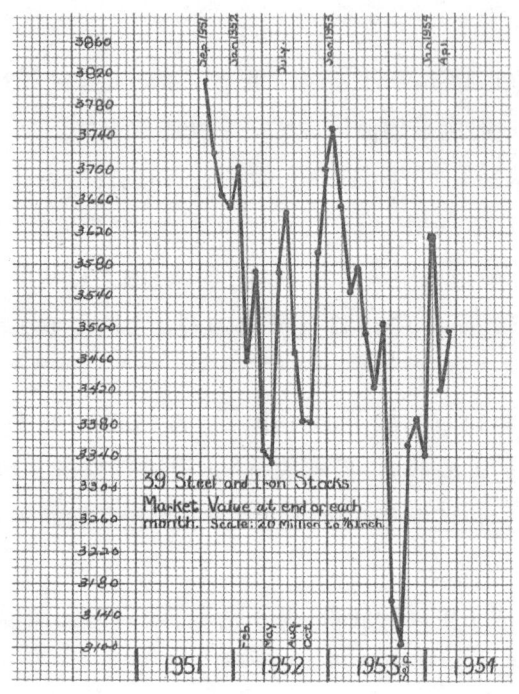

图1-12  39只钢铁股

1951年9月,高点38亿500万美元。从这个水平开始,趋势反转向下并且每月都形成了更低的顶部和底部,哪个月也没有出现超过1亿美元的反弹,一直跌到1952年4月,那时的低点是33亿5000万美元。趋势从这个低位反转向上,7月,高点36亿3500万美元。

1952年9月和10月,低点33亿8400万,一个更高的底部和买入位。这时你要察看钢铁个股,以便挑选最好的股票买入。

**伯利恒钢铁**

1952年9月,低点47,高于1952年5月的低点,一个买入好时机,止损设在45,但是最好在1953年9月买入,那时所有钢铁股的平均值是31亿500万美元。当时伯利恒钢铁价格在44½,没有跌破过去的底部之下3点,是一个买入好时机,止损设在43。

**钒钢**

1952年4月,低点35½,买入好时机,因为它正形成更高的底部,你这时买入会赚到不错的利润。

1952 年 9 月，低点 30½，高于 1950 和 1951 年的低点，一个止损在 29 的买入好时机，尤其是因为它的铀矿具有这么好的收益增值前景。

1954 年 2 月是在 41 安全买入钒钢的好时机，因为它穿越了过去的高点，而且你可以在 1954 年 3 月穿越过去的高点 47 时买入更多，那时，所有钢铁股的平均值也是上涨的。钒钢于 1954 年 4 月涨到了 59¾，而且成交量极大。如果你有日和周高低点图，你会在这时卖出。它调整到 54，然后再次上涨到 59。它必将跌到 54 以下并继续下跌；如果股价突破了 60 并且在它之上收盘，下一个阻力位是 67 – 68；突破了这个价格之后，要观察的下一个价格是 70½——1931 年 3 月曾到达的高点。

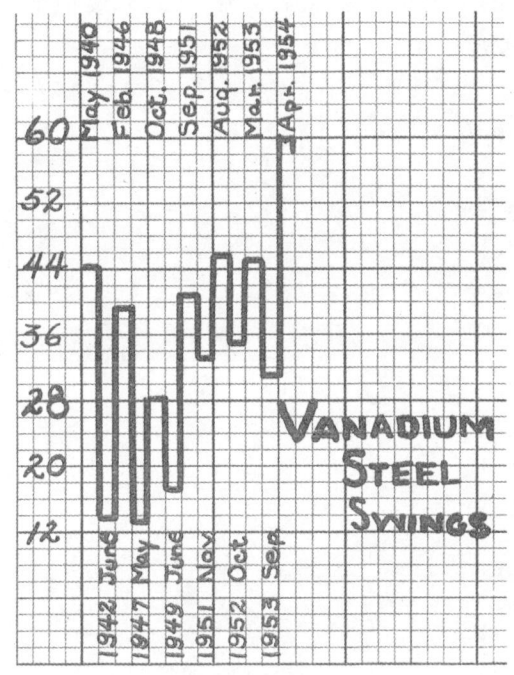

图 1 – 13　钒钢波动

每个股票板块的月度平均值和板块的平均价，以及在纽约股票交易所上市的全部股票的每月总市值，都是值得你保存的资料。这些平均值向你提供美元趋势，它比道·琼斯 30 种工业股平均指数——它仅仅涵盖了上市股票总数的一小部分——更精确也更有价值。

记住，你越努力，获得的知识越多，将来赚取的利润也就越多。历史上的智者所罗门王说过："智慧和聪明高于一切。"听从他的告诫你就会进步。"得智慧，得聪明的，这人便为有福。"

我在课程中所立的规则是切实可行的。我已经遵守这些规则并获利，你也能。我生活中最大的乐事是帮助他人。

"假如我能投射一束光芒，
于黑暗小路的另一面；
假如我能帮助一些灵魂，
辨清生命和责任，祝福我的弟兄；
假如我能揩干人们脸颊上的泪水，
那么我的生活就没有虚度。"

我就要过76岁生日了，我已经体验到了幸福和成功。我觉得生活没有虚度，因为有成千上万的人从我的书和指导课程中受益，而且我坚信他们也会从《投机：有利可图的职业》的规则中受益。

*W. D. Gann*

1954.5.18

# 第 2 章  形态解读和确定股票趋势的规则

## 一、成功投机或投资的必要条件

**知识**

要在投机或任何其他职业取得成功,最主要最重要的因素之一就是知识。消息灵通人士或熟悉自己生意的人士是成功人士。因此,把努力工作获取知识必将带来投机或商业成功作为一个规则。

**耐心**

在你获取了知识之后,你需要学会耐心——如果你还没有认识到耐心的价值。买入或卖出前,你必须学会等待趋势变化的明确迹象。你千万不要以希望或恐惧猜测来赌博交易。你一定要有能力行动而且要在正确的时间快速行动,在你已经获取了知识并且知道那是行动时机后行动。

**勇气**

你必须有勇气行动。在获取了知识后,你就会获得勇气和胆量,因为你会对这些验证过的规则和你的能力有信心。因此,获取知识将给予你在真正的时机到来时行动的勇气。

**学习**

不会努力工作和学习并且为成功提前付出的人,永远不会成功。如果你花时间学习并且回顾道·琼斯工业股平均指数从 1892 年到目前为止的记录,你将会相信这些规则有效,相信可以通过跟随市场的主趋势获利。

**形态解读**

我们 85% 的所学来自所见。俗话说得好:"一图胜万言",因此形态解读或在不同的时期对不同形态的解读非常有价值。未来不过是过去的重演。不同时期顶部、底部或中点的相同形态表明了市场的趋势。因此,当你在市场中第 2 次和第 3 次看到相同的图像或形态时，你就会知道它意味着什么并且能够确定市场的趋势。

你不必非要接受我的话：我给你的规则在将来会像它们在过去那样有效，但你应该用历史记录自己证明这些规则有效；然后，你才会有信心遵守它们并获利。

## 二、需要的资金

在股票市场以任何方法操作时，要考虑的第一点是所需资金的数量，你可以用这笔资金交易 5 年、10 年或 15 年而绝不会亏掉并且能够获利，能获利而绝不会亏掉本金的方法是那种每个人都应该为成功遵循的方法。

通常，我一直认为最好在每 100 股股票交易中至少使用 3000 美元的资金，并且限定每 100 股的止损单不超过 3 点。这样，你能用你的资金做 10 笔交易，市场要消灭你的资金必须连续击败你 10 次，而这几乎是不可能的。无论你用来交易的资金是多少，遵守这个规则：把你的资金划分成 10 等份，在任何一笔交易上所承受风险决不超过你资金 10%。假如你连续亏损了 3 次，就减少你的交易数量并且只冒剩余资金 10% 的风险。如果你遵守这个规则，你必定会成功。

对于以每股 15 美元到 30 美元交易的股票，你可以用 1500 美元的资金开始。第一笔交易应该在你可以设置不超过 2 点距离的止损单时进行，而且应该尽量在你仅有 1 点的风险时开始交易。换言之，用 1500 美元的资金，你必须估计能至少做 7 到 10 笔交易，而市场要消灭你的交易资金必须连续击败你 7 到 10 次。用这个方法它是不可能发生的，只要你遵守规则并且根据明确的迹象交易。

这个方法用于高价股会成就最赚钱的交易。而交易每股 100 美元以上的股票，你应该用 4000 美元的资金并且严格遵守所有规则。

如果你想以更小的股票数量进行交易，每 10 股用 300 美元的资金并且在最初的交易上决不冒超过 3 点的风险。尝试着开始你的第一笔交易，如果可能，将止损单设在不超过 1 或 2 点的位置。在任何一笔交易上决不冒超过你资金 1/10 的风险。

## 三、使用的图表种类

忙人或专家应该备有道·琼斯 30 种工业平均指数和 15 种公用事业平均指数的周高低点图，还应该备有不同板块的 5 到 10 种领头的活跃股的周高低点图。他还要备有一些在 20 美元或 10 美元之下交易的股票的月高低点图，并且观察这些不同的低价股何时显示出趋势变化。穿越前期顶部并且显示出活跃性时，表明了良好的买入时机。

## 四、主要和次要趋势

跟随市场的主趋势,你始终会赚最多的钱,虽说你决不能逆着主趋势交易意味着会错失一些能产生大利润的中间运动,但你的规则必须是:如果你逆着趋势交易,要等到某个规则在底部或顶部给出一个买点或卖点的明确信号,在那里你可以设置很接近的止损单。

始终有两个趋势——主要趋势和次要趋势。次要趋势是主趋势的反转,它只持续很短的时间。当主趋势向下时,在规则指示的反弹顶部卖空股票比在回调上买入安全得多。在牛市或上涨的市场中,等待次级调整并且在规则表明是买入时机时买入比在反弹上卖空安全得多。在买入或卖出前,等待明确的趋势信号,你始终会赚最多的钱。

## 五、趋势线指标

### (一) 绿色趋势线

这条绿色趋势线代表上升趋势,无论是次要趋势还是主要趋势。

我们把这条绿色趋势线用于上涨的市场中或者股票或平均指数每周都形成更高的顶部和更高的底部时。形成了比前一周更高的底部及更高的顶部的第一周,把绿色趋势线向上移动到那周顶部。然后,只要股票或平均指数形成了更高的底部和更高的顶部,绿色趋势线就继续向上移动到每周的高点。

### (二) 红色趋势线

股票或平均指数形成了比前一周更低的底部的第一周,趋势线变为红色并且向下移动到那周的低点,只要股票或平均指数形成了更低的底部就继续把它向下移动。这条红色趋势线意味着次要或主要趋势已经反转向下,你应该一直跟随到红色趋势线反转。形成更高底部和更高顶部的第一周,趋势线再次变为绿色。

红色趋势线变为绿色时买入
绿色趋势线变为红色时卖出

为了研究,我们使用道·琼斯20种铁路股平均指数从1896年到1914年7月的周高低点,因为与工业股相比,铁路股是那个时代的领头羊而且运动得更快,形成的幅度更宽,因此是更好的趋势指标,于其中交易更有利可图。

你应该跟随趋势线并且应用这里提供的所有买点规则。

## (三) 三个买点

### 1. 在前期底部或前期顶部买入

当股票下跌到前期底部或前期顶部时,总可以是一个带止损单的买点。实际上,除非你能算出在哪里设置1到3点距离的止损单否则不要买入,而高价股的止损决不要超过5点的距离。

记住,在股票第1次、第2次或第3次回调到前期顶部时买入是安全的,但当它第4次跌到相同的水平时买入是危险的,因为它几乎总是会走得更低。

在股票下跌到前期顶部或前期底部之下1到3点时买入。但是,如果股票恰好维持在前期顶部或前期底部附近而且没能跌到其下1到3点是最强的表现。维持在略高于这些老水平的地方是更强的迹象。

每股100美元之上交易的股票在穿越了前期顶部之后,可能会回调到前期顶部之下5点而不会更多,如果市场真的很强,就不应该走到它们之下多达5点,除非市场处于一个宽幅的交易区间而且非常活跃这样少见的情况下。

### 2. 更安全的买点

在股票穿越了从前的顶部或前几周的一系列顶部时买入,这表明次要或主要趋势就像绿色趋势线显示的那样已经反转向上。

### 3. 最安全的买点

股票穿越了前一周的顶部,上涨并且超越了从这个顶部下跌中的最大反弹后,在次级回调上买入。

当始于极限底部的第一次反弹持续时间超越了先前熊市运动中的最大反弹的持续时间时买入。

当上涨时间周期超越了到达极限低点前的最后反弹时买入。如果最后的反弹是3周或4周,当从底部的上涨超过了3周或4周时,考虑趋势已经反转向上,在次级调整上买入股票更安全。后面的例子会证明这个规则。

## (四) 三个卖点

当我们提到卖点时,意味着不是卖出多头股票就是卖空。

### 1. 在前期顶部或前期底部卖出

一个卖出多头并放空的重要点是在前期顶部或当股票第1次、第2次、第3次反弹到前期底部时。通常,在股票第4次上涨到相同的水平时卖出很危险,因为它几乎总是会走得更高。当你卖空时,在前期顶部或前期底部之上1、2或3点设置止损单。

当价格在100美元以上的高位时,平均指数可能会走到前期顶部或前期底部之上

5 点而不会改变主趋势。但这很少发生，对以前的顶部和底部的研究会证明这一点。通常，当市场很弱而且主趋势向下时，反弹会正好停在前期底部之下而且不会超出它们之上 2 点。如果超过了 3 点，这是一个市场很强的迹象而且很可能会走得更高。如果跌到了这些老价位之下，表明市场非常弱。

### 2. 更安全的卖点

当股票突破了前一周的低点或前几周的一系列底部时卖出，就像趋势线显示的那样。

### 3. 最安全的卖点

在股票跌破了数周前的底部或跌破了过去的调整底部，趋势反转向下后，在次级反弹上卖出。这个次级反弹几乎总是会在熊市第一段中的第一次急剧下跌后出现。

在第一次下跌超过了先前牛市运动的最大调整或最终顶部前的最后调整之后卖出。

当第一次下跌的时间周期超过牛市运动中最终顶部前的最后调整周期时卖出。例如：股票已经上涨了数周、一年或更久，而最大的调整是 4 周——这是牛市中的平均调整——那么在到达顶部而且第一次下跌运行了 4 周以上之后，这是一个次要趋势或主要趋势变化的迹象。在任何反弹上卖空股票将会更安全，因为你是在趋势已经相当明确后根据趋势交易。

## 六、底部和顶部形态

研究股票的过去形态，你就能在将来出现相似的形态时确定会发生什么，就像看到一块低沉的黑云时就知道将有暴风雨一样。

底部或顶部的积累/派发完成后，就会出现一个突破点。你在这个点买卖股票，就能很快地赚钱。

研究成交量、空间和价格运动，最后还有最重要的时间周期。市场的相似活动会出现在相隔多年的相同月份附近。在"成交量"这一课会提供给你更多的规则和资料。

研究不同类型的底部形态——陡直的、双重的、三重的、平坦的和上倾的底部。

### (一) 单"V"字形或陡直的底部

这个形态是跟在快速上涨后的急剧、快速的下跌，或者甚至是跟在一轮从底部开始的、一直上涨到更高价位才出现次级调整的快速反弹之后的缓慢下跌。

例如：1910 年 7 月 26 日，道·琼斯 20 种铁路股平均指数急剧下跌到了 105¾；然后急剧反弹到了 114¾,上涨 9 点没有出现回调,而且后来没有回撤形成双底。

## (二)"U"形底或平底

这个"U"形底是股票在一个狭窄的交易区间内逗留了 3 到 7 周或更多,可能多次形成相同的顶部和底部时的形态;然后当它穿越了中间的顶部时——它形成了一个"U"形或平底而且是一个突破点——这是一个安全的买入位。

例如:1898 年 3 月 12 日到 4 月 30 日,道·琼斯 20 种铁路平均指数维持在 56 和 60 之间,4 次攻击底部。这是一个平底,当穿越 60 时,平均指数预示着更高的价格。

## (三)"W"底或双底

当股票下跌并形成底部;然后反弹 2—3 周或更多;然后下跌并在相同的水平附近第 2 次形成底部;然后上涨并穿越了先前的顶部时,就形成了一个"W"底或双底。当它穿越了顶部或"W"中间的点时,这是一个突破点,买入就是安全的。

例如:1899 年 12 月 23 日,低点 72½。1900 年 6 月 23 日,低点 73。

## (四)"WV"底或三重底

这是双底之后第 3 个更高的底部或相同水平附近的 3 个底部。当股票已经形成了一个"W"和一个"V"并且穿越了"W"的第 2 个顶部时买入是安全的。

例如:1899 年 12 月 23 日——第 1 个底部在 72½。

1900 年 6 月 23 日——第 2 个底部在 73。

1900 年 9 月 29 日——第 3 个底部在 73¼。

这是一个平均指数上涨到 78(突破点)后形成的"WV"底,一轮失控的上涨随之而来,市场在 28 周内上涨了 44 点。

## (五)"WW"底或四底形态

这个形态显示了第 1、第 2、第 3 和第 4 个底部。最安全的买点在突破点或股票穿越了第 2 个"W"的中间点时。

例如:1903 年 8 月 8 日,低点 90¾,于 1903 年 8 月 22 日反弹到了 98¾。

1903 年 10 月 17 日,低点 89¾,于 1904 年 1 月 23 日反弹到了 99⅝。

1904 年 3 月 19 日,低点 91¼,于 1904 年 4 月 16 日反弹到 97¾。

1904 年 5 月 21 日,低点 93½。

当平均指数穿越了 97¾ 时(第 2 个"W"的中间点),会继续穿过 99⅝ 的顶部——第 1 个"W"的顶部。

## （六）顶部形态

你应该研究不同类型的顶部——陡直的、平坦的、双重的、三重的和下倾的顶部。

**单"A"或陡直的顶部**

在长期的上涨之后或在牛市运动的终点，平均指数或个股往往会形成一个单独的陡直顶部（上涨17至26周或更久而仅仅有时有10天至2周的小调整）然后紧跟着急剧、快速的下跌。在随后的或次级反弹上卖出是安全的，而当它突破了"A"的最后一条腿时或当它突破了第一轮急剧下跌的底部时卖出更安全。

例如：20种铁路股平均指数自1902年5月24日到9月13日从117½上涨到了129¼；然后急剧下跌到了11月18日。仅仅反弹到123½。当突破118¼时，这是一个弱势的迹象表明熊市继续。

**"⌐"顶或平顶**

当市场在相同的价位附近形成了数个顶部，而且回调的底部都在相同的价位附近时（维持在一个狭窄的交易区间）就形成了一个"⌐"顶或平顶。当跌到一系列周底部之下时卖空就是安全的。

例如：1911年5月13日到7月29日，铁路平均指数在一个2½点的区间内维持了8周，形成了一个平顶，而当平均指数突破了121时（在这个狭窄区间的低点之下）卖空就是安全的。

**"M"顶或双顶**

如果股票或平均指数在大幅上涨后形成了顶部；然后回调3-7周或更久并且再次反弹到相同的顶部附近，就形成了一个"M"顶或双顶。然后，如果它下跌并且跌到了过去的回调低点之下或"M"的中间点之下，卖空就是安全的。

例如：1906年9月15日，高点137¾；11月7日，低点131½；

12月15日，高点137½；然后紧接着快速下跌，突破了131½的低点，熊市随之而来。

**"MA"顶或三重顶**

这个形态出现于：股票或平均指数在相同的价位附近形成了3个顶部或第2个和第3个顶部略低时。当这些形态在长期上涨后于顶部形成时，就是主要下跌的信号。顶部之间的时间越长，大跌的信号就越强。当股票突破了最后的底部或"M"的终点时卖空就是安全的，而当它突破了"A"的底部时——这是突破点——卖空更安全。

例如：第1个顶部——1906年1月19日，高点138⅜，牛市的终点；1906年5月5日，急剧下跌到120¼；

第2个顶部——1906年9月22日，高点137¾，比1906年1月略低的顶部。1906

年11月17日，回调6点的低点；

第3个顶部——1906年12月15日，高点137½，与前面顶部相同的价位附近，个大跌的信号。1907年的恐慌紧随其后，平均指数在11月里下跌了57点。

### "MM"顶或四重顶部形态

这个形态出现于股票或平均指数在相同或略低的价位形成了4个顶部时。当股票跌破了第2个"M"的第2个点即最后调整的低点时，卖空最安全。

例如：第1个顶部——1911年7月22日，高点124；

第2个顶部——1912年8月17日，高点124；1912年9月14日，回调到120½；

第3个顶部——1912年10月5日，高点124⅜；1912年11月2日，回调到119⅝；

第4个顶部——1912年11月9日，最后反弹到122¾；当平均指数跌到119⅝之下时——最后的回调低点，这是一个突破点——大跌随之而来。

## 七、市场运动的阶段

股票或平均指数的牛市或熊市运动在3到4段里耗尽。

### （一）牛市

第1阶段——最后的底部之后的上涨；然后是次级回调。

第2阶段——上涨到新高位，在前几周第一次上涨的最高点之上；然后回调。

第3阶段——上涨到行情的最高点。大多数情况下，这意味着牛市运动的终点，但在判定第3轮上涨结束、主趋势改变之前，你必须观察明确的迹象。

第4阶段——通常牛市会经历4个阶段，而这第4段运动或上涨对于观察牛市的终点和趋势变化最重要。

持续时间1年或更短的小牛市通常在第2阶段耗尽，特别是如果第1阶段是从一个急剧下跌的底部开始的话。因此始终在第2轮上涨后观察市场行为。看看它是否正在形成顶部并且给出了趋势变化的迹象。

### （二）熊市

熊市运动是逆着牛市运动运行的。

第1阶段——有一轮陡直、剧烈的下跌，它改变了主趋势；然后是次级反弹，在这上面卖空更安全。那标志着第1阶段的终点。

第2阶段——然后是到达更低价格的第2次下跌，紧跟着一轮中等反弹。

第3阶段——第3次下跌或运动到达更低的价格，这也许是熊市运动的终点。

第4阶段——通常会有第4轮运动，那时你必须密切观察底部。为了确定它是否是最后的底部,你要使用所有的规则——观察前期顶部和底部,寻找主趋势准备改变的明确迹象。

持续时间 1 年或更短的小熊市往往在第 2 阶段耗尽,特别是如果第 1 阶段是从一个陡直的顶部开始的话。因此,始终在第 2 轮下跌之后观察市场行为,看看是否正形成底部并且给出了趋势变化的迹象。

在极端情况下,像 1929 年和紧随 1929 年之后到 1932 年的熊市,出现了多达 7 段的上涨或下跌,但这是反常和罕见而且相隔许多年才出现的行情。

回顾所有我们经历过的行情,你会发现这些阶段或运动是如何耗尽的。

## 八、如何确定主趋势的变化

### (一) 空间运动

根据空间运动确定趋势变化的规则:

当下跌点数超越了先前回调的最大下跌 1 点或数点时,这是一个趋势变化的迹象。

在牛市中,当市场已经经历了 3 段或以上时,回顾市场记录,找出任何一段中的最大调整,无论是 10、15、20、30 点还是更多。假如平均指数已经上涨了很长时间,而市场中的最大下跌是 10 点,而且已经到达了第 3 或第 4 阶段。那么,股市的平均指数或价格第一次下跌 10 点以上或大于最大的调整时,这是一个主趋势已经改变或即将改变的迹象。这并不意味着已经给出了明确的趋势改变信号后不会出现反弹,因为通常在给出了第一个趋势变化的信号之后,牛市中会出现次级反弹,而且在顶部的派发必定需要时间。因此,不要只因为你得到了一个主趋势已经改变的明确迹象,就匆忙下结论你可以正好在那时卖空而不会出现反弹。如果可能,始终在反弹上卖出,尽管有时候你可以在新低位或突破底部时卖出。应用你的所有规则进行判断。

### (二) 时间周期——识别主趋势正在变化的另一个方法

规则——当市场运动只有 3 段或 4 段,而且调整的时间周期超越了先前调整的最大时间长度时,考虑主趋势已经改变。

回顾市场记录,从任何小顶部找出牛市先前阶段的最大时间周期或调整的持续时间。如果你发现最大的调整大约是 4 周。那么市场第一次连续下跌 5 周或以上时,这是一个主趋势已经改变的迹象,在次级反弹上放空股票。

在熊市中应用同样的规则。当股票或平均指数上涨超过熊市中反弹的空间运动或点数时,那么主趋势正在改变而且牛市运动正在开始。

从判断趋势改变的角度看,牛市或熊市中第 2 轮运动或第 2 阶段之后的空间运动反转,不如在第 3 或第 4 阶段耗尽后的空间运动反转重要,无论上涨还是下跌。

所有这些规则的例子,都会在从 1892 年到 1939 年起的每一轮牛市和熊市运动的研究中涉及到,这样你就会知道如何在将来的市场中应用这些规则。

### (三) 多周的窄幅波动

当股票或平均指数在一个狭窄的区间内维持了 2 到 6 周或 10 到 13 周,然后穿越了前几周的顶部或突破了它的底部,那么趋势已经改变而且你应该顺势而为。在狭窄区间内的时间越长,当突破这个区间时(无论向上还是向下),上涨或下跌就越大。

例如:1897 年 1 月 16 日到 3 月 20 日,铁路平均指数维持在 2 点的区间内;然后突破了 52 的低点并且走向更低。1897 年 4 月 10 日到 5 月 22 日,维持在一个 2 点的区间内达 6 周之久;然后穿越了 51 的顶部,牛市开始。

### (四) 收集和派发的位置

市场已经上涨到了第 3 或第 4 阶段后,就会有一轮急剧下跌或反弹,当发生派发时,它常常在一个区间内逗留很长时间。区间的顶部也许在极限高点之下数点。在形态解读时,注意这个派发区里从高点到低点的区间非常重要。在这个派发区间的顶部卖空股票,而当突破这个区间的最低点时——这是突破点——卖空更安全。

在熊市的终点,第一次急剧上涨之后是次级回调;然后是长期的收集,伴随着上涨到这个积累区间的顶部和回到这个区间底部的数次运动。在这个区间的底部是买入时机,而当穿越了这个区间的顶部时买入更安全,因为那是突破点和快速上涨的信号。

这些横向收集和横向派发的例子,会在研究不同的市场运动时提供参考。

### (五) 牛市或熊市的最后阶段

实际上,在市场运动最后阶段的上涨行情中,随着股票运行到更高的价位,调整变得更小,直至最后阶段或运动结束。然后,出现急剧、快速回调和趋势反转。

在熊市的最后阶段,突破所有的前期底部和阻力位之后,随着价格走向更低,反弹变得更少或更小。买入的人们直至到达最后的底部并且出现了第一次反弹,才有机会在反弹上卖出。

因此,在牛市的最后阶段或熊市的最后阶段上车毫无收益。

## （六）底部区间

决不认为主要或次要趋势已经反转或改变,直到突破了前几周的底部或穿越了前几周的顶部为止。股票或平均指数下跌到底部之下,并且由此显示出会到达更低位的趋势变化的点数,因股票或平均指数正在交易的价格而异。我们认为双重或三重底部或者双重或三重顶部的界限在1到3点之内。在强势市场中,股票仅仅会跌到底部之下1点,然后反弹,而在极端情况下,也不会超过2点。通常,在任何重要的反弹前,当突破底部3整点时,就是一个进一步走低的迹象。

## （七）顶部区间

顶部也一样。双顶的区间大约是3点。这些顶部可以在1到3点的区间内,而仍然认为是双重或三重顶部。前期顶部之上1到2点的上涨,并不总是预示着主趋势已经改变和股票会立即上涨,但前期顶部之上3点的上涨几乎总是一个将在大调整之前出现更高价格的迹象。在牛市和熊市的终点,经常会出现一些假运动,随后快速反转。

## （八）股票上涨到前期顶部之上后会下跌到前期顶部之下多远？

要仍然显示出上升趋势,股票或平均指数上涨到前期顶部之后,回调,如果处于强势,会刚好停在前期顶部附近,有时候或者会走到前期顶部之下1到2点但很少超过3点。无论股票在多高的价位交易,超过前期顶部之下5点的下跌将表明趋势已经反转,那时股票不会走向更高而会走低一会儿。也可能下跌到前期顶部之下5点而后处于牛市。这全取决于市场处于什么阶段。最后阶段的信号最重要。

## （九）熊市中股票可以走到前期底部之上多远？

熊市中颠倒这个规则。当股票上涨到前期底部时是卖空时机,因为底部变成了顶部,顶部变成了底部。它们不应该走到前期底部之上1到2点,平均不应该超过3点。因此,即使股票在高位,如果它们上涨到前期底部之上超过5点,这是一个正走向更高价的迹象,而且不会马上跟随主趋势走得更低。

## （十）5～7点或10～12点区间的数次快速上涨或下跌

无论市场非常活跃还是处于迟缓的交易区间里,所有的迹象都在市场非常活跃时才更准确和更有价值。

股票或平均指数上涨了一段时间并且经历了3或4段后,如果在一个区间里出现了数次10到12点的运动,在这个区间里形成了数个底部和顶部,这表明要么是收集要么是派发。当突破这种区间的底部时,是一个价格走低的迹象;当穿越了这种区间的顶部时,这是一个价格走高的迹象。注意横向收集区间和横向派发区间。

上涨的市场也许会出现数次 10~12 点的回调;然后是 20~24 点的回调;然后再次上涨之后,如果从任何顶部下跌了 20 点以上,它通常会再运行 30~40 点。回顾曾经在非常高的价位交易的股票或平均指数,你可证明这个规则的价值。

### (十一) 市场何时处于强势或弱势位置

股票或平均指数在长期下跌之后,特别是在急剧、快速的下跌之后(那时反弹很小),市场开始形成更高的底部时,就处于最强的位置。在第 2 和第 3 个更高的底部形成之后,穿越了以前的反弹顶部时,股票就处于最强的位置。抬高的底部总是代表着强度,而且上涨通常开始于第 3 或第 4 个更高的底部,即运行很长时间只有很小的调整的大涨。当你进入这种行清时,赚钱最快。

熊市中反转这个规则。市场形成更低的顶部时最弱。第 3 个或第 4 个更低的顶部是最安全的卖空位置。第 3 个或第 4 个顶部之后,当突破最后的低点或先前的底部时,就处于最弱的位置而且表明主趋势向下,下跌会更快。

## 九、如何确定次级趋势的变化

### (一) 次级上涨

当市场正在上涨并且 2 周或更多周在相同价位附近形成顶部时,特别是当顶部位附近的区间非常狭窄时,然后价格跌到了 2 周或更多周的底部之下,这表明次级趋势已经反转向下,你应该跟上它,直到有了另一个明确的趋势变化迹象。

### (二) 次级回调

平均指数或股票已经下跌了数周或数月之后,价格在相同价位附近两周或以上形成了底部并且在一个狭窄的交易区间内维持 2 周或以上。然后穿越了 2 或 3 周上涨的顶部,这表明次级趋势已经改变,至少是暂时的,你应该跟上它。

### (三) 沉闷的市场

一个处于某一点位狭窄交易区间的沉闷市场,表明它正在为某种变化做准备。而且在这些狭窄、沉闷期过后,无论向上还是向下突破,你都应该跟上它。

## (四)次级运动的持续时间

**牛市中次级调整的时间规则**

在上涨的市场或牛市中,出现次级调整信号时,价格会回调 3 到 4 周,但通常在第 4 周会反弹而且收盘更高。某些情况下,会只有 2 周的急剧、快速回调,然后主趋势将重新恢复;但在 3 到 4 周的下跌之后,如果市场出现次级反弹,然后跌回到 3 或 4 周的底部之下,这是一个更大趋势变化的迹象,很可能主趋势已经改变。

极端情况下,牛市中的次级反弹之后,在主趋势重新恢复之前,价格会下跌达 6 到 7 周,但极少会更多。

**熊市中次级反弹的时间规则**

这些规则与牛市中的相反。熊市中的反弹持续 2 到 4 周。如果反弹持续到了第 5 周,很可能会延续到第 6 或第 7 周;然后,你可以观察重要的趋势变化。

熊市中 3 到 4 周的反弹和次级调整之后,如果市场上涨并穿越了 3 到 4 周反弹结束时形成的价位,那么趋势正在改变——至少是暂时的,并且预示着更高的价格——即使是在熊市中。

## 十、如何以开盘价和收盘价确定第一个趋势变化

上面有开盘价和收盘价的周高低点图,是用来确定股票或平均指数趋势的最好图表之一。那就是我们在道·琼斯 30 种工业股平均指数上使用周线图,并且以它为依据提供所有信号的原因。

周收盘价或日收盘价最重要,因为股票当周或当天的价格无论多高或多低,收盘价准确地显示出他们在那个时段结束时的亏损或获利情况。

股票或平均指数上涨了很长时间到达了前期顶部或市场运动到可能发生趋势变化的一个阶段之后,在非常活跃的市场中,于星期一上午观察开盘价就非常重要。假如平均指数或股票在星期一上午的开盘价 1 点以下交易,然后下跌并且在星期六收盘于当周的最低位附近,这在周线图上是第一个趋势变化迹象。但别忘了使用其他规则,等待时间或空间的适当下跌,或者直到突破了前几周的底部才确定出现了明确的趋势变化。

在下跌的底部或非常活跃的市场中出现了急剧、快速的下跌之后,颠倒这个规则。在星期一上午观察开盘价。假如股票迅速下跌到周中或下半周,然后在形成底部后,反转并快速反弹,而且在星期六收盘于星期一上午的开盘价或附近或之上,这就是一个非常强烈的迹象:趋势正在反转,价格正在暂时走高。但在确定显示出了明确的趋势变化前,还要使用你的所有其他规则:穿越以前的周顶部,空间运动的点数反转还有

时间反转等等。

在周末，价格是否收盘于前期底部之下或前几周的底部之下，或者是否收盘于前期顶部之上或前几周的顶部之上也非常重要，因为这是弱势或强势的迹象。

## 十一、当股票上涨到新高区域或下跌到新低区域时

当股票上涨到比以前到达过的高点更高的价位或下跌到比以前到达过的低点更低的价位时，就处于新高区域或新低区域，而当股票到达记录的新高价或新低价时，你必须有可供遵守的规则。

第一，应用你的所有其他规则，而且直到有了主趋势改变的明确迹象才买或卖。

当股票上涨到一个历史上从未到过的新高位时，还会上涨 7、10、15、20 到 24 点或更多，特别是如果它处于牛市的第 1 或第 2 阶段时。假如新高在第 3 或第 4 阶段形成，那么在到达最后的高点和趋势改变之前，再上涨的点数有限。

你应该在市场上涨了 7 点（进入新高区域）、10 点、还有 15 点左右观察市场的行为，极端上涨中在 20—24 点附近观察，那里很可能会有阻力并形成顶部。这些是平均运动，取决于股票的活跃程度和股价能否在这些点上停下。遵循趋势信号和规则，你将能够确定第一个进入新高区域的运动何时结束和趋势何时改变。

熊市中颠倒以上的规则。

当在 50 和 125 之间交易的平均指数或股票上涨进入了新高区域时，这些 7、10、15、20 和 24 点的平均运动得相当精确。股票上涨到 125 以上、200 以上之后，平均运动会增大而且区间会更宽。股票或平均指数到达 300 以上时，区间同样会更大、运动会更快，这全都取决于行情运行了多长时间和处于何种运动阶段，以及股票从最后的底部上涨了多高或从最后的顶部下跌了多远。

## 十二、何时使用日高低点图

当市场非常活跃并且在很宽的区间波动，特别是在牛市的最后阶段或熊市的最后快速下跌时。你应该备有平均指数或个股的日高低点图，并且设置上趋势线，应用与周线图相同的规则，因为日线图会给予你次级趋势的第一个变化，它也许后来会被周线图确认为一个主要趋势的变化。完整讲解见下面的"阻力位"章节。

另外，我还想提醒你——不要试图领先于市场。不要猜测市场是否正在形成趋势变化，那是错误的。要一直等到市场显示出明确的趋势变化。当你根据这些规则提供的明确迹象形成了自己的判断时，你就会是正确的。

## 十三、道·琼斯20种铁路平均指数

**底部和顶部形态**

**1896—1914**

1896年8月8日　陡直的底部或单"V"形——低点42。

1897年1月16日　到23日和3月20日——平坦的双顶"M"。

4月　陡直的底部,在1点的横向狭窄区间里4周。

9月　陡直的或"A"形顶部,在从42到49的1/2位。

11月　陡直的或"A"形底部。

1898年2月　平顶——在1点的区间内2周。

3月5日到4月23　平底——相同水平附近的三重底部。

8月　陡直的顶部。

10月1日到11月5日　平底——在1点的区间内6周。

1899年4月1日到29日　平顶——在2点的区间内5周。

6月3日　陡直的底部。

7月29日到9月9日　平顶——在2点的区间内7周;

4月之后第一个更低的顶部。

11月　陡直的顶部——在2点的横向区间内4周,第2个更低的顶部。

12月23日　陡直的底部。

1900年4月7日　陡直的顶部——第4个更低的顶部。

6月23日　陡直的底部——第1个更高的底部和相对于1899年12月低点的双重底部。

8月18日　平坦的中型或中等顶部。

9月29日　陡直的底部——三重底部和第3个更高的底部——强势和很好的买点。

1901年5月4日　陡直的顶部。

5月9日　陡直的底部——恐慌。

6月15日　陡直的顶部——横向盘整2周;双顶。

8月10日　9月14日和10月12日,陡直的底部——第2个和第3个底部比第1个更高的三重底部——强势。

1902年9月13日　一个陡直的顶部和紧随其后的急剧下跌。

11月15日和12月13日　2个陡直的底部——双底。

1903年1月10日　陡直的顶部,在2点的区间内横盘5周。

7月11日　陡直的顶部——随后反弹2周。

8月22日　陡直的顶部——在2点的区间内横盘3周。

9月19日到11月14日　三重底部——第3个底部更高。

1904年1月23日　陡直或"A"形顶。

2月27日到3月19日　平底——在2点的区间内3周。

12月3日　陡直的顶部——回调3周。

1905年3月18日和4月15日　双重的平坦顶部。

5月27日　陡直的底部。

9月到11月　平顶,但仅下跌了4点。

1906年1月19日　最后的陡直顶部——随后急剧下跌。

5月5日　陡直的底部——随后急剧反弹。

6月16日　陡直的顶部——随后急剧下跌。

7月7日　陡直的底部——随后急剧反弹。

9月18日到10月13日　平顶——在2点的区间内7周,刚好在1月的顶部之下。

11月17日到12月22日　平顶——在3点的区间内4周。一轮恐慌性下跌紧跟在这第3个更低的顶部之后。

1907年3月14日到25日　一个陡直的底部。

4月6日到5月11日　陡直的双顶。

6月8日　平底——在2点的区间内4周。

7月6日到27日　平顶——在3点的区间内4周。

11月23日　陡直的底部和随后的急剧反弹。

1908年1月18日　陡直的底部和随后的急剧下跌。

2月15日到3月7日　平坦的狭窄底部——在1½点的区间内3周。

5月23日　陡直的顶部。

6月27日　陡直的底部。

9月12日　陡直的顶部。

9月22日　陡直的底部——随后快速急剧地反弹。

1909年1月2日　陡直的顶部。

2月27日　陡直的底部。

8月14日　陡直的顶部,随后急剧回调。

9月11日　陡直的底部。

9月18日到10月9日　平顶——在2点的区间内4周;第1个更低的顶部。

1910年7月26日　陡直的底部——熊市的终点;快速反弹随之而来。

10月22日　陡直的顶部。

12月10日　陡直的底部。

1911年2月4日到18日　平顶——在2点的区间内3周。

3月11日和4月22日　双底。

6月10日到7月29日　平坦的狭窄顶部——在2点的区间内7周。

9月30日　平底——在2点的区间内4周。

1912年8月17日到10月3日　双顶——狭窄的区间：从1911年7月22日起的第3个顶部。长期下跌随之而来。

1913年6月14日　陡直的底部。

11月15日到12月20日　平坦的双底。

9月13日　到27日以及

1914年1月24日到2月7日　双重平项——狭窄的区间。

4月25日　一个陡直的底部——随后缓慢反弹。

5月23日到7月11日　平顶——在2点区间内9周；恐慌性下跌随之而来。

## 十四、牛市和熊市中的突破点

**道·琼斯30种工业平均指数**
在图表上研究这些点

| 年份 | | | 周 | 点数 |
|---|---|---|---|---|
| 1897 | 6月5日 | 到 9月4日 | 12 | 16 |
| 1897 | 10月2日 | 3月26日,1898 | 10 | 14 |
| 1898 | 5月7日 | 8月28日 | 12 | 15 |
| 1898 | 12月3日 | 4月29日,1899 | 9 | 20 |
| 1899 | 12月9日 | 12月23日 | 3 | 15 |
| 1900 | 10月20日 | 4月20日,1901 | 10 | 18 |
| 1901 | 7月13日 | 10月14日 | 15 | 14 |
| 1903 | 3月28日 | 10月17日 | 29 | 25 |
| 1904 | 7月9日 | 4月15日,1905 | 49 | 33 |
| 1905 | 6月24日 | 1月19日,1906 | 30 | 28 |
| 1906 | 2月17日 | 5月5日 | 8 | 14 |
| 1906 | 7月28日 | 10月13日 | 11 | 8 |
| 1907 | 2月9日 | 3月25日 | 7 | 16 |
| 1907 | 7月6日 | 11月15日 | 19 | 25 |
| 1908 | 2月29日 | 8月14日 | 23 | 25 |

| 年份 | | | 周 | 点数 |
|---|---|---|---|---|
| 1909 | 4月3日 到 | 10月2日 | 25 | 16 |
| 1910 | 1月3日 | 2月12日 | 6 | 13 |
| 1910 | 4月30日 | 7月26日 | 13 | 16 |
| 1910 | 10月1日 | 10月29日 | 4 | 6 |
| 1911 | 8月5日 | 9月30日 | 8 | 12 |
| 1911 | 11月11日 | 9月7日,1912 | 46 | 15 |
| 1912 | 12月7日 | 3月22日,1913 | 15 | 12 |
| 1913 | 4月26日 | 6月14日 | 7 | 9 |
| 1913 | 7月19日 | 9月13日 | 8 | 8 |
| 1913 | 10月4日 | 12月20日 | 11 | 6 |
| 1913 | 12月27日 | 3月24日,1914 | 12 | 5 |
| 1914 | 7月25日 | 12月24日 | 21 | 27 |
| 1915 | 3月20日 | 5月1日 | 6 | 13 |
| 1915 | 7月24日 | 12月30日 | 32 | 28 |
| 1916 | 1月22日 | 4月29日 | 14 | 10 |
| 1916 | 8月12日 | 11月14日 | 14 | 13 |
| 1916 | 12月9日 | 2月3日,1917 | 8 | 12 |
| 1917 | 6月16日 | 12月22日 | 26 | 30 |
| 1918 | 1月5日 | 10月19日 | 41 | 14 |
| 1919 | 2月22日 | 7月19日 | 21 | 30 |
| 1919 | 8月2日 | 8月23日 | 3 | 10 |
| 1919 | 8月30日 | 11月8日 | 10 | 18 |
| 1919 | 11月15日 | 2月28日,1920 | 17 | 23 |
| 1920 | 3月6日 | 4月10日 | 5 | 10 |
| 1920 | 4月24日 | 5月29日 | 5 | 14 |
| 1920 | 7月24日 | 12月25日 | 23 | 23 |
| 1921 | 5月21日 | 8月24日 | 15 | 13 |
| 1921 | 9月10日 | 10月28日,1922 | 59 | 13 |
| 1923 | 3月24日 | 8月4日 | 19 | 16 |
| 1923 | 11月10日 | 2月9日,1924 | 13 | 10 |
| 1924 | 3月23日 | 5月24日 | 10 | 9 |
| 1924 | 6月14日 | 8月23日 | 18 | 14 |
| 1924 | 11月8日 | 3月14日,1925 | 18 | 16 |

第2章 形态解读和确定股票趋势的规则

| 年份 | | | 周 | 点数 |
|---|---|---|---|---|
| 1925 | 5月9日 | 到 2月27日,1926 | 41 | 36 |
| 1926 | 3月1日 | 4月17日 | 9 | 19 |
| 1926 | 6月5日 | 8月21日 | 11 | 18 |
| 1926 | 9月12日 | 10月16日 | 5 | 12 |
| 1927 | 4月16日 | 9月24日 | 22 | 31 |
| 1927 | 9月30日 | 10月15日 | 2 | 14 |
| 1928 | 3月17日 | 5月12日 | 8 | 14 |
| 1928 | 8月18日 | 10月8日 | 15 | 68 |
| 1928 | 10月8日 | 10月22日 | 2 | 24 |
| 1928 | 10月22日 | 2月9日,1929 | 16 | 40 |
| 1929 | 3月22日 | 3月30日 | 1 | 4 |
| 1929 | 4月30日 | 5月11日 | 2 | 8 |
| 1929 | 5月18日 | 6月8日 | 3 | 9 |
| 1929 | 7月6日 | 9月3日 | 8 | 38 |
| 1929 | 9月7日 | 11月13日 | 9 | 160 |
| 1929 | 11月16日 | 12月14日 | 4 | 46 |
| 1930 | 1月25日 | 4月17日 | 13 | 38 |
| 1930 | 4月19日 | 7月5日 | 11 | 64 |
| 1930 | 9月20日 | 11月15日 | 8 | 62 |
| 1930 | 11月29日 | 12月20日 | 3 | 27 |
| 1931 | 2月7日 | 2月24日 | 3 | 20 |
| 1931 | 3月7日 | 6月2日 | 12 | 64 |
| 1931 | 6月9日 | 7月27日 | 2 | 27 |
| 1931 | 7月2日 | 8月8日 | 5 | 20 |
| 1931 | 8月31日 | 10月3日 | 5 | 45 |
| 1931 | 10月10日 | 11月9日 | 4 | 24 |
| 1931 | 11月16日 | 1月9日,1932 | 8 | 36 |
| 1922 | 3月19日 | 7月8日 | 17 | 38 |
| 1932 | 7月16日 | 9月8日 | 8 | 31 |
| 1932 | 9月7日 | 10月30日 | 7 | 16 |
| 1933 | 2月4日 | 2月27日 | 3 | 8 |
| 1933 | 4月8日 | 7月17日 | 17 | 44 |
| 1933 | 7月18日 | 7月21日 | 1 | 18 |

49

| 年份 | | | 周 | 点数 |
|---|---|---|---|---|
| 1933 | 9月23日 | 到 10月21日 | 4 | 15 |
| 1933 | 11月18日 | 2月5日,1934 | 12 | 15 |
| 1934 | 5月5日 | 7月26日 | 12 | 17 |
| 1934 | 11月24日 | 2月23日,1935 | 14 | 8 |
| 1935 | 4月13日 | 4月6日,1936 | 52 | 54 |
| 1936 | 4月10日 | 4月30日 | 4 | 15 |
| 1936 | 5月30日 | 11月21日 | 25 | 32 |
| 1936 | 11月28日 | 12月26日 | 4 | 4 |
| 1937 | 1月16日 | 3月8日 | 8 | 8 |
| 1937 | 3月27日 | 6月17日 | 14 | 22 |
| 1937 | 7月3日 | 8月14日 | 6 | 20 |
| 1937 | 8月21日 | 10月19日 | 9 | 65 |
| 1937 | 19月19日 | 19月29日 | 1 | 18 |
| 1937 | 11月23日 | 1月15日,1938 | 7 | 15 |
| 1938 | 3月10日 | 3月31日 | 3 | 28 |
| 1938 | 6月25日 | 7月25日 | 4 | 24 |
| 1938 | 9月17日 | 9月26日 | 1 | 19 |
| 1938 | 9月28日 | 11月19日 | 7 | 25 |
| 1939 | 1月14日 | 1月28日 | 2 | 14 |
| 1939 | 3月18日 | 4月11日 | 3 | 25 |
| 1939 | 4月12日 | 6月9日 | 8 | 15 |
| 1939 | 6月10日 | 6月30日 | 3 | 7 |
| 1939 | 6月30日 | 7月25日 | 3 | 12 |

## 十五、不同形态的时间周期

**道·琼斯20种铁路平均指数**
牛市里突破后的运动或上涨：
例如：

1898年11月　　　　到　1899年4月,突破后在21周里上涨了38点。
1902年3月　　　　　1902年9月,在21周里上涨了15点。
1904年7月9日　　　　1995年3月,在36周里上涨了29点。
1905年6月24日　　　　1906年1月19日,在27周里上涨了10点。

## 第 2 章 形态解读和确定股票趋势的规则

| | |
|---|---|
| 1908 年 3 月 7 日 | 1908 年 9 月 12 日,在 26 周里上涨了 28 点。 |
| 1909 年 3 月 29 日 | 1909 年 8 月 14 日,在 21 周里上涨了 16½ 点。 |

牛市里的突破点:

例如:

| | |
|---|---|
| 1903 年 2 月 21 日  到 | 1903 年 10 月 13 日,在 33 周里下跌了 30 点。 |
| 1906 年 12 月 22 日 | 1907 年 3 月 25 日,在 15 周里下跌了 36 点。 |
| 1907 年 8 月 10 日 | 1907 年 11 月 21 日,在 15 周里下跌了 24 点。 |
| 1910 年 1 月 15 日 | 1910 年 7 月 26 日,在 27 周里下跌了 22 点。 |
| 1911 年 8 月 5 日 | 1911 年 9 月 30 日,在 8 周里下跌了 12 点。 |
| 1912 年 12 月 7 日 | 1913 年 6 月 14 日,在 27 周里下跌了 17 点。 |
| 1914 年 7 月 18 日 | 1914 年 12 月 23 日,在 22 周里下跌了 11 点。 |

# 第3章 我的预测法基础——几何角度

## 一、我的预测法基础

数学是唯一精确的科学。天地间所有的能量赋予了掌握简单数学的人。爱默生说过:"上帝严格遵守几何学原理。"另一位智者说过:"宇宙中除了数学的点,没有别的。"历史上最伟大的数学家之一毕达哥拉斯,通过数字试验找到了所有自然法则的证据之后说过:"上帝之前即存在数字。"他相信,数字的变化创造了神和上帝。他还说过:"图形不会说谎。"人类已经被数字诉说的真相说服,而且数字可以解决所有问题。没有数学,化学家、工程师和天文学家将会迷失。

通过图形解决问题并得到正确的答案和结果是如此简单和容易,但是仅有很少的人依赖图形预测商业、股票和商品市场的未来,这不可思议。基本原理易学易懂。不管你用几何学、三角学还是微积分学,你都使用算数的简单规则。你只做两件事:加或减。

有两类数字,奇数和偶数。我们把数字加在一起,这是增加。我们做乘法,这是一种更快的增加方法。减法是减少;除法也是减少。通过使用更高级的数学,我们找到了除、减、加、乘的更简便快捷的方法,当你懂得它时,仍然很简单。

自然界的任何事物都是阴和阳,黑和白,和谐或失谐,左和右。市场运动只有两个方向,向上和向下。有三个我们知道如何证明的维度——长、宽和高。我们使用几何学的三个图形——圆形、正方形和三角形。我们用圆形中的正方形和三角形的点来确定时间、价位和空间阻力点。我们使用360°的圆来测算时间和价位。

有三种角度——垂直、水平和对角,我们用来测算时间和价格运动。我们使用奇数和偶数的平方不仅获得市场运动的证据,还有其中的原因。

## 二、如何制图

图表是过去的市场运动的记录。未来只是过去的重复。没有新事。正如《圣经》

所说"已发生的,还将发生"。历史会重演,通过图表和规则,我们可以确定它将何时及如何重演。因此,首先最重要的是学习如何正确地绘制图表,因为如果你的图表出现了错误,你在应用规则进行交易时也将出现错误。

## (一) 年线图

你应该保存年高低点图表,也就是,把日历年期间形成的极限高价和极限低价记录在一条线上。在日高低点图上,价格间距可以使用 1/8 英寸 1 点或 2 点或更多,这根据股票的活跃性和价格水平而定。

## (二) 月线图

你必须始终保存月高低点图表,在所有的图表中,这是最重要的确定主趋势的图表。这个图表把日历月的极限高价和极限低价记录在一条线上,坐标纸上的每个间距 1/8 英寸相当于 1 点或 1 美元每股。

## (三) 周线图

下一个要保存的非常重要的图表是周高低点图。股票在 50 美元之下交易时,绘制这个图表通常需要用 1/8 英寸代表 1/2 点,或 2 个间距相当于 1 整点,或 1 英寸间距 4 点。当股票变得非常活跃,特别是当它们在每股 100 美元之上交易时,你可以用坐标纸上每 1/8 间距代表 1 点或 1 美元绘制周线图。

## (四) 半周或 3 日图

下一个与周线图同等重要的图表是 3 日图,取市场周一开盘直到周三收盘形成的极限高价和极限低价,在周三晚上绘制图表,然后从周四开盘到周六收盘,取极限高价和极限低价,在周六绘制图表。这向你提供了一个 1/2 周的时间周期。这个图表非常重要,正如稍后在这份课程中解释的那样。这个图表的间距可以与周高低点图相同。

## (五) 周移动平均或中点

为了得到周移动平均,我们取周线极限低点和周极限高点并除以二,得到这周的半路点或中点。这可以记录在周高低点图上或一张单独的图表上,用小圆点记录周移动平均,用一条线连接每周的中点。这个每周中点的重要性稍后会解释。

## (六) 日线图

当你交易活跃的股票时,你应该始终保存日高低点图,但如果出于研究目的,保存周线图和月线图已足够向你提供主趋势。日线图显示小趋势,而且它比任何其他图表更经常地显示出趋势变化,但是这个指示不会持久也不会运行得很远。这个图表应该像其他图表那样绘制,除非当股票在 50 美元之下交易或处于不活跃的交易区间时——间距应该是坐标纸上每 1/8 英寸 1/2 点,使 2 个间距相当于 1 整点或 1 美元。当股票很活跃而且上涨非常快速,每天都形成很宽的区间时,你可以像绘制周线或月线图那样绘制日线图,也就是用图表纸上的每 1/8 英寸代表 1 点。这个间距缩短图表高度,使它在波动幅度很宽时能够保持在一个易看易读的范围内。

假期或星期日在日线图上不占空间,因此,时间周期是实际的交易日而非日历日。但是,你应该至少每两周单独绘制一次日历日图表,稍后在趋势变化的时间周期规则下,你会发现,有必要检查并且知道市场何时距离顶部或底部 30、60、80、120、135① 等天数,因为日历日是时间的精确度量。通常,如果日线图到达了时间尺度的一个精确数学角度,同时日历日图表也到达了一个精确的时间尺度,这将成为一个双倍重要的趋势变化点。

## 三、几何角度

在多年的实践经验之后,我发现几何角度可以精确地测算空间、时间、成交量和价格。

数学是唯一精确的科学,正如我以前说过的。地球上的每个国家都同意 2 加 2 等于 4,无论说什么语言。然而,其他科学不像数学那样一致。我们发现,职业各异的人们对待问题遵循不一致的科学路线,但在数学计算上不会不一致。

圆有 360°,无论这个圆多大或多小。这些度数和角度的特定数字极具重要性,它们会指出股票的重要顶部或底部何时出现,并且指示出重要的阻力位。当你一旦完全掌握了几何角度时,你将能够解决任何问题,确定任何股票的趋势。

在 35 年的研究、检验和实践应用之后,我已经完全证实了决定股市趋势的最重要角度。因此,要集中精力于这些角度,直到你完全掌握它们为止。学习和验证我给你的每一个规则,你就会取得成功。

我们使用几何角度来测算空间和时间周期,因为这是一个比加法和乘法更简便快捷的方法,只要你遵循规则并且从顶部和底部或极限高点和低点准确地画出了角度线。用加法或乘法你也许会发生错误,但准确画出的几何角度会纠正这个错误。例如:如果你从图表底部横向计算 120 个间距——这相当于 120 天、120 周或 120 个月,然后你从 0 开始,在你的图表上垂直向上数到 120——然后从这个 120 的顶点画一个向下运动的 45°角,它将与横轴交会在距离起点 120 点的位置上。如果你在算数上出

---

① 江恩修订手稿时,在该串数字后注有"180 - 225 - 240 - 270 - 300 - 315 - 330 - 360"字样。

现了错误,角度线将纠正它。

已经画在图表上的角度,始终在你面前显示出股票的位置和它的趋势,反之,如果你之前写出了一个阻力点位,也许你会弄丢或忘记,但是画出的角度线总能在图表上看到。

正确地画出这些角度或移动平均趋势线,会防止你犯错或误判趋势。如果你等待并且遵守你的规则,这些角度线将向你显示何时趋势发生改变。

我们一般使用的移动平均线画法,是通过取日历日、周或月的极限低价和极限高价并取中值来得到日、周或月的中点或平均价,并在每个时间段持续这一过程。空间和点位的运动是不规则的,因为也许有时候每周运动2点,有时候每周5点,而时间长度的度量却是一个规则的单位。因此,几何角度——它才是真正的移动平均——是从日线、周线或月线图上的任何底部或顶部向上或向下运动。

## 四、如何画几何角度

有三个我们可以用数学或几何证明的要点:圆形、正方形和三角形。在我完成了一个正方形之后,我可以在它里面用相同的直径画一个圆,从而再产生三角形、正方形和圆形。

角度或移动趋势线平均值测量并划分时间和价格为成比例的部分。参考形态1中我画的28正方形。你会注意到,它高28宽28——换句话说,纵向28、横向28。它就像一个正方形的房间,有一个底部或地板,一个顶部或天花板和侧面的墙壁。任何事物都有宽、长和高。

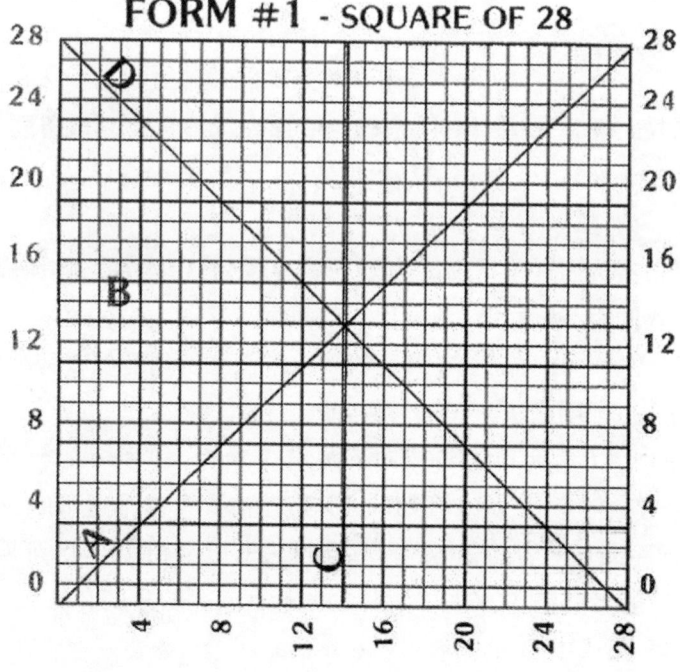

图 3-1 模式 1:28 正方形

为了在这个正方形里得到最强大的和最重要的点,我通过画一条水平线和垂直线把它分成两个相等的部分。注意标记为"A"的角度线,它把每个更小的正方形分成了两个相等的部分,并且从"0"到"28"对角地延伸。这是一条沿45°角运行的对角线,并且把大正方形分成了两个相等的部分。然后,注意在"14"水平地横向延伸的角度线"B"。它把正方形分成了两个相等的部分。注意角度线"C",这是一条垂直线,从"14"——这是"28"的一半——向上延伸。这相交于"14"半路点的中心——其他角度线穿越的地方——把正方形分成了两个相等的部分。然后注意角度"D",它形成了另一个从西北角向东南角运行的45°角度线,在精确的半路点上相交于"14"。你看这样,如果我们从正方形的中心画第一条线,我们把它分成了两个相同的部分——然后当我们从另一个方位画线时,我们把它分成了四个相等的部分——然后,通过从每个角画两条线,我们把正方形分成了8个相等的部分,并且产生了8个三角形。

正如你在这个正方形看到的那样,它会很容易地通过你的眼睛告诉你,最强的支撑点或最强的阻力点在哪里。它在所有角度相交的中心。四个角度在这个点相交,因此,这自然是一个比只有一个角度穿越的位置更强的支撑点。我可以用同样的方法通过画角度,把每一个这些更小的正方形分成四个或八个相等的部分。稍后,在我给你规则和实例时,我会解释如何根据股价范围画正方形——即根据极限低价和极限高价之间的差(或根据任何低点和任何高点之差)画正方形,还有如何根据底部价格画正方形。例如:股票的顶部是28,这个28×28的正方形表示时间与价格成正方形,因为如果我们把价格向上计数28点,同时把时间横向计数28个间距,我们就用时间和价格形成了正方形。因此,当股票运行了28天、28周或28个月时,这将使它以28的价格幅度形成正方形。

## (一) 几何角度模式图

90正方形或模式图显示了所有用来确定股票位置的重要测量角度。这些角度如下:$3¾$、$7½$、15、$18¾$、$26¼$、30、$33¾$、$37½$、45、$52½$、$56¼$、60、$63¾$、$71¼$、75、$82½$、$86¼$和90°。

没必要用量角器量出这些角度。为了准确地得到这些角度,你要做的是在8×8英寸坐标纸上计算间距,从而相应地画出线或角度。

在90正方形上——你会随着本课程收到——注意从顶部和底部画出的相等角度如何通过它们的交点证明画法不正确。例如:

从"0"画出的8×1角度和从"90"向下画出的8×1,二者相交于45,从0向右计算$5⅝$点。然后,你会注意到,从0开始的4×1角度和从90向下的4×1角度,在45相交于$11¼$,横向距离是前者的2倍。这些角度之所以都相交于45证明画法正确,因为从0画出的45°角上45是90的一半。因此,从0向上的角度和从90向下的相同角度,一定相交于45°角或中心。

## (二) 如何从股票记录的低点画角度

标为"模式2"的例图,向你展示了股票正在走向更高和上涨时要用的最重要的角度。(参见模式2)

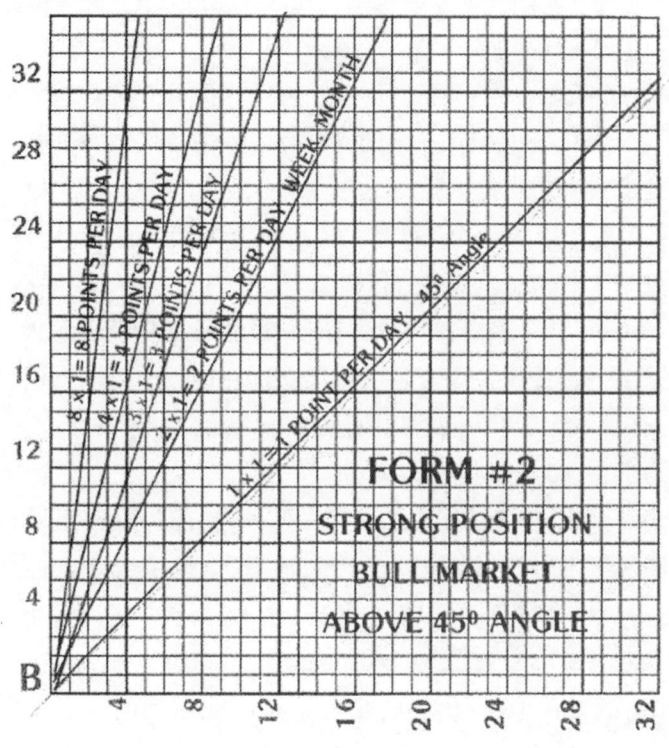

图 3-2　模式 2:45°角以上牛市重要角度线

**第一个重要的几何角度:45°或 1×1**

第一个并且总是最重要角度是 45°角或者以每天 1 点、每周 1 点或每月 1 点向上运行的移动平均线。这是一个 45°角,因为它把空间和时间周期分成了两个相等的部分。只要市场或股票逗留在 45°角之上,它就处于强势位置并且预示着价格走高。你可以在每当它触及 45°角度线时买入,在 45°角度线之下 1、2 或 3 点位置设置止损,但记住这个规则——决不使用超过 3 点距离的止损单。除非股票在低位附近,或者恰好在牛市的起点或在非常低的价位交易,否则我始终用 45°角度线之下 1 点的止损单。如果 45°角度线破位 1 点,你通常会发现趋势已经改变,至少是暂时的,股票将走向更低。

一个准确计算如何设置 45°角的简单方法是:如果从股票的底部点位开始的时间是 28 天、28 周或 28 个月,那么 45°角一定是从底部向上 28 点,并且相交于 28。这是设置起来最容易、学习起来最简单的角度之一。你可以仅仅依靠 45°角做交易而击败市场,如果你谨遵规则——在45°角度线上等待买入股票或者45°角度线下等待卖出。

### 下一个重要的角度:2×1

下一个重要的角度是2×1角度,或者以每天、每周或每月2点的比率向上运行的移动平均。它把45°角和直角之间的空间分成了2个相等的部分。这就是为什么它是下一个最强和最重要角度的原因。只要股票维持在这个角度之上,它就处于一个比停留在45°角度线上更强势的位置,因为这是一个更锐利的角度。当股票突破到这个2×1角度或每时间周期2点的角度之下时,那就预示着它将走向更低并到达45°角度线。记住所有角度的规则:无论股票向下突破什么角度,都预示着下跌到它之下的下一个角度线。

### 第三个重要角度:4×1

只要价格维持在它之上,就仍然强势。这是一个每天、每周或每月向上运行4点的角度。这个角度是4×1,或4点的空间幅度等于一个时间长度。它把2×1角度和90°角之间的空间分成了两个相等的部分。任何股票,只要持续以每天4点、每周4点或每月4点上涨并且一直停留在这个角度线之上,就处于一个非常强势的位置。但当突破到它之下时,这预示着走向价格和时间的下一个角度或下一个支撑点。

### 第四个重要角度:8×1

第四个重要角度是8×1角度,或者一个每天、每周或每月向上运行8点的角度。只要股票在日线图、周线图或月线图上能够维持在这个角度线之上,它就处于可能的最强势位置,但当趋势反转并且跌到这个角度线之下时,预示着跌到下一个角度。

### 下一个角度:16×1

16×1或1个时间单位16点价格的角度是有可能用到的一个角度,但这个角度仅仅用于快速上涨的市场中,像1929年,那时股票每天、每周和每月上涨或下跌16点,非常少见。

你会注意到,我们通过这四个重要的角度展示了牛市,或者说强市。我们始终通过角度线划分空间的方法得到时间和价格的半路点或中心。

### 3×1角度

注意用绿色画的标记为"3×1"的角度,它以每天、每周或每月3点的比率向上运动。在市场从底部长期上涨而且是大幅上涨之后,有时候这个角度很重要。这是一个用于月线和周线图的重要角度。

这些就是全部所需的角度,只要股票持续上涨,并且停留在45°角度线之上,或者说每天、每周或每月1点涨幅的移动平均线之上。

尽管圆有360°,而且角度可以是任意的,但是所有重要角度都在"0"和"90"之间产生,因为90°是直上直下的,而且是股票能够上升到的最陡直角度。例如:45°角把从"0"到"90"的空间分成了两半。135°角只是另一种形式的45°角,因为它是下一个象限90°和180°之间的一半。圆的225°和315°角也是45°角。因此,确定股票趋势的所有有价值的角度都在"0"和"90"度之间找到了。当我们把90°8等分时,我们得到了要用的最重要角度,然后把它3等分,我们得到了30°和60°角,这是用于时间和阻力点的重要角度。

## (三) 从哪种底部画角度线或移动平均

### 日线图

如果股票已经下跌了一段时间,然后开始反弹(从底部的反弹必须每天形成更高的底部和更高的顶部),在日高低点图上反弹三天之后,你可以从这个底部或低点画45°角和2×1角度。通常,起初仅有必要画上这两个角度。如果这个底部维持住了而且没有被突破,你可以从这个底部画上其他角度。

### 周线图

如果股票在下跌中反弹超过了一周并继续下跌三周或以上,然后开始反弹并上涨两周或以上,你可以从这个下跌的低点开始画角度,只使用45°角之上的角度,直到股票再次突破到45°角之下——那之后你可以使用更低的角度或正方形中看熊市一边的其他角度。

## (四) 始于底部的45°角被突破后怎么办

在股票形成了顶部之后——无论是暂时的还是长期的——而且突破到了45°角之下并开始下跌,那么你要做的第一件事是从底部或低点开始画45°角之下的角度。注意标为"模式3"的例图:

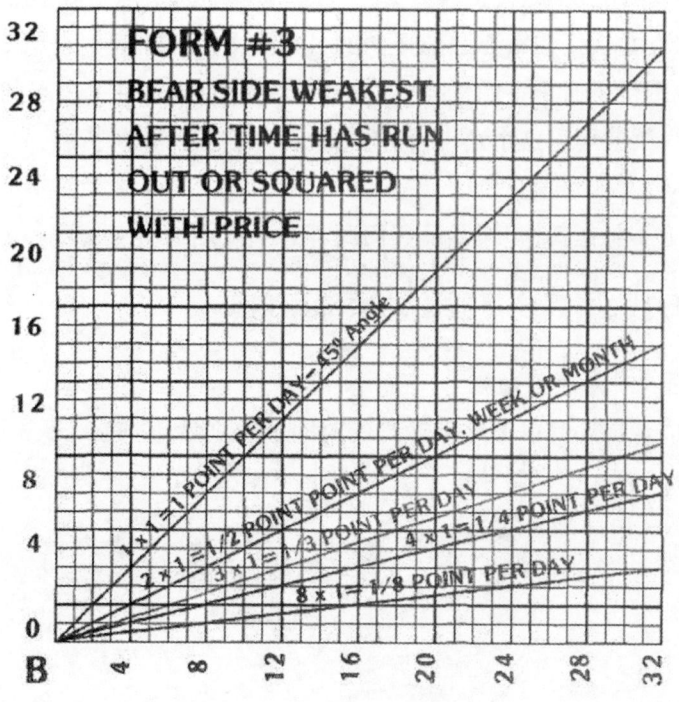

图3-3 模式3:45°角之下的角度线

**正方形熊市一边的第一个角度：2×1**

在正方形熊市一边你要画的第一个角度是2×1角度即横向2点纵向1点，它以每天、每周或每月1/2点的比率运动。这是股票向下突破45°角之后应该到达的第一个支撑角度。通常，当股票到达这个角度时会受到支撑并反弹。有时候会在它上面长时间停留，维持在这个角度上并形成更高的底部。但是当这个2×1角度或每天、每周或每月1/2点的移动平均被突破时，你必须画下一个4×1角度。

**下一个重要角度：4×1**

正方形熊市一边的下一个重要角度——它以每天1/4点的比率运动——是4×1角度。它是股票应该受到支撑并从此反弹的下一个强支撑角度。

**下一个角度：8×1**

在4×1角度被突破之后，你要在图表上画的下一个重要角度是8×1角度，它以每天、每周或每月1/8点的比率移动。这通常是一个非常强的支撑角度。股票大幅下跌之后，常常会在这个角度上停留数次，或者形成最后的底部并且从这个角度开始上涨，穿越其他角度并再次回到强势位置。因此，这个角度在长期下跌之后用于月线图或周线图很重要。

**角度16×1**

这个角度可以在从重要底部消耗了很长时间之后用于月线图。它以每月1/16点的比率运动。

**角度3×1**

这个角度——用红墨水画的——是一个非常重要的角度。我强烈建议始终使用它，并且把它保存在从任何重要底部开始的月线圈上。有时候把它用于周线图也很有益，但用于日线图很少有更多的价值。它以每天、每周或每月1/3点的比率运动。通过在多年的月线图上画出这个角度，你不久就会被它的价值所折服，另外，通过在周线图上检验它，你会发现它很有价值。

以上完成了需要在任何时间、从任何底部开始使用的所有角度。

## （五）如何从日线、周线或月线图的顶部画角度

### 1. 从顶部画45°角之下角度

在股票形成了顶部并且下跌了适当的时间长度之后，比如3天、3周或3个月，突破了先前的底部，然后你开始从这个顶部向下画角度。注意标为"模式4"的例子，这是在45°角之下从顶部画角度的模式。

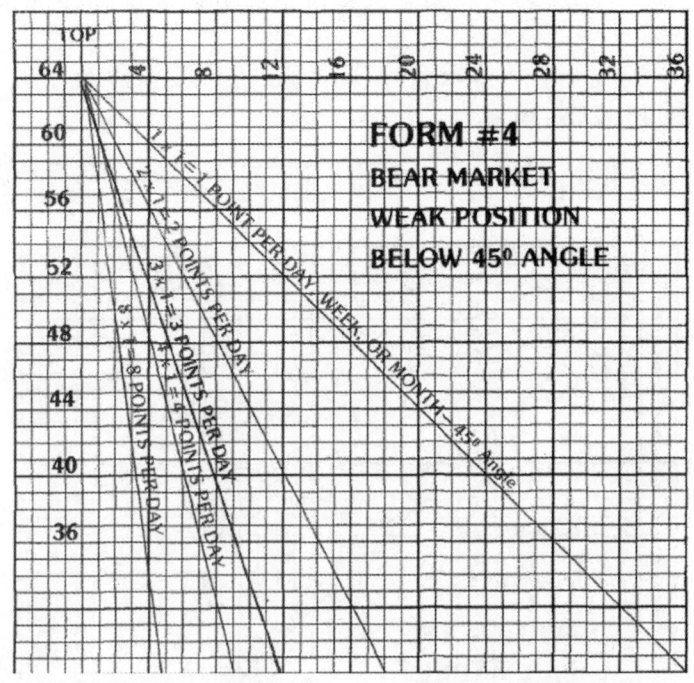

图 3-4 模式 4：高点引出的 45°角以下角度线

**2. 从顶部开始的 45°角**

你要画的第一个角度是 45°角，或者表示每天、每周或每月下跌 1 点的移动平均。只要股票在这个角度之下，它就处于最弱的位置并且处于熊市。

**3. 其他角度**

在许多情况下，股票会以每天、每周或每月 8 点，或者每天、每周或每月 4 点，或者每天、每周或每月 2 点的平均值开始下跌，因此，你应该从顶部画出所有这些角度，它们向下运动得比 45°角更快。

**4. 最弱的位置**

当股票下跌并且维持在 8×1 角度之下时，它就处于可能的最弱位置。当它以每天、每周或每月 4 点的比率下跌或在 4×1 角度之下时，就处于下一个最弱的位置。当它跌落到 2×1 角度之下时，就处于下一个次弱的位置。

**5. 最强的位置**

当股票穿越了 2×1 角度时，它就处于一个更强的位置并预示着更大的反弹，但这取决于它从顶部下跌了多远和它离 2×1 角度多远，正如稍后在规则中说明的那样。

**6. 趋势变化**

只要股票每天、每周或每月下跌 1 点，或者跌落到 45°角之下，就仍然处于熊市并且处于非常弱的位置。当股票在长期下跌之后穿越了 45°角时，那么你要准备在

45°角的另一边画角度,这表明股票处于熊市中的更强位置,也许正准备转变为牛市。

## (六) 从顶部画45°以上角度

图3-5所示是从顶部画出的45°角线之上的各个角度线。

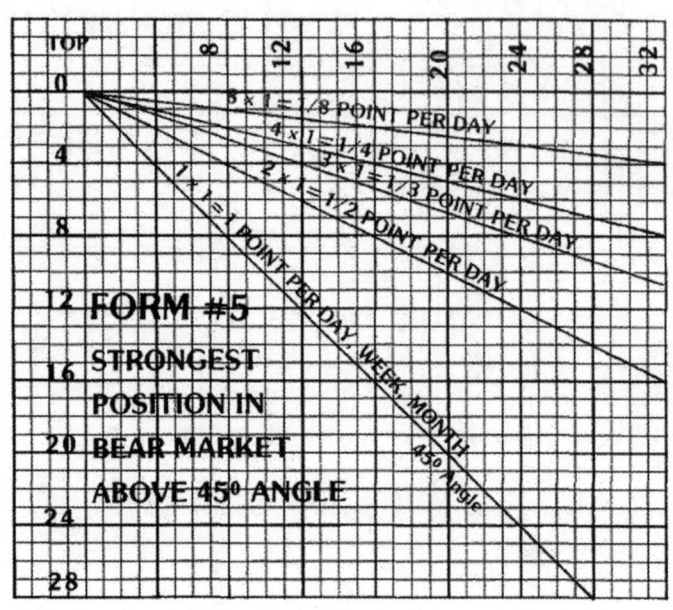

图3-5 模式5:高点引出的45°角以上的角度线

**1. 始于顶部的2×1角度**

在画完45°线之后,2×1角度是你要从顶部画出的第一个角度或者移动平均线,当股价穿越它之后,就表明形成了暂时的底部。这条线每向右2点,价格下降1点,或者说每个时间单位下降1/2点。这意味着每月、每周或每天下跌1/2点的速率。

**2. 4×1角度**

下一个角度线是4×1角度,也就是每月、每周或者每天下跌1/4点。

**3. 8×1角度**

下一个角度线是8×1,速率是每8天、8周或者8个月下跌1点,或者说每个时间单位下跌1/8点。

**4. 强势位置**

股票穿越了45°角并且向上反弹到2×1角度之后,它会遇到卖盘并且回调到从过去运动的底部上来的某些角度,但当它维持在这个2×1角度之上时,就处于更强势的位置;当它穿越4×1角度时,就处于下一个最强势的位置。穿越8×1角度——这最不重要——表明它再次处于从顶部开始的非常强势的位置。你必须始终考虑从底部上来的运动和它在始于底部的角度线上的位置,以确定它的强度。考虑它从底部上涨的点数和从顶部下跌了多少点很重要。

**5. 3×1 角度**

在"模式5"上,3×1角度用红墨水画出,它以每3天、3周或3个月1点或者每天、每周或每月1/3点的比率向下运动。在长期的下跌之后使用这个角度很重要。

这完成了你需要在任何时间用于顶部或底部的所有角度模式。在顶部和底部练习设置这些角度,直到你完全懂得如何设置它们,并且知道你绝对准确地获得了它们为止。然后,你可以开始学习根据股票在角度上的位置确定趋势的规则。

## (七) 双重和三重顶部或底部

**1. 角度线相交**

当有一个相隔数天、数周或数月的双底时,你就从这两个在相同价位附近的底部开始画角度。例如:从第一个底部画45°角,从第二个底部画2×1角度——当这两个角度相交时,这是一个重要的趋势变化点。

注意在标记为"模式6"的图表上,我从第一个底部"1B"画出的45°角和在45°角右手边的2×1角度。然后,从第二个底部"2B",我画出的45°角和在45°角左手边(即牛市一边)每天、每周或每月增进2点的2×1角度。你会注意到,始于第二个底部的2×1角度和始于第一个底部熊市一边的2×1角度相交于48,当股票突破到这两个角度之下时,趋势变化发生了,股票走向更低。

注意,始于第三个底部"3B"的2×1角度和始于第一个底部熊市一边的2×1角度相交于54,并且和始于第二个底部的45°角相交于58。这是一个观察趋势变化的点。我在这些来自不同底部角度的相交处都画上了一个圆。

用同样的方法把这个规则应用于双顶或三重顶。顶部或底部不是非要精确地处于相同的价位,而是在相同的价位附近。记住,始终从所有重要的顶部或底部开始画45°角。

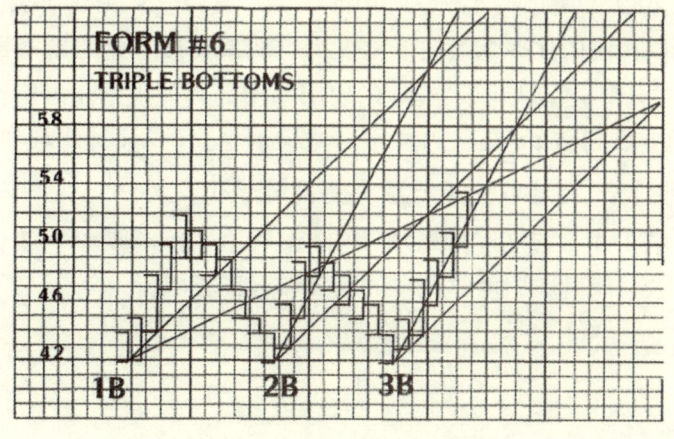

图3-6 模式6:三重底

平行的角度从重要的顶部和底部开始运行。正如以前解释过的，45°角最重要，应该从所有重要的顶部和底部画出。如果股票开始上涨，我们从底部画45°角——然后，如果股票形成了顶部，下跌并形成一个更高的底部——然后，上涨并形成一个更高的顶部，我们从第一个顶部画45°角，把这条线向上延伸。这将在从底部的45°角和从顶部向上运行的45°角之间的平行线里给出震荡或波动幅度。通常股票会上涨到始于第一个顶部的45°角，但不足以穿越它，然后下跌并停留在始于第一个底部的45°角上——然后再次上涨，在这两个平行的角度之间向上运行一个延长的牛市运动。

当这些角度相距很远时，你可以在它们之间画一个相同间距的45°角，这通常是一个强支撑角度，从这个角度开始股票将会反弹。但当向下突破它时，会下跌到底部的平行线。

平行线也可以在2×1或4×1角度间形成，就像在45°角之间那样，这通常发生在缓慢运动的股票中。

## （八）从"0"画出的几何角度或移动平均线

当股票到达底部并开始上涨时，已经教过你要从这个表示时间周期支撑的确切低点开始画角度，但后来还有另一个同样重要的角度，而且有时候比从股票底部画出的角度更加重要。它们是从"0"或零点开始的角度，与从底部向上运行的角度以相同的比率向上运动。它们的起点必须与已经形成的底部在相同的线上，因为时间周期从这个底部开始，但角度从"0"向上运动。这些角度应该在每当股票形成底部时开始，特别是在周线和月线图上，而且也要运用到日线图的重要运动上。例如：见第14页上标记为"模式7"的图表。

如果股票在20形成了低点——就像图上显示的那样——从"0"开始的45°角何时会到达20？答案是：它将在从底部或它的起点开始的20天、20周或20个月到达20。换言之，在20天、20周或20个月，它将从"0"上行到20（股票形成底部的价格）。然后，这个角度以相同的比率继续向上，之后，当股票突破了从当前形成于20的底部开始的45°角，并且突破了从当前在20的底部画出的其他支撑角度时，下一个重要支撑点是从"0"向上运动的45°角。当这个角度被突破时，它就可能处于最弱位置并且预示着低得多的价格，但这取决于股票在多高的价位交易和它在突破从"0"开始的45°角时已经下跌了多长时间。这些从"0"画出的角度，特别是45°角，表明了价格和时间何时达到平衡，或者股票何时从它的底部形成正方形。

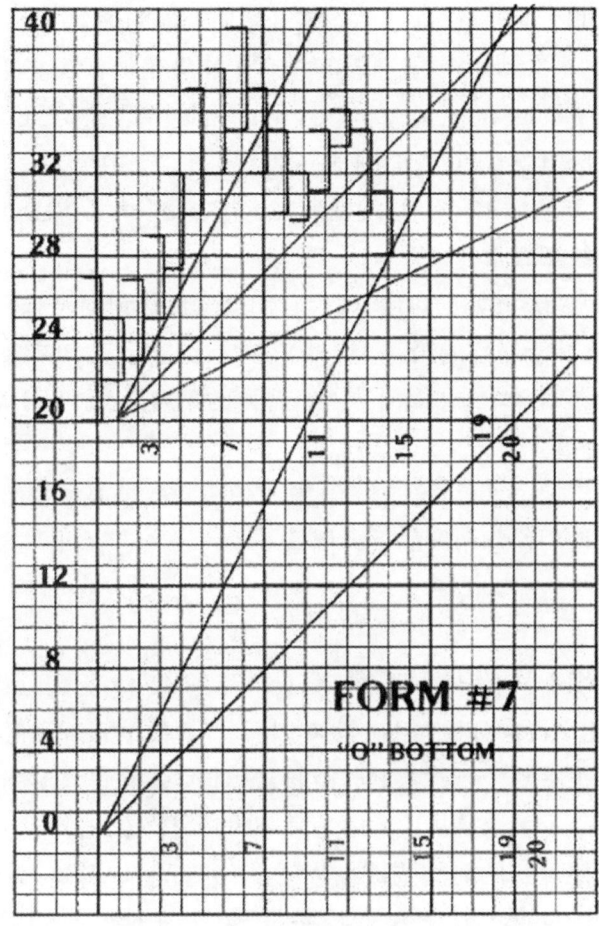

图 3-7　模式 7：从 0 开始的角度线

## (九) 开始于顶部形成时的"0"角度

当股票在日线、周线或月线图上到达极限顶部而且趋势反转向下时，你应该从形成顶部的这个确切的空间和日期，开始从"0"向上运动的 45°角。这将证明时间周期正方形。当到达这个角度并且显示出趋势变化时，那就非常重要。它是最后的强支撑，如果被突破，这预示着价格大幅走低。

我已经告诉你，在每种情况下，首先从底部、顶部画 45°角以及在底部及顶部从"0"画 45°角，但这并非意味着你不必使用其他角度。可以从"0"使用所有其他的角度，但 45°角是第一位和最重要的。这个角度被突破后，你就可以使用其他角度。你需要时才采用所有的角度，但月线图上，在经过很多年之后，当股票开始接近突破的水平，或者当股票接近支撑位时，应该采用这些其他的角度。

从"0"到顶部和底部的45°角：当从"0"开始向上运动的45°角到达底部一线时非常重要。然后，当它再次到达极限高价点时，对于趋势变化非常重要。

你应该在所有重要的第一、第二和第三个更高的底部，从"0"开始向上画45°角和其他角度，特别是那些运行了很长时间的底部。你还应该在第一、第二和第三个更低的顶部，从"0"向上开始画45°角，特别是那些运行了很长时间周期的顶部。把这些角度运用于周线和月线图最重要。

千万不要忽略从"0"开始的角度，因为它们会告诉你何时从顶部和底部形成时间价格正方形，而且在始于底部的第一个45°角被突破之后，可以在熊市一边的一个点上找到支撑角度或移动平均线。除了从"0"开始的角度外，你不可能用任何其他方法找到这个支撑点。

你应该回顾历史记录，引出这些角度，并且使不同的顶部和底部形成正方形，这样你就能向自己证明使用这些角度的巨大价值。

## (十) 从顶部下到"0"并再次向上的角度

在月线或周线图上，从任何重要顶部开始向下的45°角应该继续向下，直到"0"为止，然后以相同的比率再次开始向上。多年以后，在重要的顶部和底部之间，这个下来并再次上去的角度很重要。45°角也同样可以从任何重要底部继续向下到0，然后再次开始向上。这将显示无论是从顶部还是底部的时间价格正方形。

角度可以在任何重要的时间周期结束时从"0"开始。例如：美国钢铁在1904年形成了极限低点。1924年5月是20年周期即240个月的终点。1924年5月，美国钢铁靠着开始于"0"的45°角在109形成了顶部，那时的底部于1915年2月形成于38。考虑到这个顶部的重要性，而且在这消耗了20年周期，如果需要，我们可以于1924年5月，在这里从"0"开始45°角和其他角度。

1931年5月结束了从1924年开始的84个月的7年周期。1924年5月，从"0"开始向上运行的45°角于1931年5月相交于84。注意，美国钢铁于1931年6月在83(1/8)形成了低点。1924年6月，美国钢铁形成的低点在94¼，说明了20年周期的重要性。1924年6月从"0"开始向上运行的45°角于1931年6月相交于84，美国钢铁下跌并停留在了这个角度上。

## (十一) 始于相同底部的两个45°角

我们以前讲解过以每月1点的比率向上运动和以每月1点的比率向下运动的45°角。参考图3-8的例子。

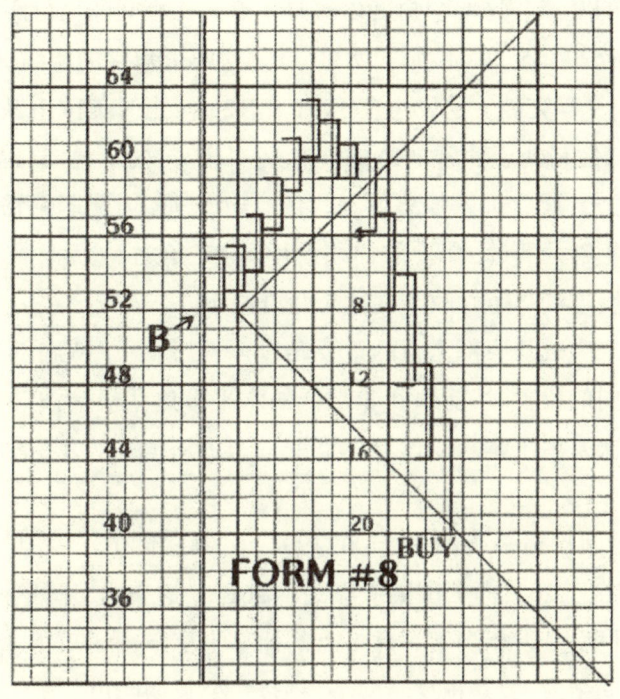

图 3-8　模式 8：从底部引出的两条 45°线

你会注意到，图上显示的低点是 52，股票上涨到了高点 63。从这个底部向上画出一个 45°角，股票到达顶部并开始下行之后，突破这个 45°角下到价格 59。你会注意到，我画了另一条从底部 52 向下的 45°角。从 52 向上运行的 45°角与从 52 向下运行的 45°角之间，距离 16 点。因此，在到达从底部向下运动的 45°角之前，如果直线下跌，角度直到股票下跌 16 点才会变宽。

注意，我已经在图上标明，股票持续下跌到 40 才停留在始于 52 底部的 45°角上。这显示出最强的支撑点，至少暂时会有反弹，特别是因为股票已经从顶部下跌了 23 点。稍后，你会发现在"阻力位"章节下，22½ 到 24 点是一个强支撑点。

**美国钢铁：**

取美国钢铁 1927 年 1 月 111¼ 的极限低点，在月线图上以每月 1 点的比率开始画向上运动的 45°角——然后以相同的比率开始画向下的 45°角。这表明了角度的扩张，以及钢铁突破从那个底部上来的 45°角时会发生什么，还有在极端恐慌的市场中——像 1931 年和 1932 年——它会下跌到什么位置。

从 1927 年 1 月的低点上来的 45°角，于 1930 年 10 月相交于 156。美国钢铁突破这个角度后一直跌到了 1930 年 12 月的 134⅜，停留在始于 1927 年 1 月底部的 2×1 角度上——然后反弹到 1931 年 2 月，突破始于 111¼ 的 45°角时，是在第 45 个月，是另一个陡直、剧烈下跌的信号。现在我们看看从 111¼ 向下运动的 45°角，发现它距

111¼向上的45°角90点。这两个角度以每月2点的比率间隔而且距底部45个月,股票要冲击从底部向下的45°角,必须下跌90点。这两个角度的距离这么宽,表明股票可能会出现宽幅的开盘突破。这发生在1931年12月,当时美国钢铁突破了从111¼向下运行的45°角,使它处于非常弱势的位置——其实,处于最弱位置的股票只要重新回到这个角度之上,就会进入强势位置。1932年6月.当美国钢铁跌到21¼时,就跌落到了从1925年3月的过去低点113⅜下行的45°角之下,而且在它开始重新回到这个角度之上以前,连续2个月收盘在这个角度之下。

这表明,当股票突破从底部上行的重要角度后,跌落到了从底部下行的重要角度之下,进入了非常弱的位置时,能跌到非常低的水平。这些极端波动和下跌已经发生于过去,而且会再次发生于将来。这导出下跌一边的时间正方形,表明之前的时间价格平衡结束。

这是另一个时间价格平衡的例子:在1907年的底部21⅞从"0"向上运行的45°角,1929年9月相交于262,而美国钢铁涨到了261¾,这表明美国钢铁在从1907年的底部起的262个月里,是以相当于每月1点的比率上涨。由于攻击45°角失败没能穿越它,表明上涨时间结束,股票正反转向下,将是一个长期熊市。

## (十二) 从一个顶部到下一个顶部的角度或移动平均线

参考"图3-9"的例子。

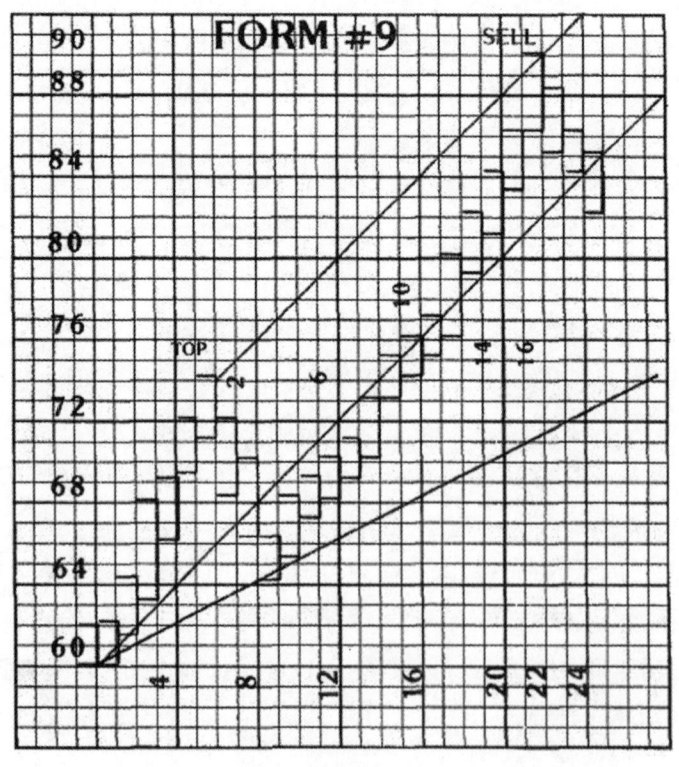

图3-9 模式9:从顶部到顶部的角度线

你会注意到,我们从 60 的底部开始。股票上涨了 6 个月到达 74,到标记为"T"的点形成了顶部——回调 3 个月到达 64,突破了 45°角,但停留在始于这个底部的 2×1 角度上——然后开始上涨并最终再次穿越了始于 60 的 45°角,重新回到了这个角度之上,进入了一个更强的位置。为了确定它可能遇到阻力的位置,因为它处于新高区域,我们从 74 的顶部画 45°角。股票在从底部起的第 22 个月上涨到了 90,在从第一个顶部起的第 16 个月攻击始于第一个顶部 74 的 45°角。在第一个顶部之上上涨了 16 个点,时间等于在第一个顶部之上的价格涨幅值。这个 45°角表明这是一个强阻力点和一个可在这个 45°角之上 1~3 点止损的放空位置。下跌开始,股票在第 3 个月于非常高的水平再次向下突破始于底部(在 60)的 45°角。换言之,距底部 24 点,而且现在处于非常弱的位置,因为它离支撑的起点如此远,并且预示着再次下跌到达 2×1 角度(用绿色标记)。

不要忽视这个规则:股票上涨到新高位后,下跌到前期顶部 74,这也许是个支撑点,除非跌破到该价位之下 3 点。如果真是这样,而且还突破了 2×1 角度,它将处于更弱的位置,要观察的下一个支撑点和反弹点是下一个底部 64。

## (十三)始于第一个急剧下跌底部的角度

如果上涨了一段时间的股票形成了顶部并维持了数天、数周或数月,然后趋势反转向下并出现了急速、剧烈的下跌,这第一次下跌后总是会有反弹。通常,在这个次级反弹上会形成一个更低的顶部,然后开始再次走向更低。第一次下跌的底部是一个画角度线——尤其是向下运行的 45°角——的非常重要的点,就像我在标为"模式 10"的图上画的那样。

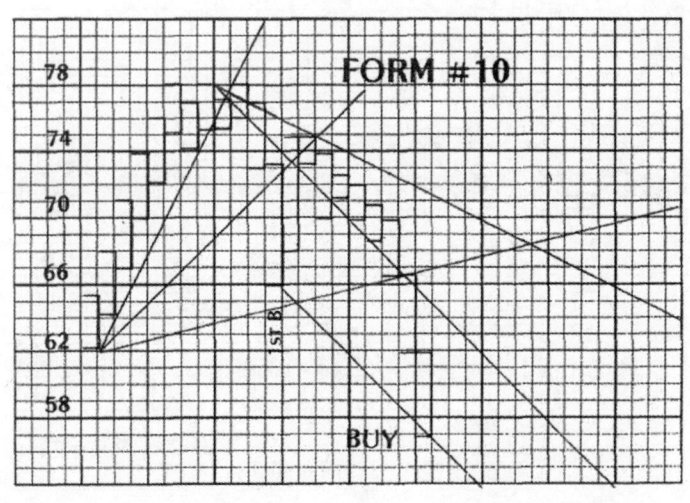

图 3-10 模式 10:从第一次快速下跌低点引出的角度线

这幅图显示,股票向上反弹到 75 附近——从过去的底部上来的 45°角与从顶部下来的 2×1 角度相交的地方。然后下跌开始,股票在 66 跌回了始于顶部的 45°角之下,使它处于非常弱的位置。之后,跌到了从第一个急剧下跌的底部下来的 45°角上。这使从底部开始的时间形成了正方形,是一个反弹买入位。股票经常跌落到略低于这个始于底部的角度——然后,如果它在这个角度上下维持了数天或数周,这就是一个反弹买入位。

在月线图上,始终从第一个急剧下跌的底部向下保持这个角度,因为它常常会在以后的市场运动中变得非常重要。

股票上涨一段时间后,然后出现了一个持续 2 到 3 天、2 到 3 周或 2 到 3 个月的急剧突破——然后反弹,后来跌到了第一个急剧突破的低点之下,这预示着主趋势已经反转向下而且正走向更低。

在股票已经下跌了很长时间,然后出现了急剧、快速的 2 到 3 天、2 到 3 周或 2 到 3 个月的反弹,然后回调并穿越了它形成的第一个反弹点时应用同样的规则,这是一个更高价的迹象。

## (十四)牛市或熊市的最后波段

在牛市里,从市场开始最后一波上涨的价格点开始画角度线很重要。参考图 3 - 11。

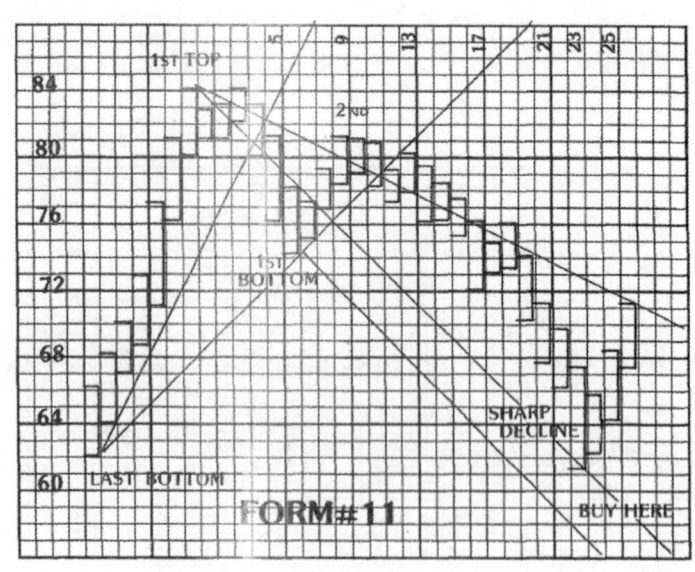

图 3 - 11 模式 11:最后一波的角度线

在这个例子里,注意标注为"最后的底部"的点。牛市的最后阶段伴随快速上涨到达了 84 的价位。我们从这个底部画了 2×1 角度(每天、每周或每月增进 2 点)和

45°角。当 2×1 角度被突破时,预示着趋势已经反转向下。股票下跌并停留在 45°角上——然后反弹并形成了第二个更低的顶部——然后突破 45°角——然后急剧下跌并停留在从 84 的顶部画出的 45°角上,这表明时间和价格已经形成了正方形即数值相等。这是一个反弹买点,在这个角度之下 2 到 3 美分设止损单,价格会回到始于顶部的 2×1 角度,正如图上显示的那样。

在非常活跃、快速运动的市场中,股票也许会停留在始于"最后的底部"的 4×1 角度或 8×1 角度之上,但在日线和周线图上,在第一个陡直的角度被突破之后,预示着趋势已经反转向下。

始终记住,在长期的上涨之后,当主趋势反转向下时,等待反弹并放空总比逆着趋势买入更安全。

所有这些规则也可以反过来用于熊市或急剧下跌的终点。重要的是要注意,股票何时从最后的顶部或反弹高点开始下跌,形成到达底部的最后运动。从这个最后的顶部画角度,并且观察市场何时到达这些重要的角度并穿越它们。例如:

1932 年 3 月 9 日,道·琼斯 30 工业平均指数在 90 形成了最后的顶部,下跌随之而来,伴随着很小的反弹,于 1932 年 7 月 8 日在 41 到达底部。注意,周线图上从顶部 90 开始的 2×1 角度于 1932 年 7 月 30 日那周相交于 50,而且在穿越了这个角度之后从未再次跌到 50,之后于 1932 年 9 月涨到了 81。对这个角度的穿越是主趋势已经反转向上的第一个明确迹象。

回顾自 1931 年 11 月 9 日——那时平均指数到达了高点 119½——到 1932 年 7 月低点 40½ 的主要波段也很重要。这是熊市的最后大波段,一轮 79 点的下跌。它的半路点是 80。1932 年 9 月,平均指数反弹到了 81——然后在回调到 50 之后,上涨到了半路点之上,并且穿越了 81,这表明至少会上涨到 119。在第二次穿越了半路点并且上涨到 81 以上之后,在 1935 年 11 月上涨到 149½ 前,从未在 81 之下交易。

股票长期上涨之后,在运动的最后阶段如果动能很大,也许会穿越从前的顶部或底部开始的角度,然后重新回落到这些角度之下,这是一个弱势的信号。当股票急剧下跌并且形成底部时,会跌落到重要的角度之下,然后迅速恢复,重新回到它们之上,这表明股票正进入强势位置,趋势正在改变。

## (十五)始于更高的底部和更低的顶部的角度

当股票形成了更高的底部和更低的顶部时应该遵循什么规则?

在月线、周线或日线图上,当股票上涨并形成了更高的底部时,你应该始终从更高的底部画角度。然后,在牛市的最后阶段,如果突破了这些从最后的底部开始的重要角度,你知道,趋势已经反转向下。

把同样的规则应用于下跌的市场中。从每个更低的顶部画角度,并且观察这些角度,直到股票再次穿越始于第2个、第3个或第4个更低的顶部的45°角为止。从第2个更低的顶部或第2个更高的底部画角度和从这里开始测算时间总是非常重要。

例如:道·琼斯工业平均指数——

1929年9月3日——极限高点;

1929年11月3日——第一个急剧下跌的底部;

1930年4月17日——熊市中的大反弹,第二个更低的顶部;

1932年7月8日——极限低点,最终的底部;

1932年9月8日——熊市结束后第一个急剧上涨的顶部;

1933年2月和3月——第二个更高的底部,从此牛市重新恢复。

这是画角度的最重要顶部和底部。

## (十六) 市场运动的阶段

所有的市场运动——上涨或下跌的——都以3到4段运行。上涨开始时,市场会运行数周或数月,然后止步数周或数月,在一个5到20点的区间里上涨或下跌——这取决于股票的价格——然后上涨重新开始,股票穿越了第1阶段的最高位走向更高,然后再次止步,并回调一段时间——然后,穿越了第2阶段的顶部并再次上涨一段时间,第3次止步——这是一个非常重要的观察点,因为市场经常在第3阶段的终点到达顶点,然后紧跟着一个更大的下跌。

大多数市场在3个重要的阶段或运动中结束。但是,在止步和调整之后,如果股票穿越了第3个顶部,那么它就会上涨到第4阶段的顶部。这第4段上涨的时间也许比前一阶段的时间更短,或者,在某些情况下也许会消耗更多的时间,特别是如果股票非常活跃而且股价很高的话。这第4个顶部非常重要,通常标志着顶点和一个更大下跌的反转。

例如:1935年3月12日克莱斯勒汽车于31形成了下跌低点——

第1阶段:5月16日,上涨把股价带到了49¾,之后,股票跌到了41¼。

第2阶段:6月27日,上涨开始,股票涨到了新高位,又于8月10日回调到了62¾,这是第2阶段的顶部——然后回调到了57½并且停顿了一段时间。

第3阶段:于8月28日再次开始上涨。股票穿越了第2阶段的顶部,于9月11日到达了74的高点——第3阶段的顶部。然后紧接着在9月21日回调到了68。

第4阶段:10月,穿越了第3阶段的顶部;11月8日,克莱斯勒涨到了90——第4阶段的顶部,在派发的同时于6点的区间内维持了5周。这是观察最终的顶部和趋势变化的最重要的点。然后,趋势反转向下。

在熊市中颠倒这个规则。在出现第3次和第4次下跌时,观察市场的动向。但要记住,熊市中出现反弹时,它们只有1个阶段或1个运动,或者在极端情况下,只有2

段——然后反转并跟随主趋势向下。

你会发现,研究和观察市场运动的不同阶段非常有用,通过从顶部和底部运用角度线,你能察觉第一个次要和主要的趋势变化。

### (十七)角度线上的位置标志着强弱

月线图和周线图上的角度比日线图上更具重要性,因为日线图上的趋势变化相当频繁,而重大变化只有月线图和周线图能显示出来。

当突破或穿越任何重要角度时,始终考虑股票距起点的距离。距离起点越远,趋势变化越重要,不管是穿越了始于顶部的角度还是突破了始于底部的角度。

**1. 股票何时处于最弱的位置**

当股票完成了派发并且跌破了周线或月线图上始于重要底部的 45°角时,就处于最弱的位置。另外,当它跌破任何重要顶部或底部之间的半路点时也处于最弱的位置。历经的时间越长,价格越高,形势就越弱。例如:

如果股票上涨到了 150 而仅仅下跌了 25 点,那么当突破了周线或月线图上始于极限低点的 45°角时,它就处于非常弱的位置,因为它在其价格运动的 1/2 位之上如此之远,价格已经使时间周期形成了正方形。

当突破 3/4 位、2/3 位、1/2 位等等时,股票就在逐步走弱,但是始于底部的时间角度上的位置还会告诉你更多有关市场弱势的情况。牛市中,当股票突破了从最后运动的最后底部上来的第一个重要角度时,就第一次显示出了疲态。

**2. 股票何时处于最强的位置**

在日线、周线或月线图上,尤其是月线和周线图上,当股票维持在非常陡直的角度之上时,就始终处于从底部上涨的最强位置。

就底部而言,只要股票维持在日线图的 2×1 角度(每天增进 2 点)之上,它就处于非常强的位置。实际上,只要股票维持在日线图的 45°角之上,就始终处于强势位置。这同样可以应用于周线和月线图——这是最重要的趋势指标。

我发现,涨幅最大的股票总是那些维持在月线图上的 2×1 角度——或每月增进 2 点——之上很长时间的股票。我曾见过停留在 2×1 角度上 10 或 15 次而从未跌破的股票,直到它上涨了 100 点或更多为止。在这种情况下,股票领先于时间而且呆在远离 45°角之上时间正方形之内,因此处于非常强的位置。但是,周期耗尽时变化的时间一定会来,而且主趋势开始从牛市转变为熊市——然后突破始于最后底部的角度,表明了趋势变化。

股票处于强势位置的另一个迹象是:当它上涨到以前价格运动的半路点之上,然后维持在半路点,也就是说,上涨到半路点之上,然后回调并且向下突破失败时。这就像停留在 45°角之上一样,意味着是非常强的位置。

### 3. 最强的买点和卖点

最有把握的买点是当价格停留在45°角之上时,在它下面设一张止损单。

另一个买点在价格运动的半路点,在半路点之下设一张止损单。

当主趋势向上时,当股票回调到周线或月线图的2×1角度(每时间周期2点的增进)时买入也是安全的。

### 4. 重回或穿越角度线

记住,在日线、周线或月线图上,任何股票跌落到始于一轮行情的极限低价的45°角之下时,它就处于非常弱的位置,并且预示着一轮到达下一个角度的下跌。但是,当股票重新回到45°角之上时,它就处于一个更强的位置。

把同样的规则用于从任何顶部画出的45°角上。当股票穿越了日线、周线或月线图上的角度并且停留在45°角之上或45°角左边的其他任何角度时,它就处于非常强的位置。

股票一旦跌落到任何重要角度之下或上涨到其之上,然后反转了位置回到这个角度之上或跌回它之下,那么趋势再次改变。

## (十八) 股票何时处于从底部开始的强势位置和从顶部开始的弱势位置

当股票保持在45°角或2×1角度之上时,它就处于从底部开始的强势位置。但同时,当它靠着45°角或从顶部下来的2×1角度反弹或反击时,它就处于弱势位置——那么这是一个卖空的位置,直到它穿越这些角度或穿越以前的顶部为止。当突破始于底部的角度时,它就处于弱势位置并且预示着更低。

股票可以处于从顶部开始的强势位置,并且处于从底部开始的弱势位置,也就是说,它也许在长期上涨之后穿越某些始于顶部的重要角度,而同时突破了始于底部的2×1角度或45°角,这预示着它处于弱势位置,而且正准备走向更低。

## (十九) 当穿越始于极限顶部的角度时

从股票的极限高点画出的45°角最重要,当它被穿越时,也许可以预期一轮重大的行情。例如:

在道·琼斯工业平均指数的周线图上,注意从386——1929年9月3日的高点——向下运行的45°角。1935年1月12日是从1929年顶部起的279周。386减279等于107,这是45°角将在这里穿越的价格。在截止于1935年1月12日这周,平均指数上涨到了106½——然后在2月9日这周回调到了100。这是第一次停留在这个角度的半路点之内,也是自从形成顶部以来第一次到达这里。在截止于1935年2月16日这周期间,平均指数第一次在103穿越了45°角,并于1935年2月23日这周期间上涨到了108，在这里攻击从1934年9月的低点85½上行的45°角，还攻击从1932年7月8日的低点上来的2×1角度。这是一个强阻力点，平均指数于1935年3月18日这周回调到了96，停留在了始于1929年顶部的45°角上；另外，自1929年9月从"0"上行的3×1角度（每周增进1/3点）在这里与从1929年顶部下行的45°角相交。这是一个趋势变化的强阻力点。随后上涨开始，平均指数涨到了新高位。这证明了角度的重要性，特别是从任何极限高点画出的45°角，以及其他任何角度与45°角的交点。

当平均指数从1929年的顶部到达"0"或者当它从顶部下跌386周时，观察始于这个顶部的45°角。

## （二十）半周图上的角度

在极限上涨或极限下跌的终点，半周图极有帮助。通过在半周图上运用所有的规则和从顶部及底部开始的角度，你经常能在趋势变化显示在周线图上之前，提前2到3天得到趋势变化的信号。

半周图上的趋势变化比日线图上的趋势变化重要得多。当市场处于狭窄的交易区间时，依靠这个图表要比依靠日线图好得多。

## （二十一）新上市股票的角度

多年的实践和研究——这花费了我大量的金钱——使我开发出了一种方法，它可以解释所有市场运动并且提供规则来确定任何从顶部或底部开始的趋势。

股票首次在交易所上市时，知道如何确定它的趋势很重要。如果股票以前从未有过波动，我们就没有可供画角度线的顶部或底部。因此，为了确定趋势，我们使用90正方形——横向90，纵向90——且在上面画上所有的自然角度，就像"模式图"那样。正如我们以前说过，90的正方形非常重要，因为它是360°圆的1/4，还因为90°或直角是我们能用到的最大角度，在"0"和"90"度之间可以找到所有其他角度。

如果新股票在18或22½之下的任何价格开盘，那么你可以画一个22½的正方形来确定股票在角度线上的位置。如果股票在36开盘或在22½到45之间的任何价格开盘，你可以画一个45的正方形。如果它在50或45到67之间开盘，你可以画一个67½的正方形。但是，你可以把任何开盘价在90之下的股票放在90正方形中，得到它在角度上的适当位置和强弱。如果股票开盘于100或在90之上135之下，你可以画一个135的正方形或者在90到180之间另画一个90的正方形。

你可以用股票的开盘价或开始交易的价格在90正方形上画月线图，就像美国钢铁那样。（参考对美国钢铁的专门分析）。股票突破从"0"画出的任何自然角度后，就像它突破从底部画出的角度一样。当它穿越从"90"画出的任何角度时，就像穿越始于顶部的角度一样,正如你用美国钢铁或其他任何股票验证所看到的那样,但始终要考虑价格阻力位和股票从底部或顶部上涨或下跌了多少。在市场运动逐渐发展时,你可以在 3 日图或半周图、日线图和周线图上,用从更高或更低的底部画出的重要几何角度来确定趋势的第一个变化。

## (二十二) 快速计算角度

没必要从很久以前的某个点开始画这些角度。你可以计算并确定它们在哪里相交。例如:在 1900 年 1 月份,股票在 15 形成了底部,我们想计算 10 年后的 1910 年 1 月,45°角在哪里相交。45°角以每月 1 点的比率上升——10 年是 120 点或 120 个月,把它加到 15 的底部上,那么 45°角将在 1910 年 1 月相交于 135。要回溯很长时间的所有其他角度都可以用同样的方法计算。

## (二十三) 很少使用的角度

**3×2 角度:**

这个角度在 45°角的左边,它以 12 个月 8 点的比率上升。股票必须每月增进 3/4 点才能维持在这个角度之上。这个角度可以在始于底部的其他重要角度张开了很远的距离时使用,因为它会显示出这些角度之间的强度和阻力或支撑点。

## (二十四) 经度和纬度

在所有图表上——日线、周线或月线图——价格一定是以垂直的角度上涨或下跌。因此,价格运动就像纬度。在任何图表上——日线、周线或月线——你应该从零点或"0"开始,横向——这意味着经度——画出重要的角度和阻力位。

其次,横向计算日、周或月的时间点,以每个重要的自然角度——诸如 $11\frac{1}{4}$、$22\frac{1}{2}$、$33\frac{3}{4}$、45、$67\frac{1}{2}$、$78\frac{3}{4}$、90、$101\frac{1}{4}$、$112\frac{1}{2}$、120 等等——画水平角度。然后,你才会知道价格何时到达这些重要角度并遇到阻力。

经度意味着图表向右流逝的时间,因为它每天、每周或每月都在运行。因此,你一定要在图表上保存从每个重要顶部和底部开始的计数,以便于根据角度得到时间尺度。这些从每个底部和顶部开始的重要角度,诸如 $11\frac{1}{4}$、$22\frac{1}{2}$、$33\frac{3}{4}$、45、$56\frac{1}{4}$、60、$67\frac{1}{2}$、$78\frac{3}{4}$、90,等等,将向你显示最强的价格和时间阻力会出现在哪里。这些角度验证了平衡点或突破点。研究历史记录,注意当月线图上的价格到达这些重要角度或时间周期时发生了什么。

例如:价格从 0 上涨了 90 点时,我们在图表上画一个水平的角度。然后,从图表向右走了 90 天、90 周或 90 个月时,向上画一个垂直的角度,它将与水平的角度相交于 90 并且形成正方形。把所有这些角度保存在你的图表上并弄懂它们,你将知道重要的时间周期何时结束。

如果股票的价格60出现在第60天、60周或60个月,就会遇到强阻力,因为它已经到达了时间价格正方形。这是在相同的纬度或价格和相同的经度或时间周期上。你可以始终把90正方形画在图表上——无论日线、周线还是月线——并且使用自然角度,但我建议只把它用于周线和月线图。你可以从任何底部或顶部开始这个90正方形,也就是说向上90点,或者以自然点90、135和180开始正方形,但你千万不要忘记用极限高点形成正方形,以及用第2个和第3个更低的顶部与更高的底部形成正方形。

## (二十五)在图表上保存时间周期的规则

在你所有的图表上保存时间周期非常重要,从每个重要运动的底部和顶部横向延伸它们,以便于检查并知道你的角度或移动—平均线是在正确的点上,并注意预示着趋势变化的主要和次要周期。

**1. 从底部开始的时间周期**

如果股票在某个月形成了底部,然后下个月形成了一个更高的底部和更高的顶部,或者至少在它形成了一个更高的底部并反弹了一个月或以上之后,你可以从那个底部开始计算时间周期。形成低点的那个月属于前一轮下跌行情而且是最后的下跌。把第一个月计为1,然后在1/2英寸的正方形上向右计数,每次加4。

例如:股票形成了底部并上涨了50点,你从图表上的这个底部向下看,你发现是在第25个月上——那么以每月2点向上运行的2×1角度将相交于50,同时以每月1点向上运行的45°角将相交于25。如果下个月股票向下突破了50,它就跌落到了2×1角度之下,并且预示着进一步的下跌。现在,如果你在图表上从底部向右计算时间或计数时出现了错误,移动平均线或角度就不会准确地出现。

**2. 从顶部开始的时间周期**

在股票上涨并形成了极限高点而且回调了数天、数周或数月之后,你就可以开始从顶部向下设置角度,那么你必须从顶部向右开始计算时间周期。把同样的规则用于顶部:股票形成极限高点的月、周和日完成了上升趋势,不要把它计算在内。你可以把顶部月设为"0",下个月、周或日为"1",开始向右计算日数、周数或月数,在正方形上向右加4得到准确的位置。如现在所有图表上把这个时间周期准确地向右延伸,那么假如你向下画角度或移动平均线时出现了任何错误,你总是可以检查并找出来。

例如:在股票下跌了75点之后,无论在周线图还是月线图上——除了间距不同外,向下运行的角度相同。假如间距是每1/8英寸1点,在下跌了75点而且从顶部画出了所有的角度之后,也许会在2×1角度上出现错误,也许是因为你的直尺滑动了,也许在向下移动了一段距离后,你没把它放在正确的位置上。那么,为了准确地验证

2×1角度应该出现的位置,你要确定该有的时间周期数,假如要下跌75点需要40天、40周或40个月,以每时间单位2点向下运行的2×1角度将出现在从顶部向下的80点上。如果你发现这个角度没有相交于80,那么你就会知道出现了错误,应该纠正它。

这是一个始终知道角度或移动平均线正确与否的简单方法,因为你只是把运动加到底部上,或者从顶部减掉。接着上面讨论的价格,如果股票下跌75点是150,那么从150的顶部减去80,角度将相交于70;股票的价格下跌75点将相交于75,因此,它将在从顶部开始的2×1角度之上并且处于反弹的位置——如果时间周期也如此指示的话。

## (二十六) 开始计算时间周期的点

在月高低点图上,开始延伸时间周期的最重要的点是股票历史上的极限低点,以及公司的成立日期或在纽约证券交易所上市交易的日期。从极限低点开始,时间周期应该始终在图表上向右延伸,就像重要的角度应该向右延伸许多年一样。

下一个开始计数的重要的点是第2个或第3个更高的底部,但你要直到市场推进或上涨了3或4个月,才确认底部成立,然后着手从那个底部开始计数——如果它看来很重要。例如:

**美国钢铁**

成立于1901年2月25日。向右计数时,你会注意到,1931年2月是从成立日起的360个月或30年。然后开始一个新周期并且从"0"向右开始计数。这将开始第二个周期或360°圆。

下一个重要的点是于1904年5月14日形成的极限低点8⅜。在月线图上从这个底部向右计数,因为这是最低的底部,所以最重要。注意,它的30年周期或360个月结束于1934年5月。

下一个开始计数和画角度的点是1907年10月的低点21⅞,是第一个更高的底部。然后,下一个重要的点是1915年2月形成的第三个更高的底部。总是从行情启动的其他任何重要底部向右画角度和计算月数。

在顶部使用相同的规则。在到达顶部而且趋势已经反转向下之后,从顶部向右开始时间周期数;但在你开始计数的任何顶部或底部被穿越或突破后,不要再把那个顶部或底部计算在内,除非要确定一个3、5、7、10或20年前循环。维持了很长时间没被穿越的顶部,始终是开始时间周期最重要的顶部。股票到达的极限高点始终最重要,直到它被穿越为止——然后,次级反弹形成的下一个高点,它总是一个更低的顶部——是下一个计算时间周期的重要顶部。例如:

对于美国钢铁,你首先要从1901年4月的高点向右延续月度时间周期——然后从1909年的极限高点,接下来从1917年5月的高点——然后从1929年9月最后的高点开始,这是计算时间周期最重要的点,另外还要从1930年4月的顶部开始计算。

**工业平均指数**

道·琼斯30种工业股平均指数于1929年9月3日到达极限高点——然后在大恐慌中急剧下跌,于1929年11月到达低点——从这个低点反弹到1930年4月,这是最后的高点,而且从这里开始计数时间周期非常重要,因为这是第2个顶部,牛市里的最后反弹。熊市的最后低点于1932年7月8日到达,随后急剧反弹到了1932年9月,到达顶部——然后紧跟着缓慢的下跌,于1933年2月底到达底部,在1933年初形成了第2个更高的底部,从这里开始股票上涨到了新高位。从1932年的底部计数时间周期最重要,1933年3月的底部是另一个重要底部。

把同样的规则用于周线和日线的底部和顶部上。在任何次级顶部或底部被超越时中断时间周期,并且只从重要顶部和底部——只要它们仍然未被突破——延续主要的时间周期数。

中断用于时间周期的顶部和底部的规则是:当底部或顶部被突破了3点时,就中断从那个底部或顶部开始的时间周期。

始终注意极限高点之间的月数和极限低点之间的月数,还要注意顶部和底部出现在什么角度上。

## (二十七) 时间与价格区间形成正方形

这是我曾经做出的最重要和最有价值的发现之一,如果你严格遵守规则,并且始终观察股票的价格何时与时间形成了正方形,或者何时时间和价格同时出现正方形,你就能够极其准确地预测重要的趋势变化。

时间与价格形成正方形,意思是向上或向下的相等点数平衡相等的时间周期——无论是日、周,还是月时间周期。例如:如果股票在24天里上涨了24点,那么以每天1点的比率向上运行45°角或移动平均线,股票的时间线或时间周期和价格处在相同的水平,股票在45°角上,在这个点你应该观察重要的趋势变化。如果股票要延续上升趋势并且维持在强势位置,它必须继续上涨并且保持在45°角之上。如果跌回这个角度之下,那么它就处于45°角熊市一边的正方形之外,而且处于更弱的位置。当在日线图上形成时间正方形时,观察周高低点图和月高低点图,注意股票是否处于强势位置,而且时间周期还没结束,因为在日线图上股票先调整然后收复失地,使价格多次形成正方形,只要周线和月线图还向上,趋势就没改变。市场修正或调整仅仅使小时间周期形成正方形,后来的大跌或大涨是使大时间周期形成正方形。

**1. 使价格区间形成正方形**

参考"模式12",它显示的是一个从低点48到高点60的12点价格区间。假如股票在这个区间内逗留了数周或数月,上涨或下跌,从底部的上涨从未超过12点,也没有突破底部;我们从48的底部开始45°角,把它向上运行到区间的顶部60,然后,当我们发现股票维持在这个区间不会走向更高时,我们把45°角移回底部;然后再次回到区间的顶部,把它在这个区间里反复向上或向下移动,直到股票突破进入了新低位或新高位。你会发现,每当45°角到达这个区间的顶部或底部时,股票都会出现某些重要的趋势变化。

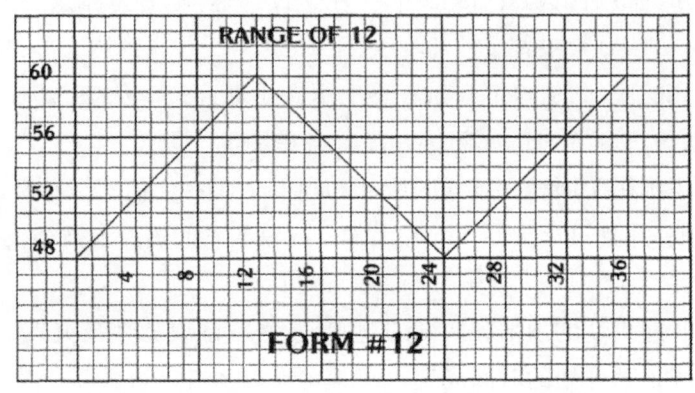

图3-12 模式12:12点区间

你还可以使用45°角左边和右边的2×1角度,因为它们再次把时间周期分成了2个相等的部分而具有一些价值。

如果股票最终向上运动出了这个区间,那么应该在新的和更高的底部开始向上画角度,但是从股票进入新高的点或在这个区间里形成的任何重要底部、特别是最后的底部开始角度线最重要。然后,你应该在那个底部开始角度并且再次继续向上;观察这个角度何时被突破或者何时再次形成时间价格正方形,这将是另一个重要的趋势变化,无论是主要的还是次要的。

**2. 使时间和价格形成正方形的三种方式**

我们可以用时间使区间——也就是说,从极限低点到极限高点的点数——形成正方形;然后,用时间与极限低点形成正方形,用时间与极限高点形成正方形。当市场走出了这些正方形并且突破了重要角度时,趋势就变为向上或向下。

(1)可以使股票极限高点和极限低点之间的区间形成正方形,只要它停留在同一个价格区间内。如果这个区间是25点,用25个时间周期——日、周或月——使它形成正方形。只要它停留在同一个区间内就继续使用这个时间周期。

(2)用底部或极限低价与时间形成正方形:

用时间形成正方形的下一个重要价格是任何重要下跌的最低价或底部。例如:股票的底部是25,那么在25天、25周或25个月的终点,时间和价格相等。然后,基于它的底部或最低卖价观察趋势变化。只要股票继续维持一个底部并上涨,你就可以始终用这个时间周期向右延续时间周期,每当它走出正方形时都要留心。特别要在股票到达时间周期的第三个正方形、第四个正方形,还有第七个和第九个正方形时注意观察趋势变化。这些正方形仅仅频繁地出现在日线或周线图上,因为在月线图上大多数情况下,在使一个底部形成正方形达7次或9次之前就向上或向下走出了这个区间。但是,有时候也会在股票处于一个狭窄的区间内许多年时发生。

(3) 用顶部或极限高价与时间形成正方形:

用来与时间形成正方形的另一个重要价格是股票的极限高价。时间周期必须从日线、周线或月线的高点向右延续,而且在时间使顶部价格形成正方形时一定要注意观察趋势变化。如果股票的顶部价格是50,那么当它运行了50天、50周或50个月时,就到达了它的时间正方形,而且预示着重要的变化。这可以用始于顶部和底部的角度线位置来确认。例如:

道·琼斯工业平均指数——1929年9月3日高点386,要使时间等于价格需要386个日历日。这发生在1930年9月23日。观察图表并且注意,趋势就是在那个时间附近改变并且反转。然后,在1931年10月14日,再次走完了这个时间周期——还有1932年11月4日、1933年11月25日、1934年12月16日和1936年1月6日。检查这些日期,你会发现,当这个386日的时间周期平衡了386的价格时,日线图上出现了重要的趋势变化。

所有时间周期里的主要和次要顶部及底部都要予以观察,因为它们会继续形成正方形。它们当中最重要的是月高低点图上的极限高点。它也许非常高,而且在与顶部形成正方形之前消耗了很长的时间,在这种情况下,你必须把价格分成8个相等的时间段,并且观察最重要的点位,如1/4、1/3、1/2和3/4,但最重要的是当时间等于价格时。

在股票从底部或顶部形成正方形之后,当你观察它的位置时,始终从相反方向检查时间周期和角度。如果市场正在接近一个与顶部形成正方形的低点,注意它与底部的关系,因为它也许处于从底部开始的第二个或第三个正方形,这是一个趋势变化的双重信号。

**3. 使周时间周期形成正方形**

一年包括52周,这个时间和价格的正方形是52乘52。因此,你可以构建一个宽52高52的正方形:从"0"开始设置所有角度;然后在这个正方形里绘制任何股票的周高低价。例如:股票的最低价是50,那么这个周正方形的顶部是52加50——等于102——作为正方形的顶部。只要股票停留在50之上并上涨,它就运行在这个52的周正方形里。另一方面,如果股票形成顶部并下跌,你要构建一个从顶部向下52点宽52的周正方形来得到时间周期。

你可以取任何股票的历史运动,画一个52乘52的正方形研究这个运动,在时间上注意13周或1/4点、26周或1/2点、39周或3/4点,当股票到达这些重要的时间和价格阻力点时往往会发生趋势变化。你要在这些时间周期附近观察趋势变化。

**4. 使月时间周期成正方形**

股票突破45°角时,如果它正在第135个月于135卖出,那么它突破了一个双重的强阻力位——一个强势角度和一个自然阻力位。这是时间和空间在阻力位或几何角度上的平衡,预示着大跌会随之而来。在熊市运动的终点颠倒这个规则。

在月线图上,12个月走完一年。因此,在月线图上,12的正方形对于计算时间周期非常重要。12的平方等于144,重要变化常常发生在从股票的底部或顶部开始的12个月的偶数倍周期上。如果你使用12的偶数倍价格阻力位,注意24、36、48、60、72、84、96、108等等,当股票到达这些重要的价格阻力点时,观察它在角度上如何运行,这会对你有所帮助。

## (二十八) 价格超前于时间

为什么股票经常穿越日线、周线或月线图上的45°角,然后短期上涨,下跌并停留在同一个45°角上?因为,股票第一次穿越45°角时,还没有走完价格时间正方形。因此,在次级调整上,当它停留在45°角上时,它处于一个到达了时间长度正方形的时点上。那之后,更大的上涨随之而来。

在牛市的顶部颠倒这个规则。当股票在距起点或底部很远的地方跌到45°角之下时最重要。在上涨的初期阶段,股票会停留在45°角上许多次,之后,回调,再次停在它上面;然后长期上涨,回调并再次停留在45°角上,然后上涨到更高的价位;然后再一次跌破45°角,这使股票处于极弱的位置,因为它离起点很远,而且自从股票形成低点以来已经过了很长时间。不要忘了——月线或周线图上的角度被突破时最重要。

这解释了以下过程:股票从顶部急剧、快速地下跌,然后上涨形成一个稍高的顶部或一系列稍低的顶部,然后一直运行到在相对较高的价位完成了价格区间正方形并跌破45°角,然后快速下跌随之而来。

## (二十九) 测算时间和价格的最强角度

**90°角:**

为什么90°角是所有角度中最强的角度?因为它垂直即直线向上或向下。

**180°角:**

90°角之后下一个最强的角度是什么?180°角,因为它与90°成正方形。是从90°

角起的90°。

**270°角：**

180°角之后下一个最强的角度是什么？270°角，因为它与90°角相冲①，或者是从90°角起的180°——这是圆的1/2，最强的点。270个月等于22½年——45年的1/2。

**360°角：**

270°之后下一个最强的角度是什么？它是360°，因为它完成了圆并且回到了起点，还与180°即半路点或圆的1/2的角度相冲。

**120°和240°角：**

90°、180°、270°和360°之后下一个最强的角度是什么？

答案是：120°和240°角，因为它们是圆的1/3和2/3。120°等于90°加30°——90°的1/3。240等于180加上它的1/3或60，这就产生了这些强角度，对于时间测算尤其强大。

**45°-135°-225°-315°：**

下一个强势角度是什么？

答案是：45°角，因为它等于90°的1/2；

135°角，因为它等于90°加45°；

225°角，因为它等于45°加180°；

315°角，因为它是从270°起的45°；

225°角是从45°起的180°；315°是从135°起的180°。

**正十字和斜十字：**

90°、180°、270°和360°角构成了第一个重要的十字，称为正十字。45°、135°、225°和315°角构成了另一个重要的十字，称为斜十字。这些角度对于时间和空间或价格和成交量的测算非常重要。

**22½°-67½°-78¾°：**

为什么22½°角比11¼°角更强？因为前者是后者的两倍，同样的原因，45°角比22½°角更强。再者，67½°角等于1½乘45，因此，当任何事物向90°运动时就相当强。78¾°比67½°度更强，因为它是90°的7/8，因此，是到达90段之前最强的点之一——对于观察时间、价格和成交量都很重要。许多股票在第78到80天、周或月左右会出现重要的运动并形成顶部或底部，但是不要忽视84个月即7年，这是一个强大的时间周期。

**把1美元划分成1/8段：**

为什么圆的1/8角度对于时间和空间测算最重要？因为我们把1美元划分成

---

① 指在图表上相对。

1/2、1/4 和 1/8 段。我们使用 25 美分或四分之一美元、50 美分或半美元;许多年前我们还有过 12½美分的硬币。尽管我们货币基础的最重要数字是 4 个四分之一,我们还在所有的计算中使用 1/8 或 12½美分。股票的波动基于 1/8、1/4、3/8、1/2、5/8、3/4、7/8 和整个数字。因此,任何价格以及时间测算,当转换为时间角度时将比价格的 1/3 或 2/3 更接近这些数字,原因很简单,以 1/8 比率进行的波动一定会出现在这些数字附近。

以 100 美元或面值为基础,把股票价格转换成度数,12½等于 45°;25 等于 90°;37½等于 135°;50 等于 180°;62½等于 225°;75 等于 270°;82½等于 315°;而 100 等于 360°。例如:

当股票在第 180 天、周或月价格为 50 时,它在时间角度上。

1915 年 2 月 1 日,美国钢铁在 38——最接近价格 37½——形成了低点,这是 100 的 3/8,等于 135°角。美国钢铁到 1915 年 2 月 25 日是 14 年或 168 个月,价格攻击 135°角,这表明美国钢铁价格落后于时间,而只要它维持在 38 或 135°角或价格 37½之上,就处于强势位置。

当美国钢铁到达 200 时,它相当于 2 个 360°的圆。当它上涨到 261¾时,最接近第 3 个 100 中的 62½,或最靠近 225°角或 5/8 点,这是穿越 250 的半路点或 180°角后最强的角度。

# 第 4 章　通过时间周期预测

时间是决定市场运动最重要的因素,通过研究平均指数或个股的历史记录,你将能够证明历史的确会重演,了解过去你就能预测未来。

古代的猎人有一个规则,他们在搜索洞穴里的动物时,总是顺着脚印往回找,猎人们知道那是找到巢穴最短的路线。对你而言,确定未来市场运动最快捷的方法是研究过去。

"已有的事,后必再有。已行的事,后必再行。日光之下并无新事。"(《传道书》1:9)

时间和价格有着确定的关系。在前面的课程中,你已经学习过历史顶部和历史底部附近的形态和阻力位。现在,通过对时间周期或时间循环的研究,你将会明白为什么顶部和底部在特定的时间形成,为什么在特定时间阻力位会非常强而且在附近形成底部和顶部。

## 一、主要时间周期

万物皆在作用和反作用的自然法则下周期性运动。通过研究过去,我发现了何种周期会在未来重演。

一定会有主和次、大和小、正和负。为了准确地预测未来,你必须知道主要周期。大部分利润产生于在主要周期末尾的快速运动和极端波动中。

我验证和比较了过去的市场,以便找出主要和次要周期并且确定这些周期在未来何时重演。经过多年的研究和实践检验,我发现下列周期是使用中最可靠的:

### (一) 10 年周期

10 年左右的周期是重要的预测周期。具有几乎相同属性的波动每十年重复一次,形成极限高点或低点。股价会按照近乎均匀的 10 年周期做出重要顶部和底部,尽管在极端市场中有时底部或顶部出现在 10½ 到 11 年左右。

10年周期等于120个月。像分割底部和顶部之间的区间得到阻力位那样分割它。这个周期的一半等于5年或60个月，1/4等于2½年或30个月，1/8等于15个月，而1/16等于7½个月。这个周期的1/3等于40个月，2/3等于80个月。所有这些周期对于观察趋势变化都很重要。

### (二) 7年周期

这个周期是84个月。你应该从任何重要顶部或底部观察7年和42个月即这个周期的一半。你会发现许多顶点在第42到44个月附近。21个月等于84个月的1/4，也很重要。你会发现，许多底部和顶部相距21到23个月。有时候，许多股票和平均指数在距离以前的顶部或底部10到11个月形成底部。这实际上是因为这段时间长度是7年周期的1/8。

### (三) 5年周期

这个周期非常重要，因为它是10年周期的一半，也是市场运行的最小完美周期。

### (四) 次要周期

次要周期是3年和2年。最小的周期是1年，往往在第10个或第11个月就显示出趋势变化。

## 二、未来周期规则

股票以10年为周期运行，每5年衰竭一次——一个5年周期上涨，一个5年周期下跌。以极限顶部和极限底部标记所有周期的起始，无论是主要还是次要周期。

1. 牛市运动通常运行5年——2年上涨，1年下跌，再2年上涨，完成一个5年周期。5年运动的终点出现在第59或60个月。始终注意第59个月的变化。

2. 熊市经常下跌5年——先下跌2年，然后上涨1年，再下跌2年，完成了5年的震荡下降。

3. 牛市或熊市运动极少单边上涨或下跌超过3到3½年而不出现3到6个月或1年的反方向运动，除非是在主要周期的终点——像1869年和1929年。许多运动在第23个月到达终点，而不会持续2年整。观察周线图和月线图，确定终点是否会出现在运动的第23、24、27或30个月，或者在极端运动中出现在第34到35或第41到42个月。

4. 在任何顶部上加上10年，会给出下一个10年周期的顶部，重复大致相同的平均波动。

5. 在任何底部加上 10 年,会给出下一个 10 年周期的底部,当年趋势重复前一个底部当年趋势。保持大致相同的波动。

6. 熊市运动经常形成 7 年周期,或者说是 3 年加 4 年的周期。从一个完整的底部开始,先加上 3 年得到下一个底部,然后在这个底部再加 4 年得到 7 年周期的底部。例如:1914 年的底部——加 3 年得到 1917 年的恐慌低点,然后在 1917 年上加 4 年得到 1921 年,另一个经济萧条的低点。

7. 对于任何主要或次要顶部,加上 3 年得到下一个顶部;然后在那个顶部上再加 3 年,这会为你提供第 3 个顶部;在第 3 个顶部上加 4 年得到 10 年周期的最终顶部。有时候,从顶部开始计算的趋势变化会发生在时间周期的常规终点之前,因此,你应该注意观察第 27、34 和 42 个月可能发生的反转。

8. 从任何顶部加上 5 年,得到 5 年周期的下一个底部。为了得到下一个 5 年周期的顶部,可以从任何底部加上 5 年。例如:1917 年是大熊市的底部,加上 5 年得到了 1922 年次级牛市运动的顶部。我为什么说"次级牛市运动的顶部"呢?因为大牛市应当结束于 1929 年。

1919 年是顶部,加上 5 年得到 1924 年 5 年熊市周期底部。参考规则 1 和 2,它们告诉你牛市或熊市运动很少在同一个方向上运行超过 2 到 3 年。从 1919 年开始的熊市运动是 2 年下跌,经历 1920 年和 1921 年;因此,我们仅仅预计在 1922 年的 1 年反弹;然后 2 年下跌,经历 1923 年和 1924 年,这完成了 5 年熊市周期。

回顾 1913 年和 1914 年,你会发现,要完成从 1913—1914 年底部开始的 10 年周期,1924 年必须是熊市年。

然后注意 1917 年是一年熊市的底部,加上 7 年得到 1924 年,也是熊市周期的底部。然后,1924 年加上 5 年得到 1929 年周期的顶部。

## 三、月度行情预测

月度运动可以用和年度运动相同的规则判定:

在重要底部上加 3 个月,然后加 4 个月,一共 7 个月,来得到小底部和回调点。

在大的上升趋势中,回调往往不会持续超过 2 个月,第 3 个月开始上涨,与年度周期的规则相同——2 年下跌,第 3 年上涨。

在极端的市场中,回调有时候仅仅持续 2 或 3 周,然后上涨重新恢复。在这种情况下,市场也许持续上涨 12 个月,没有任何一次月底部破位。

在牛市中,次级趋势也许会反转并且下跌 3 到 4 个月,然后反转并再次跟随主趋势向上。

在熊市中,次级趋势也有可能上涨 3 到 4 个月,然后反转并跟随主趋势向下,尽管作为一般规则,熊市中股票不会反弹超过2个月;然后在第3个月破位,并且跟随主趋势下跌。

## 四、周行情预测

周运动提供了次级趋势变化,也许会演变成主要的趋势变化。

牛市中,股票往往会下跌2到3周,也可能是4周,然后反转并且再次跟随主趋势向上。作为一条规则,趋势会在第3周的周中反转向上,而在第3周的周末高收,股票仅仅逆着主趋势运行3周。某些情况下,趋势变化直到第4周才出现;出现反转之后,股票在第4周的周末高收。在熊市中颠倒这个规则。

在伴随着大成交量的快速行情中,一次运动往往运行6到7周才出现此级别反转,某些情况下——像1929年,这些快速运动会持续13到15周或者说1/4年。这些是上涨或下跌的极点。

由于一周有7天,而7乘7等于49天或7周,这往往标志着一个重要的反转点。因此,你应该在第49到52天左右观察顶部或底部,有时候趋势变化会出现于第42到45天,因为45天周期等于1/8年。另外,在90到98天结束时观察极点。

市场下跌了7周之后,也许会横向整理短短2或3周,然后反转向上,这与第3个月出现趋势变化的月规则相一致。

始终关注股票的年度趋势,并且考虑它是否处于牛市或熊市年。在牛市年份,月线图显示上涨,曾有多次回调2或3个月的情况,然后休整3或4周,之后进入新价格区域,上涨6到7周以上。

股票形成顶部并且回调了2到3周之后,也许会反弹2到3周而没能走到第一个顶部之上,然后在一个交易区间内维持数周,没有上穿最高的顶部,也没有突破周线的最低底部。在这种情况下,你可以在那个区间的低点附近买入,在高点附近卖出,用1到3点距离的止损单进行保护。然而,更好的策略是在股票显示出明确的趋势之前不要买入也不要卖出;然后,在股票穿越之前的最高点时买入,或者在它突破区间最低点时卖出。

## 五、日行情预测

每日运动提供了最小级别的变化,规则与周级别和月级别周期相一致,尽管它只是它们的一个小部分。

在快速行情中,与主趋势方向相反的运动仅仅会持续2天。与主趋势一致的上涨或下跌进程会在第3天重新恢复。

每日运动可能逆行于主趋势,但仅仅会运行 7 到 10 天;然后再次追随主趋势。

在一个月内,自然的趋势变化出现在以下日期附近:6 到 7 日、14 到 15 日、23 到 24 日、9 到 10 日、19 至 20 日、29 到 31 日。这些小运动的出现与个股的顶部和底部有关。

从前期的顶部或底部开始算起的第 30 天,观察趋势变化非常重要。然后观察从顶部或底部算起的 60、90、120 天的趋势变化。180 天或 6 个月——非常重要,有时候标志着更大的行情变化。另外,在重要顶部或底部起的第 270 天和 330 天,你应该留意观察重要的次级甚至往往是主要的变化。

## (一) 1月2日至7日和15日至21日

每年,留意观察这段时间,并且注意形成的最高价和最低价。要直到这些高价被穿越或低价被突破,才考虑趋势向上或向下。

很多情况下,如果股票在 1 月初形成低点,那么这个低点直到 7 月或 8 月才会被突破,有时候全年也不会被突破。同样的规则也可以应用于熊市或主趋势向下时。1 月初形成的最高价往往是全年的高点,而且直到 7 月或 8 月才会被穿越。例如:

1930 年 2 月,美国钢铁在 166 形成了低点,这个价位是 1921 年到 1929 年的中间点,而于 1930 年 1 月 7 日再次跌到了 167¼。当钢铁的这个价位被突破时,预示着更低的价格。

## (二) 7月3日至7日和20日至27日

7 月份就像 1 月,是大多数股票支付股息的月份,投资者通常在这个月的月初左右买入股票。要留意观察 7 月的顶部、底部以及趋势变化。回顾图表,注意在距离 1 月的顶部或者底部 180 天之后,有多少次趋势变化发生在 7 月。例如:

1932 年 7 月 8 日,低点;1933 年 7 月 17 日,高点;1934 年 7 月 26 日,市场的低点。

# 六、如何划分年度周期

把一年 2 等分得到 6 个月——对立点,或 180°角——等于 26 周。

把一年 4 等分得到 3 个月的周期或 90 天或 90°角,它等于 1/4 年或 13 周。

把一年 3 等分得到 4 个月的周期,它等于 1/3 年或者 17⅓ 周。

把一年 8 等分,这等于 1½ 个月、45 天并且相当于 45°角。它还是 6½ 周,这表明了为什么第 7 周总是如此重要。

把一年 16 等分,这等于 22½ 天或大约 3 周。这说明了为什么市场运动仅仅上涨或下跌 3 周然后反转。作为一条规则,如果股票连续 4 周收高,它将走向更高。第 5

周对于趋势变化和快速上涨或下跌也非常重要。第5是上升日、上升周、上升月或上升年,鉴于主要周期的临近结束,始终标志着快速的上涨或下跌。

## 七、牛市、熊市的日历年规律

通过研究年度高低点图和回顾长时间的历史,你会看到那些年份中牛市爆发,那些年份中熊市开始和结束。

每一个十年或者十年循环,也就是100年的1/10,都是一个重要的价格运动。数字1到9都是重要的。你要学的就是用掰手指头数数,判断一下某一年属于什么样的市场。

第1年　新十年开始的第1年,熊市结束,牛市开始。见1901、1911、1921年。

第2年　第2年是小的牛市,或者熊市中的上涨,在某个时间开始。见1902、1912、1922、1932年。

第3年　熊市开始,但是从第2年开始的上涨可能持续到3月或4月,然后才爆发熊市。也可能像1933年那样,从第2年开始的下跌持续到2月或者3月才见底。见1903、1913、1923年。

第4年　第4年是个熊市年,但是熊市周期结束,留下了牛市的基础。对比1904年和1914年。

第5年　第5年是上升的年份,是很强的牛市年。见1905、1915、1925、1935年。

第6年　是牛市年,在这一年中,从第4年开始的牛市在秋天结束,然后快速的下跌开始。见1896、1906、1916、1926年.

第7年　7是熊的数字,第7年是熊市年,90的7/8也在这一年。见1897、1907、1917年,但是注意1927年是60年周期的结束,所以没有下跌多少。

第8年　是一个牛市年。价格在第8年开始上涨,并且第90个月也在第8年中。这是非常强劲的,大涨通常会发生。见1898、1908、1918、1928年。

第9年　9是最大的数字,第9年是牛市年份中最强的一个。终极大牛市在这一年爆发,大上涨达到顶峰,价格开始下跌。熊市通常从第9年的9月到11月底开始,发生快速下跌。见1869、1879、1889、1899、1909、1919和1929年。1929年,这一年的秋天发生了最伟大的上涨,之后是急剧下跌。

第10年　是一个熊市年。上涨一般持续到3月或4月。然后剧烈的下跌持续到11月或12月,此时新的循环开始,另一轮上涨启动。见1910、1920、1930年。

当我们说到这些年分和数字,我们指的是历法上的年份。为了理解这些内容,要研究1891年到1900年,1901年到1910年,1911年到1920年,1921年到1930年,1931年到1939年。

10 年周期不断重复,周而复始,但是最大的上涨和下跌发生在 20 年周期和 30 年周期结束的时候,当然 50 年周期和 60 年周期比其他周期更强。

## 八、预测要记住的要点

时间是最重要的因素,直到明显的时间已经到期,大涨或大跌才会开始。时间因素的重要性超过空间和成交量。当时间到位,空间运动将会开始,大成交量将会出现——无论上涨还是下跌。在大行情的终点——月、周或日级别的——一定占用时间去完成吸筹和散筹。

对于每一个个股,根据它距离底部或顶部的时间长度来确定它的趋势。每只股票,根据它自己的基础,都有它自己的 1、2、3、5、7、10、15、20、30、50 和 60 年的顶底周期,不必考虑其他股票的运动——即使它们也在同一个板块里。因此,要单独评判每只股票并且保存它们的周线和月线图。

没有参考始于顶部或底部的角度,没有考虑市场的位置,没有考虑个股的周期时,就绝对不要判定主趋势已经向某一个方向改变了。

在判定反转运动之前,始终考虑年度预测和大时间尺度耗尽与否。不要忽略自主要顶部和底部起的时间信号,以及成交量和几何角度上的位置。

日线图给出第一个短期变化,也许运行 7 到 10 天;周线图给出下一个重要趋势变化;而月线图标记最强的趋势变化。记住,根据年度周期,反转前,周线会运行 3 到 7 周,月线会运行 2 到 3 个月或更多。

年度底部和顶部:留意观察一只股票是否每年都在形成更高或更低的底部很重要。例如:如果股票连续 5 年每年都形成更高的底部,那么形成比前一年更低的底部就是一个反转信号,而且也许标志着一个长期下跌周期。当股票在熊市中连续多年形成更低的顶部时,这个规则也同样适用。

当出现极端上涨或下跌,市场第一次反向运行了前一轮运动幅度的 1/4 到 1/2 时,你要考虑趋势已经改变,至少暂时地改变。

观察空间运动很重要。当向上或向下的运动的时间耗尽时,空间运动会给出反转点,突破极限低点到极限高点之间的幅度的 1/4,1/3 或 1/2,这表明主趋势已经改变。

研究我提供给你的所有讲解和规则:反复研读,因为每一次阅读都会使它们变得更加清晰。研究图表并且在实际交易以及历史行情中验证这些规则。这样,你就会有所进步并且领悟和意识到我的预测方法的价值。

## 九、个股

你不能依靠道·琼斯30种工业平均指数预测所有股票的趋势,尽管大多数活跃的领涨股都追随平均指数的趋势。个股不会总是在平均指数形成顶部和底部的同时形成顶部和底部,但大多数在非常接近平均指数到达极点的时间形成顶部和底部。

平均指数告诉你普遍的趋势,但某些股票的运动与这个趋势相逆。通过保存个股的周高低点图和日高低点图,当市场非常活跃时,你就能预计个股的趋势并且确定它是否追随平均指数的趋势。

考虑每只个股,并且根据它在从底部或顶部起的时间长度的位置确定其趋势。每只股票都从它自己的起点或底部和顶部开始计算它的1、2、3、5、7和10年周期;而不管其他股票的运动,即使是那些在同一个板块中的股票。因此,单独研究每只股票并应用所有规则来确定它的未来进程总是很重要。

## 十、时间周期对照

回顾道·琼斯30种工业平均数:

1896年——8月8日,极限低点。

1897——1897年4月出现了一个次级低点。我们发现,从1896年8月低点起的第11个月到13个月有一轮快速上涨。

1898——快速上涨出现在从1897年和1896年底部起的第16个月和第24个月,快速下跌出现在第17个月和第25个月。

1899——牛市年。快速上涨出现在从1896年起的第29到第32个月和从1897年底部起的第21个月到第24个月。快速下跌出现在从这些底部起的第32个月和第40个月。

1900——快速上涨出现在从1897年底部起的第42个月到第44个月和从1896年底部起的第50个月到第52个月。

1901——快速下跌出现在从1897年起的第49个月和从1896年低点起的第57个月。于6月到达顶部。

1903——熊市年。从1901年顶部起的第22到23个月出现了快速下跌;从1897年底部起的第72个月到第78个月和从1896年底部起的第80个月到第86个月也出现了快速下跌。底部于1903年10月和11月到达。

1904——快速上涨出现在从1903年底部起的第12个月到14个月。

1905——在第16到18个月快速上涨;在第19个月快速下跌;在1903年底部起

的第 25 个月到 27 个月快速上涨。

1906——于 1 月到达顶部。在从 1903 年底部起的第 30 个月快速下跌。

1907——在从 1906 年顶部起的第 14 个月和第 19 到第 22 个月出现快速下跌。极限低点在 1907 年 11 月到达,这是从 1896 年底部起的第 135 个月,从 1897 年低点起的 127 个月和从 1906 年顶部起的 22 个月。

1909——顶部于 10 月到达,是从 1906 年顶部起的 45 个月和从 1907 年底部起的 23 个月,从 1896 年起的 158 个月。

1914——7 月,快速下跌,是从 1909 年顶部起的第 57 个月,从 1912 年顶部起的 21 个月。极限低点出现在 12 月,从 1906 年顶部起的 107 个月,从 1912 年顶部起的 26 个月,从 1896 年低点起的 220 个月,从 1907 年底部起的 84 个月或 7 年和从 1903 年底部起的 134 个月。

1915——这是一个战争年。3 月和 4 月的快速上涨出现在从 1914 年底部起的第 3 和第 4 个月。5 月是剧烈、陡直的下跌,从 1907 年 11 月底部起的 90 个月和从 1896 年底部起的 225 个月。注意这些快速匀速是在 90°角和 225°角,即 45°角加上 45°角或 180°角。

1916——4 月,剧烈下跌,是从 1914 年底部起的 16 个月,从 1906 年顶部起的 123 个月,从 1896 年低点起的 236 个月。9 月,快速上涨,从 1914 年低点起的 21 个月,从 1896 年低点起的 240 个月,这是 20 年周期的终点,预示着重要的趋势变化。11 月,快速上涨的顶部。道·琼斯工业股平均指数到那时为止的最高价。这是从 1914 年底部起的 23 个月和从 1896 年底部起的 243 个月。12 月,急剧下跌,从 1914 年底部起的 24 个月。

1917——8 月到 12 月,快速下跌,从 1916 年 11 月顶部起的 9 到 13 个月,从 1914 年底部起的 32 到 36 个月,从 1907 年底部起的 117 到 121 个月和从 1896 年低点起的 252 到 256 个月。

1919——快速上涨开始于 2 月持续到 7 月。这是从 1916 年顶部起的 27 到 32 个月和从 1914 年低点起的 50 到 55 个月。1919 年 2 月是从 1907 年低点起的 135 个月和从 1896 年底部起始 270 个月。第 135 和 270 个月是圆周的 3/8 和 3/4,对于趋势变化和运动的开始非常重要。10 月和 11 月初是最后的顶部,是从 1916 年顶部起的 36 个月。11 月,恐慌性下跌,从 1917 年低点起的 23 个月,从 1914 年底部起的 59 个月(5 年周期的终点),从 1896 年底部起的 279 个月。

1920——11 月和 12 月,快速下跌,从 1919 年顶部起的 12 到 13 个月,从 1917 年低点起的 35 到 36 个月,从 1914 年底部起的 72 个月,从 1907 年底部起的 157 个月,从 1896 年底部起的 291 到 292 个月。

1921——8 月,熊市的低点,从 1919 年顶部起的 21 个月,从 1914 年底部起的 80

个月,从1907年底部起的165个月,从1896年底部起的300个月。

1924——5月,形成最后的低点,快速上涨开始,历史上最大的牛市之一,结束于1929年。这是从1919年顶部起的54个月,从1921年低点起的33个月,从1914年低点起的113个月,以及从1896年低点起的333个月。

1926——3月,大跌,部分股票跌了100点。这是从1924年低点起的23个月,从1923年低点起的29个月,从1921年低点起的55个月,从1914年低点起的135个月,以及从1896年低点起的355个月。

8月,股票到达至那时为止的最高价,道·琼斯工业平均指数在166。这是从1924年5月低点起的27个月,从1923年10月低点起的34个月,从1921年底部起的60个月,从1907年低点起的225个月,以及从1896年低点起的360个月或30年。然后紧接着到10月下跌了20点,这是从1896年底部起的新30年周期里的2个月。

1928年和1929年是历史上运动最快的年份。

1929——5月到9月,最快的运动之一,平均指数几乎上涨了100点。最后的高点在9月。这是:

从1919年顶部起的118个月;从1923年低点起的71个月

从1909年顶部起的240个月;从1921年8月低点起的97个月

从1926年3月低点起的42个月;从1914年低点起的177个月

从1924年5月底部起的64个月;从1907年低点起的262个月

1930——4月,另一轮大跌前的最后顶部。这是从1926年3月低点起的49个月,从1924年低点起的71个月,以及从1923年低点起的78个月。5月,陡直、剧烈的下跌。这是从1907年低点起的270个月,从1896年低点起的第二个周期里的45个月。然后,快速下跌到1931年。

1931——9月,道·琼斯平均指数跌了46点。这是从1929年顶部起的24个月,从1923年和1924年低点起的95和86个月,从1921年低点起的121个月或一个新10年周期的起点,从1914年低点起的201个月,以及从1896年起的新周期里的61个月。

1932——7月8日,到达了熊市的极限低点。这是从1896年低点起的新周期里的71个月,从1921年低点起的131个月,从1923年和1924年低点起的105和96个月,从1930年4月顶部起的27个月,以及从1929年顶部起的34个月。8月和9月,股票急剧、快速上涨。这是从1929年顶部起的35和36个月,从1930年4月顶部起的28和29个月,从1896年低点起的新周期里的72和73个月,以及从1921年低点起的132到133个月。

1933——4月到7月,快速上涨。这是从1929年顶部起的43到46个月。始终在45个月或45的倍数附近观察极点。这还是从1930年顶部起的36到39个月,从

1932年低点起的9到12个月,以及从1896年起的新周期里的80到83个月或走完了新30年周期里消耗了一个7年周期。1933年10月,回调低点,是从1930年4月顶部起的42个月,从1929年顶部起的49个月,从1932年低点起的15个月。

1934——2月,顶部。这是从1930年高点起的46个月,从1929年高点起的53个月,从1933年低点起的12个月,从1932年低点起的19个月,从1926年8月起的新30年周期里的90个月(最重要)。从这个顶部起,出现急剧下跌。7月,大牛市运动前的最后低点。这是从1929年顶部起的58个月,从1930年顶部起的51个月,从1932年低点起的24个月。进入了这个新30年周期的第9年,正如以前的阐释,市场表明大牛市在1935年紧随其后。

1935年——在3月18日的低点之后,市场在1935年和1936年间持续上涨,就像1915年和1916年还有1925年和1926年那样,这符合10年周期。

1936年——4月6日,高点163。1926年2月11日,高点162⅜。10年后,平均指数几乎在相同的高点。1936年4月30日,低点141½;1926年3月30日,低点135¼:4月16日低点136½……接近10年前过去相同的价格和日期。

1937年——3月8日,最后的高点是195½,这是从1929年9月高点起的90个月或7½年;从1930年4月17日高点起的7年;从1932年7月8日低点起的56个月。以前的10年周期——1917年3月26日,反弹高点;那一年从未走到它之上1点。

1937年6月17日,低点163;1927年6月27日,低点165¾——10年后几乎在相同的水平。

1937年8月14日,高点190¼;1917年8月6日,大跌前的最后高点;1927年8月2日,高点185½,回调前的顶部。

1937年10月19日,低点115½;1917年10月15日,低点:1927年10月29日,回调低点。

1937年11月23日,低点112½,年度低点;1917年11月8日,低点;1907年11月15日,恐慌低点。

因此,1937年走完了回溯至1907年的第3个10年周期和1917年的第2个10年周期。

1938年——3月31日,恐慌低点,97½。注意1908年2月10日,低点;1918年4月11日,低点;1928年2月29日,最后的低点;1933年2月27日,低点49½——回溯61个月;1933年3月21日,最后的低点55,回溯5年;1935年3月18日,低点95½,回溯3年;1936年4月30日,低点141½,回溯2年。1935年10月3日,低点127,回溯30个月或2½年。回顾你的记录,你会发现所有均匀运行10年周期的这些年份——即1908年、1918年和1928年——是上涨的年份,而且上涨开始于2月或3月的低点。

1938年7月25日,高点146¼,8月6日,高点146½。1908年8月10日,高点。1918年10月18日,高点;11月9日,高点。1928年8月7日,高点;11月28日高点。

1938年9月26日至28日,低点128。注意,1908年9月22日是最后的低点。

1938年11月10日,高点158¾。对比:

1923年10月27日,低点,回溯15年;

1931年10月5日,低点,回溯7年;

1933年10月21日,低点,回溯5年;

1935年11月20日,低点,回溯3年;

1936年11月18日,高点,回溯2年;

1937年11月23日,低点,回溯1年。

1939年——1月3日至4日,高点155½。1909年1月3日至4日,高点;1919年1月4日,高点;1929年1月2日,回调前的高点。

1939年4月11日,低点120;1909年2月23日,低点;1919年2月8日,低点;1929年3月28日,最后的低点。在所有这些年份中,随后都是上涨或牛市。

1939年5月10日,高点134⅝;5月17日,低点128⅜,是最后的低点;6月9日,高点140¾;6月30日,最后的低点128⅞;7月25日,高点145¾。

为了确定1939年接下来的日子价格将如何运行,我们做下列的对比:

1909年10月2日和11月19日,高点;

1919年8月14日和11月3日,高点;

1929年9月3日,极限高点,回溯10年;

1932年9月8日,高点,回溯7年;

另外,11月12日是1932年的第2个高点。

1934年10月11日和17日以及12月5日,高点,回溯5年;

1936年11月18日,高点,回溯3年;

1937年8月14日,最后的高点,回溯2年;

1938年7月25日。高点。8月6日,高点。11月10日,当年的高点158¾,回溯1年。

上述日期用来观察1939年余下时间内的趋势变化和顶部及底部。按照10年周期将在9月3日开始向上;另外,9只8将是从1932年顶部起的7年。因此,假如平均指数在9月3日或8日后开始上涨,按照过去的周期,在10月或11月观察顶部。

写到这里时,1939年8月3日,道·琼斯36种工业平均指数再次上涨到了97½到195½的半路点附近,如果能走到这个半路点之上。同时收盘在它之上而且维持住了,就预示着将走出更高的价格。

1940年——是从1930年起的第一个10年周期。1930年4月17日,高点。

1920年4月8日,高点。1910年4月16日,最后的高点。

1935年3月18日,低点。1933年2月27日,低点。7月17日,高点。

1937年3月8日,高点。1938年3月31日,低点。1939年4月11,低点。

因此,1940年3月和4月对于趋势变化非常重要,如果市场上涨到了那时并且形成顶部,趋势就应该反转向下并且像1910年、1920年和1930年那样运行。

在这些重要的时间周期结束时,考虑阻力位和周高低点图上的位置始终很重要。然后,你就能察觉趋势的第一个小变化。它以后也许会成为一个主要趋势变化。

用同样的方法回顾个股并计算它们的时间周期。检查形成极限高点和低点的月份,并且注意发生快速上涨和下跌的每个底部和顶部。通过保存从重要顶部和底部开始的时间周期,你就能知道重要的时间周期何时结束,趋势变化何时出现。另外,在3月到4月、6月到7月、9月到10月和11月到12月左右观察季节性趋势变化。

这全都有助于你挑选那些将有最大上涨和最大下跌的股票。你工作和研究得越多。你学会的知识就越多,而你将获取的利润就越大。

## 十一、假日附近的趋势变化

如果你回顾多年的图表,你会发现趋势变化往往恰好出现在假日前后。下面的日期对于观察变化很重要:

1月2日到4日、1月7日或一年开始的第一周期间。

2月12日和22日。

3月或4月——复活节前后。

5月30日。

7月4日。

9月——劳工节和犹太假日。

10月12日。

11月2日到8日——选举前后。

11月26日到30日——感恩节前后。

12月21日到27日——圣诞假期这周。

## 十二、如何交易

你完全掌握了所有的课程之后,在交易前确保你是正确的。绝不猜测。只根据明确的信号交易。

## (一) 开始交易前你必须知道的

你必须知道如何应用所有的规则;如何从顶部和底部画几何角度或移动平均线;如何画时间和价格正方形;如何画重要的45°角或线——它相当于一条移动平均线。你必须知道在哪里设置止损单,而且必须检查当年处于什么周期,即根据主预测图确定是牛市年还是熊市年,主趋势应该上涨还是下跌。

在你进行交易前——无论是买还是卖——考虑每只个股在月线图上的位置;还要考虑周线图,然后是日线图。如果它们全都证实是上升趋势,买入就有把握——假如你确定了设置止损单的位置。另一方面,如果周期表明这是熊市年,而且月线、周线和日线图表明下降趋势,那么这就是一个卖空时机,此外,你必须寻找最重要的点——设置不超过3点距离的止损单的地方并且尽可能地接近。

## (二) 交易前要关注什么

下面是你买卖股票前必须考虑的重点:

1. 时间周期——无论是牛市还是熊市年,通过年度预测确定时间周期年,以及整个市场的主趋势是上涨年还是下跌。

2. 个股的周期——无论是上涨年还是下跌年。

3. 在始于顶部和底部的角度线和时间周期上的月度位置。

4. 在始于顶部和底部的时间周期和角度上的周度位置。注意是否它正在使从顶部或底部起的时间形成正方形。

5. 价格阻力位——注意股票是否接近任何半路点或其他支撑或阻力点。

6. 研究所有形态。股票是否在相同水平附近维持了数日、数周或数月,以及它是否将要穿越或突破始于顶部或底部的重要角度线。

7. 查看成交量。注意股票的成交量是否在过去数天或数周有所增加或减少。

8. 检查历史上行情上涨或下跌的空间或价格运动。找出过去数周或数月最大的上涨或下跌幅度。例如:如果股票已经出现了数次5点的回调,在你检查它时,如果你发现它从过去的顶部下跌了3点,而且月线、周线和日线图上趋势向上,价格接近支撑角度线。你就可以买入并在离其2到3点的位置设止损单;然后,如果股票下跌超过5点,就超过了先前的回调限度,显示了趋势变化,你应该平仓。

9. 千万不要忽略这一事实——交易前你必须有明确的信号。

10. 最重要的是——始终要确定设置止损单以限制风险。

## (三) 模拟交易练习

在你感觉已经掌握了所有规则,并且清楚地知道如何确定股票的趋势和开始交易的位置之后，进行模拟交易练习，直到你彻底明白了如何及何时使用规则，你将更加确信并且建立自信。如果你在模拟交易中犯了错误，那么你也会在实际交易中犯错，你就不要准备开始交易。当你相信自己有能力开始交易时，应用所有的规则并且只根据明确的信号交易。如果你确定不了趋势或买入或卖出价，不能确定设置止损单的位置，那就一直等到你得到了一个明确的信号。等待时机，你总是能赚钱。亏损和根据猜测赚钱无助于你。

### (四) 何时结束交易

你开始实战后，当你做了一笔交易，直到你根据规则有了明确的买入或卖出信号或者移动止损单被触发的时候，才平仓或兑现利润。取得成功的途径是始终跟随趋势，而且直到趋势改变才出场或平仓。

### (五) 何时要等待并且不做交易

知道何时不进场就像要知道何时进场那样重要。当你发现股票已经在一个狭窄的交易区间内维持了很长时间，则不做交易，比如说，一个5点或3点的区间，还没有跌到以前形成的底部之下或穿越以前形成的顶部时。股票也许会在一个交易区间内逗留数周或数月，直到穿越以前的顶部或突破以前的底部才显示出大行情或趋势变化。如果股票在这个位置并不活跃，就还不是进场交易的时候。在长期下跌之后，股票几乎总是会收窄并且维持在一个交易区间内一段时间。如果股票在这个位置不活跃，就不要开始交易它。

### (六) 遵守所有规则

记住，要遵守所有规则；检查再检查；为预测研究主要和次要周期；密切观察阻力位；研究底部和顶部以及底部和顶部之间的不同形态。如果忽略了一个要点，也许就会置你于错误之中。整体不会多于部分，部分形成了整体。即使你只遗漏了一个规则，你也不会形成完整的预测方法或趋势指标。

你据以成功的方法，取决于尽己之力，研究和学习如何应用这些规则，不要夹杂任何内部或外部消息或者违反数学规律的推理。没有人可以不努力工作就取得成功。我已经尽我之力了，现在就看你的了。

## 十三、如何预测

研究历史周期的图表和记录，以及从顶部到底部的时间、从主要底部到主要底部的时间和从主要顶部到主要顶部的时间，你就能够提前一年或以上作出预测。然后，观察你的周高低点图并应用所有其他规则,你就能识别出主趋势何时改变。

在形成顶部或底部之后,或者在每个日历年的开始。你应该回顾 3、5、7 和 10 年时间,注意市场是否正在重演,以及最接近哪个周期。

## (一) 12、20 和 30 种工业平均指数

### 1. 从牛市的主要顶部到主要顶部

| 年份 | 低点 | 时间 | 起点 |
|---|---|---|---|
| 1892年3月4日 和4月18日 | 94.5 | | |
| 1895年9月4日 | 84.5 | 42个月 | 1892年3月4日 |
| 1899年4月25日 | 77.28 | 43个月21天 | 1895年9月4日 |
| 9月5日 | 77.61 | 48个月 | 1893年9月4日 |
| 1901年1月17日 | 78.26 | 21个月12天 | 1899年9月5日 |
| 1906年1月19日 | 193 | 53个月 | 1901年1月17日 |
| 1907年1月7日 | 96.37 | 11个月19天 | 1906年1月19日 |
| 1909年10月2日 | 100.50 | | |
| 11月19日 | 100.53 | 46个月 | 1906年1月19日 |
| 1912年9月30日 | 94.15 | 36个月 | 1909年10月2日 |
| 1916年11月21日 | 110.15 | 49个月22天 | 1912年9月30日 |
| 1919年11月3日 | 119.62 | 35个月14天 | 1916年11月21日 |
| 1923年3月20日 | 195.38 | 40个月17天 | 1919年11月3日 |
| 1929年9月3日 | 386.10 | 77个月14天 | 1923年3月20日 |
| 1933年7月17日 | 110.50 | 46个月14天 | 1929年9月3日 |
| 1934年2月5日 | 111.50 | 53个月零2天 | 1929年9月3日 |
| 1937年3月8日 | 195.50 | 37个月零3天 | 1934年2月5日 |
| | | 43个月19天 | 1933年7月17日 |
| 1938年11月10日 | 158.75 | 20个月零2天 | |

研究每个重要顶部和下一个顶部之间的时间周期很重要。

1892 年到 1898 年期间,顶部之间的时间周期如下:2 个相距 53 个月;7 个相距 42 到 49 个月;4 个相距 35 到 40 个月;2 个相距 20 到 21 个月;1 个在 11 个月 19 天。

其中最大的牛市——1923 年 3 月 20 日到 1929 年 9 月 3 日——是 77 个月。这是一个反常、罕见和极端的牛市,但你最好知道这个时间周期:因为将来你也许要用到它。

从上述时间你可以发现,大多数牛市在 3 年和 4 年之间或 35 和 49 个月之间形成

顶部,只有两例 53 个月的极端行情;两例进行了 20 到 21 个月,1 例略少于 1 年。

**2. 从熊市的主要底部到主要底部**

| 年份 | 低点 | 时间 | 起点 |
|---|---|---|---|
| 1893 年 7 月 26 日 | 62½ | | |
| 1896 年 8 月 8 日 | 28½ | 34 个月 13 天 | 1893 年 7 月 26 日 |
| 1900 年 6 月 23 日 | 53 | 46 个月 15 天 | 1896 年 8 月 8 日 |
| 9 月 23 日 | 53 | 49 个月 15 天 | 1896 年 8 月 8 日 |
| 1903 年 11 月 9 日 | 42⅛ | 40 个月 17 天 | 1900 年 6 月 23 日 |
| | | 37 个月 16 天 | 1900 年 9 月 23 日 |
| 1907 年 11 月 5 日 | 53 | 48 个月零 6 天 | 1903 年 11 月 9 日 |
| 1910 年 7 月 26 日 | 73⅝ | 32 个月 11 天 | 1997 年 11 月 5 日 |
| 1911 年 9 月 25 日 | 73⅝ | 46 个月 10 天 | 1910 年 7 月 26 日 |
| 1914 年 12 月 24 日 | 53⅛ | 39 个月 | 1910 年 7 月 26 日 |
| | | 48 个月 28 天 | 1911 年 9 月 25 日 |
| 1917 年 12 月 19 日 | 66 | 36 个月 | 1914 年 12 月 24 日 |
| 1921 年 8 月 24 日 | 64 | 44 个月零 5 天 | 1917 年 12 月 19 日 |
| 1923 年 10 月 27 日 | 85¾ | 26 个月零 2 天 | 1921 年 8 月 24 日 |
| 1924 年 5 月 20 日 | 88⅜ | 33 个月 | 1921 年 8 月 24 日 |
| 1932 年 7 月 8 日 | 40½ | 104 个月 11 天 | 1923 年 10 月 27 日 |
| | | 97 个月 18 天 | 1924 年 5 月 20 日 |
| 1933 年 10 月 21 日 | 82½ | 15 个月 13 天 | 1932 年 7 月 8 日 |
| 1934 年 7 月 26 日 | 85 | 24 个月 18 天 | 1932 年 7 月 8 日 |
| 1938 年 3 月 31 日 | 97½ | 44 个月零 5 天 | 1932 年 7 月 8 日 |

市场下跌的时间周期总是比上涨时的更短。为了识别出下一个底部出现的时间,研究主要底部之间的时间长度很重要。

只有 1 个相距 49 个月 15 天的周期,6 个相距 44 到 48 个月,1 个 40 个月;6 个 32 到 39 个月;1 个 26 个月,1 个 24 个月;1 个 15 个月。由此你会发现,多数底部是 3 到 4 年。

最大的时间周期是从 1923 年 10 月 27 日的底部到 1932 年 7 月 8 日的底部——104 个月 11 天。下一个周期是从 1924 年 5 月 20 日的最后底部到 1932 年 7 月 8 日——97 个月 18 天。这些异乎寻常的行情以非常罕见的周期出现,而只有知道最大的以及最小的运动,你才能做出精确的预测。

## (二)道·琼斯20种铁路平均指数

**1. 从熊市的主要底部到主要底部**

| 年份 | 低点 | 时间 | 起点 |
|---|---|---|---|
| 1890年12月 | 76½ | | |
| 1893年7月26日 | 62 | 34个月 | 1890年12月 |
| 1896年8月8日 | 42 | 35个月18天 | 1893年7月26日 |
| 1900年6月23日 | 73 | 46个月15天 | 1896年8月9日 |
| 1903年10月27日 | 89⅜ | 40个月零4天 | 1900年6月23日 |
| 1907年11月23日 | 81⅜ | 48个月27天 | 1903年10月27日 |
| 1910年7月26日 | 105⅝ | 32个月零3天 | 1907年11月2日 |
| 1911年9月30日 | 109⅝ | 14个月零4天 | 1910年7月26日 |
| 1914年12月24日 | 87½ | 38个月24天 | 1911年9月30日 |
| 1917年12月19日 | 70¾ | 36个月 | 1914年12月24日 |

主要底部之间的最大时间周期是48个月27天;其次是46个月15天;其次是40个月零4天;其次是38个月24天。有4个相距32到36个月,1个小的14个月。再一次,你会发现,这些重要底部出现在3年和4年周期的终点。

**2. 从牛市的主要顶部到主要顶部**

| 年份 | 低点 | 时间 | 起点 |
|---|---|---|---|
| 1886年12月 | 94.5 | | |
| 1890年5月 | 99 | 42个月 | 1886年12月 |
| 1891年4月 | 89 | 11个月 | 1890年5月 |
| 1892年3月 | 94 | 22个月 | 1890年5月 |
| 1895年9月4日 | 92.5 | 41个月 | 1892年3月 |
| 1899年4月25日 | 87 | 43个月21天 | 1895年9月4日 |
| 1902年9月9日 | 129.36 | 40个月15天 | 1899年4月25日 |
| 1906年1月19日 | 138.29 | 40个月10天 | 1902年9月9日 |
| 1906年9月17日 | 137.40 | 9个月 | 1906年1月19日 |
| 1906年12月11日 | 137.56 | 51个月 | 1962年9月9日 |
| 1909年8月14日 | 134.46 | 42个月26天 | 1906年1月19日 |
| 1912年8月14日 | 124.16 | 36个月 | 1909年8月14日 |
| 1912年10月5日 | 124.35 | 37个月21天 | 1912年8月14日 |
| 1916年10月4日 | 112.28 | 48个月 | 1912年10月5日 |
| 1918年13月9日 | 92.91 | 25个月零5天 | 1916年10月4日 |
| 1919年5月26日 | 91.13 | 31个月零2天 | 1916年10月4日 |

有一个顶部之间的周期是 51 个月；一个相距 48 个月；6 个相距 40 到 43 个月；2 个相距 36 到 37 个月；1 个相距 31 个月；2 个相距 22 到 25 个月；1 个 11 个月；一个 9 个月。这再次证明了大多数顶部相隔 3 到 3½ 年左右出现，极端情况下 4 年左右。一些顶部出现在 2 年周期左右，只有 2 个少于 1 年，再次验证了 10 年周期的有效性。

## （三）道·琼斯 30 种工业平均指数

### 1. 从主要和次要顶部到主要和次要顶部的时间

| 年份及高点 | 时间 | 起点 |
|---|---|---|
| 1895 年 9 月 4 日 | 40 个月 17 天 | 1892 年 4 月 18 日 |
| 1896 年 4 月 22 日 | 7 个月 17 天 | 1895 年 9 月 4 日 |
| 1899 年 9 月 5 日 | 40 个月 14 天 | 1896 年 4 月 22 日 |
| 1901 年 6 月 17 日 | 21 个月 12 天 | 1899 年 9 月 5 日 |
| 1996 年 1 月 19 日 | 55 个月 | 1901 年 6 月 17 日 |
| 1907 年 1 月 7 日次级顶部 | 11 个月 19 天 | 1906 年 1 月 19 日 |
| 1909 年 10 月 2 日 | 44 个月 12 天 | 1906 年 1 月 19 日 |
| 　　11 月 19 日 | 46 个月 | 1906 年 1 月 19 日 |
| 　　12 月 22 日 | 47 个月零 3 天 | 1906 年 1 月 19 日 |
| 1912 年 9 月 30 日 | 36 个月 | 1909 年 10 月 2 日 |
| 1915 年 12 月 27 日 | 38 个月 27 天 | 1912 年 9 月 30 日 |
| 1916 年 11 月 21 日 | 84 个月零 2 天 | 1909 年 11 月 19 日 |
| 1917 年 6 月 9 日最后的高点 | 6 个月 15 天 | 1916 年 11 月 21 日 |
| 1919 年 7 月 14 日次级顶部 | 25 个月零 5 天 | 1917 年 6 月 9 日 |
| 　　11 月 3 日 | 35 个月 13 天 | 1916 年 11 月 21 日 |
| 1920 年 4 月 8 日第二个顶部 | 5 个月零 5 天 | 1919 年 11 月 3 日 |
| 1922 年 10 月 14 日次级顶部 | 35 个月 11 天 | 1919 年 11 月 3 日 |
| 1923 年 3 月 20 日 | 40 个月 17 天 | 1919 年 11 月 3 日 |
| 　　3 月 20 日 | 5 个月零 6 天 | 1922 年 10 月 14 日 |
| 1924 年 2 月 6 日次级顶部 | 18 个月 17 天 | 1923 年 3 月 29 日 |
| 　　2 月 6 日 | 15 个月 23 天 | 1922 年 10 月 14 日 |
| 1925 年 11 月 6 日 | 21 个月 | 1924 年 2 月 6 日 |
| 1926 年 2 月 11 日 | 1925 年 2 月 6 日 | |
| 　　2 月 11 日 | 34 个月 22 天 | 1923 年 3 月 20 日 |
| 　　8 月 14 日 | 40 个月 24 天 | 1923 年 3 月 20 日 |
| 　　8 月 14 日 | 81 个月 11 天 | 1919 年 11 月 3 日 |

| 年份及高点 | 时间 | 起点 |
|---|---|---|
| 8月14日 | 76个月零6天 | 1920年4月8日 |
| 1927年10月3日次级顶部 | 13个月19天 | 1926年8月14日 |
| 10月3日 | 22个月27天 | 1925年11月6日 |
| 1928年5月14日 | 62个月 | 1923年3月20日 |
| 5月14日 | 27个月零3天 | 1926年2月11日 |
| 11月28日次级顶部 | 27个月14天 | 1926年8月14日 |
| 1929年2月5日 | 29个月22天 | 1926年8月14日 |
| 2月5日 | 36个月 | 1926年2月11日 |
| 5月4日 | 12个月 | 1928年5月14日 |
| 5月4日 | 39个月 | 1926年2月11日 |
| 9月3日最终的顶部 | 118个月 | 1919年11月3日 |
| 9月3日 | 82个月20天 | 1922年10月14日 |
| 9月3日 | 77个月14天 | 1923年3月20日 |
| 9月3日 | 36个月24天 | 1926年2月11日 |
| 9月3日 | 9个月零6天 | 1928年11月28日 |
| 9月3日 | 6个月29天 | 1929年2月5日 |
| 9月3日 | 4个月 | 1929年5月4日 |
| 9月3日 | 1个月 | 1929年8月3日 |
| 1930年4月17日次级顶部 | 7个月14天 | 1929年9月3日 |
| 9月10日反弹顶部 | 4个月24天 | 1939年4月17日 |
| 1931年2月24日 | 29个月21天 | 1929年9月3日 |
| 2月24日 | 10个月零7天 | 1930年4月17日 |
| 2月24日 | 5个月14天 | 1930年9月10日 |
| 1931年6月27日 | 21个月24天 | 1929年9月3日 |
| 6月27日 | 14个月10天 | 1930年4月17日 |
| 6月27日 | 4个月零3天 | 1931年7月23日 |
| 11月9日次级顶部 | 26个月零6天 | 1929年9月3日 |
| 11月9日 | 18个月23天 | 1930年4月17日 |
| 11月9日是 | 8个月16天 | 1931年2月24日 |
| 11月9日 | 4个月13天 | 1931年6月27日 |
| 1932年3月8日 | 30个月 | 1929年9月3日 |
| 3月8日 | 22个月20天 | 1930年4月17日 |
| 2月19日 | 24个月 | 1931年2月24日 |

| 年份及高点 | 时间 | 起点 |
| --- | --- | --- |
| 3月8日 | 4个月 | 1931年11月9日 |
| 9月8日 | 36个月零5天 | 1929年9月3日 |
| 9月8日 | 28个月22天 | 1930年4月17日 |
| 9月8日 | 24个月零2天 | 1930年9月10日 |
| 9月8日 | 18个月15天 | 1913年2月24日 |
| 9月8日 | 14个月12天 | 1931年6月27日 |
| 9月8 9 | 10个月零1天 | 1931年11月9日 |
| 9月8日 | 6个月 | 1932年3月8日 |
| 1933年7月17日 | 10个月零9天 | 1932年9月8日 |
| 9月18日更低的顶部 | 12个月10天 | 1932年9月8日 |
| 9月18日 | 2个月 | 1933年7月17日 |
| 1934年2月5日 | 17个月 | 1932年9月8日 |
| 2月5日 | 6个月19天 | 1933年7月17日 |
| 2月15日 | 5个月 | 1933年9月18日 |
| 1935年2月18日 | 19个月零1天 | 1933年7月17日 |
| 2月18日 | 12个月零1天 | 1934年2月5日 |
| 1936年4月6日次级顶部 | 13个月19天 | 1935年2月18日 |
| 1937年3月8日 | 90个月零5天 | 1929年9月3日 |
| 3月8日 | 82个月19天 | 1930年4月17日 |
| 3月8日 | 78个月 | 1939年9月10日 |
| 3月8日 | 72个月12天 | 1931年2月24日 |
| 3月8日 | 54个月 | 1932年9月8日 |
| 3月8日 | 43个月19天 | 1933年7月17日 |
| 3月8日 | 37个月零3天 | 1934年2月5日 |
| 3月8日 | 11个月 | 1936年4月6日 |
| 8月14日次级顶部 | 49个月 | 1933年7月17日 |
| 8月14日 | 42个月 | 1934年2月15日 |
| 10月29日 | 7个月21天 | 1937年3月8日 |
| 10月29日 | 2个月15天 | 1937年8月14日 |
| 1938年1月15日次级顶部 | 10个月零7天 | 1937年3月8日 |
| 1月15日 | 5个月零1天 | 1937年8月14日 |
| 7月25日 | 16个月27天 | 1937年3月8日 |
| 7月25日 | 11个月11天 | 1937年8月14日 |

| 年份及高点 | 时间 | 起点 |
|---|---|---|
| 11月10日 | 20个月零2天 | 1937年3月8日 |
| 11月10日 | 10个月零5天 | 1937年3月8日 |

**2. 牛市主要底部到主要顶部,熊市主要顶部到主要底部的时间**

| | | |
|---|---|---|
| 1893年7月26日低点62½ | 到 1895年9月4日高点82½ | 25个月零9天 |
| 1895年9月4日高点82½ | 到 1896年8月8日低点28½ | 11个月零4天 |
| 1896年8月8日低点28½ | 到 1899年4月25日高点77.28 | 32个月17天 |
| 1896年8月8日低点28½ | 到 1899年9月5日高点77.61 | 36个月20天 |
| 1899年4月25日高点77.28 | 到 1900年6月23日低点53.63 | 14个月 |
| 1899年9月5日高点77.61 | 到 1900年9月24日低点52.96 | 12个月19天 |
| 1900年6月23日低点53.63 | 到 1901年6月17日高点78.26 | 12个月 |
| 1900年9月24日低点52.96 | 到 1901年6月17日高点78.26 | 8个月24天 |
| 1901年6月17日高点78.26 | 到 1903年11月9日低点42.15 | 28个月23天 |
| 1903年11月9日低点42.15 | 到 1906年1月19日高点103 | 26个月10天 |
| 1906年1月19日高点103 | 到 1907年11月15日低点53 | 21个月27天 |
| 1907年11月15日低点53 | 到 1909年10月2日高点100.50 | 22个月17天 |
| 1907年11月15日低点53 | 到 1909年11月19日高点100.53 | 24个月零4天 |
| 1909年11月19日高点100.53 | 到 1916年7月26日低点73⅝ | 8个月零7天 |
| 1909年11月19日高点100.53 | 到 1911年9月258 | 低点73 22个月零6天 |
| 1909年10月2日高点100.50 | 到 1911年9月25日低点73 | 23个月23天 |
| 1910年7月26日低点73⅝ | 到 1912年9月30日高点94⅛ | 26个月零4天 |
| 1912年9月30日高点94⅛ | 到 1914年12月24日低点53⅛ | 26个月24天 |
| 1914年12月24日低点53⅛ | 到 1916年11月21日高点110⅛ | 23个月 |
| 1916年11月21日高点110⅛ | 到 1917年12月19日低点66 | 13个月 |
| 1917年12月19日低点66 | 到 1919年11月3日高点119⅝ | 22个月14天 |
| 1919年11月3日高点119⅝ | 到 1921年8月24日低点64 | 21个月21天 |
| 1921年8月24日低点64 | 到 1923年3月20日高点105⅜ | 18个月24天 |
| 1923年3月20日高点105⅜ | 到 1923年10月27日低点85¾ | 7个月零3天 |
| 1923年3月20日高点105⅜ | 到 1924年5月20日低点88⅜ | 14个月 |
| 1923年10月27日低点853/4 | 到 1929年9月3日高点386.10 | 70个月零7天 |
| 1924年5月29日低点88⅜ | 到 1929年9月3日高点386.10 | 63个月14天 |
| 1929年9月3日高点386.10 | 到 1932年7月8日低点40½ | 34个月零5天 |
| 1932年7月8日低点40½ | 到 1937年3月8日高点195½ | 56个月 |
| 1937年3月7日高点195½ | 到 1938年3月31日低点97½ | 12个月23天 |

### 3. 1892—1939 从底部到顶部的牛市运动

有 1 个相距 56 个月的运动,1 个 36 个月;1 个 32 个月;4 个 24 到 28 个月;3 个 21 到 23 个月;1 个 18 个月;2 个 8 到 12 个月。最大的牛市运动从 1923 年 10 月 27 日到 1929 年 9 月 3 日——70 个月零 7 天。其次是从 1924 年 5 月 20 日的最后低点到 1929 年 9 月 3 日——63 个月 14 天。

由上述你会发现,除了到 1929 年的极端上涨之外,只有一个运行了 4 年以上的周期。更大的周期数持续 2 年和 2 年零 4 个月之间,只有 2 个少于 1 年的周期,1 个运行了 1½ 年的周期,再次证明了 10 年周期中 1、2、3、4 和 5 年周期的有效性。

### 4. 从顶部到底部的熊市运动

熊市总是在一个比牛市更短的时间周期里运行同样或更多的点数。就像其他下滑的东西一样,重力有助于它更快地下跌,而向下时动量增加得比向上时更快。

持续时间最长的熊市从 1929 年 9 月 3 日到 1932 年 7 月 8 日,34 个月零 5 天时间,345½ 点的下跌,历史最大跌幅。其次是 2 个 26 和 28 个月的熊市;4 个 21 到 23 个月;6 个 11 到 14 个月;3 个 7 到 8 个月。由此,你会发现,时间最长的熊市不到 3 年,只有 2 个略多于 2 年;4 个略少于 2 年;6 个 11 到 14 个月——大约 1 年的时间;3 个小的在 7 到 8 个月之间。

这有助于你在熊市中市场开始下跌后,计算它会持续多长时间,而且通过使用其他顶部和底部以及时间周期,你可以识别出它何时结束。在确定熊市形成了最终的底部之前,应用所有规则,并且在确定最终的底部已经到达前等待明确的向上的趋势变化。

### 5. 从顶部到底部和底部到顶部的牛市和熊市运动

| 年份 | 低点或高点 | 上涨或下跌的点数 | 时间周期 |
| --- | --- | --- | --- |
| 1892 年 3 月 4 日和 4 月 18 日 | 高点 94½ | | |
| 1893 年 7 月 26 日 | 低点 62½ | 32 | 16 个月 22 天 |
| 1895 年 9 月 4 日 | 高点 82½ | 20 | 23 个月零 9 天 |
| 1896 年 8 月 8 日 | 低点 28½ | 54 | 11 个月 4 天 |
| 1897 年 9 月 10 日 | 高点 55⅞ | 27⅜ | 13 个月 2 天 |
| 1898 年 3 月 23 日 | 低点 42 | 17⅞ | 6 个月 15 天 |
| 1899 年 9 月 5 日 | 高点 77⅝ | 35⅞ | 17 个月 11 天 |
| 1900 年 9 月 24 日 | 低点 53 | 24⅝ | 12 个月 19 天 |
| 1901 年 6 月 17 日 | 高点 78¼ | 25¼ | 8 个月 24 天 |
| 1902 年 11 月 9 日 | 低点 42⅛ | 36⅛ | 28 个月 23 天 |
| 1906 年 1 月 19 日 | 高点 103 | 61 | 26 个月 22 天 |
| 1907 年 11 月 15 日 | 低点 53 | 50 | 21 个月 27 天 |
| 1909 年 11 月 19 日 | 高点 100½ | 47½ | 24 个月零 4 天 |

| 年份 | 低点或高点 | 上涨或下跌的点数 | 时间周期 |
|---|---|---|---|
| 1910 年 7 月 26 日 | 低点 73 5/8 | 26 7/8 | 8 个月零 7 天 |
| 1911 年 6 月 19 日 | 高点 87 | 13 3/8 | 10 个月 24 天 |
| 9 月 25 日 | 低点 73 | 14 | 3 个月零 6 天 |
| 1912 年 9 月 30 日 | 高点 94 1/8 | 21 1/8 | 12 个月零 5 天 |
| 1913 年 6 月 11 日 | 低点 72 1/8 | 22 | 8 个月 12 天 |
| 1914 年 3 月 30 日 | 高点 83 1/2 | 11 3/8 | 9 个月零 9 天 |
| 12 月 24 日 | 低点 53 1/8 | 30 – 3/8 | 9 个月零 2 天 |
| 1912 年 9 月 30 日到 | 高点 94 1/8 | | |
| 1914 年 12 月 24 日 | 低点 53 1/8 | 41 | 26 个月 25 天 |
| 1916 年 11 月 21 日 | 高点 110 1/8 | 67 | 23 个月 |
| 1917 年 12 月 19 日 | 低点 66 | 44 1/8 | 12 个月 28 天 |
| 1919 年 11 月 3 日 | 高点 119 5/8 | 53 5/8 | 22 个月 14 天 |
| 1921 年 8 月 24 日 | 低点 64 | 55 5/8 | 21 个月 21 天 |
| 1923 年 3 月 20 日 | 高点 105 3/8 | 41 3/8 | 30 个月 24 天 |
| 10 月 27 日 | 低点 85 3/4 | 19 5/8 | 7 个月零 3 天 |
| 1924 年 2 月 6 日 | 高点 101 1/4 | 15 1/2 | 3 个月 10 天 |
| 5 月 20 日 | 低点 88 3/8 | 12 7/8 | 3 个月 14 天 |
| 1929 年 2 月 5 日 | 高点 322 | 233 5/8 | 56 个月 15 天 |
| 2 月 16 日 | 低点 295 7/8 | 26 1/8 | 11 天 |
| 3 月 1 日 | 高点 321 1/8 | 25 1/4 | 13 天 |
| 3 月 26 日 | 低点 296 1/2 | 24 1/8 | 25 天 |
| 5 月 4 日 | 高点 327 | 30 1/2 | 39 天 |
| 5 月 27 日 | 低点 290 | 37 | 23 天 |
| 9 月 3 日 | 高点 386 | 96 | 69 天 |
| 10 月 29 日 | 低点 230 | 156 | 56 天 |
| 10 月 31 日 | 高点 273 1/2 | 43 1/2 | 2 天 |
| 11 月 13 日 | 低点 195 3/8 | 78 1/8 | 13 天 |
| 1924 年 5 月 20 日到 | 低点 88 3/8 | | |
| 1929 年 9 月 2 日 | 高点 386 | 297 5/8 | 63 个月 13 天 |
| 1929 年 9 月 3 日到 | 高点 386 | | |
| 11 月 13 日 | 低点 195 3/8 | 190 5/8 | 71 天 |
| 1930 年 4 月 17 日 | 高点 296 1/2 | 101 3/8 | 5 个月零 4 天 |
| 12 月 29 日 | 低点 158 1/2 | 138 | 8 个月 12 天 |

| 年份 | 低点或高点 | 上涨或下跌的点数 | 时间周期 |
|---|---|---|---|
| 1931年2月24日 | 高点 196¾ | 384 | 57天 |
| 6月2日 | 低点 120 | 76¾ | 98天 |
| 6月27日 | 高点 157½ | 37½ | 25天 |
| 10月5日 | 低点 85½ | 72 | 100天 |
| 11月9日 | 高点 119½ | 34 | 35天 |
| 1932年1月5日 | 低点 79 | 49½ | 57天 |
| 3月8日 | 高点 89½ | 19½ | 63天 |
| 7月8日 | 低点 40½ | 49 | 122天 |
| 1929年9月2日到 | 高点 386 | | |
| 1932年7月8日 | 低点 40½ | 345½ | 34个月零5天 |
| 1932年9月8日 | 高点 81½ | 41 | 62天 |
| 1933年2月27日 | 低点 49½ | 32 | 5个月19天 |
| 7月27日 | 高点 110½ | 61 | 4个月20天 |
| 10月21日 | 低点 82½ | 28 | 3个月20天 |
| 1934年2月5日 | 高点 111½ | 29 | 3个月15天 |
| 7月26日 | 低点 85 | 26½ | 5个月21天 |
| 1936年4月6日 | 高点 163 | 77 | 20个月11天 |
| 4月30日 | 低点 141½ | 21½ | 24天 |
| 1937年3月8日 | 高点 195½ | 54 | 10个月零8天 |
| 1932年7月8日到 | 低点 40½ | | |
| 1937年3月8日 | 高点 195½ | 155 | 56个月 |
| 1934年7月26日到 | 低点 85 | | |
| 1937年3月8日 | 高点 195½ | 110½ | 31个月19天 |
| 1937年6月17日 | 低点 163 | 32½ | 71天 |
| 8月14日 | 高点 190½ | 27½ | 58天 |
| 1938年3月31日 | 低点 97½ | 98 | 12个月23天 |
| 11月10日 | 高点 158¾ | 61¼ | 7个月零10天 |
| 1939年4月11日 | 低点 120.07 | 38⅝ | 5个月零1天 |
| 1937年8月14日到 | 高点 190½ | | |
| 1938年5月27日 | 低点 106½ | 84 | 8个月13天 |
| 1937年8月14日到 | 高点 190½ | | |
| 1939年4月11日 | 低点 120.07 | 70⅜ | 20个月 |
| 1939年5月10日 | 低点 134.66 | 14.59 | 29天 |

| 年份 | 低点或高点 | 上涨或下跌的点数 | 时间周期 |
| --- | --- | --- | --- |
| 1939年5月17日 | 低点128.35 | 6.31 | 7天 |
| 6月9日 | 高点140.75 | 12.40 | 23天 |
| 6月30日 | 低点128.90 | 11.85 | 22天 |

### 6. 1892~1939年小时间周期

上表提供了上涨或下跌的点数和少于1年的主要运动和次要运动的时间周期。有7个8到9个月的运动；6个4到6个月；2个7个月；5个3个月。这表明你可以在3个月左右观察趋势变化；还有4至6个月左右；某些变化在第7个月左右，而更长些的在8到9个月左右。许多快速的牛市和熊市一旦离开了突破点，会在8到9个月结束。

### 7. 17到36天的小运动

这些周期持续2周，大约在第5周结束时到达极点。从1896年到1939年或42年10个月24天的时间里，平均指数有204个从18到36天的运动。这些运动不是上涨就是下跌。这说明平均指数每2½个月就有一个持续18到36天的回调或反弹。因此，根据平均指数，当市场伴随着只有10到15天的回调上涨了3到4个月时，你可以预期一轮可能运行36天或更多的反转运动。

对于1929年、1930年、1931年和1939年，当市场非常活跃时，我们展示了7天或以上的小运动和上涨或下跌的点数，来帮你检查在这些更短的时间周期里活跃的市场会运行多远。

### 8. 从主要和次要底部到主要和次要底部

| 年份及低点 | 时间 | 起点 |
| --- | --- | --- |
| 1896年8月8日 | 低点28½ | |
| 1898年3月25日 | 19个月17天 | 1896年8月8日 |
| 1899年12月18日 | 40个月19天 | 1896年8月8日 |
| 12月18日 | 20个月23天 | 1898年3月25日 |
| 1900年6月23日 | 46个月15天 | 1896年8月8日 |
| 9月24日 | 49个月16天 | 1896年8月8日 |
| 6月23日 | 6个月零5天 | 1899年12月18日 |
| 1991年12月12日 | 24个月 | 1899年12月18日 |
| 12月12日 | 64个月零4天 | 1896年8月8日 |
| 12月12日 | 44个月17天 | 1898年3月25日 |
| 1902年12月15日 | 12个月 | 1901年12月12日 |
| 1903年11月9日 | 87个月零1天 | 1896年8月8日 |
| 11月9日 | 67个月14天 | 1898年3月25日 |
| 11月9日 | 37个月16天 | 1900年9月24日 |

| 年份及低点 | 时间 | 起点 |
| --- | --- | --- |
| 1904年3月12日 | 4个月零3天 | 1903年11月9日 |
| 5月18日 | 18个月零9天 | 1903年11月9日 |
| 1905年5月22日 | 12个月零4天 | 1904年5月18日 |
| 5月22日 | 18个月13天 | 1903年11月9日 |
| 1996年5月3日 | 39个月 | 1903年11月9日 |
| 7月13日 | 32个月零4天 | 1903年11月9日 |
| 1907年3月14日和25日 | 40个月零5天 | 1903年11月9日 |
| 3月14日 | 34个月 | 1904年5月18日 |
| 11月15日最后的低点 | 48个月零6天 | 1903年11月9日 |
| 11月15日 | 42个月 | 1904年5月18日 |
| 11月15日 | 135个月零7天 | 1896年8月8日 |
| 11月15日 | 115个月21天 | 1898年3月25日 |
| 1908年9月22日回调低点 | 10个月零7天 | 1907年11月15日 |
| 1909年2月23日 | 15个月零8天 | 1907年11月15日 |
| 2月23日 | 5个月 | 1908年9月22日 |
| 1910年2月8日 | 11个月16天 | 1909年2月23日 |
| 2月8日 | 16个月零7天 | 1908年9月22日 |
| 2月8日 | 26个月24天 | 1907年11月15日 |
| 7月26日 | 5个月18天 | 1910年2月8日 |
| 7月26日 | 32个月11天 | 1907年11月15日 |
| 1911年9月25日 | 46个月10天 | 1907年11月15日 |
| 9月25日 | 36个月零3天 | 1998年9月22日 |
| 9月25日 | 14个月 | 1910年7月26日 |
| 1913年6月11日 | 20个月15天 | 1911年9月25日 |
| 6月11日 | 34个月15天 | 1910年7月26日 |
| 1914年12月24日 | 85个月零9天 | 1907年11月15日 |
| 12月24日 | 53个月 | 1910年7月26日 |
| 12月24日 | 18个月13天 | 1913年6月11日 |
| 12月24日 | 133个月15天 | 1903年11月9日 |
| 12月24日 | 127个月零6天 | 1904年5月18日 |
| 1916年4月22日 | 16个月 | 1914年12月24日 |
| 7月13日 | 18个月19天 | 1914年12月24日 |
| 1917年2月2日 | 25个月零9天 | 1914年12月24日 |

| 年份及低点 | 时间 | 起点 |
|---|---|---|
| 5月9日 | 28个月15天 | 1914年12月24日 |
| 12月19日下跌低点 | 26个月 | 1916年4月22日 |
| 12月19日 | 36个月 | 1914年12月24日 |
| 12月19日 | 121个月零4天 | 1907年11月15日 |
| 12月19日 | 168个月10天 | 1903年11月9日 |
| 1918年11月25日 | 11个月零6天 | 1917年12月19日 |
| 11月25日 | 47个月 | 1914年12月24日 |
| 12月8日于11月25日相同的低点 | | |
| 1919年2月8日 | 19个月零6天 | 1917年7月2日 |
| 2月8日 | 48个月 | 1915年2月24日 |
| 8月29日次级底部 | 20个月零1天 | 1917年12月19日 |
| 8月26日 | 56个月 | 1914年12月24日 |
| 8月29日 | 59个月10天 | 1914年7月30日 |
| 11月29日和12月22日 | 60个月 | 1914年12月24日 |
| 11月29日 | 24个月零3天 | 1917年12月9日 |
| 1920年2月11日和25日 | 61个月18天 | 1914年12月24日 |
| 2月11日 | 26个月 | 1917年12月19日 |
| 12月21日大跌的低点 | 60个月 | 1914年12月24日 |
| 12月21日 | 36个月零2天 | 1917年12月19日 |
| 12月21日 | 25个月 | 1918年11月25日 |
| 1921年8月24日 | 80个月 | 1914年12月24日 |
| 8月24日 | 44个月零5天 | 1917年12月9日 |
| 8月24日 | 165个月零9天 | 1907年11月5日 |
| 8月24日 | 134个月零2天 | 1910年7月26日 |
| 8月24日 | 119个月零1天 | 1911年9月25日 |
| 1922年11月27日次级回调 | 15个月零3天 | 1921年8月24日 |
| 1923年10月27日最后的低点 | 26个月零3天 | 1921年8月24日 |
| 10月27日 | 70个月零8天 | 1917年12月19日 |
| 1924年5月20日 | 33个月 | 1921年9月24日 |
| 5月20日 | 18个月 | 1922年11月27日 |
| 10月14日 | 25个月18天 | 1921年8月24日 |
| 10月14日 | 11个月17天 | 1923年10月27日 |
| 10月14日 | 118个月 | 1914年12月24日 |

| 年份及低点 | 时间 | 起点 |
|---|---|---|
| 10月14日 | 81个月20天 | 1917年12月19日 |
| 1925年3月30日 | 43个月零6天 | 1921年8月24日 |
| 3月30日 | 17个月零3天 | 1923年10月14日 |
| 3月30日 | 10个月10天 | 1924年5月29日 |
| 11月24日 | 51个月 | 1921年8月24日 |
| 11月24日 | 25个月 | 1923年10月27日 |
| 1926年3月30日 | 12个月 | 1925年3月30日 |
| 3月30日 | 22个月10天 | 1924年5月20日 |
| 3月30日 | 29个月零3天 | 1923年10月27日 |
| 5月19日 | 24个月零1天 | 1924年5月20日 |
| 10月19日 | 36个月 | 1923年10月27日 |
| 10月19日 | 62个月 | 1921年8月24日 |
| 10月19日 | 126个月 | 1916年4月22日 |
| 1927年1月25日 | 10个月 | 1926年3月30日 |
| 1月25日 | 22个月 | 1925年3月30日 |
| 1月25日 | 39个月 | 1923年10月27日 |
| 1月25日 | 27个月11天 | 1924年10月14日 |
| 1月25日 | 119个月28天 | 1917年2月2日 |
| 1月25日 | 110个月零6天 | 1917年12月19日 |
| 10月22日和29日 | 12个月零8天 | 1926年10月19日 |
| 10月22日 | 44个月15天 | 1924年10月24日 |
| 10月22日 | 48个月 | 1923年10月27日 |
| 1928年2月20日 | 16个月 | 1926年10月19日 |
| 2月20日 | 51个月24天 | 1923年10月27日 |
| 6月18日 | 55个月22天 | 1923年10月27日 |
| 12月8日 | 61个月11天 | 1923年10月27日 |
| 2月20日 | 78个月 | 1921年8月24日 |
| 6月18日 | 82个月 | 1921年8月24日 |
| 12月8日 | 87个月 | 1921年8月24日 |
| 1929年2月16日 | 90个月 | 1921年8月24日 |
| 3月26日 | 91个月 | 1921年8月24日 |
| 5月27日 | 93个月 | 1921年8月24日 |
| 7月29日 | 95个月 | 1921年8月24日 |

| 年份及低点 | 时间 | 起点 |
|---|---|---|
| 8月9日 | 95个月16天 | 1921年8月24日 |
| 10月29日 | 98个月零5天 | 1921年8月24日 |
| 11月13日 | 98个月20天 | 1921年8月24日 |
| 12月20日 | 99个月26天 | 1921年8月24日 |
| 10月29日 | 72个月零2天 | 1923年10月27日 |
| 11月13日 | 72个月17天 | 1923年10月27日 |
| 10月29日 | 60个月15天 | 1924年10月14日 |
| 11月13日 | 61个月 | 1924年10月14日 |
| 10月29日 | 36个月10天 | 1926年10月19日 |
| 1930年6月24日 | 8个月 | 1929年10月29日 |
| 6月24日 | 7个月11天 | 1929年11月13日 |
| 12月17日 | 61个月23天 | 1925年11月24日 |
| 12月17日 | 120个月 | 1929年12月21日 |
| 12月17日 | 132个月零3天 | 1919年12月22日 |
| 12月17日 | 156个月零2天 | 1917年12月19日 |
| 12月17日 | 192个月零7天 | 1914年12居24日 |
| 12月17日 | 13个月零4天 | 1929年11月13日 |
| 1931年4月29日 | 17个月16天 | 1929年11月13日 |
| 6月2日 | 18个月20天 | 1929年11月13日 |
| 8月6日和10日 | 20个月24天 | 1929年11月13日 |
| 10月5日 | 22个月22天 | 1929年11月13日 |
| 8月6日 | 119个月13天 | 1921年8月24日 |
| 1932年7月8日 | 130个月14天 | 1921年8月24日 |
| 7月8日 | 174个月19天 | 1917年12月19日 |
| 7月8日 | 210个月23天 | 1914年12月24日 |
| 7月8日 | 247个月23天 | 1907年11月月5日 |
| 7月8日 | 34个月 | 1983年11月9日 |
| 7月8日 | 422个月19天 | 1897年4月19日 |
| 7月8日 | 431个月 | 1896年8月8日 |
| 1932年12月23日 | 24个月 | 1930年12月17日 |
| 12月23日 | 36个月 | 1929年12月20日 |
| 12月23日 | 85个月 | 1925年11月24日 |
| 12月23日 | 120个月20天 | 1922年11月27日 |

| 年份及低点 | 时间 | 起点 |
| --- | --- | --- |
| 1933年2月27日 | 7个月19天 | 1932年7月8日 |
| 2月27日 | 26个月10天 | 1930年12月17日 |
| 2月27日 | 39个月14天 | 1929年11月13日 |
| 2月27日 | 112个月 | 1923年10月27日 |
| 2月27日 | 137个月零3天 | 1921年8月24日 |
| 7月21日 | 12个月零3天 | 1932年7月8日 |
| 7月21日 | 43个月24天 | 1929年11月13日 |
| 7月21日 | 120个月 | 1923年7月31日 |
| 10月21日 | 15个月13天 | 1932年7月8日 |
| 10月21日 | 34个月零4天 | 1930年12月17日 |
| 10月21日 | 47个月零8天 | 1929年11月13日 |
| 10月21日 | 120个月 | 1923年10月27日 |
| 1934年7月26日 | 24个月18天 | 1932年7月8日 |
| 9月17日 | 26个月零9天 | 1932年7月8日 |
| 7月26日 | 17个月 | 1933年2月27日 |
| 7月26日 | 12个月零5天 | 1933年7月21日 |
| 7月26日 | 9个月零5天 | 1933年10月21日 |
| 1935年3月18日 | 12个月 | 1934年3月27日 |
| 3月18日 | 17个月 | 1933年10月21日 |
| 3月18日 | 24个月 | 1933年3月21日 |
| 3月18日 | 24个月19天 | 1933年2月27日 |
| 3月18日 | 32个月10天 | 1932年7月8日 |
| 3月18日 | 120个月 | 1925年3月30日 |
| 1936年4月30日 | 13个月12天 | 1935年3月18日 |
| 4月30日 | 25个月 | 1934年3月27日 |
| 4月30日 | 37个月 | 1933年3月21日 |
| 4月30日 | 38个月 | 1933年2月27日 |
| 12月21日 | 12个月 | 1935年12月19日 |
| 12月21日 | 24个月 | 1934年12月19日 |
| 12月21日 | 36个月 | 1933年12月19日 |
| 1937年6月17日 | 51个月21天 | 1933年2月27日 |
| 6月17日 | 59个月零9天 | 1932年7月8日 |
| 10月19日 | 48个月 | 1933年10月21日 |

| 年份及低点 | 时间 | 起点 |
| --- | --- | --- |
| 11 月 23 日 | 32 个月零 5 天 | 1935 年 3 月 18 日 |
| 11 月 23 日 | 39 个月 28 天 | 1934 年 7 月 26 日 |
| 11 月 23 日 | 49 个月 | 1933 年 10 月 21 日 |
| 11 月 23 日 | 56 个月 27 天 | 1933 年 2 月 27 日 |
| 11 月 23 日 | 239 个月零 4 天 | 1917 年 12 月 19 日 |
| 1938 年 3 月 31 日 | 4 个月零 8 天 | 1937 年 11 月 23 日 |
| 3 月 31 日 | 23 个月 | 1936 年 4 月 30 日 |
| 3 月 31 日 | 36 个月 13 天 | 1935 年 3 月 18 日 |
| 3 月 31 日 | 48 个月零 4 天 | 1934 年 3 月 27 日 |
| 3 月 31 日 | 61 个月零 4 天 | 1933 年 2 月 27 日 |
| 3 月 31 日 | 68 个月 23 天 | 1932 年 7 月 8 日 |
| 3 月 31 日 | 117 个月 13 天 | 1928 年 6 月 18 日 |
| 3 月 31 日 | 121 个月 11 天 | 1928 年 2 月 20 日 |
| 3 月 31 日 | 132 个月零 9 天 | 1927 年 3 月 22 日 |
| 3 月 31 日 | 199 个月零 7 天 | 1921 年 8 月 24 日 |
| 3 月 31 日 | 243 个月呈 2 天 | 1917 年 12 月 19 日 |
| 1938 年 5 月 27 日 | 11 个月 10 天 | 1937 年 6 月 17 日 |
| 5 月 27 日 | 24 个月 27 天 | 1936 年 4 月 30 日 |
| 5 月 27 日 | 48 个月 13 天 | 1934 年 5 月 14 日 |
| 5 月 27 日 | 60 个月 | 1933 年 5 月 22 日 |
| 5 月 27 日 | 84 个月 | 1931 年 6 月 2 日 |
| 5 月 27 日 | 108 个月 | 1929 年 5 月 27 日 |
| 5 月 27 日 | 119 个月零 9 天 | 1928 年 6 月 18 日 |
| 1938 年 9 月 26 日 | 5 个月 26 天 | 1938 年 3 月 31 日 |
| 9 月 26 日 | 24 个月 | 1936 年 9 月 25 日 |
| 9 月 26 日 | 48 个月零 9 天 | 1934 年 9 月 17 日 |
| 9 月 26 日 | 59 个月 25 天 | 1933 年 10 月 21 日 |
| 9 月 26 日 | 84 个月 | 1931 年 10 月 5 日 |
| 9 月 26 日 | 108 个月 | 1929 年 9 月 29 日 |
| 9 月 26 日 | 120 个月 | 1928 年 9 月 27 日 |
| 1938 年 11 月 26 日 | 60 天 | 1938 年 9 月 26 日 |
| 11 月 26 日 | 6 个月 | 1938 年 5 月 27 日 |
| 1938 年 11 月 26 日 | 7 个月 26 天 | 1938 年 3 月 31 日 |

| 年份及低点 | 时间 | 起点 |
|---|---|---|
| 11月26日 | 12个月 | 1937年11月23日 |
| 11月26日 | 108个月18天 | 1929年11月13日 |
| 1939年4月11日 | 12个月11天 | 1938年3月31日 |
| 4月11日 | 16个月19天 | 1937年11月23日 |
| 4月11日 | 35个月12天 | 1936年4月30日 |
| 4月11日 | 48个月24天 | 1935年3月18日 |
| 4月11日 | 56个月16天 | 1934年7月26日 |
| 4月11日 | 65个月22天 | 1933年10月21日 |
| 4月11日 | 73个月15天 | 1933年2月27日 |
| 4月11日 | 81个月零3天 | 1932年7月8日 |
| 4月11日 | 120个月16天 | 1929年3月26日 |

**9. 道·琼斯30种工业平均指数逆势价格运动**

下面的表格给出的是牛市中的调整和熊市中的反弹,或者说与主趋势相反的价格运动。每一个逆势价格运动在本次主趋势中的序号和持续的周数都在表格中给出了。通过这些表格,你将发现在超过42年时间中,只有6次逆势价格运动持续时间达到了11至14周。我们可以看到平均运动时间是2至5周,很少达到6至8周。这对你是一个指导,在未来的价格运动中,使你能够指出一个逆趋势运动会运行多长时间,然后价格走势再回归至趋势。

| 年 | 运动 | 周 |
|---|---|---|
| 第一个牛市的低点:1896年8月8日 | | |
| 1896 | 1 | 2 |
|  | 2 | 5 |
| 1897 | 3 | 13 |
|  | 4 | 7 |
| 1898 | 5 | 11 |
|  | 6 | 8 |
| 1899 | 7 | 1 |
|  | 8 | 5 |
| 第1个牛市结束 | | |
| 第1个熊市: | | |
| 1900 | 1 | 1 |
|  | 2 | 3 |
|  | 3 | 4 |
|  | 4 | 2 |
| 第1个熊市结束 | | |

续表

| 年 | 运动 | 周 |
|---|---|---|
| 第2个牛市： | | |
| 1909 | 1 | 1 |
| | 7 | 6 |
| | 3 | 2 |
| 1901 | 4 | 3 |
| | 5 | 1 |
| 第2个牛市结束 | | |
| 第2个熊市： | | |
| 1901 | 1 | 1 |
| | 2 | 3 |
| | 3 | 1 |
| | 4 | 5 |
| 1902 | 5 | 8 |
| | 6 | 3 |
| | 7 | 2 |
| | 8 | 4 |
| | 9 | 4 |
| | 10 | 1 |
| | 11 | 1 |
| 1903 | 12 | 3 |
| | 13 | 4 |
| | 14 | 1 |
| | 15 | 1 |
| | 16 | 1 |
| 1903年班月9日,第2个熊市结束 | | |
| | 7 | 2 |
| | 8 | 4 |
| | 9 | 4 |
| | 10 | 1 |
| | 11 | 1 |
| 1903 | 12 | 3 |
| | 13 | 4 |
| | 14 | 1 |
| | 15 | 1 |
| | 16 | 1 |
| 1903年11月9日。第2个熊市结束 | | |
| | 7 | 2 |
| | 8 | 4 |
| | 9 | 4 |
| | 18 | 1 |

续表

| 年 | 运动 | 周 |
|---|---|---|
|  | 11 | 1 |
| 1903 | 12 | 3 |
|  | 13 | 4 |
|  | 14 | 1 |
|  | 15 | 1 |
|  | 16 | 1 |
| 1903年11月9日,第2个熊市结束 | | |
| 第3个牛市 | | |
| 1904 | 1 | 1 |
|  | 2 | 6 |
|  | 3 | 6 |
|  | 4 | 1 |
|  | 5 | 1 |
| 1995 | 6 | 6 |
| 第3个牛市结束 | | |
| | | |
| 第3个熊市: | | |
| 1907 | 1 | 2 |
|  | 2 | 5 |
|  | 3 | 9 |
|  | 4 | 4 |
| 1907 | 5 | 2 |
|  | 6 | 9 |
|  | 7 | 2 |
|  | 8 | 2 |
|  | 9 | 2 |
| 第3个熊市结束 | | |
| 第4个牛市: | | |
| 1907 | 1 | 2 |
| 1908 | 2 | 4 |
|  | 3 | 2 |
|  | 4 | 5 |
|  | 5 | 6 |
|  | 6 | 6 |
|  | 7 | 2 |
| 1909 | 8 | 2 |
|  | 9 | 3 |
|  | 19 | 4 |

续表

| 年 | 运动 | 周 |
|---|---|---|
| | 11 | 3 |
| 第 4 个牛市结束 | | |
| 第 4 个熊市 | | |
| 1910 | 1 | 3 |
| | 2 | 3 |
| | 3 | 2 |
| | 4 | 2 |
| | 5 | 2 |
| 7月26日,第 4 个熊市结束 | | |
| 第 5 个牛市 | | |
| 1910 | 1 | 4 |
| | 2 | 7 |
| | 3 | 4 |
| 1911 | 4 | 3 |
| | 5 | 14 |
| | 6 | 2 |
| | 7 | 2 |
| 1912 | 8 | 2 |
| | 9 | 2 |
| | 10 | 2 |
| | 11 | 2 |
| | 12 | 2 |
| 第 5 个牛市结束 | | |
| 第 5 个熊市 | | |
| 1912 | 1 | 2 |
| | 2 | 3 |
| | 3 | 2 |
| 1913 | 4 | 1 |
| | 5 | 2 |
| | 6 | 13 |
| 1914 | 7 | 6 |
| | 8 | 2 |
| | 9 | 4 |
| | 10 | 2 |
| 第 5 个熊市结束 | | |
| 第 6 个牛市: | | |
| 1915 | 1 | 4 |

续表

| 年 | 运动 | 周 |
|---|---|---|
|  | 2 | 2 |
|  | 3 | 12 |
|  | 4 | 1 |
|  | 5 | 1 |
|  | 6 | 3 |
| 1916 | 7 | 5 |
|  | 8 | 3 |
|  | 9 | 6 |
|  | 10 | 4 |
|  | 11 | 1 |
| 第6个牛市结束 | | |
| 第6个熊市： | | |
| 1916 | 1 | 2 |
| 1917 | 9 | 7 |
|  | 3 | 4 |
|  | 4 | 3 |
|  | 5 | 2 |
| 第6个熊市结束 | | |
| 第7个牛市： | | |
| 1918 | 1 | 7 |
|  | 2 | 2 |
|  | 3 | 2 |
|  | 4 | 2 |
|  | 5 | 1 |
|  | 6 | 2 |
|  | 7 | 3 |
|  | 8 | 2 |
| 1919 | 9 | 5 |
|  | 19 | 2 |
|  | 11 | 5 |
|  | 12 | 1 |
| 第7个牛市结束 | | |
| 第7个熊市： | | |
| 1919 | 1 | 2 |
| 1929 | 2 | 6 |
|  | 3 | 2 |
|  | 4 | 2 |
|  | 5 | 5 |

续表

| 年 | 运动 | 周 |
|---|---|---|
|  | 6 | 3 |
|  | 7 | 2 |
| 1921 | 8 | 4 |
|  | 9 | 2 |
|  | 10 | 2 |
|  | 11 | 4 |
|  | 12 | 6 |
| 第7个熊市结束 | | |
| 第8个牛市： | | |
| 1921 | 1 | 2 |
|  | 2 | 2 |
| 1922 | 3 | 3 |
|  | 4 | 2 |
|  | 5 | 2 |
|  | 6 | 2 |
|  | 7 | 7 |
| 1923 | 8 | 2 |
| 第8个牛市结束 | | |
| 第8个熊市： | | |
| 1923 | 1 | 1 |
|  | 2 | 2 |
|  | 3 | 2 |
|  | 4 | 5 |
|  | 5 | 1 |
| 第8个熊市结束 | | |
| 第9个牛市： | | |
| 1924 | 1 | 1 |
|  | 2 | 2 |
|  | 3 | 6 |
|  | 4 | 2 |
|  | 5 | 7 |
|  | 6 | 3 |
| 1924年10月18日 | | |
| 1925 | 7 | 4 |
|  | 8 | 4 |
|  | 9 | 1 |
|  | 10 | 1 |
|  | 11 | 2 |

续表

| 年 | 运动 | 周 |
|---|---|---|
| | 12 | 3 |
| | 13 | 2 |
| | 14 | 7 |
| | 15 | 3 |
| | 16 | 1 |
| | 17 | 6 |
| | 18 | 6 |
| 1927 | 19 | 1 |
| | 20 | 1 |
| | 21 | 4 |
| | 22 | 1 |
| | 23 | 5 |
| | 24 | 2 |
| 1928 | 25 | 4 |
| | 26 | 2 |
| | 27 | 3 |
| | 28 | 2 |
| | 29 | 2 |
| | 30 | 2 |
| | 31 | 1 |
| 1929 | 32 | 2 |
| | 33 | 4 |
| | 34 | 3 |
| | 35 | 2 |
| 1929 年的牛市结束 | | |
| 第 9 个熊市 | | |
| 1929 | 1 | 1 |
| | 2 | 2 |
| 第 9 个熊市结束 | | |
| 熊市中的第 10 个小牛市或反弹 | | |
| 1929 | 1 | 2 |
| 1930 | 2 | 2 |
| 熊市中的反弹结束 | | |
| 第 10 个熊市 | | |
| 1930 | 1 | 2 反弹 |
| | 2 | 3 |
| 反弹、从低点起 11 周 | 3 | 4 |
| | 4 | 1 |
| | 5 | 2 |

| 年 | 运动 | 周 |
|---|---|---|
| | 6 | 3 |
| 反弹、从低点起10周 | 7 | 5 |
| | 8 | 1 |
| | 9 | 1 |
| | 10 | 3 |
| | 11 | 1 |
| | 12 | 1 |
| | 13 | 5 |
| | 14 | 2 |
| | 15 | 1 |
| | 16 | 2 |
| | 17 | 1 |

1932年7月8日,熊市结束

第11个牛市——1932年7月8日到1932年9月

第1个急剧上涨持续了9周而没有调整,随后是25周的下跌。这是牛市中的调整或横盘。最大的反弹持续了6周,最后的下跌是7周,于1933年2月27日形成了底部。

牛市重新恢复

| 1933 | 1 | 2 |
|---|---|---|
| | 2 | 1 |
| | 3 | 1 |

7月17日到21日,下跌了26点。随后一段换手行情或横盘吸筹持续了91周直到1935年3月30日,在这期间:平均指数既没有上涨到1933年7月17日的高点之上2点,也没有下跌超过1933年7月21日的低点之下2点。维持在一个27点的区间内。调整了这么长的时间表明,如果平均指数穿越了1935年3月的前期顶部,就会走得非常高,最终的顶部形成于1937年3月10日,平均指数在195½。从1933年7月21日到1935年3月30日,市场运动如下:

1周反弹

1周调整

7周上涨到1933年9月,总共反弹9周。

4周下跌,1933年10月21日到达82½。这是调整的极限低点,从1933年7月21日起的13周。下一个反弹持续了14周到1934年2月5日,高点111½,然后下跌到1934年7月26日。最后的低点84½——从1934年2月5日起的24周。没有持续超过4周的反弹;牛市从这个低点起重新恢复。1934年2月5日到1934年7月26日,11–A次级熊市或者牛市中的调整。

第11个牛市继续

| 1934 | 1 | 4 |
|---|---|---|
| | 2 | 2 |
| | 3 | 2 |
| 1935 | 4 | 3 |
| | 5 | 4 |

1935年3月18日,最后的低点

| | 6 | 1 |
|---|---|---|

续表

| 年 | 运动 | 周 |
|---|---|---|
|  | 7 | 2 |
|  | 8 | 2 |
|  | 9 | 4 |
| 1936 | 10 | 1 |
|  | 11 | 1 |
|  | 12 | 1 |
|  | 13 | 3 |
|  | 14 | 1 |
|  | 15 | 1 |
|  | 16 | 2 |
|  | 17 | 1 |
|  | 18 | 1 |
|  | 19 | 5 |
| 1937 | 20 | 1 |
|  | 21 | 2 |
| 第11个牛市结束 | | |
| 1937年3月10日 | | |
| 第11个熊市 | | |
| 1937 | 1 | 2 |
|  | 2 | 1 |
|  | 3 | 2 |
| 反弹到1937.8.14 | 4 | 8 |
|  | 5 | 1 |
|  | 6 | 2 |
| 1938 | 7 | 2 |
|  | 8 | 2 |
| 1938年3月31日。第11个熊市结束 | | |
| 第12个牛市 | | |
| 1938 | 1 | 2 |
|  | 2 | 2 |
| 8月调整 | 3 | 1 |
|  | 4 | 4周调整或自顶部起8周 |
| 1938年11月10日,第12个牛市结束 | | |
| 第12个小熊市 | | |
| 1938 | 1 | 4 |
|  | 2 | 6 |

### 10. 道·琼斯30种铁路平均指数逆势价格运动

| 年 | 运动 | 周 |
|---|---|---|
| 牛市中的调整 | | |
| 1897 | 1 | 5 |
|  | 2 | 8 |
| 1898 | 3 | 8 |
|  | 5 | 6 |
|  | 6 | 8 |
| 1899 | 7 | 8 |
| 第1个牛市结束 | | |
|  | | |
| 熊市中的反弹 | | |
| 1899 | 1 | 13 |
|  | 2 | 4 |
| 1980 | 3 | 15 |
| 第1个熊市结束 | | |
|  | | |
| 第2个牛市： | | |
| 1990 | 1 | 5 |
| 1901 | 2 | 1 |
| 1901 | 3 | 8 |
|  | 4 | 2 |
|  | 5 | 3 |
|  | 6 | 2 |
|  | 7 | 3 |
| 第2个牛市结束 | | |
|  | | |
| 第2个熊市： | | |
| 1902 | 1 | 4 |
|  | 2 | 3 |
|  | 3 | 2 |
|  | 4 | 2 |
| 第2个熊市结束 | | |
|  | | |
| 第3个牛市： | | |
| 1903 | 1 | 2 |
| 1904 | 2 | 7 |
|  | 3 | 5 |
|  | 4 | 2 |
| 1905 | 5 | 6 |
|  | 6 | 2 |
|  | 7 | 3 |
| 第3个牛市结束 | | |

续表

| 年 | 运动 | 周 |
| --- | --- | --- |
| 第3个熊市： | | |
| 1906 | 1 | 3 |
| | 2 | 6 |
| | 3 | 9 |
| | 5 | 1 |
| | 6 | 2 |
| | 7 | 5 |
| | 8 | 4 |
| 第3个熊市结束 | | |
| 第4个牛市： | | |
| 1908 | 1 | 4 |
| | 2 | 5 |
| | 3 | 2 |
| | 4 | 8 |
| 1909 | 5 | 2 |
| 第4个牛市结束 | | |
| 第4个熊市： | | |
| 1909 | 1 | 7 |
| | 2 | 4 |
| 1918 | 3 | 4 |
| | 4 | 2 |
| | 5 | 2 |
| | 6 | 2 |
| | 7 | 1 |
| 第4个熊市结束 | | |
| 第5个牛市： | | |
| 1910 | 1 | 3 |
| | 2 | 7 |
| 1911 | 3 | 3 |
| | 4 | 3 |
| | 5 | 19 |
| 1912 | 6 | 10 |
| | 7 | 10 |
| 第5个牛市结束 | | |
| 第5个熊市： | | |
| 1912 | 1 | 4 |
| | 2 | 1 |
| | 3 | 3 |

续表

| 年 | 运动 | 周 |
| --- | --- | --- |
| 1913 | 4 | 3 |
|  | 5 | 2 |
|  | 6 | 13 |
|  | 7 | 6 |
|  | 8 | 2 |
|  | 9 | 4 |
|  | 10 | 2 |
| 第5个熊市结束于1914年12月24日 | | |

# 第5章 成交量

在考虑了3个重要因素——形态、时间和阻力位——之后,第4个和下一个非常重要的因素是顶部和底部的成交量。

成交量是市场背后的真正驱动力量。它表明了供应和需求是在增加还是减少。来自职业交易者、公众或任何其他供求渠道的大规模买单或卖单,一定会记录在报价带上并且显示为成交量。

因此,仔细研究成交量能使你非常及时地确定趋势变化,尤其是如果你应用根据形态、时间和阻力位判断市场位置的所有其他规则。

## 一、用成交量确定极点的规则

1. 在任何长期牛市运动或个股的快速上涨的终点,成交量通常会大幅增加,这标志着市场运动的结束,至少是暂时结束。然后,在伴随着巨大成交量的急剧下跌之后。如果出现了次级反弹而成交量减少,这是一个股票已经形成了最终顶而且主趋势将反转向下的迹象。

2. 如果股票在形成了第2个更低的顶部之后狭窄盘整一段时间,然后单边运动且成交量放大,这是一个进一步下跌的信号。

3. 在数周、数月或数年的长期下跌之后,股票到达底部时,交易量应该减少,波动范围应该缩小。这是清盘接近结束股票趋势正准备变化的确定信号之一。

4. 在第一次急剧上涨之后(当趋势正从熊市变为牛市时),股票会出现次级调整并形成底部,就像在第一次急剧下跌之后出现次级反弹一样。如果调整时成交量减少,然后股票上涨——以更大的成交量上涨,这是一个会上涨到更高价的迹象。

把这些规则应用到整体市场上即纽约证券交易所日、周或月的总成交量上,以及个股上。

总结:在顶部附近成交量增加,在底部附近成交量减少,反常市场除外,像1929年

10月和11月，那时市场非常迅速地下跌，以巨大的成交量到达极点，形成了一个陡直的底部，随后是一个快速反弹。作为一项规则，在第一次急剧反弹之后，会有一个成交量减少的次级下跌，如上面的第4条规则所述。

## 二、成交量月记录

### （一）纽约证券交易所 1930—1935 年

要认识到成交量的重要性。有必要研究一下纽约证券交易所的成交总股数。

**1. 1930 年**

6月　随着市场进一步下跌，成交8000万股。

7月和8月　小反弹，2个月总成交量仅仅是8000万股。

9月　市场略高于上个月；然后下跌开始，把价格带到了新低位，创下了5000万股的成交量。

10月　市场跌到了新低位。股价跌破了1929年11月的低位。这个月的总成交量是6000万股。

**2. 1931 年**

1月　开始反弹，1931年1月的成交量是4200万股。

2月　市场以6400万股的成交量形成了反弹顶部，这表明反弹的交易量正在增加，股市遇到了阻力。注意：这个顶部恰好在1929年11月的低位之下，这表明当股市上涨到恐慌性的老低点之下时遭遇抛售。

3月　开始下跌，成交量是6400万股，一个更大的成交量，价格走向更低。

4月　成交5400万股。

5月　成交4700万股。

6月　有一个5900万股成交量的急剧下跌。把平均指数向下带到了新低位，到达120——1919年的前期顶部和1925年5月的最后低点。然后快速反弹到6月底、7月初，平均指数到达157½，但没能穿越形成于1931年5月的高位。

7月　成交量更小。只有3300万股，市场波动减小。

8月　成交2400万股，仍然是一个狭窄、沉闷的市场，没有上涨多少。

9月　市场开始活跃，成交量达到5100万股。随着成交量的增加，平均指数在9月份期间下跌了45点。这表明走势极弱，并且预示着将进一步下跌。

10月　一个急剧的下跌带着4800万股的成交量，把平均指数向下拉低到了85。

11月　随后是一个反弹，于11月9日到达顶点。平均指数到了119½，回到了1919年的前期顶部、1929年的最后低点以及先前的反弹底部。没能穿透前期底部并穿越先前的顶部,表明市场很弱,并且预示着趋势仍然向下。11月的成交量是3700万股,反弹时成交量减少。

12月 平均指数下跌到了新低,伴随着5900万股的成交量——自1931年9月以来的最大成交量——到达了72。这表明大清盘仍在进行。

**3. 1932年**

1月 平均指数以4400万股的月成交量到达了79的低点。

2月 以3100万股的成交量反弹到了89¾。

3月 平均指数以3300万股的成交量形成了大致相同的高点。然后反弹中断,股市波动减小。

4月 道·琼斯30工业平均指数突破了70——1月的低点,并且以3000万股的成交量跌到了55。

5月 平均指数突破了53——1907年和1914年的恐慌性历史低位,这预示着将走出更低的价格;然后以2300万股的成交量下跌到了45。

6月 极限高点和极限低点之间的点差平均是10点,平均指数以2300万股的成交量创下新低。

7月 1932年7月8日,到达了极限低点,平均指数下跌到了40½。成交量非常小,平均指数和个股在一个非常狭窄的交易区间运行,预示是熊市的最后阶段。之后,平均指数在该月穿越了6月的高点:这表明趋势正在反转向上。成交量2300万股。平均指数的区间大约是13点。

在7月的低点,平均指数从1929年的高点下跌了345点。3个月的成交量——5月、6月和7月——总共只有6900万股。与1929年9月顶部的每月超过1亿股和1929年10月1亿4100万股的成交量相比。这是自1922年以来最小的成交量。这表明,在如此猛烈的下跌之后,清盘已经结束。趋势正在改变,实际上市场中的卖盘已经停止。交易者和投资者已经抛售完毕;因为他们害怕情况会变得更糟。这是同样的老故事:牛市开始于悲观,结束于辉煌。所有的迹象已经很清楚了:小成交量和狭窄的波动区间表明已经到达了终点,趋势改变确定无疑。

1932年7月底,上涨开始。

8月 有一个成交量8300万股的急剧反弹,超过了过去3个月的总成交量。这是由于空头回补和明智的投资买盘。

9月 以6700万股的成交量到达反弹顶部,平均指数从7月8日的低点上涨了40点。在以大成交量上涨到9月之后,出现了派发,趋势反转向下。(注意:从7月8日到9月顶部的成交量是1.68亿股)平均指数在第3个月没能走向更高。从1930年4月到1932年7月,平均指数或大部分个股任何时候的反弹都没能超过2个月。因此,市场必须上涨整整3个月或更长,才能说明趋势已经变化为长期牛市。

10月　9月之后股市以更小的成交量缓慢下跌。10月,成交量是2900万股。

11月　成交量是2390万股。

12月　成交2300万股。

**4. 1933年**

1月　成交量是1900万股。

2月　全国陷入了恐慌状态。到处有银行破产。人们受恐慌打击而不计价格地抛售股票和债券。出现了商业破产,而当罗斯福总统于3月1日就职时,他马上采取行动并关闭了美国的所有银行。这标志着次级下跌结束,上涨行情开始。

道·琼斯工业平均指数在2月份跌到了50,高于1932年7月的低点9点。成交量只有1900万股,10多年来最小的成交量和自1929年顶部以来成交量最小的月份,一个明确的底部信号。

3月　伴随着成交量的增加开始反弹。成交量2000万股。

4月　美国放弃了金本位制。这引起了股票和商品期货的快速上涨。这个月,纽约股票交易所的成交量是5300万股。

5月　上涨继续,交易量达到了1.04亿股。

6月　成交量增加到了1.25亿股。

7月　成交量是1.29亿股。

从1933年3月的低点到7月的高点,纽约股票交易所成交的总股数是4.22亿股,平均指数7月的顶部是从1933年2月的低点上涨了60点。研究这些数据并充分了解4.22亿股的巨大成交量意义的人极少。这是纽约股票交易所历史上任何牛市中最大的成交量。比1929年最后上涨的成交量都大。(从1929年5月的最后低点到1929年9月,平均指数上涨了96点,纽约股票交易所的总成交量是3.5亿股。)这是历史上最疯狂的买入热潮。商品期货价格突飞猛进地上涨。人们不计价格地买入股票。只要想一想,1933年5月、6月和7月间3个月3.50亿股的成交量,相当于从1929年5月到9月的成交量,信号就很清楚,成交量讲述了通货膨胀潮的故事。商品期货和股票如此迅速地上涨,每个人都以很少的保证金买入。巨大的下跌出现在从7月18日到21日这4天里。使道·琼斯平均指数下跌了25点到达85。棉花和小麦同时因沉重的清盘极度下跌。这时,E. A.克劳福博士破产。他栽在了商品期货上,据说他囤积的数量前所未有。

8月和9月在7月的急剧下跌之后,8月和9月紧跟着一个反弹。把平均指数带到了7月高点的2点之内,形成了一个双顶。这个次级反弹的成交量更小。8月的成交量是4200万股,9月是4300万股。这两个月的成交量仅仅是1933年7月总成交量的2/3。

10月　道·琼斯30工业平均指数跌到了82½,长期上涨开始前的最后低点。成交量减少到了3900万股,市场波动变得沉闷狭窄。从10月的低点开始了缓慢的反弹。

11月　成交量3300万股。

12月　成交3500万股。

### 5.1934年

1月　这个月的成交量是5400万股。

2月　成交5700万股,2月的顶部略高于1月的高点。平均指数没能走到1933年7月的高点之上1点,形成了一个双顶。两个月成交了1.11亿股。而第3次到达同一个水平是顶部的信号。尤其个股巨大的成交量和2月的缓慢上涨清楚地表明,市场正准备开始下跌。趋势在2月底反转向下。

3月　成交量达到了3000万股。

4月　有一个2909万股成交的微弱反弹。

5月　2509万股的成交量。价格跌得更低。

6月　有一个小反弹,当月的成交量减少到了1689万股。

7月　1934年7月26日,股票以当天接近3000万股的成交量形成了底部,道·琼斯平均指数跌到了85,略高于1933年10月的低位。

1934年7月份,总成交量只有2100万股。个股在一个狭窄的交易区间内运行,这表明正在形成底部,为另一轮牛市奠定基础。实际上,你在1934年7月观察趋势变化时,1933年7月到达的极限高点是一个指标,根据我的规则观察任何重要顶部和底部1年、2年或3年的趋势变化。

8月　市场以1600万股的一般成交量反弹了11点。

9月　市场回调到了7月的低点内1点。成交量下降到了1200万股,一个底部的明确信号,是许多年来单月最低成交量。

10月　市场以略微增加的成交量1500万股反弹。

11月　成交量增加到了2190万股。

12月　价格以当月2390万股的成交量走得更高。

### 6.1935年

1月　1900万股的成交量,表明市场更加活跃。

2月　市场到达了反弹顶部。成交量只有1400万股,这是一个信号——没有带动价格突破的足够买盘。

3月　有一轮大跌,这是市场上涨到新高前的最后下跌。成交量1600万股。

4月　市场更加活跃,股市开始上涨。成交量2200万股,表明牛市正在持续。

5月　道·琼斯30工业平均指数突破了1933年的高位和1934年2月的顶部,成交量3000万股。个股成交量增加,许多股票上涨到了新高位。

6月 平均指数穿越了120,这在1931年11月9日的最后高点之上,一个将走出更高价的明确信号。6月的成交量是2200万股。

7月 个股和平均指数到达了新高。当月的成交量是2900万股。

8月 个股和工业平均指数更多的新高。成交量达到了4300万股——自1934年1月和2月以来最大的成交量。

9月 上涨继续,成交量是3500万股。

10月 道·琼斯30工业平均指数上涨到了142。当月的总成交量是4600万股。在10月26日这周期间,纽约股票交易所的成交量是1400万股,这是自1934年9月以来最大的周成交量,是一个信号:你应该在大涨之后开始观察顶部。

11月 11月2日这周期间,成交量1100万股,在11月9日这周期间——一周5天——成交量1200万股。11月8日,成交量335万股——自1934年7月26日以来的最大日成交量。

**7. 1934年7月到1935年11月**

从1934年7月26日的低点到1935年11月8日的高点:总成交量3.83亿股。道·琼斯工业平均指数从1934年7月到1935年11月8日上涨的总点数是61点。注意:从1933年3月的低点到1933年7月的顶部,总共上涨60点。因此,1935年11月平均指数上涨61点,与1933年的上涨幅度相同,这至少是观察暂时的趋势变化的时候。

注意:从1934年7月到1935年11月:这15个月行情的成交量大约是3900万股,低于从1933年3月到7月这5个月行情的成交量。这表明,自从证券监管运作以来,交易量大幅度减少了。

12月 成交量5746.2万股,出现了一个10点的调整,牛市中的正常调整。

## (二) 最终顶部前的最大成交量

回顾历史记录你会发现,最大的成交量常常出现在到达最终的顶部之前:当实际的高点形成时,成交量比以前的月、周或日更低。这是由于当市场变得活跃时,公众往往仓位很重;然后,当市场接近顶部时,他们的需求早已经被满足,所以他们买入的很少。例如:

**1. 1936年**

1月 成交量6750万股,自1934年7月到达低点以来的最大成交量。

2月 成交6088.4万股。

3月 成交5100万股。

4月 4月6日到达回调高点。随之而来是急剧下跌。4月30日,低点,道·琼斯30工业平均指数下跌了21点。当月成交3961万股。这轮调整的成交量比过去许多月的成交量更小。你会发现,4月的调整前,最大的成交量出现在1月,公众在1月上涨时就已经满仓了。

**2. 1937年**

1月　成交量5867.1万股,自1936年1月以来最大的成交量——一个在不久的将来观察趋势变化的信号。

2月　成交量5024.8万股。

3月　3月8日,道·琼斯平均指数到达了最终的高点195½。当月的成交量是5034.6万股,月底前平均指数回调了15点。这再次证明公众已经在1月满仓了股票,因为2月的成交量很少,而当3月到达顶部时,公众已经无力大量买入。

**3. 1934年7月到1937年3月**

从1934年7月26日到1936年10月31日,总成交量是8.66988亿股、道·琼斯平均指数上涨了94点。平均每点8.886万股。从1936年10月31日到1937年3月8日,到达最后的高点时,总成交量是2.58392亿股,市场上涨17点;平均每点15.1197万股,表明市场遇到了几乎是上涨到1936年10月31日时2倍的每点平均成交股数。涨幅变小而成交量增加是市场正在接近顶部的一个迹象。从1934年7月26日到1937年3月8日,整个牛市的总成交量是11.2538亿股或大约是纽约证券交易所上市总股数的1/3。

**4. 1937年**

在1937年3月的高点之后,下跌中成交量减少。

5月　成交量1856.20万股。

6月　成交量1654.70万股。低点于6月17日到达。平均指数下跌了32点。成交量减少表明应当出现次级反弹。

7月　成交量2072.10万股。

8月　次级反弹高点。道·琼斯平均指数到达了190½,上涨27½点。成交量1721.20万股。这前期顶部5点以内的次级反弹,成交量没有超过1937年3月第一个顶部成交量的1/3——一个需求减少的明确迹象和卖空信号。

9月　随后是急剧下跌。成交量3385.40万股,几乎是8月份成交量的两倍。

10月　恐慌性下跌。成交量5125万股。

11月　继续下跌到新低位,但成交量减少到2125万股。

**5. 1938年**

1月　反弹到了1月;然后重新下跌;该月的成交量是2415.10万股。这是无量反弹。表明没有足够的买盘使趋势反转向上。

2月　成交量1452.20万股。

3月　成交量2399.50万股。相对于平均指数下跌超过25点来看,量很小。最终的低点于3月21日到达。

**6. 1937年3月到1938年3月**

从1937年3月10日到1938年3月31日,平均指数跌了98点。总成交量是3.46192亿股或平均每点3.5325万股,下跌中的成交量比前期牛市上涨中要小得多,表明了由于证券交易所监管导致了市场交易清淡。

**7. 1938**

4月　成交量1711.90万股。这是平均指数20点反弹的成交量。

5月　成交量1400万股,次级调整,成交量非常小。当平均指数跌到106½左右的底部时,市场波动变得非常沉闷和狭窄。这是与市场上涨前次级调整筑底同类的信号,就像出现在1937年8月次级反弹时的信号一样——那时市场正在形成顶部,正准备大跌。

6月　成交量增加到了2466.80万股。

7月　进一步大幅增加到3880万股。

8月　成交量2078.80万股。市场在7月和8月形成了顶部,然后开始调整。

9月　成交量2387.60万股。回调低点。实际上。在9月的调整中成交量增加表明买盘良好。

10月　这个月,买盘巨大,成交量大幅增加。成交量是4155.80万股。

11月　成交量2792.20万股。11月10日,最终的高点;道·琼斯30种工业平均指数到达了158¾。市场在10月高点——那时的成交量非常大——之上走出了一个非常小的涨幅。11月前10天,总成交量是1180万股,表明股市遇到了沉重的卖盘。市场正在派发。

**8. 1938年3月到1938年11月**

从1938年3月31日到11月10日,总涨幅是61¼点。总成交量是1.92685亿股或每点3.208万股,略低于1937年和1938年初下跌时的每点成交股数。

12月　成交量2749.20万股,略低于1938年11月的成交量。

**9. 1939年**

1月　成交量2518.20万股,略高于1938年1月的总成交量。

2月　市场波动减小。成交量非常小——1387.30万股。

3月　成交量2456万股。3月10日后,急剧下跌随之而来。

4月　成交量2924.60万股。4月11日,低点。

**10. 1938年11月到1939年4月**

从1938年11月10日到1939年4月11日,道·琼斯工业平均指数下跌了38⅝点。总成交量1.15232亿股。每点下跌的平均成交量是3.0324万股。略低于上涨到1938年11月10日时的成交量。但上涨的点数更大。

5月　这个月,反弹随之而来,但成交量很小。成交 1293.50 万股。

6月　6月9日,到达反弹顶部,一个 20 点的下跌随之而来,市场于 6 月 30 日到达低点。当月的成交量是 1196.39 万股。这是一个成交量很小的次级调整——一个买入股票的信号。

7月　一个成交量增加的反弹随之而来。7月成交 1806.70 万股。

**11. 1939 年 4 月到 9 月**

从 1939 年 4 月 11 日到 7 月 31 日,平均指数上涨了 25¾ 点。总成交量是 5521.10 万股。每点的平均成交量是 2.1234 万股;预示着市场清淡,市场会以比它从 1938 年 11 月 10 日到 1939 年 4 月 11 日的下跌小得多的股数上涨。

如果你继续研究纽约证券交易所的成交量,观察道·琼斯工业平均指数在形态和阻力位上的位置,你就能更准确地确定极点。

## 三、周成交量研究

**1. 克莱斯勒汽车(1928—1935)**

对每只个股的研究——注意成交量的减少或增加,以及市场以很小的成交量收窄到一个萧条的交易区间,然后以大成交量上涨到另一个极限点并且出现快速上涨时的点数——使你能确定何时形成顶部和底部。例如:克莱斯勒汽车。

**2. 1928 年**

1928 年 1 月 21 日,克莱斯勒于 54½ 形成了低点;6 月 2 日,高点 88½。随后下跌到 6 月 23 日,于 63⅝ 形成了低点,3 周内以 101.20 万股的成交量跌了 25 点。

随后是持续 15 周的最后大突击。这期间,在从底部 63⅝ 到 140½——10 月 6 日到达的高点——的任何时候,股票从未突破前一周的低点,以 974.18 万股的成交量在 15 周内上涨了 87 点。快速上涨的最后 2 周,成交量是 276.80 万股。

克莱斯勒在纽约证券交易所上市的总股数是 448.40 万股。因此,你看,在这个最后的大涨中总资本换手超过了 2 次,最后 2 周的交易量超过了总流通股的一半。这么巨大的成交量表明,第 2 次上涨时股票正在形成顶部。在截止于 10 月 6 日这周期间,总成交量是 174.15 万股。这是克莱斯勒历史上最大的周成交量,几乎是总流通股的一半。

下一周,股价更低。在跌到 5 美元之前,从未再次反弹到这个顶部。如果你正在研究成交量,你会发现苗头不对,这是一个最终的顶部,尤其在趋势转为下降的所有其他迹象都显示出来后。

**3. 1929 年到 1932 年**

平均指数反映的大盘熊市第一阶段结束后,克莱斯勒于 1928 年 10 月到达高点,接着恐慌性下跌到了 1929 年 11 月 16 日这周。这期间的成交量是 2253.30 万股或总流通股的 5½ 倍。

从 1929 年 11 月 16 日这周到 1930 年 4 月（那时股票价格在 43）的反弹：17 点反弹上的总成交量是 391.60 万股。这令成交量几乎等于全部的流通股。

从 1930 年 4 月的高点到 1932 年 6 月 4 日这周 5 美元的低点，总成交量是 1481.4422 万股。

从截止于 1928 年 10 月 6 日这周的高点 140½ 到 1932 年 6 月 5 美元的低点。成交量巨大，成交 4126.3622 万股。因此，这轮行情换手的股票几乎是流通盘的 10 倍。

**4. 1929—1935 年对比：从 88 到 5 美元的下跌和从 5 美元到 88 的上涨**

回顾克莱斯勒从 1929 年 5 月 11 日 88 元到 1932 年 6 月 4 日那周的低点 5 美元期间的总交易量很重要。因为我们想把从 1932 年 6 月 4 日这周的低点 5 美元到 1935 年 10 月 88¾ 美元期间的总成交量与它进行对比。

在 1929 年 5 月 11 日这周，克莱斯勒跌到了 88 之下，之后直到 1932 年 6 月跌到 5 美元的低点，都没能再次走到这个价位之上。这轮下跌的总成交量是 2515.4622 万股。

从 1932 年 6 月 4 日这周的极限低点 5 美元到 1935 年 10 月，当股票再次上涨到 88¾ 时，我们发现总成交量是 3062.82 万股，比 1929 年 5 月到 1932 年 6 月相同价格区间下跌中的总成交量多 550 万股。

我们知道，在正常情况下，股票上涨时的成交量总是比下跌时更大，因为上涨时有更多的虚假交易、合谋运作和操纵。实际上，克莱斯勒的这轮上涨比下跌相同的点数仅仅多 500 万股，表明证券交易所的监管导致了上涨市场中成交量减少，尤其是如果我们考虑到从 1932 年 6 月 4 日那周到 1933 年 3 月的低点有一段吸筹期，股票从 5 美元上涨到了 22，然后于 1933 年 3 月再次下跌到 7¾，成交量 510.50 万股。因此，从 1932 年 6 月到 1935 年 10 月的总成交量中扣除这部分成交量，将使这轮上涨中的成交量减少到 2500 万股，即接近从 88 到 5 美元相同下跌点数期间的成交量。

**5. 1933—1935 年**

从 1933 年 3 月 4 日这周 7¾ 的低点到 1934 年 2 月 24 日这周 60⅜ 的高点。克莱斯勒上涨了 52⅝ 点。总成交量 1521.98 万股，超过了流通股总量的 3 倍。研究牛市运动的第一阶段和出现的派发，然后把同样的规则运用到任何其他股票上去确定趋势变化。

派发区间：在 1934 年 1 月 6 日这周，克莱斯勒到达了 59½ 的高点，然后回调到 50，在 2 月 3 日这周反弹到 59⅜，然后在 1934 年 2 月 24 日这周到达了 60⅜ 的顶部。3 周后，没能上涨到 2 月 3 日这周的高点和 1 月的第一个高点 59½ 之上 1 点，这表明确实出现了派发，股票遇到了沉重的卖盘。派发出现在 50 和 60⅜ 之间 10⅜ 的区间。这个派发区间里。交易了总数277.93万股,超过总流通股的一半,这表明在52点的上涨之后。股票至少正在形成急剧下跌的顶部。

横向派发:研究横向派发很有趣。股票的次级趋势反转向下之后,然后反弹,没能再次到达前期高点,往往出现横向派发、我们称之为横向盘整。人们在回调时买入股票,因为他们认为便宜而不知道主趋势正准备反转向下。例如:

从1934年3月3日这周到1934年4月23日这周,克莱斯勒的价格区间是$49\tfrac{1}{4}$到56。总成交量在122.58万股,把它加到顶部的派发上,总成交量是400.21万股,10点派发区间的交易量几乎等于总股本。在超过50点的上涨之后。当一个10点区间内的成交量达到了总股本时,这是一个确定无疑的趋势变化信号。

仔细想想,有趣的是在51周$52\tfrac{5}{8}$点的上涨之后股票正接近1年的时间周期。我的规则之一是始终在1年结束时观察趋势变化。

在这个横向派发之后。克莱斯勒紧跟着一轮下跌。

熊市——1934年2月到8月:从1934年2月24日这周$60\tfrac{3}{8}$的高点到1934年8月11日这周的低点$29\tfrac{1}{4}$,区间是$31\tfrac{1}{8}$点。总成交量是303.39万股,接近这轮下跌中换手总股本的3/4。与上涨中的巨大成交量相比,这轮下跌——这是一个次级调整——的成交量表明卖压正在减少,股票正在到达底部,至少是反弹的底部。研究这个底部和每周的成交量。另外注意,低点$29\tfrac{1}{4}$差不多是高点$60\tfrac{3}{8}$的一半。

牛市——1934年8月到1935年11月:从1934年8月11日这周的低点$29\tfrac{1}{4}$到1935年2月到达的高点$42\tfrac{1}{2}$,成交量是219.55万股——更小的反弹成交量。然后,趋势再次反转向下,股票在1935年3月16日这周到达31的低点,形成了一个比1934年8月的低点更高的底部。价格在3周里以28.66万股的小成交量从$42\tfrac{1}{2}$下跌了$11\tfrac{1}{2}$点,表明这是最后的下跌。股票正准备变为上升趋势,尤其是因为它在下跌的第4周没能走向更低。

次级底部后的长期上涨:从1935年3月16日这周31的低点到1935年10月25日的高点$88\tfrac{3}{4}$,形成了一个$57\tfrac{3}{4}$点的区间,成交量是509.10万股,大约超过流通总股本75万股。从1934年8月的低点$29\tfrac{1}{4}$到1935年10月的高点$88\tfrac{3}{4}$,总区间是$59\tfrac{1}{2}$点,总成交量是728.75万股,总流通股几乎换手了2次。

最值得考虑的过去的长期波动是从1933年3月$7\tfrac{3}{4}$的低点到1935年10月的高点$88\tfrac{3}{4}$,一个总成交量2552.32万股81点的上涨,这表明股票几乎以相当于流通股6倍的数量交易。

当股票接近1935年3月的低点时,每周的成交量大约是7.5万股,甚至低至每周4.6万股。直到4月27日——那周的成交量是23.50万股。之后,成交量持续增加。然后在8月31日这周,成交量高达22.90万股;10月19日这周,成交量分别是23.39、25.40、14.90、22.30、29.99、26.00万股;在10月26日这周,当克莱斯勒到达

88¾时，成交量是25.60万股。因此你看，当这只股票从69左右的最后调整低点急剧上涨到88¾时，成交量迅速增加。

在确定极限高点和低点时，你会发现，对每只个股——尤其是活跃的领头股——成交量的研究和遵守规则对你很有帮助。

对专业交易者、合作操作者和纽约证券交易所会员们自有账户交易不利的条例，大约使成交量减少了多达50%。当政府损坏华尔街利益时，对整个国家的商业都造成了损害。

这些改革和条例总有一天会废止，因为它们有害无益。这些限制取消后，市场将显示出更大的每点成交量，而且将会有一个更加正常的市场。

当我们一旦再次拥有一个自由的市场，允许每个人投入资金进行交易，将会有更好的商业前景和普遍繁荣。让我们一起为改革和条例尽快被废止而祈祷，因为那应该是我们最关心的。

*W. D. Gann*

1939.8.12

# 第 6 章　牛市和熊市回顾

道·琼斯 30 种工业平均指数的形态以及买点和卖点展示(1903—1939)

## 一、第 2 个熊市

第 2 个熊市开始于 1901 年 6 月 23 日，于 1903 年 11 月 9 日到达了最终的低点。那之后，有一段持续到 1904 年 7 月 3 日的吸筹。

**1903 年　第 2 个熊市的终点**

7 月　平均指数突破了 53 和 51，而在这些前期点位没有反弹或支撑信号，表明市场极弱并且预示着市场会出现更低的价格。前期底部被突破之后，下一个可能起支撑作用的点是 42——1893 年 3 月 25 日的低点。

10 月 15 日　低点 42$\frac{1}{2}$。在前期底部点位附近市场出现了支撑。随后的 2 周反弹到了 45$\frac{1}{2}$；然后 2 周下跌到 11 月 9 日，那时平均指数到达了 42$\frac{1}{8}$，形成一个双底，恰好在 1898 年 3 月的前期底部 42 之上。这是用止损单买入的时机。随后反弹，价格穿越了 45$\frac{1}{2}$，超过了过去 3 周的底部——次级趋势已经反转向上、熊市结束的信号。

现在，你应该回顾从 1901 年 6 月 78$\frac{1}{4}$ 的顶部到 1903 年 11 月 9 日 42$\frac{1}{8}$ 底部的第 2 个熊市。

从高点 78$\frac{1}{4}$ 到低点 42$\frac{1}{8}$，总波幅是 36$\frac{1}{8}$ 点。熊市中最大的反弹是 8 点，从 59$\frac{5}{8}$ 到 67$\frac{7}{8}$。因此，当平均指数上涨了 9 点或超过熊市中最大的反弹 1 点时，就是一个明确的牛市信号和安全的买入位置。

## 二、第 3 个牛市

**1904 年　启动前的吸筹**

1 月 27 日　高点 50$\frac{1}{2}$，从低点 42$\frac{1}{8}$ 上涨了 8$\frac{3}{8}$ 点，还不足 9 点以确认牛市准备启动。

2月6日　这周,价格突破了前2周的低点,预示着回调。平均指数没能到达 $51\frac{1}{2}$ 至53的前期底部,表明买盘还没有超过卖盘。

**次级调整——安全的买入机会**

3月12日　低点 $46\frac{1}{2}$,从顶部下跌4点,失去了从 $42\frac{1}{8}$ 到 $50\frac{1}{2}$ 一半的涨幅。这个调整从顶部持续了6周并且在 $1\frac{1}{2}$ 点的区间内维持了8周;然后穿越了3周前的顶部,预示着更高的价格。

4月7日　高点 $49\frac{7}{8}$。没能到达过去的顶部 $50\frac{1}{2}$,一个还没准备好上涨的信号。随后是持续6周的缓慢下跌。

5月18日　低点 $47\frac{1}{2}$,仅仅下跌了 $2\frac{3}{8}$ 点和6周,表明卖盘非常小;成交量也非常小。这是底部的沉闷期。之后,开始缓慢上涨,而对价格来说要穿越 $50\frac{1}{2}$ 的顶部需要7周。

**最安全的买入位置**

7月16日　价格穿越了51并且上涨到了 $52\frac{1}{2}$。从底部上涨了10点以上,而且是一个比先前熊市中8点的反弹更大的上涨。从1903年11月9日到1904年7月9日:价格维持在一个8点的区间内,而大多数时间在4点的区间内——8个月的横盘吸筹时间,为牛市做准备。

研究这个在低点之上4点横盘吸筹的过程。这样,当你再次看到它时就会知道这意味着什么。1904年7月,价格上涨到了53——前期底部——之后:在1周内回调了1点;然后上涨重新恢复。11月,穿越了前期顶部68。没有调整而且价格直线上涨,显示出了强劲的牛市。要观察的下一个点在78到 $78\frac{3}{4}$ 的前期顶部附近。

**1905年**

3月13日　平均指数上涨到了 $78\frac{1}{4}$。

22日　回调到 $76\frac{1}{2}$。

然后穿过了前期顶部,在3月结束前上涨到了80。

下一个前期顶部是形成于1895年9月4日的 $84\frac{1}{2}$。

4月14日　高点 $83\frac{3}{4}$,恰好在前期底部 $84\frac{1}{2}$ 之下。价格在顶部 $2\frac{1}{2}$ 点的区间内维持了3周;然后突破了3周的底部,表明次级趋势向下,应该卖出股票。

5月22日　没能在78——前期顶部——形成底部,预示着走低。5月22日,平均指数到达了 $71\frac{3}{8}$。过去7月的前期顶部,而8月的顶部在 $72\frac{3}{4}$。

6月3日　这周穿越了前一周的顶部,预示着走高。

在低点 $71\frac{3}{8}$ 之后,接下来的4周每个底部都更高。

6月17日和24日　在这几周,高点是 $75\frac{1}{4}$,下一周穿越了顶部,预示着走高。

11月　平均指数上涨到了 $84\frac{1}{8}$,前期顶部。然后,回调到81。上涨重新恢复,价格穿越了 $84\frac{1}{2}$ 的前期顶部。下一个前期高点是形成于1892年3月和4月的 $94\frac{1}{2}$。

12月 平均指数上涨到了96；回调到94并且维持了3周，在94形成了底部而且没能突破94，一个强劲的上升趋势和更高价格的信号。在这个位置没有趋势变化，也没有前期底部被突破。

**1906年**

1月19日 高点103。**牛市的终点。**

这在前期顶部之上8½点。当平均指数或股票的价格到达100至105时，几乎总是会有沉重的卖盘，而当价格走到100之上时，你必须等待形成顶部的信号——价格突破了前一周或数周的低点。

1月27日 这周有一个1点的狭窄区间，略低于193。

2月3日 这周价格突破了前2周的低点，回撤到了98½（在100之下），表明次级趋势已经反转向下。然后，有一个1周的反弹，到达100½即上涨了2点。下一周价格突破了98，一个更加明确的走低的信号和卖空的时机。

**牛市回顾——1903年11月到1906年1月**

最大的回调从1995年4月到1905年5月——83¾到71⅜即12⅜点。最小的回调是4点。因此，主趋势要显示出明确的趋势变化，你必须观察超过12⅜点的下跌。

## 三、第3个熊市

**顶部之下的横向派发**

3月10日 平均指数下跌到了92⅞，下跌了10点；突破了4周的底部和94，预示着后市将更低。卖出信号。

随后1周的反弹到达了96¾。

随后，下一周回调到了93。

下一周反弹到了96¾，形成了一个双顶。在2月17日和24日这周，到达97¼的顶部。因此，在96¾的顶部提供了很好的卖出信号。

下跌随之而来，突破了93的底部。

5月3日 低点86½，从103下跌了16½点。跌幅超过了12⅜点——先前牛市的最大回调，表明主趋势向下，熊市紧随其后。1893年4月7日在86¾有一个前期顶部，1905年4月在83¾也有一个，表明反弹可能会出现在这些位置。参考规则——第一次急剧下跌之后会有次级反弹，在这卖出是安全的。市场上涨了5周。

6月4日 高点95¼，低于96¾的前期高点，显示出了弱势。维持在上周1点的区间内，下一周突破了前三周的低点，表明次级趋势再次向下。**卖出信号。**

7月13日 低点85¼，仍然在83¾的前期顶部之上，在1906年5月3日的低点之下1点，一个反弹支撑信号。

7月7日 和14日——这两周的高点是87⅞和87¾。

21日 穿越了88,超过了2周的顶部——次级趋势向上——**买入信号**。下一周,快速上涨紧随其后。

10月9日 高点96¾,相同水平的第3个顶部。周波动区间少于1点——**卖出平仓和卖空信号**。**安全的卖出位**。接下来这周,价格图突破了3周的低点——一个安全的卖空位置。

11月17日 低点92⅜。

12月15日 反弹随之而来。高点95¾。

随后是2周到93的回调。

然后是2周反弹。

**1907年**

1月7日 高点96⅜,第4次到达这个水平,但低于前2次——一个贴近止损的**安全放空点**。

12日 这周的波动区间是3/4点,一个与1905年10月相同的狭窄波动周。

19日 这周价格突破了3周的低点,然后突破了93的小底部。

2月2日 下跌到了90½。

反弹了2周到达93¼,前期底部。这个最后的反弹顶部在5/8的区间内。

小反弹顶部沉闷和狭窄的波动是一个弱势的信号。

3月9日 这周期间,价格突破了低点86⅜和85¼,一个非常熊的迹象。急速下跌随之而来。

14日 **无声的恐慌**:像联合太平洋和雷丁等股票——那时活跃的领头股——一天内大跌了20点。

我们的规则说,在恐慌日回补空头并买入。

14日 低点76¼,恰好在78的前期顶部之下。

随后反弹到了82。

**次级调整——最安全的买入时机**

25日 股票在恐慌性下跌之后出现了次级调整,在75⅜形成了一个更低的底部,几乎低于3月14日低点之下1点,形成一个双底和止损买入的位置,因为主趋势向下。而随着平均指数从103的顶部下跌了28点和从1907年1月的顶部下跌了21点。应该出现反弹。

5月3日 高点85,不足10点的上涨。注意,从1906年7月到1907年1月的反弹是11点,10到11点是一个观察趋势变化的点位。在81¾到85有一个三周的顶部;然后,价格突破了3周的低点,一个趋势已经反转向下和应该**卖空的信号**。市场走得更低,反弹很小——不超过3点。

8月 价格突破了75——1907年3月的低点,而当月又突破了71——在1905年5月的低点之下,走势非常弱。

参考我们的规则:在熊市的最后阶段,因市场变得更弱,反弹也变得更小。突破1995年5月的低点之后,我们要在什么点位预期阻力、支撑或底部?

回顾:1898年10月,低点 $51\frac{1}{2}$;1900年6月,低点 $53\frac{1}{2}$;1900年9月,低点53;1904年7月,主趋势反转向上后的最后低点是 $52\frac{1}{4}$,而1904年5月的最后底部是 $47\frac{3}{8}$,因此,第一个重要的点在 $53\frac{1}{2}$ 至 $51\frac{1}{2}$。

11月15日 **恐慌底部**——低点53——**买入时机**。

平均指数上周的快速下跌是4点。

低点之后的次周是一个2点的区间。

随后一周快速上涨,穿越了前一周55的顶部。

次级趋势反转向上——**一个安全的买点**。

这是一个陡直的单底,表明熊市已经结束。

第3个熊市回顾:下跌了4段。

熊市中最大的反弹——11点。因此,要显示主趋势向上,必须上涨12点或以上。

## 四、第4个牛市

12月7日 这周的高点是 $61\frac{3}{4}$。

反弹3周——上涨 $8\frac{3}{4}$ 点——不足以证明主趋势向上,因为平均指数必须上涨12点。

17日 低点 $56\frac{7}{8}$,2周内5点的回调。你应该买入,因为这是一个伴随着更高底部的次级调整。

26日 这周,市场在前一周的区间内窄幅波动。

**1908年**

1月4日 这周,平均指数穿越了60,在3周的顶部之上——一个更安全的买点,因为趋势向上。

之后穿越了62,在过去的反弹之上——**更高价位的明确信号**。

18日 这周上涨到了 $66\frac{7}{8}$。低点是 $64\frac{1}{4}$,形成了 $1\frac{5}{8}$ 点的区间,顶部的一个狭窄波动周。下一周突破了前一周的底部,预示着进一步的调整。

2月8日 低点 $58\frac{7}{8}$,从 $65\frac{7}{8}$ 的顶部下跌了7点,高于1907年12月的低点2点,第一个更高的底部。

15日 **第二个更高的底部——买入更安全**。这周,区间是3/4点,下一周是 $1\frac{1}{2}$ 点;穿越了前一周的顶部——**买入更安全**:因为这是从陡直的恐慌底部起的第2个更高的底部。

3月7日　穿越了62,1907年12月的顶部；还有1908年1月和2月3周的顶部。

5月21日　这周穿越了$65\frac{7}{8}$——1908年1月的前期前期顶部，一个**价格走高明确信号**，牛市随之而来——一个安全的买入点或加码点，如果你先前在更低的价位买过。

穿越了次级顶部之后出现了快速上涨。

要观察调整的下一个点在1907年3月75到76的前期底部附近。市场直线上涨没有回调就穿过了这些价位，显示出强劲的上升趋势。

要观察的下一个点是1907年5月在85的顶部。

8月10日　高点$85\frac{3}{8}$。市场上涨非常迅速，在当周就到达了$85\frac{3}{8}$的顶部，回调到$85\frac{3}{8}$，然后反弹到$84\frac{1}{2}$，在一个更低的顶部维持了2周，在前期顶部之下表明了很好的卖出时机。

9月19日　这周突破了4周的底部，表明**次级趋势向下和价格将走低**。

9月22日　低点$77\frac{1}{8}$，从顶部下跌了$8\frac{1}{4}$点。1908年1月到2月低点的最后调整是7点，使这成为一个**买点**，恰好在1907年3月的前期底部之上。这只是从次级顶部$84\frac{1}{2}$的3周。

10月3日　这周穿越了前一周的顶部——**买入更安全**。上涨继续，穿越了$85\frac{1}{2}$的顶部，这预示着更高。

11月13日　高点$88\frac{3}{8}$。**牛市中的3段或上涨**。

顶部走势沉闷。当周的区间$1\frac{3}{8}$点。

下一周突破了前一周的低点，表明这是一个**调整顶部**。

在$86\frac{1}{8}$和$87\frac{1}{2}$之间维持了4周。

下一周突破了4周的底部，预示着更低。

12月26日　这周的低点是$83\frac{3}{8}$，恰好在85的前期顶部之下。随后反弹到了87。在87维持了2周，在前期顶部之下形成了顶部。然后回调到了$84\frac{1}{8}$。

**1909年**

2月20日　这周在$86\frac{3}{4}$形成了顶部，第2个**更低的顶部**。

下跌并突破了过去7周的低点。

23日　最后的低点80，从1908年11月$88\frac{3}{8}$的顶部下跌了$8\frac{3}{8}$点——与从1908年8月到9月的调整相同的点数，使这成为一个买点。这是牛市的第4阶段，但形成了比1908年9月22日的低点更高的底部，表明主趋势仍然向上。随后反弹到了$83\frac{1}{4}$；回调到$81\frac{1}{2}$；然后穿越了$83\frac{1}{2}$，**一个更安全的买点**。

5月　穿越了形成于1908年8月$88\frac{3}{8}$的顶部，而且完全没有调整——一个更高价格的明确信号。要观察的下一个点是1906年和1907年$96\frac{3}{4}$到$97\frac{1}{2}$的前期顶部。

7月　通过了所有这些顶部,没有调整。

8月14日　这周的高点是99⅛;回调3周到达96。维持在前期顶部之上表明价格强势。

10月2日　高点100½,在1906年的顶部103之下。**最终的顶部**。

23日　回调低点95⅞,与9月的最后低点相同。而且在前期顶部位。

11月4日　高点100½,形成**一个双顶**。

下一周回调到了98½。

19日　然后于11月19日反弹到了100½,第3个和最后的顶部。**牛市的终点**。

**回顾:**

从1907年11月15日的低点53到1909年11月19日的高点100½是47½点。那期间,最大的回调是8½点。最后的回调是4¾点。因此,当平均指数回撤超过5点时。这是第一个趋势变化的迹象。而当回撤超过9点时,这是一个主趋势已经反转向下的信号。

## 五、第4个熊市

12月2日　下跌到了96⅝:恰好在前期顶部之上,而且是第3次到达这个点位。反弹随之而来。

11日　高点99,**第4个更低的顶部——一个卖出信号**。

在不到1点的区间内维持了3周。

然后突破了第4周的底部。

**1910年**

1月15日　这周突破了96。这是第4次到达这个水平并且走向更低,反弹从来没超过4点,而且反弹仅仅持续10天到2周——熊市中一个极弱的信号。

7月26日　低点73⅝。最后一周急剧下跌,但收盘不错,从底部上涨,没有走到1908年9月的最后低点77之下5点,只比1907年3月的低点75⅜低2点。这是一个**恐慌性底部**,下一课将证明为何这是**一个安全买点**。

**熊市第1阶段的终点**

8月6日　这周的区间是76到78,下一周平均指数穿越了78——前两周的顶部,表明了趋势变化和**安全的买点**。下面应用空间规则。最大的反弹或次级上涨是4¾点,而在1910年6月第2个反弹是4¼点。因此,平均指数要改变趋势,必须从73⅝上涨5点以上或到达79之上。

8月13日　这周期间穿越了79,8月17日上涨到了81½,在前期底部之下并且到了3周前的顶部位。

9月6日 随后是一个到达78⅜的**次级调整**,仅仅下跌了3⅛点,市场变得沉闷和狭窄并且4周都在相同的点位附近形成底部——一个支撑信号和**安全的买点**。

10月1日 穿越了前5周的顶部,之后穿越了82——在前期顶部之上,显示出强劲的上升趋势。

10月18日 高点86。6月在86⅜和86¼有2个前期顶部。

10月29日 这周突破了前一周的低点。

反弹1周到达85¾。

在一个狭窄的区间内维持了2周。

12月6日 急剧下跌到79⅝的低点,恰好在78⅜到78⅝的次级底部之上,一个更高的底部、支撑以及买入位。这是5⅜点的下跌。之后反弹到了28;回调到80½,形成了更高的底部;然后穿越了82,预示着更高。

**1911年**

2月4日 高点86,与1910年10月18日的顶部相同的点位——**一个双顶和卖出位**。在狭窄的区间内维持了3周。

3月4日 下跌到了81⅞。随后2周的反弹到达84。

4月22日 下跌到了81¼,在相同的点位附近形成了2个底部。维持在1910年12月的低点之上1点多的水平,显示出了支撑并且还没准备好下跌。

6月19日 高点87,在前期顶部之上5/8到1点。市场变得非常沉闷和狭窄,在86⅝和85⅝之间1点的区间内维持了6周。这是一个观察并等待明确的趋势变化的点,因为在相同的水平附近有3个顶部。

8月5日 这周,当平均指数下跌到85、突破了9周的底部时,出现了**卖出信号**——这个迹象表示横向派发已经完成,下降趋势重新恢复。注意熊市第一阶段后的**横向派发**。平均指数维持在1910年12月到1911年7月80和87之间的6到7点的区间内。

伴随着成交量的增加。一个陡直、剧烈的下跌随之而来。

9月25日 熊市低点72。这是一个**恐慌性下跌**,平均指数靠着1910年7月26日的低点形成了一个**双底**。**买入点**。快速反弹随之而来。

## 六、第5个牛市

10月 穿越了2周的顶部,趋势向上的第2个迹象。

10月14日 高点78,在1910年的前期底部之下,一个回调卖出位。仅仅反弹了2周,因此,在回调前市场还没有准备好进一步的上涨。

10月27日 2周后,低点74⅞。次级调整,一个更高的底部和安全的买入位。

11月11日 这周平均指数穿越了78½——4周前的顶部,表明主趋势向上,并且在这里买入是安全的。调整很小,价格走向更高。

**1912 年**

3 月 22 日　价格穿越了前期顶部 87。这是第 4 次在相同的水平(参考规则)而且从前期顶部没有调整,是强劲上升趋势的迹象。上涨继续,只有小调整。

9 月 30 日　高点 94⅛,在形成于 1909 年 96 的前期底部之下,而没能到达这些前期底部是一个弱势的信号。牛市的终点。

10 月 19 日　这周期间,突破了 3 周前的低点,表明次级趋势向下。

回顾:从 1911 年 9 月的低点 73 到 1912 年 9 月的高点 94⅛,平均指数上涨了 23⅛ 点。最大的回调是 3¾ 点。因此,要显示出更大的下跌,回调必须超过 4 点。

## 七、第 5 个熊市

伍德罗·威尔逊——一位民主党人——当选了总统。

11 月 16 日　平均指数下跌到了 89½,下跌了 4⅝ 点,价格走低的第 2 个迹象和在任何反弹上更好的卖空时机。

一个周级别的反弹随之而来,持续了 2 周。高点 91¼。

12 月 7 日　这周突破了 89,一个快速下跌随之而来。

12 月 11 日　低点 85¼,恰好在 4 个前期顶部之下,一个反弹点。随后,缓慢上涨持续了 3 周。

**1913 年**

1 月 19 日　高点 88½,仅仅上涨了 3¼ 点——一个弱势的次级反弹。下一周,平均指数突破了 85,预示着熊市,随后是伴随着弱势反弹的更低的价格。

6 月 11 日　低点 72⅛,相同水平的第 3 个底部,仅仅在 1911 年 10 月的低点之下 1 点,一个贴近止损的买入点。

从 94 到 72⅛(21⅞ 点的下跌)的最大反弹是 3¼ 点。因此:从 72⅛ 起的 4 点或以上的反弹将表明趋势正在反转向上。

6 月 21 日　反弹到了 75¾。

在从 75¾ 到 74⅜ 一个狭窄的区间内横向盘整了 3 周,但没有形成更低的底部。

7 月 9 日　这周穿越了 76,在 5 周的顶部之上,并且上涨超过了 4 点——趋势变化的第二个迹象。

9 月 12 日　高点 83½。注意,1913 年 2 月两周的顶部在 83¾ 和 83½,这是大跌开始前的最后反弹。价格在一个狭窄的区间内横向维持了 2 周;然后突破了 3 周的低点——次级趋势向下。

12 月 15 日　低点 75¼,回到了 1913 年 7 月的最后低点,而且是在过去的 5 个周顶部,是一个反弹支撑位。

平均指数在 76 和 75¼ 之间 6 周形成了底部,显示出支撑和买入位。

27 日　穿越了 78,7 周前的顶部——**一个安全的买点**。

**1914 年**

2 月 3 日　高点 83⅛,这个点位的**第 2 个顶部**。

价格在 5/8 点的区间内维持了 3 周;然后突破了 3 周的低点,预示着更低。

3 月 6 日　低点 81⅛,一个非常狭窄沉闷的市场。

20 日　高点 83½,相同水平的**第 3 个顶部**。

在 1½ 点区间、狭窄而沉闷的市场中达 3 周。

然后突破了 7 周的低点,一个更低价的明确迹象。

4 月 25 日　低点 77,恰好在 1913 年 11 月和 12 月的前期顶部之上。一个缓慢的反弹随之而来。

6 月 10 日　高点 81⅞,恰好在前期底部之下。

25 日　低点 79¼,市场缓慢而狭窄。

7 月 8 日　高点 81¾,最后的高点和更低水平的第 4 个顶部——一个可靠的**卖出信号**和放空时机。

28 日　突破了 78 的底部,一个更低价的明确信号。

市场以沉重的成交量下跌,**战争消息**导致来自欧洲的沉重卖盘。

30 日　平均指数突破了 75 - 1913 年 12 月的低点,当天突破了在 73½、73 和 72⅛ 的三重底部,第 4 次在这同一个水平并且收盘在 72 之下,是一个更低价的明确信号。

31 日　股票交易所因战争而关门。

12 月 18 日　交易所开市,平均指数开始于 54⅜。

1907 年,低点是 53;1898 年和 1900 年,低点形成于 53。因此,这些前期底部应该是下一个支撑和买入点。

12 月 24 日　低点 53⅛——**熊市的终点**。

**回顾**:

从 1912 年 9 月 30 日的最后高点 94⅛ 到 1914 年 12 月 24 日的低点 53⅛—41 点的下跌,最大的反弹是从 72⅛ 到 83⅜ 即 11¼ 点。因此。当平均指数上涨到 64½ 之上时,将预示着强劲的上升趋势。

# 八、第 6 个牛市

**1915 年**

1 月 23 日　高点 58½,仅仅反弹了 5⅜ 点,还不足以表明准备好了大涨。**然后是**

恐慌后的次级调整——**买入更安全**。

2月24日　低点54¼；超过1点的更高底部和一个很好的买入位。

3月27日　这周，平均指数穿越了56½，第一个反弹顶部——主趋势向上的第2个信号，牛市继续。**更安全的买点**。

4月10日　平均指数穿越了64½——主趋势向上和更高价格的**第3个明确迹象**。这是一个买入更多股票的**买点**。

30日　市场快速上涨并且在71¾形成了高点，在71½到73½的4个前期底部之下——**卖出位**。

5月　价格在70和71¾之间维持了1周，在2周前的顶部之上。然后因U型潜艇恐慌快速下跌。

14日　低点60⅜，但仅仅下跌了2周，而且没有到达58½的顶部——一个良好支撑的信号。这是牛市中的自然调整——11点的下跌和**安全的买入位**。然后，上涨重新恢复。在65½有2个周顶部。当它们被穿越时，价格上涨得更快。

6月22日　高点71⅞，与4月相同的顶部并且在前期底部之下。在这遇到一些卖盘和阻力是很自然的。随后一个2周的回调到达67⅞，仅仅跌了4点。

7月24日　这周，平均指数以大成交量穿越了72而且非常活跃。这是买入更多股票的位置。

上涨继续，伴随着仅仅3到5点的回调。

9月29日　平均指数穿越了在81¾到83½的顶部而且没有回调，表明**强劲的上升趋势**。下一个前期顶部在91到94。

10月2日　高点92。

6日　价格回调到了88¼，一个小调整；然后穿过了94——1912年9月的顶部。下一个顶部是100½——1909年的高点。

12月27日　高点99⅛，恰好在1909年的顶部之下——**一个卖出位**：因为价格伴随着一个仅仅11点的回调上涨了47点。

上涨慢了下来，4周里仅仅上涨了1点——表明卖盘很大。

**1916年**

1月8日　价格突破了前3周的低点——一个**次级趋势已经反转向下**的信号。

31日　低点90⅝，下跌还没有超过11点以超越最大调整的平衡。

2月11日　反弹到了96⅛，一个更低的顶部和卖出位。

3月2日　低点90⅛，与1月31日相同的低点。平均指数要进一步走低，必须突破这个点位。反弹随之而来。

16日　高点96，略低于2月11日的顶部——**一个卖出位**。

4月22日　低点85，恰好在前期顶部之上——**一个买入位**，因为这是一个急剧的恐慌性下跌,下跌从4月初94½的最后顶部仅仅持续了3周。

快速反弹随之而来。

6月12日　高点93⅝,在前期底部之下并且在4月的顶部上——**一个卖出位**。

7月1日　这周在87⅝形成了低点。随后是1周的反弹。

13日　低点86½,一个比4月更高的底部并且在前期顶部之上,**一个买入点**。随后是一个到89¾的反弹。然后回调到88。

在88的底部维持了3周,显示了良好的支撑。

然后穿越了90½的顶部,预示着更高。

9月21日　平均指数穿越了96的顶部并且穿过了1915年99⅛的顶部;1909年的顶部在100½;还穿过了103,1906年的高点——**更高价的强烈信号**。

10月5日　高点104⅛——高1⅛点的新高和股价走高的信号。

14日　回调到了99,1915年12月的前期顶部,**一个买入位**,因为这仅仅是一个5点的回调,而从1924年低点起的最大回调是11和15点。这是一个9点的回调。而且在2周里价格穿越了104的顶部,显示出了强劲的上升趋势。

现在你必须遵守规则:确定平均指数进入新高区域能走多远。规则说,7、10、15、20或24点;而最安全的规则说,一直等到次级趋势突破以前的周底部出现反转。

11月21日　高点110⅛。这高于1906年的前期顶部7⅛点,在1909年的顶部之上10点。

平均指数在110⅛形成了周顶部。**最终的顶部**。

12月2日　然后突破了2周的低点,次级趋势反转向下并且结束了牛市。

回顾:

这第6个牛市的终点是工业指数到目前为止最大上涨的顶部——在23个月里上涨了57点——伴随着14点的最大调整和7点的最后调整。

因此,7点或以上的下跌是第一个更低价的信号,两次突破了88——最后的回调点——将是一个熊市开始的明确信号。

# 九、第6个熊市

12月期间,出现了大尺度的宽幅开盘突破,平均指数突破了99,指示出了**安全的卖空位**。

12月21日　低点90⅛,在4周时间里下跌了20点并且是在前期顶部——**买入位**。应当出现反弹,急剧上涨随之而来。

**1917年　趋势反转向下后的次级反弹:**

1月3日　高点99⅛,在前期底部之下并且在前期顶部上——一个9点反弹上的

**卖出位**，第一个次级反弹——安全的卖空位。

趋势反转向下后的**横向派发**——价格在从 97⅞ 到 95 的狭窄区间内维持了 3 周。

2月2日　价格因 U **型潜艇恐慌**和担心美国会卷入世界大战而快速下跌。低点 87，从顶部 110 下跌了 23 点；从最后的顶部下跌了 12 点。注意 85——1916 年 4 月的低点，还有 89½——1916 年 7 月的低点，在那里开始了最后的上涨，这使 87 到 85 成为一个支撑位或**买入位**，尤其因为这是一个价格在 2 天内下跌了 10 到 25 点的恐慌性下跌。记住我们的规则，始终在恐慌中为随后的快速反弹而买入。随后的反弹伴随着只有 4 到 5 点的回调。

3月20日　高点 98¼，恰好在前期底部和前期顶部之下——个**卖出位**。

5月9日　低点 89⅛，与 1916 年 12 月相同的点位——一个反弹点。

6月9日　高点 99，**相同水平**的**第 3 个顶部**和**一个安全的放空点**，因为市场在这个反弹上变得沉闷。在一个狭窄的区间内维持了 3 周。

然后突破了 3 周的底部并走向更低。

7月19日　低点 90½，前期底部。紧跟着一个小反弹。

8月6日　最后的反弹。高点 93⅞。在狭窄的区间内维持了 4 周。然后突破了 5 周的低点。

9月12日　**突破了前期底部** 87 和 85，预示着市场非常弱、价格进一步走低。反弹很小，只有 3 到 5 点。恐慌性下跌随之而来。

11月8日　低点 68⅝。注意 1915 年 7 月的最后底部 67⅞。反弹随之而来。

23日　高点 74¼，一个 2 周内 5⅝ 点的反弹。

然后，4 周急剧的下跌在疲弱、恐慌的市场中结束。

12月19日　低点 6，恰好在 11 月的低点之下 2½ 点和 1915 年 7 月的最后低点之下 1⅞ 点，使 66 成为一个买入位。第 6 个熊市结束。

**回顾：**

第 6 个熊市中，从 1916 年 11 月 110⅛ 的高点到 1917 年 12 月 66 的低点，最大的反弹是 12 点。最后的反弹是 5⅝ 点。因此，更高价的第一个迹象是 6 点或以上的反弹，而主趋势改变的信号是超过 12 点的反弹。

## 十、第 7 个牛市

12月29日　上涨开始，穿越了前一周的顶部并且给出了趋势变化的**第一个小迹象**。上涨很迅速，第一周就到达了 72½。在 72 附近有前期底部和前期顶部，而下一周直线上涨穿过了这些前期阻力位，表明趋势极强。

**1918 年**

1 月 2 日　平均指数上涨到了 $76\frac{5}{8}$，从低点上涨了 10 点。这个点位水平是在 1913 年 12 月的**前期底部之下**，而且在最后的下跌开始前上涨到了最后反弹的顶部。

然后，出现了 2 周的回调。

15 日　下跌到了 $73\frac{3}{8}$。这是一个次级调整而且价格远在 72 的顶部之上。表明走势极强。实际上，在 3 周超过 10 点的急剧反弹之后，市场仅仅回调了 2 周，而且仅仅回撤了 3 点，表明了良好的强势支撑，使这成为**一个次级调整上的安全买点**。

上涨重新恢复，平均指数穿越了 78，从低位上涨了 12 点并且超过了熊市中的最大反弹，一个主趋势已经反转向上的明确迹象。另外还穿越了以前的高点，表明**主趋势向上**。

2 月 19 日　平均指数上涨到了 82。这在前期顶部和前期底部之上，正像你在图表上看到的那样，这是一个自然的调整点。价格这周到达了顶部，区间是 82 和 $80\frac{1}{2}$——$1\frac{1}{2}$ 点的区间。下一周，价格跌到了前一周的低点之下，显示出第一个次级趋势变化和一个调整的信号。

4 月 11 日　平均指数跌到了 $75\frac{1}{2}$，一个 $6\frac{1}{2}$ 点的调整，大约是熊市中的平均调整。注意，在 76 有 3 个周顶部。因此，这是一个合理的支撑和**买点**。市场在这些底部附近维持了 4 周，表明支撑良好。

5 月 15 日　上涨到了 3 周前的顶部；穿越了 82 的顶部并且上涨到了 84。这再次在前期底部之下，是一个可能出现**次级回调**的点。

6 月 1 日　平均指数回调到了 78，下跌 6 点。然后在一个狭窄的交易区间内维持了数周。

9 月 3 日　上涨到 $83\frac{7}{8}$，恰好在前期顶部之下。一个中级调整随之而来。

11 日　平均指数下跌到了 $80\frac{1}{2}$，远在 6 月 1 日最后的低位之上。其实这个调整不像先前的调整——7 点——那么大，这次调整只有 6 点——仍然是一个主趋势向上的迹象，仍然可以**安全买入**。

10 月 18 日　上涨重新恢复，穿越了 84 的顶部。高点 89。注意，前期底部在 87 到 90 附近。下一周，市场维持在一个狭窄的交易区间内。第二周突破了前两周的底部并且回调到了 84，下跌 5 点，这是次级趋势正在变为下跌的第一个迹象。随后是一个次级反弹。

11 月 9 日　平均指数到达 88，在以前的高点之下。在次级趋势反转向下后，没能到达前期顶部是一个在**次级反弹上卖出的信号**。

25 日　平均指数突破了第一次回调的底部 84；表明会进一步下跌，跌到了 $79\frac{7}{8}$。然后紧跟着 2 周的反弹，到达了 $84\frac{1}{2}$，第 3 个更低的顶部，恰好在第 1 个前期底部之下，**一个卖出位**。

**1919 年**

**2 月 8 日** 市场逐步走低,窄幅下跌进入了一个大约 2 点的交易区间,平均指数到达了低点 79⅛。注意,**这个水平附近的前期顶部和开始上涨的最后的周底部在 77½ 附近**。因此,这个底部高于以前的底部,而且仅仅在 1918 年 11 月的低点之下 3/8 点——一个支撑的迹象。市场在 81¾ 和 79⅛ 之间维持了 4 周。

**22 日** 平均指数穿越了 4 周前 82 的顶部——一个更高价的信号和**安全的买入点**。

**3 月** 到达了 89 的前期顶部而且仅仅回调了 2 点多一点,表明走势极强。

**4 月** 穿越了过去 89 的前期顶部并且仅以很小的回调直线上涨。

**7 月 14 日** 平均指数到达了高点 112¼。这进入了新高区域 2 点,穿越了 1916 年 11 月的前期顶部。是一个**价格走高的信号**。

**19 日** 这周的区间在 110¼ 到 112¼,大涨后顶部的一个非常狭窄的区间。下一周,平均指数跌到了 110 之下并且突破了前 2 周的底部,一个次级趋势正在反转向下的**调整信号**。实际上,市场从 79⅛ 上涨到 112¼,连一个 5 点的调整都没有,这是一个准备暂时调整的迹象。

**8 月 20 日** 一个陡直、快速的下跌随之而来,持续了 4 周多点,在 98½ 形成了底部。跌到了前期顶部,恰好在 100 之下是一个自然支撑位。实际上,仅仅调整了 4 周,然后上涨重新恢复,这是一个仍然处于牛市的迹象,而价格正走向更高。在这个调整上,上周的下跌高点 100¾ 被穿越后。就是一个安全的买入位。

**10 月** 价格伴随着不超过 3 到 4 点的回调直线上涨,穿越了 10 月的老高点 112。

**11 月 3 日** 上涨到了 119⅝,**最终的高点**。这在 1916 年的老高点之上 9½ 点,在 1914 年 7 月 14 日的高点之上 7 点。记住,我们的规则说,价格可能上涨 7 到 10 点进入新区域,然后回调。

**对比:**

1916 年,在穿越了 103 的老高点之后,平均指数上涨到了 110 即上涨 7 点进入了新高区域。1919 年,在牛市结束和趋势反转向下之前,平均指数上涨了 9½ 点进入新高区域。在 1919 年的最后运动期间,最后 60 天里成交量非常大。每个人都看涨,他们买入股票并且谈论着历史上最大的繁荣和看到过的更高价格,但最终到达了终点和顶部。急剧下跌随之而来,清除了那些以保证金过度交易和以希望而非面对现实并追随趋势买入的人们。

**回顾:**

在第 7 个牛市中——开始于 1917 年 12 月的低点 66;于 1919 年 11 月 3 日在 119⅝ 到达顶点——最大的调整是从 89 到 79⅛ 或 9⅞ 点;牛市结束前最后的调整是从 112¼ 到 98½,下跌了 11¾ 点。因此,表明熊市开始的明确信号,是要观察超过 12 点的下跌，或者突破最后的低点98½，或者突破最终顶部后第一个急剧下跌的低点。

## 十一、第7个熊市

11月　最后3周的低点在114⅞到115½。

12月13日　陡直、剧烈的下跌随之而来，价格突破了最后3周的底部，明确显示**次级趋势向下变化。**

22日　低点103½，从高点下跌了16点，超越了牛市中的最大调整——11¾点。这是一个趋势已经反转向下价格将走向更低的明确信号，但市场还没有次级反弹，它总是出现在第一次急剧下跌之后。平均指数维持了5周，在104到103½左右形成了底部。这在前期顶部位103之上，是一个自然支撑点。在这个水平用了5周形成底部这一事实，表明在这里有良好的支撑，这是一个**回补空头并买入**的点，等待在次级反弹上再次卖出。

**1920年**

1月3日　出现了**次级反弹**，到达109⅞的高点，一个6点多的反弹，上涨到了1916年的前期顶部之下——**卖出位**。这次反弹的卖盘极大，价格没能保持住。第二周，区间在108¾到106½；下一周，价格突破了前一周的低点，还突破了在103½附近的5周底部——一个主趋势已经反转向下的明确迹象，因为已经突破了次级调整的底部。下跌继续，平均指数到达了102，然后反弹到104½，恰好在前期底部之下，沉闷和狭窄的市场保持了1周之久。

2月7日　爆发了沉重的卖盘，陡直、剧烈的下跌随之而来，平均指数突破了98½——形成于1919年8月的最后底部，**主趋势向下**和熊市在继续的又一个证明。伴随着非常小的反弹，下跌迅速而剧烈；实际上，这是一个恐慌性下跌。

2月25日　低点90。这是一个靠着1918年10月和1929年2月的前期顶部的支撑位和**买入位**。在这个水平有2个周底部：一个在截止于2月14日这周的90½，一个是在90的最后底部；表明这个水平附近是支撑和买点。

3月6日　平均指数穿越了前一周的顶部，次级趋势正在反转向上的**第3个信号**。下跌中的最大反弹是6点。因此。当平均指数上涨超过6点时，就预示着进一步的反弹。

13日　平均指数穿越了98，而且没能在99附近的前期底部止步。

4月8日　上涨到了105⅝，恰好在主趋势从那反转向下的一系列前期底部之下2点，在市场下跌了30点之后的15点上涨，使这成为一个**安全的卖出位**。在顶部的狭窄交易区间2周后，市场开始下跌。

24日　下跌到了过去5周的底部之下，表明**主趋势已经再次反转向下**。急剧下跌随之而来,伴随着很小的反弹。

5月19日 低点87⅜,恰好在2月的低点之下2⅝点,并且跌到了一系列前期顶部和底部,在这里可能出现一个中级反弹。市场维持了2周,恰好在88之下形成了2个底部;随后开始反弹。

7月8日 高点94½,7点的反弹,这是疲弱熊市中的一个正常反弹。上周的区间在94½到93——1½点的区间。**卖出位**。下一周,平均指数跌到了这周的低点之下,并且突破了3周前的低点,表明主趋势将继续向下。所有的支撑位全都被突破。

8月10日 平均指数到达了83¼。随后反弹到89⅞——又一个不到7点的反弹,几乎和上一次反弹相同,又是一个**卖空的点位**。伴随着平均2到3点的反弹。下跌继续。

11月19日 低点73⅛。

12月4日 反弹顶部77⅝——4½点的反弹。记住,规则是,熊市中价格走得越低,反弹越小,这是因为市场一直在变得更弱,而且卖空更安全。

21日 低点66¾。**买入位**。跌到了1917年的老低点66附近,而且是一个观察支撑和反弹的点。记住,规则是:靠着前期底部买入并用止损单保护。

过去3周的下跌从77½到66¾。最后一周的下跌从69⅝到66¾。下一周,平均指数穿越了前一周的顶部,上涨到了71⅞。预示着次级趋势的变化:但7点或以上的反弹——这超过了过去的2个反弹——将预示着进一步的上涨。这被平均指数上涨到大约75所证明。

**1921年**

1月5日 平均指数上涨到了76½,恰好在前期底部之下,一个应该从这里开始回调的点。

1月11日 平均指数回调到了72⅜。保持在1920年11月的低点之上1点,这是一个支撑的迹象和一个**反弹买入**的点位,用前期底部之下的止损单进行保护。上涨重新恢复,并且穿越了以前的小顶部。

2月16日 到达77¼,在前期底部之下,预示着次级回调。

3月11日 低点72¼。跌到了**前期底部位和前期顶部**:一个自然支撑点。随后缓慢上涨。

5月5日 高点89。在这次上涨中,市场沉闷而且波动狭窄。注意,80在一系列前期底部——出现在1918年9月和1919年2月之间——之下,使这成为一个自然的**卖出位**,你应该放空,尤其是市场变得沉闷和狭窄。平均指数上涨了13¼点,这是熊市中的平均反弹。

14日 平均指数跌到了前几周的底部之下,表明**次级趋势再次反转向下**。从这个水平起,市场继续伴随着很小的反弹下跌。

6月20日　低点 64⅞。这在1917年12月的低点之下1点；1920年12月的低点之下2点，一个观察支撑和阻力的点。反弹随之而来。这是一个缓慢、疲弱的上涨。

8月2日　高点70，一个5周里5点的反弹。不足以显示出主趋势的变化。下一周，价格突破了过去5周的低点。

24日　低点64，在1917年12月的低点之下2点并且回到了1915年5月开始上涨的周底部的低点，但平均指数没能跌到1917年的低点——那时熊市结束的地方——之下，这是一个支撑的迹象和一个买点，因为成交量非常低，表明清盘已经结束。但最安全和最佳的买入信号，则是一直等到市场穿越了前几周的顶部表明可能会反弹时。

**回顾：**

从1919年11月3日 119⅝的顶部到1921年8月24日 64的低点，7个熊市中的最大反弹是15点，到1921年5月的最后反弹是13点。因此，更大的上涨和主趋势变化的第一个迹象是当平均指数上涨13到15点以上时。

## 十二、第8个牛市

9月3日　平均指数穿越了66——两周前的高点，使这成为一个**更安全的买入位置**。

9月10日　穿越了70——最后反弹的顶部，进一步确认了价格走高，在市场回调时买入更安全。平均指数到达71⅞。这是一个前期底部和前期顶部位，会出现回调的阻力点，但回调非常小。

10月17日　低点 69½。平均指数在71⅝和69½之间维持了6周，表明在前期顶部70之上或附近有良好的买盘，而当平均指数在4周后于69½**第2次形成底部**时，这是一个**安全的买点**。

10月29日　最安全和最佳买点是当主趋势穿越72反转向上时。这是**主趋势向上的证明**，表明吸筹已经完成，清盘已经结束。

12月15日　平均指数穿越了80——1921年5月最后的顶部；牛市和更高价格的又一个明确迹象。上涨继续。调整非常小。

**1922年**

9月11日　平均指数到达了102——1920年4月的高点。从这起，回调了2周到达96¼。维持在3周的底部——最后上涨开始的地方——之上，表明支撑良好是一个为更高价格的**买入位**。

10月14日　高点 103½。注意，1920年4月最后高点是105½，因此，平均指数到达了一个可能出现回调的位置，尤其因为市场从64上涨到103½没有任何重要调整。市场在一个狭窄的区间内维持了 2 周,然后第 3 周突破了前 2 周的低点,预示着暂时的顶部和随后将调整。下跌继续,平均指数以一个中等的反弹维持了 1 周之后,突破了 96 的低点。

11 月 27 日　低点 92,从顶部下跌了 11½ 点,牛市中的正常回调。92 附近有一系列前期顶部和前期底部。一个**支撑和买点**,尤其是因为从顶部已经调整了 7 周,当下跌超过 4 周时,这大约是牛市中的平均调整。然而,**最安全的买点**在平均指数穿越 96 时——形成于 1922 年 12 月 9 日的 3 周的顶部。市场伴随着很小的调整继续上涨。

**1923 年**

3 月 20 日　高点 105⅜,在 1920 年 4 月的前期顶部。一个**卖出位**。市场提供了在这个水平有沉重卖盘的明确迹象:因为连续 3 周高点都在这同一个水平,连续 2 周低点都在 103⅞ 附近。

25 日　突破了 2 周的底部——一个更大下跌的信号,在此点位平仓多头股票,并**放空**。

回顾:

从 1921 年 8 月 24 日的低点到 1923 年 3 月 105⅜ 的高点。第 8 个牛市中最大的调整是 11½ 点。因此,从高点下来 12 点或以上的下跌将预示着主趋势向下,而突破过去 97 附近 4 周的一系列底部是第一个明确的迹象——主趋势已经反转向下,当前的牛市已经结束。

## 十三、第 8 个熊市

5 月 21 日　低点 93,维持在 1922 年 12 月的低点——牛市中最后的运动从这开始——之上 1 点。

29 日　反弹到 97⅝,在前期底部之下。一个**卖出位**。下跌继续并且突破了 92——1922 年 12 月的低点。又一次确认了这是一个熊市并走向更低。趋势继续向下。

7 月 12 日　低点 87⅝,前期顶部和前期底部位,从这里可能出现一个反弹。

20 日　高点 91¾,恰好在 2 个以前的底部之下,一个**卖出位**。市场维持了 2 周,然后下跌。

31 日　到达 87,略低于 7 月 12 日的底部,这预示着一个反弹,尤其是因为市场变得非常沉闷和波动狭窄。当市场穿越了以前 88½ 的顶部时,预示着一个中等的进一步反弹。

8 月 29 日　高点 93¾,这是在前期底部位之下并且恰好在过去的反弹之上。市场在一个 1½ 点的区间内维持了 2 周。**卖出位**。

9月15日　快速下跌,跌到了4周的底部之下;表明次级趋势再次反转向下。

10月27日　低点85¾,恰好在7月30日的低点之下1点,并且跌到了以前市场运动的前期底部和前期顶部一线。市场此时非常沉闷和狭窄,而成交量极小,表明清盘至少暂时结束了;市场正在形成底部,应该为反弹买入,尤其是因为这是一个**双底反弹**。

**回顾：**

第8个熊市中从1923年3月20日顶部105⅜到1923年10月27日低点85¾,最大的反弹是6½点——从87到93。因此,当平均指数上涨6½点以上时,这是一个牛市开始主趋势向上的迹象。

## 十四、第9个和最大的牛市

这其实是开始于1921年8月的牛市的延续;因为从1923年顶部起的调整是20点,只能把它看作是一个正常调整和休止期或随后大牛市的吸筹期。

11月3日　在市场穿越了3周前的高点之后,11月3日这周期间,最安全的买入位置在88½附近。上涨继续,后来穿越了93到93½的顶部,表明主趋势向上。当价格走到了94之上时,这还是一个更安全的买入位置或金字塔加码的位置,如果你已经在低位买过的话。

**1924年**

2月6日　高点101⅜。在4周的一系列底部之下,趋势从105½反转向下后,市场的突破位置——一个自然点位或调整**卖出位**。2月9日这周的顶部区间。幅度非常狭窄,仅仅大约1点。急剧下跌随之而来,突破了3周前的底部,表明次级趋势已经再次反转向下。2月下旬,平均指数跌到了95⅜。

3月　有一个次级反弹,到达98¾。这是一个非常弱的反弹,上涨超过2点多用了3周时间——一个**很安全的反弹卖出位置**。而更安全的卖出时机是当平均指数突破96,跌到3周的底部之下时。趋势伴随着很小的反弹继续向下。

5月20日　低点88⅜。这在1923年11月的低点之上2½点和1923年7月的低点之上1½点,使这成为一个**三重底部**和一个**安全的买入位置**,尤其是因为成交量很小而且市场在一个狭窄的交易区间内维持了数周,表明清盘已经结束,没有足够的卖盘突破以前的低位。一个要遵守的安全规则是:要等到市场穿越了前几周的顶部,确认了强势后再买入。市场在88⅜和90½之间维持了3周。然后穿越了3周的顶部。

7月14日　这周期间,穿越了在92⅜的其他顶部,显示出一个转变为上升趋势的明确变化和一个**安全的买点**,因为吸筹发生在90和86之间。

8月20日　高点105½,与1923年和1920年4月相同的顶部。第3次到达这个水平,使它成为一个至少会有暂时调整的**自然卖出位**。第二周,平均指数突破了前一周的低点,跌到了 102$\frac{7}{8}$。

9 月 6 日　这一周,反弹随之而来。

24 日　高点 104$\frac{5}{8}$。差 1 点没能到达前期顶部,而仅仅反弹了 2 周表明了弱势。**卖出位**——更低的顶部。

10 月 14 日　低点 99$\frac{1}{8}$,大涨前最终和最后的低点。**卖出位**。这是到前期底部和顶部位的下跌和一个自然阻力点,大约 7 周内 6 点的调整——牛市超过 3 周的平均调整时间和股票在这些水平的平均调整点数。

11 月 3 日　安全的买点是等到市场确实形成了底部,在 11 月 3 日这周迅速穿越 2 周前的顶部,预示着更高的价格之后。上涨很迅速。平均指数穿越了在 105 的三重顶部,使它**第 4 次到达这个水平**——明确预示**牛市**和更高价。要观察的下一个点是历史最高点——1919 年 11 月的前期顶部。平均指数没有回调就径直穿越了 119$\frac{5}{8}$ 的前期顶部,表明市场非常强。

**1925 年**

1 月 22 日　高点 123$\frac{5}{8}$,一个新高点,自从平均指数 1924 年 5 月从 88 之上上涨以来,没有出现过 5 点的回调。

2 月 16 日　平均指数回调到了 118,恰好在前期顶部之上,上涨重新恢复。

3 月 6 日　高点 125$\frac{5}{8}$。

3 月 30 日　低点 115,一个 10 点的回调,而且在 119$\frac{5}{8}$ 的前期顶部之下 4$\frac{5}{8}$ 点。我们的规则说,如果主趋势继续向上,前期顶部之下的回调决不应该大于 5 点。这次回调仅仅 24 天,略多于 3 周,这是牛市中的正常调整,而且是一个在此买入的点,或者你也可以等到穿越前几周的顶部,或平均指数再次上涨到 120 的前期顶部之上,然后买入。市场迅速上涨,穿越了 3 月 6 日到达的高点 125$\frac{5}{8}$,并且伴随着很小的回调继续上涨。

11 月 6 日　高点 159。市场在这个点位非常活跃,波动迅速。

10 日　平均指数回调到了 151。

13 日　高点 157$\frac{3}{4}$。更低的顶部——**卖出**。

24 日　低点 148$\frac{1}{4}$,少于 3 周和 11 点的平均调整,牛市中的正常调整。**买入位**。

**1926 年**

2 月 11 日　高点 162$\frac{3}{8}$,又一个新高。市场在这里维持了数周,反复涨跌。实际上,市场没能走到 11 月 6 日的顶部之上 5 点,表明出现了一些派发,市场正在形成调整的顶部。**卖出位**。你应该卖出,尤其是前一周的周底部被突破时。市场快速地下跌。

3 月 30 日　恰好是从 115 开始上涨的 1 年时间,平均指数到达了回调低点 135$\frac{1}{4}$,

从顶部下跌了27点,这是最大的调整。下跌仅仅持续了6周多点,这是大牛市中的正常调整。

4月6日　市场反弹到了142$\frac{3}{8}$。

16日　调整到136$\frac{1}{4}$,更高的底部,**买入位**。

25日　反弹到了144$\frac{7}{8}$。

5月19日　调整到137$\frac{1}{8}$,在3月30日和5月19日之间形成了**第3个更高的底部**,表明在这些水平支撑良好。这第3个更高的底部是一个**安全的买入位**。但是,更安全的买入位是等到穿越了4月24日的顶部,明确表明变成了上升趋势之后。市场迅速上涨,穿越了前几周的所有顶部。

8月9日　高点166$\frac{1}{8}$。

11日　低点161$\frac{5}{8}$。

14日　高点166$\frac{5}{8}$,靠着前一个顶部的**双顶——卖出位**。

25日　回调低点160$\frac{1}{2}$。

9月7日　高点166,**第3个略低的顶部——一个卖出信号**,尤其是因为市场自8月9日以来并没有什么涨幅。当突破8月26日的低点时,就确认了次级趋势已经改变。市场快速地下跌。

10月19日　低点145$\frac{5}{8}$,下跌略微多于20点,但还没有达到2月11日到3月30日的调整幅度,并且维持在以前的周底部——又一个6周的调整——牛市中的平均调整。**买入位**。你应该关注主趋势的重新恢复。

12月18日　高点161。这是上涨到了可能会出现调整的前期顶部和前期底部位。**卖出位**。

**1927年**

1月25日　低点152$\frac{3}{4}$,**一个双底**,与11月19日相同的低点:一个用止损单保护的**买入位**,尤其是在穿越了上面的周顶部时。

2月28日　高点161$\frac{7}{8}$。

3月7日　低点158$\frac{5}{8}$。

3月17日　高点161$\frac{3}{4}$,第3次到达相同的水平。**卖出位**。

22日　低点158$\frac{1}{2}$,**一个双底。买入位**。两次在相同的水平而且周底部没有被突破。主趋势仍然向上。当平均指数穿越162,走到3个顶部之上时是**安全的买入位**。3月底,市场开始快速上涨。

4月22日　到达高点167$\frac{3}{8}$,走到了以前的所有顶部之上,一个价格走高的信号。

28日　低点163$\frac{1}{2}$,下跌到了前期顶部位,一个**自然的买点**。上涨以大成交量重新恢复。市场非常活跃。

5月31日　高点172$\frac{7}{8}$。

6月3日　调整到了 $169\frac{5}{8}$。

6 日　高点 $171\frac{1}{8}$。一个**略低**的**顶部**。

14 日　低点 $167\frac{5}{8}$。

16 日　高点 $170\frac{1}{4}$，形成了**第 3 个略低的顶部**，一个回调的迹象。**卖出位**。

27 日　低点 $165\frac{3}{4}$，从 5 月 31 日的高点下跌了 7 点，一个 4 周的调整——恰好在 4 月 22 日的顶部之下，而且仍然在 4 月 30 日的低点之上——**一个买入信号**。

7月9日　要遵守的更安全的规则是等到趋势反转向上——在这周穿越 3 周前的顶部。然后直线上涨，穿越了所有的顶部。

8月2日　高点 $185\frac{1}{2}$，当周的低点 $182\frac{5}{8}$；收盘于低点，几乎与前一周相同。**卖出位**——上涨到新高并且收盘于底部，是一个进一步调整的迹象。为了安全起见，你应该平仓多头股票并等待。

12 日　低点 $177\frac{1}{8}$，一个 8 点的调整，只不过是一个自然的调整。1 周的调整，没能跌到前期顶部。下一周，平均指数穿越了前一周的顶部。**买入位**。上涨到了 8 月 2 日的点位，强势收盘于顶部，这是目前为止历史上最高的收盘价。一个价格走高的迹象。下一周股票上涨到了新高位。

9月7日　高点 $197\frac{3}{4}$。记住这个规则：在所有整数位——即 100、200、300 等等——观察卖盘。**卖出位**。

12 日　是回调到了 194。

10月3日　在 $199\frac{7}{8}$ 形成了极限高点，恰好在 200 之下——**更安全的卖出位**。向后看，你会发现 3 个底部，实际上在 194 附近有 4 个周底部；因此，是一个要关注的位置。如果你没有在 200 附近——表明了趋势变化的地方——卖出，那么你要在市场从 165 上涨到 200 后，跌到 3 周的底部之下时卖出，因为这是一个调整的迹象。

18 日　在开盘并形成高位之后，市场在这周突破了 194 并且跌到了 199，预示着**更低的价格**。快速下跌随之而来。

29 日　低点 $179\frac{1}{2}$，从顶部起 29 点的下跌，不像从 1926 年 2 月 11 日到 3 月 30 日的下跌——27 点——那么大。这又是一个 3 周的调整。一个牛市中的正常调整和**买入位**，但等到平均指数穿越了前几周的顶部再买入更安全。有一个横向盘整的狭窄交易周：高点 $185\frac{1}{4}$，低点 181。下一周，底部更高——$181\frac{1}{2}$，而且平均指数穿越了 $185\frac{1}{2}$ 的顶部。上涨继续。

11月30日　高点 $198\frac{7}{8}$，恰好在前期顶部之下。仍然低于 200——**卖出位**。

12月8日　低点 $193\frac{1}{2}$，一个 5 点的回调。没能跌到前一周的底部之下 1 点。**买入位**。

**1928 年**

1月3日　高点 $203\frac{3}{8}$。穿越了 200 是**一个价格走高的信号**。

18日 低点194½,一个9点的调整,只不过是一个15天的正常调整,而且维持12月8日的低点之上——**买入位**。

24日 上涨到了201。

2月3日 低点196⅜,**第2个更高的底部**和一个用止损单保护的**买入位**。

9日 高点199⅜。

20日 最后的低点191⅜,突破了12月8日的低点2点。随着市场在这些高位,还不足以显示出更低价的迹象。要显示出明确的趋势变化,至少要突破到以前的低点之下3点。市场在一个狭窄的交易区间内逗留了3周。第二周,极限低点191⅜,高点194¼,收盘于顶部,这是更高价的迹象。你应该买入并且用前期底部之下的止损单进行保护。上涨重新恢复,价格穿过了200的点位并且穿越了1月3日的前期顶部263⅜,**一个价格走高的明确迹象**。

5月14日 高点220⅞。开盘于这周的顶部并且收盘在底部附近,收盘在前一周的底部之下——**回调顶部的第一个信号**。

5月22日 下跌到了211¾。

5月25日 上涨到了217¾,**一个更低的顶部**。

5月28日 下跌到了214,维持在第一次调整的底部之上。

6月2日 高点220¾,**一个双顶**。**卖出位**。收盘于星期六的高点,但星期一上午低开大约2点,表明顶部有大量的卖盘。是这个水平附近的第3个顶部,连续3周遇到了卖盘,因此预示着调整,但只有平均指数突破了214——前一周的低点——才会出现明确的次级趋势变化。

6月12日 低点262⅝,在1月3日的前期顶部之下,但仍然维持在200的点位之上。**买入位**。这几乎总是发生在价格穿越了像200这样的整数位之后:价格在那个价位一直停留到牛市结束。

6月23日 这是一个狭窄的交易周:高点204¼,低点202——略低于6月12日的低点。在3周的急剧下跌之后,这个底部的狭窄交易区间表明卖盘已经结束,而且是再次**买入股票的时机**,因为已经从顶部正常调整了大约4点,这是在一个真正的牛市中所能期待的。在平均指数下周穿越了205,走到了前一周的顶部之上时,是**安全的买入位**。上涨重新恢复。

7月5日 高点214½。

7月16日 低点295⅛,一个2周的调整和更高的底部,仍然很好地维持在200的点位之上。**买入位**。然后上涨重新恢复,价格穿越了215——先前的顶部。

8月 后来穿越了221,进入了新高区域——这里你可以自信地**再次买入股票**。

9月27日 低点236⅞,一个5点的调整,价格在这个水平调整非常小,这是一个价格正走向更高的迹象。

10月5日　高点243。

10月8日　低点236$\frac{3}{4}$，一个更高的底部。然后，价格在10月底穿越了9月7日的顶部，随后是快速上涨，伴随着只有平均3到5点的很小调整。**价格走高的信号**。

11月28日　高点295$\frac{5}{8}$，恰好在300的点位之下，这是一个在整数位被穿越前观察调整的点。**卖出位**。急剧快速的下跌随之而来。

12月8日　低点255$\frac{1}{8}$，下跌了38$\frac{1}{4}$点。牛市开始以来最大的下跌，但这个下跌仅仅持续了10天。下一周，高点272，低点264，形成了更高的底部——**一个明确的买入信号**。下一周，价格穿越了前一周272的顶部而且快速上涨。

**1929年**

1月2日　高点307。

1月8日　低点297：一个10点的调整。

1月11日　低点301$\frac{5}{8}$。

1月15日　低点297$\frac{5}{8}$，维持在1月8日的顶部之上，鉴于平均指数没有走到12月29日这周的顶部之下这一事实，表明仍然有良好的买盘并且预示着价格走高。**买入位**。随后继续上涨。

2月5日　高点324$\frac{1}{2}$。**卖出位**。星期一上午，市场以上周六的收盘价平开。并且从319$\frac{1}{2}$上涨到了322，然后快速突破，后来突破了前一周312的低点。

2月16日　低点295，从322下跌了27点，靠着1月15日的双底——**买入位**。

3月1日　高点324，形成了一个双顶——**卖出位**。快速回调随之而来。

3月6日　低点305$\frac{1}{8}$。

3月16日　高点320，形成了第3个更低的顶部——**回调卖出位**。下跌随之而来。突破了303到306附近3周的底部。

3月30日　低点281$\frac{1}{2}$，从形成于2月5日的高点324$\frac{1}{2}$起的43点的下跌。精确的空间运动，这是一个**买入位**，因为平均指数自从1921年8月开始上涨以来，以前的最大下跌是44点和19天——从1928年11月28日的高点299到12月28日的低点255。我的规则之一是，价格在极限位置时，调整或反弹可能运行大约40点。你可以在这个极端下跌上买入，因为这是一个急剧、恐慌性的下跌；你也可以等到穿越了前一周的顶部、趋势反转向上时再买入。市场在294到308的区间内维持了2周，然后穿越了顶部308，表明趋势再次反转向上，使这成为一个**更安全的买入位**。

5月11日　高点331，或在2月5日和3月1日的顶部之上6$\frac{1}{2}$点。反弹没能维持住，下一周，高点324$\frac{1}{2}$，与以前的前期顶部相同的水平——**卖出位**。跌到前一周的低点之下预示着进一步的调整。

5月27日　低点290：从331的高点下跌了41点，比前2次调整的43点和44点更小的调整。你会注意到，在292附近有好几个前期底部，使这成为一个合理的支撑点,因为这是仅仅 16 天、不足 3 周的下跌,这是牛市中的自然支撑点或**买点**。但是,你可以等到穿越上周的顶部 306,然后在价格回调时买入。市场后调到了 302 附近。然后上涨重新恢复且市场上涨迅速,穿越了 331 的前期顶部并且上涨到了新高位。

7 月 8 日　高点 359¼。2 周前的低点是 332 和 331。

7 月 11 日　低点 343。

7 月 12 日　高点 349¾。**一个略低的顶部——卖出位**。

7 月 15 日　低点 340。

7 月 23 日　高点 349½。在这个点有 3 周的顶部——**卖出位**。调整随之而来。

7 月 29 日　低点 336⅜。在这个水平形成了 2 周的低点,在不到 3 点的区间内形成了 4 周的底部,表明支撑良好而且是一个**买入位**。上涨重新恢复。

8 月 3 日　新高 358⅜。

8 月 7 日　低点 339½,一个 10 点的调整。

8 月 8 日　高点 352,一个更低的顶部。

8 月 9 日　低点 336⅛,一个 12 点的调整,不足以显示出任何主趋势的变化。这个水平附近有 2 周的底部——**买入点**。然后,上涨重新恢复。

9 月 3 日　历史高点 386⅛,最后的运动在 25 天里产生了 50 点的涨幅,从 1929 年 3 月 30 日算起是 90 点。从 5 月 27 日 290 的低点起,有一个 96 点的上涨。**卖出位**。

9 月 7 日　这周的区间在高点 386⅛ 和低点 367⅜ 之间——形成了一个更高的顶部,然后跌到了一个比前一周更低的底部。这是一个我们所称的**信号顶部**或最终的顶部——形成了新高,同一周突破了前一周的低点而且收盘更低。

回顾:

从 1921 年 8 月 24 日的极限低点 64 到 1929 年 9 月 3 日的极限高点 386⅛,牛市中最大的调整是 44 点;最终顶部前的最后调整是 41 点,最后的小调整是 10 点。因此,下跌超过 10 点是趋势已经改变的**第一个信号**;下跌到 4 周的底部 336½ 之下是主趋势已经改变的**第二个明确信号**,当到达这个水平时,平均指数下跌已经超过了 44 点——给出了主趋势已经反转向下的**第三个明确信号**,真正的**熊市**已经开始。

## 十五、第 9 个熊市

10 月 4 日　平均指数到达了 320½,在 1 个月内从顶部下跌了 66 点。一个急剧、快速的**次级反弹**随之而来,持续了 1 周。

10 月 19 日　高点 358¾——**卖出位**。

10 月 19 日　这周跌到了 321,与 10 月 4 日相同的底部。下一周的高点是 333,然后突破了底部 320½,一个宽幅的下跌随之而来。

10月29日　平均指数在212¾，而在这里的成交量超过了1600万股——纽约证券交易所历史上最大的当日成交量。**恐慌——反弹买入位**。一轮快速上涨随之而来。

10月31日　高点273½。这轮反弹卖盘沉重——60点反弹之后的**卖出位**。下跌继续。

11月6日　低点232⅛。

13日　随后是急剧的下跌，到达了1929年11月13日的最后低点195⅜。平均指数在79天内下跌了190点。回顾你的图表，你会发现一个在194和209之间的顶部和底部周期，这是在这个水平获得支撑并形成底部的原因。在这次下跌中，成交量更小，这表明清盘已经结束。市场遇到了支撑。**恐慌中的买入位**。

在这种快速市场中。利用日高低点图观察前一天的顶部首次被穿越，你可以得到第一个买入信号。但我认为当平均指数再次反弹到212（10月29日的底部）之上时，是一个会进一步反弹的迹象，而且我会认为这是一个**安全的买入位**。这时，行情上涨和下跌得非常迅速。

21日　高点250。

26日　低点235½。**次级调整——买入**。

12月4日　高点254⅝。**更高价的信号**。

5日　低点251½。然后。上涨重新恢复。

7日　高点263½，没能到达最后的顶部273和4周的反弹，市场高得足以出现调整，随后是快速的回调。更低的顶部——**卖出位**。

21日　低点227¼。

26日　低点226⅜，这是从恐慌底部开始，第一次上涨后的次级调整。市场的调整超过了第一次上涨的50%。这是一个以贴近的止损单**买入**的位置。

**1930年**

1月4日　更安全的买入位置是在穿越了前一周的高点之后，这出现在平均指数穿越246这周——**更高价的信号**。之后，在242到244附近有4个底部，在252到253½附近有3个周顶部。市场维持了4周而没有突破底部这一事实是另一个良好支撑和买入位的迹象。但同样在穿越了4周的顶部254时再买入仍然更安全。上涨继续，穿越了267½的顶部。

2月13日　高点275，在前期底部和前期顶部之下——**卖出位**。注意，1929年10月31日最后的反弹高点是273½。平均指数4周在274到276附近形成顶部，预示着调整。

3月1日　在调整了2周之后，平均指数这周跌到了260。维持在前期顶部之上是一个获得支撑的迹象。**买入位**。上涨重新恢复：平均指数反弹到了275的顶部之上；回调到268¾形成了3周的底部，没能跌破它们预示着价格走高。上涨继续。

**4月17日** 高点297¼——**卖出位——次级反弹的顶部**。平均指数为什么在这个水平止步？回顾你的图表，你会发现在292到298有一系列底部。平均指数已经从极限低点上涨了100多点，这是一个观察趋势变化、平仓多头并放空的点。在这个水平附近有3个周高点，一个是296¼，一个是297¼，还有一个是295。平均指数已经上涨了7周而没有跌到前一周的底部之下，因此，次级趋势变化的第一个迹象是突破前一周的底部。

**4月26日** 这周期间，平均指数突破了3周前的低点：表明**次级趋势已经反转向下，卖出多头并放空是安全的**。最大的调整是40⅝点。最后37点上涨前的最后调整是15点。因此，第一次突破15点是趋势已经反转向下的第二个信号或迹象。

**5月3日** 这周跌到了282之下，超过了15点的下跌，而且在当周跌到了最后的底部260之下。

**10日** 这周跌到了249½。注意，在252到253左右4周的前期顶部，指示出了在这个水平附近会有一个**次级反弹的支撑**。记住：根据规则，在第一次3周或以上的急剧下跌之后，总是会有一个次级反弹。这第一次下跌已经运行了3周并且跌了47点，因此，反弹陡直而迅速。

**17日** 这周，平均指数上涨到了277。调整1周到达265，随后1周反弹到276¾。**双顶——卖出位**。另外，注意274-275附近的一系列前期顶部，使这成为一个卖出位和放空的位置。但在形成了3个周顶部之后，安全的放空位置在269，当平均指数跌到前一周的低点之下时。下一个弱势和更低价的明确迹象，是当平均指数突破了261的周底部时。

**6月14日** 这周。平均指数突破了在244-243附近的4周底部。

**24日** 低点207。这是4周的终点，急剧下跌。尽管主趋势明显向下。还是**应当出现反弹**。

**7月5日** 平均指数穿越了前一周的高点，上涨到了229——**反弹的信号**。然后紧接着1周的高整。

**12日** 这周跌到了215，形成了一个比前一周更高的底部并且维持在1929年10月29日的低点之上，一个暂时的支撑迹象——**买入位**。

**31日** 上涨重新恢复，平均指数穿越了229的2周顶部，于7月31日上涨到了243——**卖出位**。在241到243附近有4个周顶部，表明市场遇到了阻力。原因是，如果你回头看，1930年2月在243到245附近有4个周底部，表明这是一个阻力点。然后是持续了2周的快速调整。

**8月16日** 这周平均指数跌到了214½，靠着7月的低点形成了一个**双底**。这是第3个更高的底部———**买入位**，用贴近的止损单进行保护，尤其是因为调整仅仅持续了2周。然后紧跟着另一次上涨。

9月10日　高点247½。这是最后和最终的高点。**卖出位**。注意,这是在形成于1930年2月2日的底部250之下,而且价格没能到达形成于5月的下跌低点250。图表清楚地向你显示,在241到243附近有4个周顶部,而在244½到247¼附近的另一个反弹上也有2个周顶部,市场在这个位置遇到了大量的卖盘。

9月20日　**次级趋势已经反转向下和市场可以再次安全地卖空的第一个明确迹象**,是在这周当平均指数跌到3周前低点之下时。成交量增加,然后快速地下跌。

10月4日　这周平均指数突破了207的最后底部。

11日　这周突破了1929年11月13日的低点195⅜,**大跌的信号**。

11月15日　低点168⅜。注意1926年7月和8月在166附近的一系列前期顶部,使这个点位在9周如此陡直、剧烈的下跌之后成为一个**合理的反弹点**。**买入位**。

11月29日　一个10日反弹随之而来,平均指数连续2周在191¼形成顶部——前期底部之下的**卖出位**。没能到达形成于1929年11月195⅜的底部,这是一个弱势信号。如果你回顾图表,你会发现1928年3月在191和192附近形成了3个周底部;另外,你会注意到,1930年11月最后反弹的顶部是199。因此,平均指数没能到达这个高点预示着更低。

12月3日　这周,当平均指数突破了3周的低点之下时,出现了第一个信号。下跌迅速并且以恐慌性下跌收场。

17日　极限低点154½。参考1927年2月,你会发现在154¼有2个底部,而那时的最后低点在152¾。这一区域有一系列顶部和底部,使这成为一个合理的**支撑点**和反弹点。随后快速反弹到了170;然后回调到158½,这个点有2周的底部,使它成为一个**更安全的买入点**。

**1931年**

1月9日　高点175½——**卖出位**。这是一个3周的反弹,但没能保持住。然后紧跟着一个持续2周的次级调整。

19日　低点160½。这是一个安全的买点,用158½的2个底部之下的止损单保护。反弹随之而来。在172到172¾附近有2个周顶部。当穿越了这些顶部时,仍然是**更安全的买点**。

2月14日　这周穿越了这些顶部,顶部175½也被穿越——**买入位**。市场急剧上涨。

24日　到达高点196⅞,靠着1929年11月13日的前期底部和1930年11月1日的最后高点,使这成为一个**合理的卖出位**。前期底部变成了顶部。从1930年12月7日的低点154½到196⅞这个高点。最大的调整是15点,因此,从顶部回撤15点以上就是一个价格走低的明确信号。**次级趋势再次反转向下**的第一个信号,是突破形成于2月28日这周的周底部187¼。

3月7日　这周平均指数跌到了180之下。

3月13日　跌到了175⅞——1931年1月9日的前期顶部，一个**合理的反弹点**。反弹随之而来，仅仅持续了1周，在截止于3月21日这周涨到了189¼——**卖出位**：主趋势在下一周反转向下，而平均指数突破了175的底部。清楚地表明主趋势再次向下。下一个要观察的点是形成于1930年12月的底部154½。平均指数在这个点并没有停顿或反弹，因为卖盘非常沉重。市场径直穿过了这个低点。

4月29日　跌到了141¾。

5月9日　平均指数反弹到了156⅛，恰好在前期底部154½之上——**卖出位**。这是1周的反弹，趋势继续向下。

6月2日　跌到了120，恐慌性下跌的低点。这跌到了1919年的前期顶部。这是**一个合理的反弹买点**，尤其是在这么陡直、剧烈的下跌之后。随后，急剧、快速地反弹到139½；然后调整到128左右，在这个水平附近形成了2个周底部，显示出了良好的支撑和一个在**次级调整上的买点**。

27日　这周平均指数穿越了2个周顶部，并且快速上涨到157⅞，恰好在156⅛的前期顶部之上。还靠着形成于1939年12月的前期底部，一个合理的**卖出位**，且其实仅仅反弹了3周。以后的2周顶部更低。

7月11日　这周平均指数突破了前一周的低点，表明趋势再次反转向下，可以再**次卖空股票**。

8月6日　平均指数跌到了132½，在这个水平形成了3周的底部。**应当有反弹**。

15日　反弹到了146½，形成了第3个更低的底部。然后，在接下来的2周维持在148到136的区间内。

9月5日　这周开始急剧下跌，平均指数跌到了132之下——这里有4周的底部——**预示着价格走低**。下跌变得更猛烈，成交量极大。平均指数没有反弹就径直穿过了120的底部，一个更低价的迹象。

10月5日　低点85½。你会注意到：1923年10月27日，牛市从这里开始的最后低点是85¾。因此，85½或从88⅜到85的任何点位都是**合理的反弹买点**，尤其是在恐慌性下跌时。一个伴随着很小回调的急剧、快速反弹随之而来。

10月24日　平均指数上涨到了100½。

29日　然后，**次级调整**到98¼。恰好在190之下，**一个支撑位**，因为在这些水平有前期顶部和前期底部。上涨重新恢复；平均指数穿越了108到110附近的4周顶部。

11月9日　高点119½，在1931年6月2日的低点和1919年11月的前期顶部之下——**卖出多头并放空的合理位置**，而且要一直到穿越了这个前期底部和前期顶部位再买入。从10月的低点85½到这个高点，最大的调整是11点，因此，从高点回撤11

点就是一个更低价的迹象,而突破先前的周底部就表明趋势再次反转向下。

21日　市场迅速下跌多达12点,而且这周期间突破了4周的底部,清楚地表明主趋势向下。

12月12日　这周,平均指数突破了低点85½,主趋势向下和熊市将继续的另一个迹象。反弹非常小。

**1932年**

1月5日　低点70½。191年10月17日最后的低点是70,而其他的前期底部是66和64,前两周市场从72开始反弹。因此,这个底部仅仅比前一个底部低2点,表明这时正遇到支撑……**买入位**。急剧反弹随之而来。

1月14日　高点89½。这恰好在前期底部85½之上。市场在这个水平附近遇到了卖盘。

2月10日　跌到了71,仅仅在前一个底部之上1点,在这个水平附近形成了3个底部——一个用止损单保护的**买点**。反弹随之而来。

3月8日　高点89½,一个靠着1月14日的双顶,市场第3次上涨到这些水平附近而且没能穿过。市场变得非常沉闷和狭窄:表明反弹顶部没有多少买盘,预示着仍然要**放空**股票。

19日　这周,当平均指数跌到了前一周的底部之下并且突破了81到83½的3个底部时。出现了**第一个明确的信号,下跌继续**。

4月7日　这周突破了70——这里有3个底部,表明市场处于**非常弱势的位置**,主趋势仍然向下。记住我们的规则:股票走得越低,反弹越小,直到出现最后的清盘,到达最终的底部。下跌继续,形成于1921年和1917年的前期底部66和64全都被突破。没有支撑信号,表明恐慌的最后阶段还在持续,股票直到清盘结束才出现反弹。突破64之后,下一个要观察的点是53——1914年的低点,一个过去数年的支撑位。

5月4日　平均指数跌到了52½,在前期底部获得了支撑,一个快速反弹随之而来。

7日　高点60,仅仅3天的反弹,没能维持住。下跌继续,平均指数突破了在52和51½的前期底部。要观察底部的下一个点是1898年3月25日的前期低点42和下一个更低的底部——1897年4月19日的38½。1903年11月9日的最后低点是42⅛。因此,在42附近过去有一个三重底部,这是一个观察底部的合理位置——在42和38½之间的任何点位。我们的规则说,有一系列前期底部的地方应该有支撑。

6月2日　低点43½。

4日　快速反弹到了51½。这是自从平均指数自89½下跌以来,第一个多达8点的反弹。这个反弹没能维持住。

9日　平均指数跌回了44½。

**16 日** 反弹到了 51。没能到达前一个顶部,表明清盘仍然在继续,股票在反弹上有卖压。下跌继续:平均指数突破了低点 43½。

**7 月 8 日** 低点 40½,在 42 的老支撑位之下 1½ 点获得了支撑。此而**结束了大熊市**。

在 34 个月里,道·琼斯 38 种工业平均指数下跌了 345½ 点,抹掉了 30 多年的涨幅。这证明,当人们失去信心时会发生什么,而且已经买入并且在一路下跌中持续买入的每一个人最终不得不卖出。价格摆动到极限低位:就像上涨到极限高位而且是毫无根据的高位时一样。但这是有知识和时间的人获利的时候,而且他们知道利用公众靠希望买入因恐惧卖出而造成的极端行情。

**市场接近底部的第一个信号**出现在 6 月 11 日这周,那时平均指数维持在一个不足 1 点的狭窄交易区间内,下一周形成了自从 3 月 9 日 89½ 下跌以来的第一个在前一周之上的高点。然后从 51½——最后的高点——开始,平均指数下跌了 3 周。当然,这些都是过去的恐慌性点位。

股票低得盲人都知道应该买入,但下跌了这么长时间,人们已经失去了希望,恐惧已经控制了他们。因此,你可以等到趋势已经反转向上的明确信号。而且仍然可以在非常接近低位的价位买入股票。

**回顾:**

从 1931 年 11 月 9 日的高点 119½ 到 1932 年 7 月 8 日的低点 40½,计算熊市的最后下跌或最后阶段,最大的反弹是 19 点——从 70 到 89½,另一个反弹在 8 点左右。因此,当平均指数上涨超过 8 点时,是市场正在走向更高的第一个信号;上涨超过 19 点,表明仍然会进一步上涨。

## 十六、第 10 个牛市

在 44¾ 和 44½ 有 2 周的顶部。

**16 日** 这周平均指数穿越了 45,上涨到了 2 周的顶部之上。表明次级趋势已经反转向上,现在可以**安全地买入股票**了。

**30 日** 平均指数这周穿越了 53,走到了 9 周的顶部之上,并且穿越了先前的反弹顶部,上涨超过了 10 点。这表明主趋势已经反转向上,因为平均指数在 52,为进一步的上涨而**安全买入**。在如此急剧的下跌和沉重的清盘——清除了每一个人——之后,上涨自然很迅速。

**9 月 8 日** 平均指数上涨到了 81½,在 7 月 8 日的低点之后上涨了 9 周,每周都形成更高的底部和更高的顶部。平均指数上涨到了前期底部之下,上涨了 41 点即从低点 100% 的涨幅,而要给出真正牛市和更高价的信号,必须穿越 89。市场还没有次级调整——它总是出现在第一次急剧上涨之后。因此,你的**第一个卖出信号**是平均指数突破前一周底部的第一周,尤其是在连续 9 周的上涨之后。

17 日  这个信号出现在这周。当平均指数突破了前一周的底部时。急剧下跌到了 64½,在 10 天内下跌了 17 点。因为市场恰好维持在前一周的顶部和 1921 年 64 的前期底部之上,这是一个**反弹点**。平均指数反弹到了 76,并且在下一周于 75½ 形成了顶部。在到达顶部这周,没能走到 77 的底部之上是一个**卖盘良好**和价格走低的迹象。下跌继续,而且突破了前一周的底部。

10 月 15 日  平均指数这周跌到了 57;反弹 1 周到达 66,恰好在前期底部位之上,然后次级调整到 57½,在 57 形成了**双底——买入位**。然后是 1 周的反弹,到达 68¾,穿越了 4 周前的顶部,但这个反弹没能在第 2 周持续,这是一个**卖盘良好**的迹象。

11 月 26 日  平均指数这周突破了双底。

12 月 3 日  这周跌到了 55¼。这时,市场窄幅下跌到一个迟缓的交易区间。一个 2 周反弹随之而来。

15 日  平均指数反弹到了 62¾;然后回调 1 周到达 56,从而在 57½ 和 55¼ 之间形成了 5 个一连串的底部,看来这也许是良好的支撑。反弹随之而来。

**1933 年**

1 月 14 日  高点 65½。平均指数再次穿越了前几周的顶部,但没能持续,形成了一个**更低的顶部**。而过去的高点是 68。**卖出位**。市场在一个狭窄的区间内维持了 2 周,然后突破了 2 周的底部。预示着更低。后来突破了 55¼ 的顶部。

2 月 27 日  平均指数跌到了 49½。那时全美国的银行都陷于衰退——**买入位——次级调整**。

3 月 4 日  罗斯福总统作为美国总统宣誓就职并且关闭了所有银行,证券交易所也关门大吉。那时这可能是最坏的消息,但股市形成了最终的低点。另一个大牛市开始了。如果你注意 1929 年,在顶部,新闻全都看涨而且每个人都满怀希望。然后,当银行不知所措,看起来好像世界末日来临时,股市形成了底部,牛市开始。因此,牛市开始于绝望,结束于辉煌:平均指数维持在 49½,恰好在顶部位 51 之下,在恐慌性低点之上 8 点,从 81½ 到 49½ 下跌了 32 点。应当出现趋势变化,尤其是因为连续 7 周每周的底部都更低。证券交易所开市后,平均指数开盘于前两周的顶部之上——在 57 之上开盘。

16 日  市场上涨到了 64½,大约在 1 月 14 日的顶部之下 1 点——**卖出位**。

4 月 1 日  随后在这周期间,调整了 2 周到达 54¾。这是**第一个急剧反弹之后的次级调整**。从 81½ 的顶部到 49½,最大的反弹是 11 点,因此,当平均指数上涨到 64½ 时。这是上涨了 15 点,一个趋势已经改变和在次级调整上买入的明确信号。第一个信号出现在 54¾ 之后,当平均指数穿越了 58 时——前一周的顶部,而另一个**安全的**

**买入位**是当穿越了 2 周的顶部 61 时。然后,穿越了 65 和 66——先前的顶部,这是一个安全的买入位。穿越了 69 是另一个安全的买入位,因为市场在这些可能出现调整的前期顶部位毫不停顿。经过如此长时间的吸筹,如此彻底的清盘,可供应的股票已经少之又少了。市场迅速地上涨。

**5 月 6 日** 这周平均指数到达了 1932 年 9 月 8 日的前期顶部,仅仅回调到了 76——有 3 个以前的顶部,使这成为一个**安全的买点**。然后穿越了 81,预示着明确的牛市和更高的价格。调整很小,平均指数穿越了 89 附近的前期顶部——形成于 1932 年初,上涨非常迅速。

**6 月 13 日** 到达了高点 97½。

**16 日** 低点 86½,3 天跌了 11 点。然后,上涨重新恢复。

**7 月 17 日** 高点 110½。注意过去在 198 和 110½ 到 112 的一系列顶部。**卖出位**。至此,市场在 4 个半月里已经上涨了 60 点。从 1933 年 3 月到 7 月的这次上涨,是短时间内历史上最大的成交量。公众已经恢复了自信并买入,希望并相信会有另一个 1929 年。人人都过度交易。只需要一些不利的消息就可以使人们恐惧并造成急剧下跌。E. A. 克劳福德博士——他买入了所有的谷物以及股票——的失败,始于随后的商品期货和股票的下跌。以前的高点是 110½,平均指数连续 2 周在 107½ 形成了顶部,在 101½ 形成了低点。实际上,市场仅仅上涨到这 2 个顶部之上 3 点并且开始回调,这是一个遇到了沉重卖盘的迹象,但第一个明确的迹象是当市场调整 7 点以上,超过了最大的调整——这发生在 3 月份从 64½ 到 54¾ 的次级调整上。6 月还有一个持续了 3 天的 10 点调整。因此,要市场提供一个确定无疑的迹象。只有当它回调 10 点到达 99 时,主趋势才会向下。而且那时也突破了两周前的低点。这时每天有 700 万到 1000 万的股票被不计价格地抛售,下跌非常迅速。

**21 日** 平均指数跌到了 84¼,4 天下跌了 26¼ 点,一次猛烈的清理,但鉴于平均指数没能回到 81½ 的前期顶部,这是**一个支撑和反弹的迹象——买入位**。市场迅速反弹到 97,次级调整到 87¾,然后缓慢上涨。

**9 月 18 日** 高点 107½,一个更低的顶部——**卖出位**。在 105¾ 附近以前有三周的顶部,还有一个在 106½,表明市场在这些以前的顶部之下遇到了沉重的卖盘。上涨途中的最大调整是 9 点,因此,9 点的回调或对前几周底部的突破将是一个股价走低的迹象。

**23 日** 这周平均指数跌到了前几周的底部之下,跌到了 95½。

**10 月 7 日** 这周跌到了 91½。然后是 1 周的反弹,平均指数到达了 100¾,在一系列底部之下。100 总是一个**卖出点**。从这个点位起,一个急剧的下跌。

**21 日** 低点 82½,在不到 4 周的时间里下跌了 25 点,没有走到 7 月 21 日的底部之下 2 点,也没有到达 81½ 的低点,这是一个良好支撑和**买点**的迹象。

25 日　市场上涨到了 95¾。这是一次快速、急剧的反弹。

10 月 31 日　次级调整到了 86½。这是**次级调整上最安全的买入位**,用前期底部之下的止损单进行保护。上涨重新恢复,市场伴随着很小的调整走向更高。

12 月 11 日　高点 104½。形成了**第 3 个更低的顶部——卖出位**。表明市场还是遇到了阻力。一个 2 周的调整随之而来。

20 日　低点 93½。注意 1933 年 10 月在这个水平的一系列顶部。市场在 93½ 到 96½ 形成了 4 周的底部,表明了这个水平有良好支撑,尤其是在反弹到 101¾ 并回到 96 之后——**一个安全的买点**,用止损单保护。上涨重新恢复,市场持续向上。

**1934 年**

2 月 5 日　高点 111½,到达了 1933 年 7 月 17 日的前期高点之上 1 点——**卖出位**。交易量非常大,市场穿越了 112½ 的顶部,一个快速、急剧的下跌随之而来。

10 日　低点 103,从顶部起 8 点的下跌,一个市场正遇到沉重卖盘的明确信号。从 82½ 的低点到 112½ 的最大调整是 11 点。第一个 8½ 点的快速下跌还**不足以提供一个市场正走向更低的明确信号**。反弹继续。

15 日　高点 109½,差 2 点到达前期顶部,一个**大量卖盘**的信号。

3 月 3 日　这周,当平均指数跌到了 3 周前的低点之下时,出现了市场正走向更低的另一个明确信号。下跌继续。

27 日　低点 97,下跌 14½ 点,显示出了空间运动的反转,但 96 附近有 3 个底部——**买入位**,而维持在这些底部之上预示着反弹。反弹随之而来。

4 月 11 日　高点 107——**卖出位**。市场在这个水平有 2 周的底部,而 3 周的底部在 102½ 附近;再次表明这里有大量的卖盘。

5 月 5 日　这周平均指数突破了 3 周的底部,表明主趋势再次反转向下。下跌继续。

14 日　低点 89。然后反弹到 96——**卖出位**,之后调整到 90,在这些水平附近形成了 5 周的底部——**买入位**。

6 月 19 日　高点 101,没能到达以前的底部,仅仅上涨到 100 附近——**一个过去的卖出位**。这仅仅是一个 3 周的反弹而且有大量的卖盘。随后回调到 94½,突破了前几周的底部而且跌到了顶部位之下。

7 月 14 日　这周,弱势反弹到 99½,一个更低的顶部。沉重的卖盘和陡直、剧烈的下跌随之而来。

7 月 26 日　低点 84½。在这个底部每天都有 300 万股的成交量——数月来的最大成交量,这表明有沉重的清盘,市场正在形成最终的底部。恰好维持在与 1933 年 7 月**相同的水平**,并且维持在 1933 年 10 月 21 日的低点之上 1 点,再次表明了良好的支撑,实际上平均指数从来没有再回到形成于 1932 年 9 月 8 日的前期顶部 81½,表明这个顶部被穿越以后变成了一个底部和**买入位**。随后是快速的反弹。

8月25日　高点96——**卖出位**。然后出现了次级调整。

9月17日　低点85¾，形成了一个更高的底部。实际上，在同样的水平有2个周底部。这是一个**安全的买入点**。在相同水平的**三重底部**和更高的底部之后，这是一个良好支撑的迹象，应该买入股票。

10月17日　高点96，回到了与8月25日相同的水平——**卖出位**。在这个水平有4个周顶部。

11月10日　这周，回调到了92，最后的低位。回顾图表，你会发现这个水平附近有一系列底部和顶部。这是一个1到2周的正常调整和**支撑点**；随后迅速出现了反弹。

12月24日　这周，平均指数穿越了96——此处有6个周顶部，一个**更高价的迹象**。12月5日，高点104½；12月20日，回调低点99，回到了过去的支撑位。

**1935年**

1月7　高点107，回到了1934年3月到过的相同顶部——**卖出位**。

15日　低点99，回到了12月20日的底部——**买入位**。

21日　高点103。

2月6日　高点99½，第3次和略高的高点。

18日　高点108½，在1934年3月的前期高点之上1点，而且恰好在前期顶部之下——**卖出位**。在这个顶部卖盘大增，下跌开始。

3月18日　低点95½，回到了穿越一系列前期顶部时的相同位置——一个合理的支撑和**买入位**。在这次下跌中卖盘减少，在市场穿越了104到106附近的一系列顶部绘出上涨信号之后，这仅仅是1个月的调整，但安全的买入位在市场穿越前几周的顶部给出了明确的上涨信号时。

4月6日　这周，平均指数上涨并穿越了3周前的顶部，表明**主趋势已经再次反转向上**。

27日　这周，平均指数上涨并穿越了198，还穿越了111½的前期顶部并上涨到了112½。下一周调整到了107¾，恰好回到了前期顶部。在平均指数进入了新高并且**预示着更高的价格**之后，这是一个**安全的买入点**。

5月24日　高点117½。市场在这个水平形成了3周的顶部，恰好在119⅝的前期底部和1931年11月9日的前期顶部之下——**卖出位**。市场在这些过去的位置自然会遇到卖盘。一个中等调整随之而来。

6月1日　低点108½，正好回到了前期顶部，而且是一个**安全的买入位**——因为没有回到5月初到过的低位。这其实是1周的调整，上涨很快重新恢复。

15日　这周，穿越了在117½的3周底部，而且通过了在120的前期底部和前期顶部,仅仅在121½停顿并调整了大约4点。市场继续伴随着很小的调整走向更高。

8月14日　高点129½。

20日　低点125。这个调整刚好在前期顶部和前期底部位之上。

9月18日　高点235½。在这个水平,有一些以前运动的前期底部和前期顶部,出现一个中等的调整是很自然的,这是一个**卖出位**。

10月3日　低点127,一个2周的调整。市场在128到127附近形成了3周的底部,维持在过去的低点125之上2点——**买入位**。上涨重新恢复,平均指数穿越了135½的顶部:仍然预示着更高的价格。

11月20日　高点149½。以前在147到148附近有2个前期顶部,使这至少会成为一个调整的阻力位——**卖出位**。

12月19日　低点138¼——**买入位**;然后紧跟着一个反弹。

**1936年**

1月10日　高点148½,形成了一个略低的顶部——**卖出位**。

21日　低点142½,形成了一个比前一个底部更高的底部——**买入位**。从1934年7月26日到达的低点84½起,最大的调整是12点。市场已经有了一个10点的调整,11¼点的调整——从1935年11月20日到1935年12月19日——是正常调整。直到市场跌到以前的底部之下或下跌超过12点为止,所有迹象都表明仍然是牛市,主趋势仍然向上。

2月　平均指数穿越了149½的高点并且继续上涨。

3月6日　高点159½。注意1931年6月和7月在157½的前期顶部。使这成为一个市场的调整点——**卖出位**。还有一个底部在154½。

13日　低点149,又一个10½点的调整。然后又继续出现了同样的调整,并且仅仅持续了1周——**买入位**。

上涨继续,平均指数进入了到目前为止的新高。

4月6日　高点163,这周的低点是159½,在顶部形成了这个狭窄的交易周——**卖出位**。以前的周高点是161¾,显示出很小的区间。下一周,平均指数突破了前一周的低点,表明了次级趋势改变。急剧下跌随之而来。

30日　低点141½。下跌了21½点,出现了自从84½低点以来的最大调整。这次下跌略多于3周,牛市中的正常调整——**买入位**。1935年12月19日最后的低点是138¼,从这起平均指数上涨到了新高,因此,这是一个如果熊市开始则必须跌破的重要点位,而且如果主趋势反转向下,平均指数应该连续下跌3周以上。

5月23日　这周,在152½附近有2个顶部,还有第3个更高的底部。

30日　这周期间,平均指数上涨到了153½。调整到148½,维持在前期顶部位之上,表明了强势。这是一个**很好的回调买入点**。上涨继续。

6月27日　高点161。

7月11日　这周调整到了154——1931年6月的前期底部。没有跌进第2或第3周，预示着强势。

18日　平均指数上涨到了新高——**更高的信号**。

8月10日　高点170½——**卖出位**。

21日　低点161，11天里9点的调整——**买入位**。

9月8日　上涨到了新高171——**卖出位**。然后紧接着调整。

23日　低点165，维持在前一周最后的顶部位之上——**买入位**。仅仅调整了9点。这是一个**强势和更高价的迹象**。市场继续走向更高。

10月19日　高点179。

26日　低点173，又一个仅仅1周的调整，平均指数随后上涨到了新高位。

11月18日　高点187——**卖出位**。

12月21日　低点175，12点的调整。**买入位**。上涨重新恢复。

**1937年**

1月22日　高点187。双顶——**卖出位**。

27日　低点187½，5点的调整——**买入位**。

2月11日　高点191，一个新高——**更高的信号**。

24日　低点185，6点的调整——**更高的支撑位**。

3月8日　高点195½，**牛市的终点**。为什么这是顶部？回顾1929年11月13日，你会发现低点在195½。回顾1931年2月24日的最后高点，你发现这个高点是197¼。尤其是鉴于主趋势从1931年反转向下并且持续向下这一事实，所有这些原因形成了这个**靠着前期底部和前期顶部的合理卖出点**。但为了确认这个顶部不会被穿越，你必须等到突破了前一周的底部并且超越了空间运动。

**回顾：**

从1934年7月26日低点84½到1937年3月8日高点195½，最大的调整是21½点——从1936年4月的163到141½。因此，当平均指数下跌超过21½点时是熊市开始，主趋势反转向下的迹象。最后的调整是12点，那时平均指数于1936年12月跌到了175。因此，下跌超过12点将是主趋势反转向下的第一个迹象。1937年2月，在185到186附近有3周的底部。突破这些底部将预示着主趋势的第一个变化。

## 十七、第10个熊市

第一次下跌陡直且剧烈。

3月27日　这周，平均指数跌到了183½，跌到了前4周的底部之下并且在3月6

# 第6章 牛市和熊市回顾

日最后调整的低点之下——一个 12 点的下跌。下跌继续。当突破 185 时，**卖空更安全**。

**4月9日** 低点 175。注意，1936 年 12 月最后的底部是 175，使这成为一个合理的支撑点——**反弹买入位**。在 176 有 2 个周底部。

**22 日** 市场反弹到了 185，在前期底部之下，一个**卖出位**。一个急剧下跌随之而来，突破了 175——前期底部和支撑位。

**28 日** 低点 169。

**5月7日** 高点 176½，反弹回了前期底部之下，一个自然**卖出点**。

**18 日** 低点 166。注意，165 附近的前期底部和 170 附近的前期顶部，形成了这个市场可能从这里反弹的点——**买入位**。

**24 日** 高点 176，回到了前期底部和前期顶部位，一个**卖出点**——平均指数没能通过这些点。之后，突破了以前的底部并且急剧下跌。

**6月17日** 低点 163。注意，在 164¾ 有一个前期底部；而在 1936 年 4 月 6 日在 163 有一个前期顶部，使这成为一个**支撑和买入位**。1930 年 8 月 21 日在 161 还有一个最后的低点，使这成为一个**反弹点**。自趋势反转向下后到目前为止，还没有出现真正的次级反弹。你应该为反弹买入观察次级趋势变化的明确迹象。平均指数反弹到了 172 并回调到 166。这是**调整买入位置**，用前期底部之下的止损单进行保护。上涨重新恢复，平均指数穿越了前几周的顶部并且穿越了 176，这是一个**价格走高的迹象**。市场这时伴随着比 1937 年 3 月形成顶部时小得多的成交量缓慢上涨。

**8月14日** 高点 190½，一个比主要顶部更低的顶部——**卖出位**。在 185½ 到 190½ 有 2 个周底部；自从开始上涨以来，周线图上每周的底部都更高。

**21 日** 因此，这周期间，当平均指数突破 2 个周底部时，趋势再次反转向下，你应该**卖空**。从 163 到 190½。最大的调整是 5 点。因此，当市场下跌超过 5 点。超越了空间运动的平衡时，这是一个**价格走低的明确信号**。下跌很迅速，当平均指数跌到 176 的一系列顶部和底部时，没有停顿或任何支撑的信号。跌势持续向下，到达了在 163 的前期底部。没有反弹或支撑的迹象。然后，最终突破了 160 的低点并且继续下跌。

**9月24日** 低点 147。这是跌进了前期顶部位，这里还有数个周底部——**买入位**。

**30 日** 高点 156½，一个 9½ 点的反弹。这是上涨到了前期底部和前期顶部位，使这成为一个**卖出位**。

**10月19日** 一个恐慌性下跌随之而来，到达了低点 115½。这时的成交量是许多个月以来最沉重的。注意 1935 年 6 月 117 的阻力位，还有 1931 年在 119½ 的前期顶部和前期底部位，使这成为一个反弹支撑点，尤其是因为在恐慌性下跌之后——买入位,是急剧上涨。

29 日　高点 141½。这是在一系列前期底部之下,以及 1936 年 4 月 30 日的前期底部之下,使它成为一个**调整卖出位**。一个急剧、快速调整随之而来。

11 月 23 日　低点 112½,恰好在以前的底部之下 3 点,并且下跌到了 1933 年和 1934 年的前期顶部。一个**反弹点**。

12 月 8 日　高点 131——**卖出位**。

13 日　低点 121½:一个**次级调整**。在这个水平有 2 个底部——**买点**。

21 日　高点 131——**卖出位**——与 12 月 8 日相同的顶部。

29 日　低点 118,略高于底部和支撑信号——**买入位**。

**1938 年**

1 月 15 日　高点 134½——**卖出位**——走到了 2 个以前的顶部之上,但在这停留了 2 周形成了顶部,并且没能继续上涨。下一周突破了前一周的低点,预示着调整。

2 月 4 日　低点 117½,**双底**,与 12 月 29 日相同的低点,一个用贴近的止损单**买入的位置**,因为市场还维持在 10 月 19 日的底部之上。

23 日　高点 133,比 1 月 15 日**更低的顶部**,一个在这个水平附近有大量卖盘的迹象,这里还有前期底部和前期顶部——**卖出位**。

3 月 12 日　这周,平均指数突破了在 127½ 的两周底部,**次级趋势再次反转向下**。急剧下跌随之而来。突破了 118 的双底,表明趋势极弱;而且从这些底部没有出现反弹。最后的低点 112½ 被突破,而且在 110 和 108 的前期顶部附近没有反弹或支撑,表明市场处于非常弱的位置。卖盘沉重,人人看跌并且失去了希望。反弹很小,只有 4 到 5 点。记住我们的规则:在熊市的最后阶段,价格越低,反弹越小。

31 日　低点 97½,**恐慌性下跌的终点和熊市的终点**。为什么平均指数在这个点止步并受到了支撑?回顾你的图表,你会发现 1935 年 3 月 18 日的低点是 95½——一个真正的牛市的起点;1935 年 11 月,在 96 附近有一系列顶部,使 97½ 到 95½ 成为一个强力支撑位和恐慌性下跌终点的**买点**。但你应该遵守规则,观察趋势正在反转向上的明确迹象。

**回顾:**

从 1937 年 3 月 8 日 195½ 的高点到 1938 年 3 月 31 日 97½ 的低点,熊市中最大的上涨是 27½ 点——从 163 到 190½;以及 22 点——从 112½ 到 134½。最后的反弹是 15 点——从 117½ 到 133。最后的小反弹是 6 点——从 1938 年 3 月 12 日的低点 121½ 到 3 月 16 日的高点 127½。因此,次级趋势变化的第一个迹象是一个超过 6 点的上涨。上涨超过 15 点将再次表明上升趋势。

## 十八、第 11 个小牛市

4月2日　市场开始反弹,价格走高的第一个迹象。

9日　平均指数穿越了 108½——前一周的顶部,**更高价的第 2 个信号**。

18日　高点 121½,上涨了 23½点,超过了以前的熊市中从 112½到 134½的反弹。这是价格正在**走向更高的第 3 个信号**。但注意在 121 附近的一系列底部;使这成为一个**调整卖出位**,而且 119 到 120——回顾过去——有一系列底部和顶部,使它始终是一个重要的点,并且表明**应当有一个次级调整**——它总是跟随在形成最终底部之后的第一次急剧反弹之后。

5月27日　市场缓慢走低。低点 106½,在 3 月 31 日的低点之上 9 点。股市在这个水平非常沉闷和狭窄,表明没有了卖盘压力:**这个次级调整是一个买入位置**。这是从顶部 120 起的 3 周调整。现在,你应该观察次级趋势再次反转向上的第一个迹象。平均指数在 114 和 112½形成了顶部。

6月11日　这周平均指数穿越了 112½,上涨到了 116。然后,下一周伴随着非常小的成交量调整到了 112½,一个**明确的买入信号**。

25日　这周期间,平均指数穿越了 116——最后的顶部,并且径直穿过了 120½——前期顶部。买盘极大,一个快速、失控的市场。从 133 到 134½的顶部没有出现调整。每周的底部都更高。

7月25日　高点 146¼。这是在前期底部之下。注意 1937 年 10 月的 2 个周底部。市场在 146 附近形成了 3 周的顶部——**卖出位**。

28日　回调到 139。

8月6日　反弹到了 146½,形成了第 2 个顶部或双顶——**卖出位**。随后是急剧、快速的下跌。

12日　低点 135½。

24日　高点 145,**第 3 个更低的顶部**,当下跌到 135½突破了 3 周前的底部时。你应该**卖出平仓并放空**。平均指数调整到了 136½;反弹到 143½,形成了**第 4 个更低的顶部**,一个为更低价格的**明确而安全的卖出信号**。

9月14日　低点 130¼——下跌到了前期顶部位,但突破了以前的周底部,一个更低价的迹象。

21日　高点 140½:**第 5 个更低的顶部——卖出位**。因为战争消息,急剧、快速的下跌随之而来,当时希特勒正准备侵略捷克斯洛伐克,传言说如果希特勒一意孤行将爆发战争,他的确那么做了。

26日　低点 127½。

27 日　反弹了 5 点到达 132½。

28 日　低点 127⅞，一个比 9 月 26 日略高的底部——**买入位**。股市显示出极大的阻力；一切都表明市场正在形成底部。盟国与希特勒的妥协避免了战争。你会注意到在 128 位置，历史上有一系列前期顶部和前期底部，一个自然的支撑位。后来将给出更多这是一个**可靠买点**的原因。然后，你应该观察趋势正在反转的第一个迹象。最后的反弹是 5 点，而下跌中最大的反弹是 10 点。因此，当平均指数上涨 6 点时预示着更高；当上涨 10 点时，表明还会进一步上涨。市场确实迅速上涨了。你可以在平均指数上涨了 5 点和 10 点时买入股票并赚取大量金钱。上涨继续，平均指数径直穿过了 146 的顶部，表明这是一个强劲的上升趋势。你可以在平均指数穿越了 146 之后买入更多的股票，而且仍然会赚取大量利润。调整很小，没有突破任何周底部。

11 月 10 日　高点 158¾——**卖出位**。注意 1937 年 9 月 157½ 的最后反弹顶部，一个股票会在这个水平附近遇到卖盘的迹象。但你必须遵守规则，确定趋势何时改变。

**回顾：**

从 1938 年 3 月 31 日的低点到 1938 年 11 月 10 日的高点，上涨途中有一个 15 点的调整，而最大的调整是 19 点。最小的调整是 5 点——10 月 14 日到 18 日，从 153½ 到 148½；从 155½ 到 159½ 的最后调整是 5 点。因此，当市场回调 5 点或更多时，预示着价格走低；突破 150½ 将是一个价格进一步走低的信号，而回调到 148½ 之下就处于一系列周底部之下，并且使主趋势反转向下。

## 十九、第 11 个小熊市

随后迅速下跌。

11 月 23 日　平均指数到达了 145。这是一个自然的反弹支撑点和买入位，因为跌到了 146 到 145 附近的一系列前期顶部上。市场还没有次级反弹，它总是出现在第一次急剧突破之后。因此，你可以在 145 附近为反弹而买入。

**1939 年**

1 月 4 日　高点 155½——**更低的顶部**。市场维持了数天，实际上，在 155½ 形成了 2 个周顶部。恰好在 1938 年 11 月的高点之下，表明这个次级反弹遇到了大量卖盘。这是一个你要**卖出多头股票并放空**的点。

1 月 14 日　次级趋势已经再次反转向下的第一个信号，预示着本周股市会出现**更低的价格**，如果平均指数回调到 3 周前的底部之下。就会继续向下。

26 日　低点 136⅛。注意 1938 年 7 月的 3 个周底部和 1937 年 10 月及 12 月的顶部都在这个点位附近。这使它成为一个可能会出现反弹的点。一个迅速的反弹随之而来。市场走向更高。

3月10日　高点152½,**第3个更低的顶部**并且在前一轮运动的突破点上——**卖出位**。这周的低点是148½。下一周,平均指数回调到148½之下是次级趋势已经再次反转向下的第一个迹象。你应该卖出股票并放空。市场快速下跌,跌破了所有的支撑位。

31日　这周突破了136的低点,表明市场处于非常弱势的位置并且继续下跌。在1938年9月形成的前期底部128上没有任何重要的支撑或反弹,表明市场疲弱,主趋势仍然向下。

4月11日　低点120⅛——**买入位**。这是一个靠着前期顶部和前期底部的自然支撑位。注意5月14日这周最后下跌前到达120的最后反弹,使这成为一个合理而自然的支撑点。

**回顾:**

从1938年11月10日高点158¾到1939年4月11日的低点129⅛,最大的反弹是16点,最小的反弹是10½点。因此,当市场从120⅛上涨11点时,这是一个次级趋势正在反转向上的迹象,上涨超过16点主趋势将再次反转向上。从形成于1939年3月10日的最后高点152½到低点120⅛后,最大的反弹是5点,因此,大于5点的上涨将是底部已经形成和次级趋势至少正在反转向上的第一个迹象。

## 二十、第12个小牛市

快速反弹随之而来。

4月13日　平均指数到达了129¼,上涨9点。128是1938年9月的前期底部——**卖出位**。因此,这仅仅是一个自然反弹,从这个水平附近会出现次级调整。

14日　低点124½,一个更高的底部——**买入位**。然后紧接着一个反弹。

15日　高点130½,穿越了前一个顶部1¼点——**卖出位**。

19日　次级调整到124¾,形成了一个略高的底部——**买入位**。

22日　高点139,与4月15日相同的点位——**卖出位**。

26日　低点126½,**第3个更高的底部——买入位**。

28日　高点131½——**卖出位**。

5月1日　低点127½,**第4个更高的底部——买入位**。

10日　高点134½,在前期底部之下——**卖出位**。调整随之而来。

17日　低点128½,**第5个更高的底部**和前期顶部及前期底部128附近的支撑位——**买入位**。在这个最后的低位之后,市场上涨并且穿越了顶部。上涨继续。

6月9日　到达在140¾的高点,再次上涨到了会遇到阻力的前期底部和前期顶部——**卖出位**。这次上涨从 4 月的极限低点 120$\frac{1}{8}$ 开始,带着平均指数上涨了 20 多点,是次级调整后一个更高价的迹象。

16 日　低点 134,回到了一个前期顶部——**买入位**。

21 日　高点 138$\frac{1}{2}$,一个**更低的顶部**,一个有大量卖盘的迹象——**卖出位**。下跌开始。突破了 134 的支撑位。

30 日　低点 128$\frac{7}{8}$,维持在形成于 1939 年 4 月和 5 月的一系列支撑位之上。这是一个**次级调整上的买点**。平均指数开始缓慢地上涨,穿越了前几周的高点。

7 月 13 日　穿越了 138——6 月 21 日的顶部,将出现**更高价的信号**。

17 日　穿越了 140$\frac{3}{4}$。6 月 9 日的高点。

25 日　高点 145$\frac{3}{4}$。在 1938 年 7 月和 8 月的前期顶部位和 1939 年 3 月 21 日的最后反弹顶部,至少是一个调整点——**卖出位**。

8 月 1 日　低点 142$\frac{1}{2}$。

3 日　高点 145$\frac{3}{4}$,与 7 月 25 日相同的高点:形成了一个**双顶**——**卖出位**。

如果你仔细回顾图表并且研究阻力位的所有重要运动,你就能学会如何在未来的运动中成功地应用规则。你研究得越多,你取得的成功就越大。

*W. D. Gann*

1939.8.4

# 第 7 章　股票的季节性变化

　　股票平均指数和许多个股都按照季节性变化形成重要的底部和顶部,这些季节性变化如下:

　　冬季开始于 12 月 22 日,从这个日期开始的 15 天是 1 月 5 日和 6 日。它们始终是在每年的开端要观察的重要日期,因为股票经常在这些日期附近形成极限高点或极限低点,也常常在它们附近出现趋势变化。如果股票在 12 月 22 日前后形成低点,1 月上涨通常会随之而来。因为股息在每年的第一个月即 1 月份支付;人们会为了股息而买入,这就带来了一个常常在 3 到 7 日到达顶点的反弹。然而,在某些年份,1 月上涨会持续到 20 至 21 日左右。

　　2 月 5 日是从 12 月 22 日起的 45 天,小的趋势变化经常发生在这个日期附近,有时候,非常重要的顶部和底部也在这日期附近到达。

　　3 月 21 日是从 12 月 22 日起的 90 天。这是一个太阳穿过赤道和春季开始的日期。股市的春季反弹经常在这个日期附近开始,或者到达顶点——如果股票一直上涨到这个日期。

　　5 月 6 日是从 3 月 21 日起的 46 天,或从 12 月 22 日起的 135 天,而且等于 135°角。在这个日期附近观察重要的趋势变化。

　　6 月 22 日是从 3 月 21 日起的 93 天,这等于 90°,当然,它与 12 月 22 日相冲,而且对于季节性变化很重要,因为夏季从这个日期开始。

　　7 月 7 日是从 6 月 22 日起的 15 天,从 1 月 7 日起的 6 个月或 180 天。7 月是一个支付股息月,上涨和下跌经常在这个日期附近到达极点,而且经常出现重要的趋势变化。这是在 6 月 22 日之后要观察的下一个重要日期。

　　8 月 8 日是从 6 月 22 日起的 47 天,而太阳仅仅运行了 45°,这相当于 45°角。这是一个非常重要的趋势变化日期,你要观察在这个日期附近形成顶部和底部的股票。

　　9 月 23 日是从 6 月 22 日起的 93 天,而地球或太阳仅仅运行了 90°。太阳这时穿越了赤道,而且是 180°或与它在 3 月 21 日穿越赤道的位置相对立。秋季在这个日期开始，股票出现了重要的趋势变化。

11月8日是从9月23日起的46天，等于45°。检查历史记录你会发现，许多重要顶部和底部以及趋势变化发生在这个日期附近。

12月22日是从9月23日起的91天，从6月22日起的6个月或180天。这是冬季开始的日期，对于观察重要的趋势变化很重要。

# 一、月度变化

从任何重要顶部或底部起，股票每隔30、60、120、150、210、240、300、330和360天或度就会出现重要的趋势变化。基于任何季节性变化起点的季节变化或月度变化对于观察顶部和底部很重要。

1月21日是从12月22日起的30天或30°，太阳在这个日期改变了黄道星座。

2月19日是从12月22日起的60天，太阳或地球进入了另一个黄道星座。

4月20日是从12月22日起的120天或120°。

5月22日是从12月22日起的150天，从3月21日起的60°。

7月23日是从12月22日起的210°，从3月21日起的120°。

8月23日是从12月22日起的240°。

10月23日是从12月22日起的300°。

11月22日是从12月22日起的330°。

上述所有日期对于观察主要和次要趋势变化都很重要。

接下来是30天的趋势变化，最重要的是那些每7天、14天、20天和21天发生的趋势变化。在这些时间你会发现某些变化，这是由太阳每30天改变星座这一事实引起的，月亮每28天返回自己的位置，从前一轮新月起的29天附近就会出现另一轮新月。有时候趋势变化会出现在从以前的顶部起的第28天。有时候在第33或34天，这是由月亮的变化和这些变化之间的时间以及地球或太阳变换星座引起的。

公司的成立日期和股票在纽约证券交易所或其他交易所首次上市交易的日期，导致了股票在与那些季节性变化日期略微不同的日期形成了顶部和底部。

例如：美国钢铁成立于1901年2月25日，于1901年3月2日开始在纽约证券交易所上市交易。这是美国钢铁在2月份和3月份形成了如此多的趋势变化的原因。美国钢铁的季节性趋势变化基于它的成立日期，这些变化如下；

2月25日到4月12日等于45°。

4月27日等于从2月25日起的60天或60°。

5月28日等于从2月25日起的90°。

6月12日等于从2月25日起的135°。6月28日等于从2月25日起的120°。

7月30日等于从2月25日起的150°。
8月30日等于从2月25日起的180°。
10月30日等于从2月25日起的240°。
10月14日等于从2月25日起的225°。
11月29日等于从2月25日起的270°。
12月28日等于从2月25日起的300°。
1月11日等于从2月25日起的315°。
1月27日等于从2月25日起的330°。
2月25日等于从2月25日起的360°或365天。

检查美国钢铁形成主要和次要顶部和底部的日期,你会发现,出现季节性趋势变化的日期往往非常接近这些日期。

## 二、美国钢铁季度图表

这个图表根据季度的季节性变化绘制,每季度的起点和终点是根据季节性变化而非美国钢铁自身的季节性变化。每季度的底部日期是形成极限低点的日期,顶部日期是当季期间形成的极限高点日期。

下列的主要和次要波动,取自美国钢铁从1901年到目前的隔夜图,并且显示了每月的大部分次要波动。对这些顶部和底部的研究,将使你相信季节性变化的价值,还向你表明顶部和底部相隔30、60、90天出现,另外还将向你表明7、10、14、15、20和21天周期具有明显的规律性。

**1. 1901年**

3月28日——美国钢铁开始上市交易,上涨开始。

4月30日——到达反弹顶部,季度的极限高点,而且在5月6日形成了第2个顶部。

5月9日——北太平洋恐慌日。钢铁到达季度的极限低点。

6月3日和5日——过去的顶部 $52\frac{3}{8}$。6月24日——季度的极限高点。从未穿越过去的顶部。趋势反转向下。

7月15日——季度的极限低点。7月22日——回调低点。

7月27日——反弹顶部。

8月6日——回调低点。

9月3日——反弹顶部。略低于7月27日的顶部。

9月13日——回调低点,9月26日——第二个回调低点。波动狭窄的市场紧接着反弹到了9月28日。

10月28日和11月1日到5日——回调低点。

11月19日——急剧反弹的顶部；季度的极限高点。

11月21和27日——回调低点。

12月7日——急剧反弹的顶部。

12月12日——回调低点；季度的极限低点。

12月24日——过去的回调低点和季度低点。反弹随之而来。

**2. 1902年**

1月6日——年度高点和季度高点。

1月21—26日——回调低点。

2月26日——反弹顶部。

3月12日和21日——波幅狭窄市场的回调低点。

4月4日——1月高点以来的回调低点。

4月25日——反弹高点和季度高点。

6月19日——回调的极限低点和季度低点。

6月24日——第二个回调低点。

7月2日——季度的极限低点。

8月7日——回调低点。

9月5日——反弹顶部；季度极限高点。

9月24日和29日——回调低点。

10月20日——反弹高点和季度高点。

11月7日——急剧下跌开始。

12月12和15日——年度和季度极限低点。一个高点在1月，低点在12月的熊市年。

**3. 1903年**

1月5日和7日——反弹顶部。沉闷的市场。季度高点。

2月5日和9日——反弹顶部；在1月7日的顶部之上3/4点。

3月9日——季度的极限低点。

3月21日——小反弹的顶部。趋势反转向下。

3月22日——季度高点。春季刚好开始。

4月24日——回调低点。

5月5日——小反弹的顶部。下跌开始。

6月19日——回调低点和季度低点。小幅反弹到7月1日。

7月1日——季度高点。

8月6日——回调低点。

8月18日——反弹顶部。

9月8日——快速下跌开始。

9月21日季度低点。

9月29日——小反弹开始的低点。

10月13日——反弹开始的低点。

10月28日——反弹顶部和季度高点。

11月10日——年度低点。

12月11日和22日——季度极限低点。与11月10相同的低点。一个熊市年,高点在1月,低点在12月。

12月30日——季度高点。

**4. 1904年**

1月6日——回调低点和季度极限低点。

1月22日——小反弹的顶部。

3月16日——小反弹的高点。市场非常沉闷。而且波幅狭窄。

3月28日——季度高点。

5月14日——低点8⅜——历史低点。

6月24日——9½,过去的回调低点和季度低点。趋势反转向下。

8月3日和8日——萧条、沉闷市场中的反弹顶部。

8月22日——最后的回调低点。

9月17日——反弹顶部和季度高点。

9月23日——大涨前的最后回调低点16,趋势反转向上。

9月24日——季度低点。秋季刚刚开始。

11月1日——开始上升趋势,市场更加活跃。

11月30日——年度极限高点和季度高点。

12月8日——急剧回调的低点。

12月13日——第二个回调低点。

当年的最后低点,熊市结束。

**5. 1905年**

1月7日——回调低点。

1月25日——又一个同样的低点。季度低点。

3月13日——反弹高点。季度的极限高点。

3月23日——回调低点。

4月6日和18日——春季反弹的顶部和季度的高点。

5月22日——回调的极限低点和季度低点。

6月2日和6日——与5月22日大约相同的低点。

6月19日——趋势反转向上。

6月23日——季度低点。

8月3日——小回调的低点。

8月29日——与4月18日相同的高点。

9月7日和11日——回调低点。

9月18日——季度高点。

10月3日和23日——反弹顶部。

11月10日和13日——回调低点和季度低点。

12月12日——反弹高点和季度高点。

12月18日——回调低点。

12月26日——年度极限高点。

**6. 1906年**

1月5日——小回调的低点。

1月25日——反弹高点和季度高点。

1月30日——与1月25日相同的低点。

2月2日——反弹高点。

2月7日和9日——小反弹的顶部,大跌随之而来,并且突破了1月5日和30日的低点。

3月21日——回调的极限低点。季度低点。

4月16日——反弹的极限高点和季度高点。

4月21日和25日——更低的顶部。

5月2日——急剧下跌的低点和季度低点。

6月5日——反弹顶部。从22日到23日仅有小反弹;然后走向更低。

7月3日和13日——年度和季度的极限低点。趋势反转向上。

8月4日和9日——小回调的低点。

9月6日——反弹顶部和季度高点。

9月28日——回调和季度的极限低点。

10月12日——年度和季度的极限高点。

11月12日——回调低点。

12月12日和15日——反弹高点。

12月19日和2日——回调低点。

**7. 1907年**

1月7日——年度和季度的极限高点。

1月31日——急剧下跌的低点。

2月8日和15日——反弹高点。

3月14日——无声恐慌的低点和季度低点。

3月26日——季度的极限低点。比3月14日的低点低1½点。

4月10日——反弹顶部和季度高点。

5月3日——小反弹的顶部。下跌开始。

5月27日——回调的极限低点。

6月17日和22日——形成的低点在5月27日的低点之上3/4点。

7月8日——反弹顶部和季度高点。

8月12日和17日——回调低点。

9月7日——反弹顶部。

9月16日——季度低点。

9月21日——小反弹的顶部。趋势继续向下。

9月23日——季度高点,秋季刚刚开始。

10月23日——低点21⅞,年度和季度极限低点。

11月6日和12日——反弹顶部。

11月19日和26日——回调低点。

12月6日——反弹顶部。

12月16日和26日——回调低点和季度低点。熊市年结束。仅仅在年度低点之上4点。

## 8. 1908年

1月2日——年度极限低点。

1月20日——反弹顶部。

2月10日——回调低点。上涨开始。

3月16日——季度高点。

3月24日——反弹顶部。

4月4日——回调和季度低点。

4月28日——小回调开始的顶部。

5月3日——回调低点。

5月18日——反弹和季度高点。

5月27日——回调低点。

6月2日——小反弹的顶部。

6月24日——回调低点和季度低点。略高于5月27日的低点。

8月10日——反弹顶部和季度高点。

8月15日——回调低点。

9月8日——与8月10日相同的高点。

9月22日——急剧回调的低点。

9月24日——秋季刚刚开始的季节性低点。

11月14日——年度极限高点$58\frac{7}{8}$和季度高点。

12月21日——回调低点。急剧反弹到12月29日。

## 9. 1909年

1月6日——回调低点。反弹到了8日。

1月14日——回调低点。

1月22日——月度和季度高点,下跌随之而来。

2月23日——从这里开始大牛市的年度极限低点和季度低点。

3月1日——反弹顶部。

3月20日——下跌低点。

3月22日——季度刚刚开始的低点。

5月3日——回调低点和5月份的低点。

5月8日——回调到5月14日的顶部,从5月14日起上涨重新恢复。

6月14日——反弹顶部和季度高点。

6月22日——回调低点。

6月23日——季度刚开始的低点。

8月12日和16日——反弹高点。

8月24日——快速下跌的底部。

8月27日——形成了底部。略高于8月20日的底部。

9月3日——反弹顶部;下跌到了9日;然后一直上涨。

9月22日——季度高点。

10月4日——年度高点$94\frac{7}{8}$和季度高点。

10月13日——回调低点。

10月15日——快速反弹的顶部。

10月23日和27日——形成了略高于10月13日的底部。

11月5日——反弹顶部和与10月15日相同的顶部。

11月30日——回调低点和季度低点。与10月13日相同的低点。

12月18日——反弹顶部。

12月27日——回调低点。反弹到了12月30日;季度高点。

## 10. 1910年

1月7日——第一个低点,8日反弹了3点;然后突破了7日的低点。

1 月 19 日——回调低点。

1 月 22 日——快速反弹的顶部。恰好在 1 月 8 日的顶部之下 1/4 点。

1 月 25 日——回调低点。

1 月 29 日——反弹顶部。

2 月 8 日——季度末和年初的极限低点。

3 月 9 日——反弹顶部。当年内没有走得更高。

3 月 16 日——回调低点。

3 月 22 日——趋势反转向下。

3 月 31 日——回调低点。

4 月 14 日——反弹顶部和季度高点。

5 月 3 日——回调低点。

5 月 21 日——反弹顶部。

6 月 6 日——回调低点和季度低点。

6 月 22 日——反弹顶部和季度高点。

7 月 6 日——回调低点。

7 月 11 日和 15 日——小反弹的顶部。

7 月 26 日——年度和季度的极限低点。

7 月 29 日——急剧反弹的顶部。

8 月 2 日——回调低点和 8 月份的低点。

8 月 17 日——反弹高点和当月高点。

8 月 25 日——开始反弹的回调低点。

9 月 14 日——反弹顶部。

9 月 20 日——回调的极限低点。

9 月 24 日——季度开始的低点。

11 月 14 日——快速回调到 10 日的顶部。

11 月 14 日——季度高点。

11 月 19 日——反弹顶部。略低于 11 月 4 日的顶部。

12 月 8 日——回调低点。

12 月 10 日、15 日和 19 日——反弹顶部。

12 月 28 日——回调低点。季度的回调低点,但高于 12 月 8 日的底部;之后反弹到了 12 月 31 日。

**11. 1911 年**

1 月 3 日——回调低点,而且这个低点直到 8 月底才被突破。

2 月 6 日和 10 日——反弹顶部和季度高点。

3月4日——回调低点。

3月21日——反弹顶部。

4月24日——回调低点和季度低点。

5月1日——反弹顶部。

5月6日——回调低点。

5月18日和22日——反弹顶部和季度高点。

6月1日——回调低点。

6月15日——反弹顶部。

6月22日——回调低点。

7月22日——反弹顶部和季度高点,大跌随之而来。

8月5日——开始小幅反弹到8月7日的低点。

8月26日——当月低点。

9月6日——反弹顶部。

9月22日——第一个下跌低点和季度低点。

9月25日——当月的极限低点。

10月2日——反弹顶部。

10月7日——反弹到14日的低点。

10月19日——与10月7日相同的低点。

10月20日和24日——大突破前的最后反弹。

10月27日——低点50,年度和季度极限低点。

11月6日——反弹顶部。

11月8日——回调低点,但11月3日是当月的极限低点。

11月27日——反弹顶部。

12月8日——回调低点。

12月20日——反弹顶部和季度高点。

12月29日——回调低点。

**12. 1912年**

1月2日——反弹顶部和季度高点。

2月1日和13日——回调低点和季度低点。

3月25日——反弹顶部;下跌到28日,然后走向更高。

4月8日和30日——相同的顶部和季度最高点。自4月30日起急剧下跌随之而来。

5月7日——下跌的低点和季度的终点。

5月20日——反弹顶部。

6月1日——回调低点。

7月2日——反弹顶部。

7月11日——回调低点和季度低点。

8月2日——开始小回调的顶部。

8月7日——回调低点。

8月21日和28日——当月的高点。

9月12日——回调低点。

9月23日——季度高点。

10月4日——反弹顶部和季度与年度的高点。

10月30日——回调低点。

11月4日——从10月31日起的回调低点。

11月7日——快速度弹的顶部和当月的高点。

11月12日和16日——相同的回调低点。

11月21日——最后的顶部,大跌随之而来。

12月11日和16日——下跌低点和季度低点。

12月21日和28日——反弹顶部。

12月30——回调低点。

**13. 1913年**

1月2日——月度、季度和年度高点。

1月17日和20日——开始反弹的低点。

1月31日——反弹顶部。

2月4日——反弹的顶部和当月高点。

2月5日——回调低点。

3月3日——反弹顶部。

3月10日——第一个回调低点和季度低点。

3月19日——第二个开始反弹的低点。

4月4日——反弹顶部和季度高点。

4月29日——回调低点。

5月5日和8日——反弹顶部。

5月12日和14日——小回调的低点。

5月26日——反弹顶部,大跌开始。

6月11日——第一个回调低点和季度低点。

6月21日——第二个低点,略高于6月11日的低点。

7月9日——季度低点。

8月13日——反弹顶部和季度高点。

8月16日和22日——回调低点。

8月29日——反弹顶部。

9月4日——回调低点。

9月13日——反弹顶部,略低于8月13日的顶部。

9月22日——最后的反弹顶部。大跌随之而来。

9月23日——季度刚刚开始的低点。

10月17日——下跌低点。

10月27日——反弹顶部。

11月10日——与10月17日相同的低点,季度低点。

12月8日——反弹顶部。

12月15日——回调低点。

12月24日——季度低点。

12月26日——反弹顶部。

### 14. 1914年

1月3日——回调低点。

1月31日——年度高点和季度高点。

2月4日和14日——小反弹的顶部。

3月7日——回调低点。

3月21日和24日——反弹顶部。

3月25日——季度低点。

4月25日——回调低点。

5月1日——小回调的低点。

5月28日——反弹顶部和季度高点。

6月25日——回调低点。

7月8日——反弹顶部和季度高点。

7月16日——回调低点。

7月22日——反弹顶部。

7月30日——在50的低点;季度的极限低点。因为战争,交易所关闭至12月15日。

12月15日——高点55,季度高点。下跌随之而来。

12月22日——季度低点。

12月26日——低点48;之后开始小反弹。

### 15. 1915年

1月4日——回调低点。

1月21日——反弹高点53¼和季度高点；大突破随之而来。

2月1日——兑现过去的股息。股票在38交易,形成了月度低点以及季度和年度极限低点。

2月13日——反弹顶部。

2月24日——回调低点。

3月8日——反弹顶部。

3月18日——最后的回调低点。

3月24日——季度刚刚开始的低点。

4月19日——开始回调的顶部。

4月24日——回调低点。

5月3日——开始大幅、快速下跌的反弹顶部。

5月10日——回调低点。

5月14日——更高的底部。

6月4日——反弹顶部和季度高点。

6月9日——回调低点。

6月22日——反弹顶部。

7月7日和9日——回调低点和季度低点,但高于6月9日的低点。

8月10日——急剧上涨的顶部。

8月14日——回调低点。

8月18日——月度顶部和季度高点。一个快速的、10点的突破随之而来。

8月27日——反弹顶部。

9月11日和17日——回调低点。

9月24日——季度低点。

10月1日——反弹顶部。

10月6日——回调低点；与9月24日相同的低点。

10月21日——反弹高点和月度高点。

10月29日——回调低点。

11月1日和4日——反弹高点。

11月9日——回调低点。

11月12日和26日——反弹高点和季度高点。

12月2日——回调低点。

12月7日——反弹顶部。

12月17日和21日——回调低点。

12月27日和31日——反弹高点和季度高点。

**16. 1916 年**

1 月 7 日——反弹到 8 日的低点;然后走向更低。

1 月 31 日——月度低点和季度低点。

2 月 10 日——反弹顶部。

3 月 1 日——回调低点。

3 月 17 日——反弹高点。

3 月 27 日——回调低点。

4 月 4 日——反弹顶部。

4 月 22 日——回调低点和季度低点。

5 月 1 日——反弹顶部。

5 月 5 日——回调低点。

6 月 12 日——反弹顶部和季度高点。

6 月 23 日和 27 日——回调低点和季度低点。

7 月 6 日——反弹顶部。

7 月 14 日——回调低点。

7 月 24 日和 26 日——反弹顶部。

8 月 5 日——回调低点;趋势强势反转向上。

8 月 23 日——反弹顶部。

9 月 1 日——回调低点。

9 月 22 日——季度恰好结束的高点。

9 月 25 日和 29 日——反弹顶部。

10 月 9 日和 14 日——相同的低点,大涨随之而来。

11 月 8 日——反弹顶部。

11 月 14 日——回调低点。

11 月 27 日——季度和年度高点。

12 月 21 日——大突破的低点和季度低点。

**17. 1917 年**

1 月 4 日——反弹顶部和季度高点。

1 月 5 日和 11 日——回调低点。

1 月 26 日——反弹顶部。没能穿越 1 月 4 日的顶部。

2 月 1 日——大突破的低点和季度低点。

2 月 3 日——形成了更高的底部。

3 月 21 日——反弹顶部。

3 月 27 日——回调低点。

4月3日——反弹顶部。

4月10日——回调低点和季度低点。

4月17日和20日——形成了更高的底部。

4月26日——反弹顶部。

5月9日——回调低点。

5月31日——月度、季度和年度高点。

6月1日和4日——回调低点。

6月14日——反弹顶部。

6月20日——回调低点。

6月27日——反弹顶部和季度高点。

7月19日——回调低点。

8月7日——反弹顶部。

9月17日——回调低点和季度低点。

9月25日——反弹顶部和季度高点。

10月15日——回调低点。

10月22日和27日——反弹顶部。

11月8日——回调低点。

11月26日——反弹顶部。

12月20日——下跌的极限低点,之后急剧、迅速地反弹。季度低点。

**18.1918 年**

1月3日——反弹顶部。

1月15、18和23日——回调低点。

2月1日——反弹高点。

2月19日和27日——季度高点,略低的顶部。

3月25日——回调低点和季度低点。

4月22日——反弹顶部,之后小幅回调。

4月25日、27日和30日——回调低点。

5月16日——季度高点。反弹顶部,之后急剧下跌。

6月1日——回调低点。

6月27日——反弹顶部。

7月15日——回调低点和季度低点。

8月10日——回调顶部。

8月15日、17日和22日——回调低点。

8月28日和9月3日——大跌前的最后顶部和季度高点。

9月13日——回调低点。

9月27日——反弹顶部。

10月9日——回调底部。

10月19日——反弹顶部和季度高点。

11月2日——小反弹前的底部。

11月7日——反弹顶部。

11月13日——回调低点。

11月21日——反弹顶部。

11月29日——回调低点和季度低点。

12月11日——反弹顶部。

12月26日——当月低点。

**19. 1919年**

1月3日——反弹顶部。

2月10日——下跌的极限低点和季度低点。

3月12日——反弹顶部。

3月19日——回调低点。

3月22日——反弹顶部和季度高点。

3月26日——季度低点；回调低点和比3月19日更高的低点。

4月23日——反弹顶部。

5月1日——回调底部。

5月5日——更高的底部。

6月6日——反弹顶部和季度高点。

6月16日——回调低点。

7月7日——反弹顶部和季度高点。

7月11日——回调低点。

7月14日——反弹顶部。刚好高于7月7日的高点1/4点。

7月22日——回调低点。

7月20日——反弹顶部。

8月8日——低点，之后小幅反弹。

8月11日和13日——反弹顶部。

8月21日——大反弹前的低点。季度的极限低点。

9月4日——开始回调的顶部。

9月20日——回调低点。

10月10日——反弹顶部和季度高点。

10 月 25 日——回调低点。

11 月 5 日——与 10 月 10 日相同的顶部。

12 月 12 日——回调低点和季度低点。

12 月 27 日——小回调前的顶部。

12 月 29 日——回调低点。

**20. 1920 年**

1 月 5 日——反弹顶部和季度高点。

1 月 6 日——回调低点。

1 月 10 日——小反弹的顶部。没能到达 1 月 5 日的顶部。

1 月 19 日——回调低点。

1 月 27 日——反弹顶部。

2 月 13 日——回调低点。

2 月 18 日——反弹顶部。

2 月 27 日——大反弹前的下跌低点：季度低点。

3 月 11 日——反弹顶部。

3 月 17 日——回调低点。

3 月 22 日——反弹顶部。

3 月 25 日——最后的回调低点。

4 月 8 日——反弹的极限顶部和季度高点。

4 月 12 日——小回调的低点。

4 月 14 日——小反弹的顶部。

4 月 23 日——急剧下跌的低点。

4 月 27 日——小反弹的顶部。

5 月 3 日——下跌低点。

5 月 8 日和 10 日——反弹顶部。

5 月 13 日——下跌的低点。略低于 5 月 3 日的低点。

5 月 15 日——反弹顶部。

5 月 19 日——下跌的极限低点。

5 月 28 日和 29 日——反弹顶部。

6 月 1 日——小回调的低点。

6 月 5 日——反弹顶部。

6 月 8 日——回调低点。

6 月 12 日——反弹顶部。

6 月 20 日——季度低点。

6月23日——回调低点。

6月24日——季度刚开始的第一个低点。

6月26日——小反弹的顶部。

6月28日——小回调的低点,高于23日的低点。

7月8日——反弹顶部和季度最高点。

7月16日——回调低点。

7月23日——反弹顶部。

8月9日——回调低点和季度极限低点。

8月27日——反弹顶部。

9月13日——回调低点。

9月18日——反弹顶部。

10月1日——回调低点。

10月5日——反弹顶部。

10月13日——回调低点。

10月25日——反弹顶部和季度高点。

10月28日——回调低点。

11月1日——反弹顶部。

11月19日——回调低点。

11月23日——反弹顶部。

12月1日——回调低点。略低于11月9日的低点。

12月2日和6日——反弹顶部。大跌随之而来。

12月21日和22日——月度、季度和年度的极限低点。

**21. 1921年**

1月4日——反弹高点。

1月5日——小幅回调。

1月11日——反弹顶部。

1月14日——回调低点。

1月19日——反弹顶部,比11日更低的顶部。

1月22日——回调低点。与1月5日相同的低点。

1月28日——反弹顶部。

2月4日——回调低点;与1月5日和22日相同的低点。

2月17日——反弹高点和季度高点;在1月11日的高点之上1/4点。

3月14日——回调低点。

3月23日——反弹顶部。

4月14日——回调低点。

4月26日——反弹顶部。

4月28日——小幅下跌的低点。

5月6日——大跌前的最后顶部和季度高点。

5月16日——回调低点。

5月23日——反弹顶部。

6月21日——季度刚好结束的低点。

6月23日——在 $70\frac{1}{2}$ 形成了月度、季度和年度的极限低点。

7月7日——反弹顶部。

7月16日——下跌低点。

8月2日——反弹顶部。

8月24日——回调低点。

9月19日——季度高点,26日——反弹顶部。

10月17日——回调低点和季度低点。

10月29日——反弹顶部。

11月2日和7日——大涨前的最后低点。

11月28日——反弹顶部。

11月30日——回调低点。

12月15日——反弹顶部和季度高点。

12月23日——回调低点。

12月28日和31日——反弹顶部。

### 22. 1922年

1月6日——月度和季度低点。

1月20日——反弹顶部。

1月31日——回调低点。

2月7日——反弹顶部。

2月9日——小回调低点。

2月23日——急剧上涨的顶部和季度高点。

3月6日——回调低点。

3月18日——反弹顶部。

3月24日——最后的低点和季度低点;随后,上涨开始。

4月10日和20日——小回调前的顶部。

5月11日——回调低点。

6月6日——反弹顶部和季度高点。

6月12日和16日——回调低点。

6月20日——反弹顶部。

6月27日——最后的回调低点和季度低点。

7月20日——反弹顶部。

7月26日——回调低点。

7月31日——反弹顶部和季度高点。

8月10日和15日——回调低点。

9月11日——反弹顶部。

9月29日——回调低点和季度低点。

10月16日——反弹顶部和季度高点。

11月1日——回调低点。

11月9日——反弹顶部。

11月28日——回调低点。

12月18日——反弹顶点。

12月21日和28日——回调低点和季度低点。

**23. 1923年**

1月4日——反弹顶部和季度高点。

1月17日——回调低点。

1月26日——反弹顶部。

1月31日——回调低点和季度低点。

2月26日和3月3日——反弹顶部。

3月12日——回调低点。

3月21日——反弹顶部和季度最高点。

3月26日——回调低点。

4月2日——反弹顶部。沉闷和波动狭窄的市场。

4月18日——形成了最后的顶部。

4月25日——开始下跌。

5月5日——小反弹的顶部。

5月22日——回调低点。

5月28日——反弹顶部。

6月2日——回调低点。

6月7日——反弹高点。

6月21日——季度极限低点和小幅反弹到23日的低点。

6月30日——月度低点。

7月3日——反弹顶部。

7月5日、11日和17日——在89½相同水平附近的低点。

7月23日——小反弹的顶部。

7月31日——回调低点和季度低点。

8月30日——反弹高点和季度高点。

9月4日——小回调的低点。

9月6日和11日——反弹顶部,但没能上涨到8月30日的高点。

9月23日——低点,与7月31日相同的低点。

9月25日——季度刚开始的低点。

10月4日——小反弹的顶部。

10月17日——回调低点。

10月24日——小反弹的顶部。

10月29日——最后的低点,大涨从这里开始。

11月12日——反弹顶部。

11月17日——回调低点。

11月27日——反弹顶部和季度高点。

12月19日——回调低点。

12月23日——季度低点。

12月31日——反弹顶部。

**24. 1924年**

1月4日——回调低点和月度低点。

2月7日——反弹顶部和季度高点。

2月27日——回调低点。

2月29日——反弹顶部。

3月29日——回调低点。

4月5日——反弹顶部。

4月10日、15日和22日——相同水平附近的低点。

4月26日——反弹顶部和季度高点。

4月30日——回调低点。

5月2日——小反弹的顶部。

5月20日——回调的底部。

5月26日——反弹顶部。

5月29日——回调低点。

6月4日——反弹顶部。

6月6日——回调低点和季度低点,6月23日——季度刚开始的低点。

7月10日——反弹顶部。

7月17日——回调低点。

8月4日——反弹顶部。

8月12日——回调低点。

8月20日——反弹顶部和季度高点。

9月8日——回调低点。

9月25日——反弹顶部。

10月2日——与9月25日相同的顶部。

10月14日——从这开始大涨的最后低点和季度低点。

11月26日——小回调前的顶部。

12月11日——回调的底部。

12月19日——季度高点。

12月24日——季度刚开始的低点。

12月29日——反弹顶部。

12月31日——小回调的低点。

## 25. 1925年

1月3日和5日——反弹顶部。

1月6日——小回调的低点。

1月23日——反弹顶部和季度高点。

2月3日——回调低点。

2月5日——反弹顶部。

2月17日——回调低点。

3月6日和7日——反弹顶部。

3月10日——月度和季度的极限低点。

4月18日——反弹顶部。

4月30日——回调低点。略高于3月30的低点。

5月21日——反弹高点和季度高点。

6月9日——回调低点。

6月15日和19日——反弹顶部。

6月29日——季度的最后低点以及比4月30日和3月30日更高的低点。这是一个三重底部,大涨随之而来。

7月29日——月度高点。

7月31日——回调低点。

8月26日——月度和季度高点。

9月3日——回调低点。

9月15日——反弹顶部。略低于8月26日的顶部。

9月28日——回调低点和季度低点。略高于9月3日的低点。

10月1日——月度低点。

10月24日和26日——月度高点。

10月29日——小回调的低点。

11月7日——年度和季度的顶部。

11月10日——小幅下跌的低点。

11月14日——快速反弹的顶部,但并不像11月7日顶部那样高。

11月24日——月度低点。

12月8日——反弹顶部。

12月22日——回调低点。

12月28日——反弹顶部。

12月31日——回调低点。

**26. 1926年**

1月4日——反弹顶部和季度高点。

1月6日——小回调的低点。

1月7日——反弹顶部。没能到达1月4日的底部。

1月22日——月度低点。

1月25日——反弹顶部。

2月1日——小回调的低点。

2月4日——小反弹的顶部。

2月26日——月度极限低点。

3月1日——小反弹的顶部。

3月2日——小回调的低点和季度低点。

3月16日——月度顶部。

3月30日——月度极限低点。

4月6日——反弹顶部。

4月15日——回调低点和季度低点。

4月29日——月度高点。

5月3日——回调低点。

5月6日——小反弹的顶部。

5月17日——月度低点;大涨开始。

6月17日——反弹顶部和季度高点。

6月18日——5点的快速下跌。

6月26日——季度刚开始的低点。

7月2日——反弹顶部。

7月9日——回调的低点。

7月16日——反弹顶部。

7月24日——回调低点。

8月17日——月度、季度和年度的极限高点。

8月25日——回调低点。

9月8日——反弹顶部。

9月20日——回调低点。

10月2日——急剧反弹的顶部。

10月20日——小幅下跌的低点和季度低点。

10月28日——反弹顶部。

11月3日——回调低点。

11月16日——月度高点。

11月19日——急剧下跌的低点。

11月27日——反弹顶部。

12月6日——回调低点。

12月17日——季度高点;27日——月度高点,在1926年8月17日的高点之上1点。

### 27. 1927年

1月4日和7日——回调低点。

1月11日——反弹顶部。

1月28日——新股票的月度、季度和年度极限低点。

2月24日——月度高点。

2月25日——小回调的低点。

3月1日——反弹顶部。

3月8日——月度低点;大涨随之而来。

3月17日——季度高点。

3月22日——季度刚开始的低点。

4月11日和16日——反弹顶部。

5月2日——回调低点;然后在当月余下的时间里一直上涨。

6月1日——反弹顶部和季度高点。

6月30日——月度低点和大涨前的最后低点。季度低点。

7月29日——月度高点。

8月1日——回调低点。

8月2日——反弹顶部。

8月12日——回调低点。

9月9日——反弹顶部。

9月12日——回调低点。

9月16日——反弹顶部和季度高点。略高于9月9日的顶部。

9月29日——月度低点。

10月4日——反弹顶部。

10月29日——月度和季度低点。以及大涨开始前的最后低点。

11月29日——月度高点。

12月9日——回调低点。

12月22日——季度高点。

12月24日——反弹顶部和季度开始的低点。

**28. 1928年**

1月5日——回调低点。

1月7日——反弹顶部;下跌并且突破了5日的低点。

1月17日——回调低点。

1月24日——反弹顶部。

1月25日——与16日相同的低点。

1月27日——反弹顶部;低于24日的顶部。

2月4日——回调低点。

2月9日——反弹顶部。

2月27日——月度低点。

3月1日——小反弹的顶部。

3月2日——回调低点和季度低点;低于2月20日的低点1点。

3月22日——反弹顶部。

3月23日——快速回调的低点。

3月26日——反弹顶部;略低于3月22日的顶部。

4月2日——回调低点。

4月12日——反弹顶部和季度高点;在1月7日的高点之上$1\frac{1}{4}$。

4月24日——回调低点。

5月7日——反弹顶部。

5月9日——回调低点。

5月11日——反弹顶部。

5月22日和29日——月度低点。

6月1日——反弹顶部。

6月11日——季度低点。

6月25日——月度、季度低点以及年度低点；大涨随之而来。

7月9日——反弹顶部。

7月17日——回调低点。

7月28日——反弹顶部。

8月3日和9日——回调低点。

9月17日——反弹顶部和季度高点。

9月21日——回调低点。

9月27日——反弹顶部和月度高点。

10月3日——回调低点和季度的第一个低点。

10月4日——与9月27日相同的顶部。

10月9日——回调低点。

10月24日——月度高点。

10月26日和31日——回调低点。

11月2日——小反弹的顶部。

11月3日和8日——回调低点。

11月16日——月度顶部和季度高点。

11月21日——回调低点。

11月23日和26日——反弹顶部；大跌随之而来。

12月17日——季度的极限低点；低点 $149\frac{3}{4}$，大涨前的最后低点。

12月24日——反弹顶部。

12月27日——回调低点和季度低点。

## 29. 1929 年

1月3日——反弹顶部。

1月8日——回调低点 $157\frac{1}{4}$；上涨开始并穿越了1月3日的高点。

1月25日——月度高点。

1月30日——回调低点。

2月2日——反弹高点。

2月16日——月度低点。

3月1日——反弹顶部和季度高点。

3月6日和11日——回调低点。

3月15日——反弹顶部。

3月26日——急剧下跌的低点。

4月12日——反弹顶部和季度高点。

4月17日——回调低点。

4月30日——反弹顶部。

5月2日——突破了4月9日和12日的低点；趋势反转向下。

5月3日——小反弹。

5月31日——月度低点，季度低点以及大涨前的最后低点。

6月17日——小回调的顶部。

6月20日——回调低点。

6月25日——季度开始的低点。

7月20日——反弹顶部。

7月22日——回调低点。

7月24日——月度顶部。

7月29日——回调低点。

8月2日——回调顶部。

8月6日——回调低点。穿越了8月2日的高点。

8月24日——月度高点。

8月29日——回调低点。

9月3日——季度高点和最后的高点 $261\frac{3}{4}$，从5月31日形成的低点起上涨了95天。

9月13日——急剧下跌的低点。

9月19日——快速反弹的最后顶部。

9月24日——季度刚开始的高点。

10月4日——急剧下跌的低点。

10月10日——快速反弹的顶部。

10月29日——月度低点。

10月31日——2日急剧反弹的顶部。

11月7日——回调低点。

11月8日——快速反弹的顶部。

11月13日——月度和季度极限低点150，在71天里下跌了 $111\frac{3}{4}$ 点。

11月21日——反弹顶部。

12月2日——回调低点。

12月9日——急剧反弹的顶部。

12月23日——月度和季度低点以及开始上涨前的最后低点。

**30. 1930年**

1月2日——反弹顶部。当天从$173\frac{3}{4}$跌到了166,这是月度低点。

1月10日——反弹顶部。略低于1月2日的顶部。

1月18日——回调低点。

2月18日——反弹顶部,月度和季度高点。

2月25日——回调低点。

3月1日和7日——反弹顶部。

3月13日——回调低点;3月17日形成了更高的底部。

4月7日——反弹的极限高点,月度高点和季度高点。

4月8日——回调低点。

4月10日——反弹顶部。

4月15日——回调低点。

4月16日——快速反弹。大跌随之而来。

5月5日——第一个回调低点。

5月6日——快速反弹的顶部。

5月8日——回调低点和月度极强低点。

5月14日——反弹顶部。

5月20日——回调低点;略高于8日的低点。

5月28日——反弹顶部;与5月6日相同的高点,低于5月14日的顶部1/2点。然后突破支撑点。下跌到了更低的水平。

6月25日——下跌底部和季度低点。

8月5日——反弹顶部。

8月13日——急剧回调的底部。然后慢慢走向更高。

9月8日——季度和年度高点,5月6日、14日和28日的高点。趋势反转向下,价格走向更低。

9月24日——最后的反弹;那个季度的高点。

10月——突破支撑点下跌到了新低位。

12月17日——到达底部;季度低点。反弹随之而来。

**31. 1931年**

2月26日——上涨的顶部和季度高点。

3月25日——那个季度的高点。然后紧跟着一轮快速下跌。

4月——突破了1930年12月17日的底部;表明走势非常弱,而且预示着低得多的价格。

6月2日——下跌底部和季度低点。反弹随之而来。

7月3日——反弹顶部和季度高点。

9月21日——季度低点。

9月23日——小反弹的顶部;季度高点。趋势继续向下。

12月18日——下跌的第一个低点;反弹到了19日。

**32. 1932年**

1月4日——与12月18日几乎相同的低点;季度低点。反弹随之而来。

2月19日——反弹顶部;季度高点。下跌随之而来。

3月22日——季度高点。

4月——跌到了新低。

6月10日——季度低点,自1907年以来任何季度的最低收盘价。

6月28日——下跌的极限低点$21\frac{1}{4}$,季度低点。注意,1907年10月的低点是$21\frac{7}{8}$,一个双重底部和支撑点。上涨随之而来。

9月6日——上涨的顶部;没能穿越1932年2月19日的顶部。还是季度高点。下跌随之而来。

9月20日——回调底部。

9月26日——下跌前最后的高点;季度高点。

10月——次级下跌继续。

12月22日——季度低点。

12月28日——暂时的低点。

**33. 1933年**

1月11日——反弹顶部;季度高点。

3月2日——季度低点。季度的价格区间只有$8\frac{1}{2}$点,多年来成交量很小的最小价格区间。形成了比1932年6月28日更高的底部,表明股票获得了良好的支撑。趋势反转向上。

3月31日——小回调的低点。

6月13日——季度高点。趋势持续向上。

7月18日——上涨的顶部;季度高点。下跌随之而来。

9月22日——季度低点。

9月23日——下季度的高点。

10月21日——下跌低点和季度低点。趋势反转向上。

**34. 1934年**

1934年1月5日和1933年12月27日——相同的低点;季度低点。

2月19日——上涨的顶部；季度高点。趋势反转向下。

3月26日——下季度的高点。

6月2日——下跌低点和季度低点。

7月11日——下季度的高点。

9月17日——下跌低点和季度低点。

10月30日——另一个低点和季度低点。

12月6日——反弹顶部；季度高点。

**35. 1935年**

1月8日——反弹顶部和季度高点。

3月18日——上升趋势开始前的最后低点；季度低点，一个仍然高于1933年3月31日的底部。

4月3日——下季度的低点。趋势反转向上。

# 第8章 隔夜图交易方法

## 一、隔夜图规则

隔夜图(Overnight Chart)操作法纯粹是机械法。你不用判断,只是简单地遵守规则并且在隔夜图表明要反转时反转你的头寸。如果你按照规则用止损单买或卖,长期而言这个方法将为你赚取大量利润。

隔夜图来自日高低点图,记录它的规则如下:

只要股票每天形成更高的底部,你就把隔夜图向上移动,但在它走到前一日的底部之下 1/4 点或更多的第一天,你把隔夜图向下移动到这个价位,但要始终记录隔夜图反转前到达的最高顶部。然后,只要隔夜图形成了更低的底部,你就继续把它向下移动。如现在同一天形成了更高的底部和更低的顶部,你把它向上移动到那天的顶部,因为隔夜图依据的是底部。如果出现了宽幅波动,市场在当天的早些时候上涨并且形成了比前一日更高的顶部,然后在当天的晚些时候下跌并且形成了更低的底部,你首先把图表向上移动到顶部也就是当天到达的最高点,然后把它向下移到最低位。假如第二天形成了更高的底部,你把它向上移动到那天的顶部。

你可以使用与隔夜图有关的阻力位,但我在有关美国钢铁的交易中,使用并遵循的唯一规则是中点,或取过去运动的极限低点和极限高点之间的幅度,把它 2 等分得到中心或中点。然后在到达这个点时买或卖,并且用 1 点的止损单进行保护。其他的交易指示全都根据隔夜图。

当股票到达以前的高点和低点之间没有阻力位的新高时,你只需根据隔夜图,在规则显示出反转时反转头寸即可。

你应该观察日线图上永久阻力位附近的每日高点和低点,因为它们会帮你确定隔夜图上主要和次要的趋势变化。

**规则1:** 在双重或三重顶部或底部上买或卖,并在顶部之上 1 点或底部之下 1 点设置止损单。这是我使用的规则。然而,有时候你在 3 点处设置止损单会赚取更多的金钱,但是大多数时候,1 点处的止损单不会经常被触发,而当它被触发时,那是反转的时机。最大的上涨和下跌通常开始于三重顶部或底部,但要记住,这些三重顶部或底部必须相距数周或数月才具有极大的重要性。仅仅相距有限天数的三重顶部或底部,并不意味着会有像那些相距数周或数月出现的顶部或底部那么大的运动。

**规则 2**:当股票第 4 次到达相同的顶部或底部时,特别是如果经过了数周或数月,那么几乎总是会穿过。因此,如果你第 4 次在一个顶部或底部买或卖时,你必须始终使用顶部之上或底部之下 1 点的止损单。

**规则 3**:当隔夜图在像 1/2、2/3 和 3/4 点这样的阻力位上形成顶部或底部时,你应该用这些实际的阻力位之下 1 或 2 点的止损单买或卖。一般而言,止损单应该是 1 点。

**规则 4**:当你的止损单被触发时,表明隔夜图已经反转,因此你应该反转头寸并且每当止损被触发时平仓。用这个方法交易你会赚取大量的金钱,就像下文美国钢铁的交易操作显示的那样。在我的交易中,我唯一不反转头寸的位置,就是在止损被触发或趋势改变时只平仓的位置,是在如果我反转头寸却没有足够接近的第 2 个顶部或底部为我设置止损单的位置。通常,我在以前的顶部之上 1 点或以前的底部之下 1 点设置止损单。

**规则 5**:金字塔交易规则是每隔 3 到 5 点加仓一半,根据股票的活跃性和对以前阻力位的突破确定间隔的距离。你的第 3 笔金字塔交易应该是第 2 笔交易数量的一半;第 4 笔是第 3 笔的一半,如此下去。这样,你的最大风险在第 1 笔,在你做第 2、3 和 4 笔交易时,你在减少交易单位,因此,止损单被触发时,最后几笔金字塔交易的损失很小,大的损失大部分在你买或卖的最初几笔。如果你在股票下跌或上涨了 20 或 30 点时金字塔交易一只股票,它出现了快速上涨或下跌,并没在隔夜图上形成任何变化。几乎在趋势改变之前的所有情况下,隔夜图都会形成一个反转运动,能留出时间让你在距离底部或顶部至少 3 到 5 点设置止损单,但是当你有了非常大的利润,而市场无论怎样剧烈运动,你正进行金字塔交易,你不想再失去你能避免失去的利润。在这种情况下,如果是在上升趋势中,我通常会把止损单设在每天的低点之下 5 点,或者设在高点之上 5 点,然后当市场形成了第一个 5 点的反转运动时,我以所有金字塔交易的止损单退出市场。

**规则 6**:对于非常活跃、快速运动的股票,特别是当它们在高位时,反转头寸前,你应该等待隔夜图上的趋势变化。对于隔夜图的趋势变化,我的意思是等到突破以前的低位或穿越以前的高位,如果你是在下降趋势中交易。

**规则 7**:在任何大涨或大跌之后,当隔夜图显示出趋势变化时反转头寸,也就是说,根据趋势变化平仓并且顺势交易。大钱产生于顺势而为。那就是每当趋势改变或止损单被触发时我们反转头寸的原因。如果趋势已经改变而且这是卖出多头的时候,那么这也是放空的时候,反之亦然。

例如:在快速运动的市场中,比如1929年10月和11月的恐慌时期,当你以金字塔方法交易活跃的股票并且赚了大量金钱时,如果你已经有了非常大的利润,你应该用距离市场大约10点的止损单跟随向下。然后,在剧烈的下跌之后降低止损单,把它设在低位之上大约5点的位置,因为当市场运动得如此快速时,在改变头寸前,你不应该再等到隔夜图穿越以前的顶部显示出趋势变化。在快速运动的市场中,你还要观察市场是否会在重要的中点附近止步。例如:美国钢铁在150到达了从38到261¾之间的半路点。你不应该等到隔夜图显示出趋势变化,而是当美国钢铁到达150附近时,平掉空头头寸并且买入在149设止损,或者如果你使用3点规则,止损设在147。假如钢铁已经突破了这个150的价位。当你的止损单在149或147被触发时,无论是哪一个,你应该做空。

**规则8**:观察日、周和月收盘价。当股票很活跃而且3天、3周或3个月都收盘在相同的价格附近,然后趋势改变时,通常会在启动的方向走上相当长的一段距离。然而,没必要在所有有关的隔夜图上依赖这条规则。我只是提出它来帮助那些研究日、周和月线图的人。

**规则9**:在非常弱或非常强的市场中,观察从任何低位开始的第一个整3点的上涨。对于整3点,我的意思是,例如,从低点100反弹到103就是整3点。如果低点是99½,直到股票反弹到103我们才计为整3点。股票上涨时颠倒这个规则。如果股票上涨到了150⅞,而没有出现一段整3点的回调。然后,如果跌到了147,我会认为这是一个整3点的回调和一个次级趋势正在反转的迹象。在这种情况下,如果股票仅仅跌到了147½甚至是147¼。我不会把它计为一个整3点的回调,因为整点数是基于整数。

无论你根据这个方法在什么点位或什么价格开始交易,你必须遵守规则并且在任何一笔交易上不要冒超过3点的风险,之后,用隔夜图使你的止损单距离顶部或底部1点,我始终在我的交易中这么做,如下面美国钢铁的例子。然后,如果止损单被触发,反转你的头寸加倍买入或卖出。当以止损单回补空头时,你要同时买入并且跟上趋势。同样,当你以止损单平仓多头时,你要反转头寸放空相同的数量,这会使你跟上趋势。

在我的交易中,我不使用其他规则,即便我知道这也许会对我有所帮助。虽然我知道会出现损失,只要这个方法证明会长期有效并且每次反转头寸和使用止损单都会获利,我就会做许多交易,同时,遵守资金规则而且不要过度交易,始终在每100股的交易中使用3000美元的资金。如果你以300美元的资金开始,那么一次只交易10股而且在你的每一笔起始交易上决不冒超过3点或30美元的风险。只有你的资金已经增值,才在你的初始交易上增加交易量,这样,如果出现了亏损也只有你资金的10%。

金字塔交易有所不同。当你做第2或第3笔交易时已经有了利润,风险只是你的利润部分,但要始终根据隔夜图把这些风险置于止损单的保护之下,这样,如果你金字塔交易的止损单被触发,你的总亏损不会超过资金的10%。长期遵守这个规则,不仅会保住你的资金,还会获得财富。这个规则能被任何活跃的股票证明。所用的人为判断越少,你在交易中取得的成功就越大。机械法胜过人为的猜测,因为它在趋势反转时反转并且平仓顺势而为,而凭猜测或人为判断者会错失时机。你必须像机械那样行动才会取得成功,不管怎么想或希望,你必须按照规则买或卖。这正是我始终在下面美国钢铁的交易操作中所做的。

## 二、美国钢铁交易——依据隔夜图

### 1. 1915—1930 年

这个交易计划需要 3000 美元,以 100 股的交易量开始。我的规则是:在任何一笔交易上决不冒超过 3 个点或 300 美元的风险。我用止损单保护所有的交易。

遵守阻力位的规则和用于隔夜图的规则。当我进行金字塔交易买入或卖出第 2 批时,会限定我的风险,这样损失不会超过我初始资本的 10%。换言之,在我买或卖第 2 批时,我会设下止损使我的损失不会超过 300 美元。

下面的交易操作根据隔夜图,并且用阻力位确定买点和卖点:

### 2. 1915 年

2 月 1 日,低点 38;2 月 3 日,高点 41½——3 点的反弹表明是一个买点。要么即市买入,要么在回调时买入。我们在 41 买入 100 股。2 月 5 日,跌到了 38¾,然后穿越了 41½——2 月 3 日的顶部,隔夜图反转向上。这时的止损在 36½ 即 39½ 之下 3 点。趋势于 2 月 13 日持续上涨到了 45,然后于 2 月 24 日跌到了 40¼,形成了一个比 2 月 5 日更高的底部。把止损提高到 38½ 或两个紧邻的底部之下 2 点。

3 月 8 日,高点 46,然后于 3 月 5、13 和 18 日,在 43½ 到 44¼ 附近形成了 3 个底部。现在,止损提高到 42½ 或 3 个底部之下 1 点。然后,在它走到 46 的顶部之上 1 点时于 47 买入更多。趋势在 3 月 29 日持续上涨到了 49¾;再次于 47¾ 到 48¼ 附近形成了 3 个底部;止损提高到 46¾。然后在 51 买入更多,并且把 3 批买单的止损提高到 48。上涨在 4 月 10 日持续到了 58,4 月 13 日回调到 55¼。把止损提高到 52¼ 或回调低点之下 3 点。

4 月 19 日,在 60¾ 形成了顶部,于 4 月 24 日回调到了 56¾。止损提高到 55¼——过去的底部。4 月 26 日高点 59¼,4 月 27 日低点 57,第 3 个更高的底部。把所有 3 批买单的止损提高到 56。4 月 29 日高点 60⅝,刚好在 4 月 19 日的顶部之下

1/8 点;4 月 30 低点 58½。止损提高到 57½。

5 月 3 日上涨到了 60¾,相同水平附近的第 3 个顶部,在这里我们要么卖出平仓并以 63¾ 的止损放空,要么以 57½ 的止损持有。在 57½ 的止损卖出平仓。

第 1 笔 100 股买单在 41 美元买入,在 57½ 卖出平仓——利润 16½ 点;
第 2 笔 100 股买单在 47 美元买入,在 57½ 卖出平仓——利润 10½ 点;
第 3 笔 100 股买单在 51 美元买入,在 57½ 卖出平仓——利润 6½ 点;
或合计……………33½ 点/100 股;
利润……………3350 美元;
扣除佣金、税和利息 100 美元……100 美元;
净盈利……3250 美元。

然后,我们把交易量增加到 200 股,但亏损必须限定在 600 美元或每 100 股 3 点。这使我们可以在 57½ 以 60½ 为止损放空 200 股。

下跌继续,突破了形成于 4 月 24 日、27 日和 30 日的 3 个底部。我们于 54¼ 再次卖空 200 股。下跌持续到 48¼——在这里 3 月 26 日、31 日和 4 月 1 日有 3 个底部。规则说,在第 4 次时用 1 点的止损买入。在 48½ 平掉 400 股空单,并在 48½ 以 46¾ 的止损——这是 3 月 26 日和 4 月 1 日的底部之下 1 点——买入 200 股。利润如下:

于 57½ 美元卖空 200 股,于 48½ 平仓——利润 1800 美元;
于 54¼ 美元卖空 200 股,于 48½ 平仓——利润 1150 美元;
合计 2950 美元;
佣金和税……116 美元;
净利润 2834 美元;
以前的资本和利润……6250 美元;
可用资本……9084 美元。

这将允许我们以 300 股作为一个交易单位,风险限定在每笔交易 900 美元。在我们平掉空单时,于 48½ 买入了 200 股,之后会再次买入 100 股。

股票在 5 月 12 日上涨到了 55¼。如果我们正在观察 54½ 的阻力位也就是从 60¾ 到 48¼ 的二分之一,我们会预先判断顶部和调整,而且可能卖出多头并且在 54½ 以 57½ 为止损卖空,但我们一直等到隔夜图出现趋势变化。

5 月 14 日,低点 49¾。现在我们于 50½ 再买入 100 股,300 股的止损设在 48。上涨重新恢复,5 月 17 日到达了 53,然后回调到 51¾,趋势再次反转向上。现在,把止损提高到 49¾——过去的底部位置。

5 月 24 日高点 56¼,穿越了 54½——1/2 点,第二次预示着后市更高。

5 月 26 日和 6 月 1 日,回调到了 53¼ 并且形成了双底。提高止损到 50¾ 或以前的低位之下1点,当穿越56¼时——过去的顶部,在56½再买入200股并且把所有持仓的止损提高到52¼——过去的双底之下1点。6月4日股票上涨到了64⅛。6月9日跌到了56¾。维持在56¼——从过去的低点48¼到高点64⅛的1/2位——是强支撑的信号,而且表明主趋势向上,因为股票已经走到了4月19日、29日和5月3日形成的三重顶部之上3点。

自6月9日始,随之反弹到了6月12日,那时的高点是61¼。现在我们把止损提高到55¾或6月9日的低点之下1点。

6月14日跌到了59,把所有持仓的止损提高到58。这个止损从未被触发。股票在6月22日上涨到了61¾,然后在一系列更低的顶部和底部之后,于7月7日跌到了58¼,然后在7月9日反弹到了59¼并且在同一天跌到了58¼,形成了一个双底,从这开始上涨重新恢复,于7月17日到达了65⅛,7月20日回调到了62½,26日下跌到了62¾,再次形成了一个双底,然后走到新高并且穿越了66⅜——从94⅞到38的1/2位。我们在67买入更多,并且把所有持仓的止损提高到61¾也就是7月26日过去的低点之下1点。在72再次买入200股。

8月10日高点76¾;11日跌到了73⅝;

12日上涨到了75½;14日跌到了73⅝;

18日上涨到了77⅝。

现在我们把所有持仓的止损提高到72⅜或过去的低点73⅜之下1点。止损被触发,我们在72⅜卖空400股。

账户状态如下:

| | | |
|---|---|---|
| 在48½买入200股,平仓于72⅜,利润6725美元; | | |
| 在50½买入100股,平仓于72⅜,利润2162.5美元; | | |
| 在56½买入200股,平仓于72⅜,利润3125美元; | | |
| 在67买入200股,平仓于72⅜,利润1075美元; | | |
| | | 13087.5美元 |
| 在72买入200股,平仓于72⅜,扣除200股3/8的亏损 | | 75美元[①] |
| 佣金 | 225美元 | 300美元 |
| 净收益 | | 12787.5美元 |
| 以前的资本和利润 | | 9084美元 |
| 可用的操作资本 | | 21871.50美元 |

以700股的限量作为交易单位。

① 此处疑为在72卖出200股。

## 第 8 章 隔夜图交易方法

我们在 72 3/8 卖空 400 股

在 69 3/8 卖空 300 股

始终计算以前运动的半路点。

7 月 9 日的低点 58 1/8 到 8 月 18 日的高点 77 5/8,形成的中点在 67 7/8。8 月 23 日,下跌到了 67 3/4。现在我们平掉空头头寸并且在 68 1/2 买入 700 股多头,止损在 64 7/8。然而,在 66 7/8 的止损——刚好在半路点位之下 1 点——会维持住,因为 67 3/4 的低点不会再次到达。

现在,我们的账户状况如下:

在 72 3/8 卖出 400 股,平仓于 68 1/2,利润 1750.00 美元
在 69 3/8 卖出 300 股,平仓于 68 1/2,利润 252.50 美元

2002.50 美元
扣除税和佣金 175.00 美元

1827.50 美元
以前的资本 21871.50 美元

操作资本 23698.00 美元

继续用 700 股作为交易单位。我们在 68 1/2 买入 700 股多头在 64 7/8 设置止损。在 72 买入 300 股。

8 月 27 日,上涨到了 77;9 月 1 日,跌到了 73 3/4。

9 月 2 日,反弹到了 76 3/4。

现在我们把止损提高到 72 3/4,就在 9 月 1 日的低点之下 1 点。

9 月 10 日,上涨到了 76 1/4;9 月 11 日,跌到了 73 3/4。

9 月 14 日,反弹到了 76;9 月 17 日跌到了 74 1/4。

在 74 1/4 到 73 3/4 附近形成了 5 个底部,一个明确的迹象——止损应该放在 72 3/4。

9 月 27 日,上涨到了 79 3/4,走到了 8 月 17 日以来所有的顶部之上。在 78 1/2 买入 300 股,止损设在 75 1/2。

10 月 1 日,高点 81 3/4;6 日,低点 76 3/4;上涨重新恢复,19 日高点 87 1/4;20 日低点 85 1/2;21 日高点 87 5/8,止损 84 1/2;26 日低点 85 1/4;26 日高点 87 1/4,相同水平附近的第 3 个顶部。

我们可以卖出平仓,但我们等到在 84 1/2 触发止损,并且在 84 1/2 放空 700 股。

现在我们的账户情况如下:

68 1/2 买入 700 股,平仓于 84 1/2,利润 11200 美元
68 1/2 买入 300 股,平仓于 84 1/2,利润 3750 美元
73 1/2 买入 300 股,平仓于 84 1/2,利润 1800 美元

| | | |
|---|---:|---|
| 利润 | 16750 | 美元 |
| 扣除税和佣金 | 325 | 美元 |
| | 16425 | 美元 |
| 前期资金 | 23698 | 美元 |
| 操作资金 | 40123 | 美元 |

现在我们可以把交易单位提高到1000股。我们在84½放空700股。10月6日过去的低点是76¾,10月21日的高点是87⅝。它们之间的1/2点是82⅛。10月29日,股票跌到了82¼。注意,10月16日的低点就是82¼。现在我们回补空头并且在81¼设止损买入。账户情况如下：

| | | |
|---|---:|---|
| 84½卖出700股,平仓于82½,利润 | 1400 | 美元 |
| 扣除佣金 | 175 | 美元 |
| | 1225 | 美元 |
| 前期资金 | 40123 | 美元 |
| 可操作资金 | 41308 | 美元 |

我们现在还持有1000股在82½的买单。

11月1日,上涨到了88⅜;3日,低点86;4日,高点88。

止损提高到85——11月3日的低点之下1点。止损被触发,在85卖空1000股。我们的账户情况如下：

| | | |
|---|---:|---|
| 在82½买入1000股,平仓于85,利润 | 2500 | 美元 |
| 扣除税和佣金 | 250 | 美元 |
| | 2250 | 美元 |
| 前期资金 | 41308 | 美元 |
| 可操作资金 | 43558 | 美元 |

于85放空1000股,止损88⅜。股票在11月9日跌到了83⅝;然后在11月12日反弹到了88⅜;于11月16和20日跌到了86¼;11月26日高点88¼,12月2日低点84½。12月7日高点88¼,5次形成相同的价位。我们的止损应该在89¼。12月13日、17日、21日,在85¼到84⅞之间形成了低点,高于以前的底部,我们的止损应该降低到87¼——12月20日的高点之上1点。这个止损被触发,反转头寸并且在87¼买入1000股。现在账户情况如下：

| | | |
|---|---:|---|
| 在85卖出1000股,平仓于87¼,亏损 | 2250 | 美元 |
| 佣金 | 250 | 美元 |
| 净亏损 | 2500 | 美元 |

前期资金　　43558 美元

净操作资金　　41058 美元

我们持有 1000 股在 87¼ 的多单。12 月 27 日,上涨到了 89½;12 月 29 日,低点 86¾;12 月 31 日高点 89½,一个双顶——止损提高到 85¾。这个双顶在 90 附近——一个强阻力位——是一个卖出平仓并放空的位置,但我们仍然持有,看看隔夜趋势是否会反转向下。止损在 85¾ 被触发,在 85¾ 卖空 1000 股。现在的账户情况如下:

87¼ 买入 1000 股,平仓于 85¾,亏损 1500 美元

佣金　　250 美元

1750 美元

资金从 41058 美元结余 39308 美元,还有 1000 股在 85¾ 的空单。

### 3. 1916 年

1 月 24 日,下跌到了 82¼,与 1915 年 10 月 16 日和 29 日相同的低点。我们在 82½ 平掉空头仓位并且在 82½ 买入 1000 股。

现在账户情况如下:

在 85¾ 卖出 1000 股,平仓于 82½,利润 3250 美元

扣除佣金　　250 美元

净亏损　　3000 美元

资金　　39308 美元

结余资金　　42308 美元

在 82½ 买入 1000 股,止损设在 81½。

1 月 26 日,高点 86;27 日低点 82¾;28 日高点 84¼。

止损提高到 81¾——1 月 27 日的低点之下 1 点。这个止损被触发,在 81¾ 放空 1000 股。现在账户情况如下:

在 81½ 买入 1000 股,平仓于 81¾,连佣金计算在内。

资金为 42308 美元。

1000 股在 81¾ 的空单,止损 86¼。

1 月 31 日低点 79⅞;2 月 4 日高点 84¾;5 日,低点 82¼;10 日,高点 85⅝。

止损被触发,我们在 85⅝ 买入 1000 股。现在账户情况如下:

在 81¾ 卖出 1000 股,平仓于 85⅝,亏损 3787.50 美元。

从 42308 美元结余 38520.50 美元,还有 1000 股在 85⅝ 的买单,止损 81¼。

2 月 17 日和 24 日,在 82½ 和 82⅜ 形成了低点。止损提高到 81½。止损被触发,在 81½ 放空 1000 股。账户情况如下:

在 85⅝ 买入 1000 股,平仓于 81½,亏损 4125 美元

扣除佣金　　250 美元

4375 美元

从 38520 美元的资金结余 34145 美元，

还有 1000 股在 81½ 的空单。

3 月 1 日,跌到了 79¾,与 1 月 31 日相同的低点。平掉空头仓位并且在 80¼ 买入 1000 股。现在账户情况如下：

在 81½ 卖出 1000 股,平仓于 80¼,利润 1250 美元

扣除佣金　　250 美元

净利润　　1000 美元

加上前期资金　　39520 美元

还有 1000 股在 80¼ 的买单,止损 79¼。

3 月 17 日,高点 87¼；3 月 22 日低点 84。我们把止损提高到 83。4 月 4 日高点 86。4 月 8 日和 3 月 31 日,低点 83¾。4 月 10 日高点 85¼。下跌紧随其后。止损在 83 被触发,放空 1000 股。现在账户情况如下：

在 80¼ 买入的 1000 股平仓于 83,利润 2750 美元,扣除 250 美元佣金,结余 2500 美元的净利润。加上前期资金总共 42020 美元,还有 1000 股在 83 的空单。

4 月 22 日跌到了 80,我们在 80¼ 回补并且买入 1000 股,因为这是与 1 月 31 日和 3 月 1 日相同的底部。用 79¼ 的止损进行保护,这是一个三重底部。

4 月 25 日高点 84；4 月 26 日低点 80⅜,一个更高的底部。5 月 1 日高点 84¼,5 月 5 日低点 80½,一个略高的底部。从 1915 年 12 月 31 日的高点 89½ 到 1916 年 5 月 1 日的低点 79¾,1/2 点是 84⅝,使 85⅝ 预示着更高。

5 月 25 日高点 86⅝,过去在 17 日的低点是 84。因此,我们把止损提高到 83。股票在 6 月 2 日下跌到了 83⅝。6 月 12 日上涨到了 87¼。6 月 12 日低点 86。6 月 14 日高点 87。把止损提高到 85,止损被触发,我们在 85 放空 1000 股。账户如下：

在 80¼ 买入的 1000 股平仓于 85,利润 4750 美元,扣除 250 美元佣金,净利润 4500 美元。加上前期资金总共 46520 美元,还有 1000 股在 85 的空单,止损 88。

6 月 27 日跌到了 82¾,因为 6 月 26 日的顶部是 84¼,把止损降低到 85¼,止损被触发,我们在 85¼ 买入 1000 股。现在账户情况如下：

在 85 卖出的 1000 股平仓于 85¼,1/4 点的亏损和佣金共 500 美元,从 46520 美元结余 46020 美元,还有 1000 股在 85¼ 的买单,止损 81¾。

7 月 6 日高点 87¼,7 月 14 日低点 83¼,我们把止损提高到 82¼。7 月 24 日高点 87¼,7 月 25 日低点 85¼,我们把止损提高到 84¼,7 月 27、8 月 2 日和 5 日,形成了低点 85¾ 和 86,我们把止损提高到 84¾。大涨随之而来,我们在 90½ 多买入 300

股,因为股票在 89½ 和 79¾ 之间维持了 9 个月之后进入了新高位。8 月 17 日高点 92⅝,8 月 18 日低点 91。我们把所有持仓的止损提高到 90,并且在 94 多买入 300 股;8 月 23 日高点 99½,历史最高位。8 月 24 日低点 96¾。把止损提高到 95¾。8 月 25 日高点 99¼。8 月 28 日低点 95¾。触发了止损,我们在 95¾ 放空 1000 股。现在账户情况如下:

在 85¼ 买入 1000 股,平仓于 95¾,利润 10500 美元
在 90½ 买入 300 股,平仓于 95¾,利润 1575 美元
在 94 买入 300 股,平仓于 95¾,利润 525 美元
12600 美元
扣除佣金　　400 美元
净利润　　12200 美元
前期资金　　46030 美元
58220 美元

还有 100 股在 95¾ 的空单。现在可以把交易单位增加到 1200 股。8 月 30 日低点 95¼。29 日的高点是 97,因此我们把止损放在 97。8 月 31 日止损被触发,我们在 97 买入 1200 股。现在账户情况如下:

在 95¾ 卖出 1000 股,平仓于 97,亏损 1500 美元,资金结余 56720 美元,

并且在 97 买入了 1200 股。

8 月 31 日第 3 次上涨到了 99⅜,而且没能穿越 100,因此在 99 卖出平仓并且在 99 放空 1200 股。现在账户情况如下:

在 97 买入 1200 股,平仓于 99,净利润 2100 美元。

加上前期资金共计 58820 美元,还有 1200 股在 99 的空单。

9 月 1 日跌到了 95,仅仅在 8 月 30 日的低点之下 1/4 点。我们把止损降低到 99,止损被触发,但我们一直等到股票形成了新高并且穿越了 100——一个非常重要的阻力位——才买入。现在账户情况如下:

在 99 卖空 1200 股,平仓于 98,利润 900 美元。

加上前期资金共 59720 美元。

上涨继续,我们在 100½ 以止损 97½ 买入 1200 股;在 105½ 多买入 600 股;在 110½ 多买入 600 股。9 月 19 日和 20 日的低点是 107,因此把所有持仓的止损提高到 106。在 115½ 我们再多买入 300 股。9 月 25 日高点 120,一个阻力位。9 月 26 日低点 113¾。我们把所有持仓的止损提高到 112¾。9 月 29 日高点 120½。9 月 30 日低点 116¼。我们把止损提高到 115¼。10 月 2 日、4 日和 5 日,在 118⅝ 到 118¾ 间形成了顶部,而且 10 月 4 日的低点是 117,因此把止损提高到 116,止损被触发,我们放空

1200 股。

现在账户情况如下：

在 100½ 买入 1200 股，平仓于 116，利润 18600 美元
在 105½ 买入 600 股，平仓于 116，利润 6300 美元
在 110½ 买入 600 股，平仓于 116，利润 3300 美元
在 115½ 买入 300 股，平仓于 116，利润 150 美元

28350 美元

扣除佣金　　675 美元

27675 美元

前期资金　　59720 美元

操作资金　　87395 美元

还有 1200 股在 116 的空单，止损 119。现在我们可以把交易单位提高到 1500 股。

下跌继续，我们在 111 多卖空 600 股，10 月 9 日低点 108；10 月 10 日高点 113。止损提高到 113。10 月 14 日低点 108，与 10 月 9 日相同的低点，一个双底。我们从过去 9 月 1 日 95 的低点到 9 月 29 日 120½ 的高点开始计算，发现 1/2 位是 107¾，因此在 108½ 平掉空头头寸并且以 106¾ 的止损买入 1500 股。现在账户情况如下：

在 116 卖空 1200 股，平仓于 108½，利润 9000 美元
在 111 卖空 600 股，平仓于 108½，利润 1500 美元

10500 美元

扣除佣金　　950 美元

净利润　　9650 美元

加上前期资金　　87395 美元

操作资金　　97045 美元

还有 1500 股在 108½ 的买单。在 114 多买入 700 股。10 月 23 日高点 121¾。在 121½ 多买入 400 股，因为这是个新高。10 月 26 日低点 117¼。把所有持仓的止损提高到 116¼，11 月 2 日高点 122¼，11 月 4 日低点 119¾。止损提高到 118¾。11 月 8 日高点 126。11 月 9 日低点 122½。止损提高到 121½。止损被触发，在 121½ 放空 1500 股。现在账户情况如下：

在 108½ 买入 1500 股，平仓于 121½，利润 19500 美元
在 114 买入 700 股，平仓于 121½，利润 5250 美元
在 121½ 买入 400 股，平仓于 121½，利润 0

24750 美元

|  |  |
|---|---|
| 扣除佣金 | 650 美元 |
|  | 24100 美元 |
| 前期资金 | 97045 美元 |
| 操作资金 | 121145 美元 |

还有 1500 股在 121½ 的空单。我们现在可以非常保守，并且把交易单位增加到 2000 股，即使我们连续出现 10 笔每笔 3 点的亏损，我们仍然有一半的资金可供操作，而连续亏损 10 笔几乎不可能。

11 月 14 日，跌到了 120¼，没能到达 11 月 4 日形成的低点 119¾。我们把止损降低到 123¼，止损被触发，在 123¼ 买入 2000 股，止损 120。11 月 27 日，高点 129¾，11 月 28 日低点 125¾。我们把止损提高到 124¾。这个止损被触发，我们放空 200 股。现在账户情况如下：

121½ 卖空 1500 股，平仓于 123¼，亏损 3000 美元

123¼ 卖空 2000 股，平仓于 124¾，利润 3000 美元

3500 股的佣金损失是 875 美元，从 121145 美元的资金结余 120270 美元

还有 200 股在 124¾ 的空单。12 月 4 日高点 120½，我们把止损设在 127½。下跌继续。我们在 119¾ 多卖空 1000 股。12 月 13 日高点 120½，我们把所有持仓的止损降低到 121½。在 115½ 再次卖空 500 股。12 月 15 日低点 109¼。12 月 16 日高点 114⅝。我们把止损降低到 115⅝，止损被触发，我们在 115⅝ 做多 2000 股。现在账户情况如下：

|  |  |
|---|---|
| 在 124¾ 卖空 2000 股，平仓于 115⅝，利润 | 18250.00 美元 |
| 在 119¾ 卖空 1000 股，平仓于 115⅝，利润 | 5112.50 美元 |
|  | 22362.50 美元 |
| 在 115 ½ 卖空 500 股，平仓于 115⅝，扣除 1/8 点的亏损和佣金 | 937.50 美元 |
| 利润 | 21425.00 美元 |
| 资金 | 120270.00 美元 |
|  | 141595.00 美元 |

还有 2000 股在 115⅝ 的买单。12 月 19 日高点 116¼。18 日的低点是 112½，因此我们把止损提高到 111½，止损被触发，我们在 111½ 放空 2000 股。账户情况如下：

|  |  |
|---|---|
| 在 115⅝ 买入 2000 股，平仓于 111½，亏损 | 6250 美元 |
| 佣金 | 500 美元 |
|  | 6750 美元 |

从资金 141695 美元结余 134945 美元，还有 2000 股在 111½ 的空单。

下跌继续，我们在 106½ 再次卖空 1000 股。12 月 21 日是恐慌性下跌。股票在

100 交易，一个阻力位，在这里我们本应该平掉空头仓位，但我们只是把止损降低到 105，止损被触发，在 105 买入 2000 股。现在账户如下：

在 111½ 卖空 2000 股，平仓于 105，利润 13000 美元
在 105½ 卖空 1000 股，平仓于 105，利润 1500 美元
14500 美元
扣除佣金　750 美元
利润　13750 美元
前期资金　134945 美元
总资金　148695 美元

还有 2000 股在 105 的买单，我们在 110 多买入 1000 股。

### 4. 1917 年

1 月 4 日高点 115¾。我们计算 129¾ 的高点到 110 的低点，1/2 位是 114⅞，回顾 12 月 19 日，我们注意到过去的高点是 116¼。因此，在 114½ 卖出多单并且以止损 117½ 放空。现在账户情况如下：

在 105 买入 2000 股，平仓于 114½，利润 19000 美元
在 110 买入 1000 股，平仓于 114½，利润 4500 美元
23500 美元
扣除佣金　750 美元
净利润　22750 美元
前期资金　148695 美元
171445 美元

还有 2000 股在 114½ 的空单。

股票在 1 月 5 日跌到了 109¼；然后于 1 月 9 日上涨到了 113⅞，11 日跌到了 109¼，与 1 月 5 日相同的低点。回补空头并且买入 2000 股，因为 108 是从 100 到 115⅞ 的 1/2 位。现在账户情况如下：

114½ 卖出 2000 股，平仓于 110，利润 9000 美元
扣除佣金　500 美元
利润　8500 美元
前期资金　171445 美元
总资金　179945 美元

还有 2000 股在 110 的买单，止损 107。

1 月 19 日和 26 日上涨到了 115½。我们在 114½ 卖出并且以止损 116½ 卖空，因

为这是1/2位和强阻力位。账户情况如下：

110买入2000股，平仓于114½，利润 9000美元
扣除佣金　　500美元
利润 8500美元
前期资金　　179945美元
总资金 188445美元

还有2000股在114½的空单。

我们在109½再次卖空1000股。2月1日，刚好是从1915年2月1日38的低点开始的2年，美国钢铁跌到了99。我们平掉空头仓位并且在100买入2000股，因为100是1916年12月21日的低点。我们用99的止损进行保护，止损被触发，我们在99放空2000股。现在账户情况如下：

在114½卖空2000股，平仓于100，利润 29000美元
在109½卖空1000股，平仓于100，利润 9500美元
利润　　38500美元
扣除2000股1点的亏损和5000股的佣金　　3250美元
净利润　　35250美元
前期资金　　188445美元
223695美元

还有2000股在99的空单。

2月2日高点104⅛。我们把止损设在105⅛。2月3日低点99¼，一个比2月1日更高的底部，把12月21日也算在内，相同水平附近就有3个底部。我们把止损降低到102¼，止损被触发。反转头寸并且在102¼买入2000股。现在账户情况如下：

在99卖空2000股，平仓于102¼，亏损 6500美元
佣金　　500美元
7000美元
从资金中扣除后结余　　216695美元

还有2000股在102¼的买单。

股票上涨并且形成更高的底部，一直到2月20日和25日在109½形成了双顶，底部在2月23日的106¼。我们把止损提高到105¼。这个止损被触发，在105¼卖空2000股。现在账户情况如下：

在102¼买入2000股，平仓于105¼，利润 6000美元
佣金　　500美元

|  |  |  |
|---|---|---|
| 利润 | 5500 | 美元 |
| 前期资金 | 216695 | 美元 |
| 总资金 | 222195 | 美元 |

还有 2000 股在 105¼ 的空单。

3 月 1 日低点 103½，与 3 月 9 日相同的低点。从 99 到 109½ 高点的 1/2 位在 104¼，一个买入位。平掉空头仓位并且在 104½ 买入 2000 股。现在账户情况如下：

|  |  |  |
|---|---|---|
| 在 105¼ 卖空 2000 股，平仓于 104½，利润 | 1500 | 美元 |
| 佣金 | 500 | 美元 |
| 净收益 | 1000 | 美元 |
| 前期资金 | 222195 | 美元 |
|  | 223195 | 美元 |

还有 2000 股在 104½ 的买单，止损 102½。

股票继续上涨，它穿越了 2 个过去的顶部时，我们在 110½ 多买入 1000 股。3 月 6 日高点 111½；3 月 7 日低点 109½。把所有持仓的止损提高到 108½。然后在 114½ 再次买入 500 股。3 月 21 日高点 118；3 月 22 日跌到了 115¼。我们把止损提高到 114¼，止损被触发，在 114¼ 放空 2000 股。现在账户情况如下：

|  |  |  |
|---|---|---|
| 在 104½ 买入 2000 股，平仓于 114¼，利润 | 19500 | 美元 |
| 在 110½ 买入 1000 股，平仓于 114¼，利润 | 3750 | 美元 |
| 利润 | 23250 | 美元 |
| 扣除 500 股 1/4 点的亏损和佣金 | 1000 | 美元 |
| 净利润 | 22250 | 美元 |
| 前期资金 | 223195 | 美元 |
| 总资金 | 245445 | 美元 |

还有 2000 股在 114¼ 的空单。

3 月 31 日跌到了 113¾。3 月 28 日和 30 日的过去顶部是 116。我们把止损设在 117，止损被触发，我们在 117 买入 2000 股。现在账户情况如下：

|  |  |  |
|---|---|---|
| 在 114¼ 卖空 2000 股，平仓于 117，亏损 | 5500 | 美元 |
| 佣金 | 500 | 美元 |
| 净亏损 | 6000 | 美元 |
| 从资金中结余 | 239445 | 美元 |

还有 2000 股在 117 的买单。

4 月 3 日上涨到了 118¾。我们把止损提高到 116¾，止损被触发，在 116¾ 放空

2000 股。现在账户情况如下：

在 117 买入 2000 股，平仓于 116¾，亏损 500 美元

佣金　　500 美元

净亏损　　1000 美元

资金结余　　238445 美元

还有 2000 股在 116¾ 的空单。

下跌继续，我们在 112¾ 卖空 1000 股，因为这是在过去的 3 个底部之下。3 月 10 日的低点是 108¾。从 99 的低点到 118¾ 的高点，1/2 位是 108⅞。在 109¼ 平掉空头仓位并且在 109¼ 买入 2000 股，止损 107⅞。现在账户情况如下：

在 116¾ 卖空 2000 股，平仓于 109¼，利润 15000 美元

在 112¾ 卖空 1000 股，平仓于 109¼，利润 3500 美元

18500 美元

扣除佣金　　750 美元

净利润　　17250 美元

加上前期资金　　245695 美元

还有 2000 股在 109¼ 的买单。

4 月 20 日最后的低点 110½。我们把止损提高到 109½。我们在 113½ 多买入 1000 股。4 月 26 日和 5 月 1 日高点 117¾，5 月 28 日低点 115¼。我们把所有持仓的止损提高到 114¼。止损被触发，在 114¼ 放空 2000 股。现在账户情况如下：

在 109¼ 买入 2000 股，平仓于 114¼，利润 10000 美元

在 113½ 买入 1000 股，平仓于 114¼，利润 750 美元

利润　　10750 美元

扣除佣金　　750 美元

10000 美元

前期资金　　245695 美元

总资金　　255695 美元

还有 2000 股在 114¼ 的空单，止损 117¼。

5 月 9 日低点 112½；5 月 8 日最后的高点 116¼；5 月 11 日高点 116¾；5 月 11 日低点 114¾。止损在 117¼ 被触发，在 117¼ 买入 2000 股。现在账户情况如下：

在 114¼ 卖空 2000 股，平仓于 117¼，亏损 6000 美元

佣金　　500 美元

净亏损　　6500 美元

从资金中扣除后结余　　249695 美元

还有 2000 股在 117¼ 的买单。

上涨开始,我们在 119¾ 多买入 1000 股,因为这是在 4 月 3 日的高点之上 1 点。我们在 124¾ 再买入 500 股;再在 129¾ 买入 300 股。5 月 31 日高点 136⅝。5 月 28 日的低点是 131¼。把所有持仓的止损提高到 130¼。这个止损被触发,我们在 130¼ 卖空 2000 股。现在账户情况如下:

在 117¼ 买入 2000 股,平仓于 128¾,利润 23000 美元
在 119¾ 买入 1000 股,平仓于 128¾,利润 9000 美元
在 124¾ 买入 500 股,平仓于 128¾,利润 2000 美元
　　　　　　　　　　　　　　　　　　　34000 美元
在 129¾ 买入 300 股,平仓于 128¾,亏损　300 美元
　　　　　　　　　　　　　　　　　　　33700 美元
　　　　　　　　　　　　　扣除佣金　　950 美元
　　　　　　　　　　　　　净利润　　32750 美元
　　　　　　　　　　　　　前期资金　249695 美元
　　　　　　　　　　　　　总资金　　282445 美元

还有 2000 股在 128¾ 的空单。

6 月 1 日低点 126¾。6 月 2 日高点 131¼。把止损设在 132¼。止损被触发,我们在 132¼ 买入 2000 股。现在账户情况如下:

在 128¾ 卖空 2000 股,平仓于 132¼,亏损 7000 美元
　　　　　　　　　　　　　佣金　　　500 美元
　　　　　　　　　　　　　净亏损　　7500 美元
从 282445 美元中扣除结余　　274945 美元

还有 2000 股在 132¼ 的买单。

5 月 14 日高点 134⅝。5 月 15 日低点 130¼。我们把止损设在 129¼,止损被触发,我们在 129¼ 卖空 2000 股。现在账户情况如下:

在 132¼ 买入 2000 股,平仓于 129¼,亏损 6000 美元
　　　　　　　　　　　　　佣金　　　500 美元
　　　　　　　　　　　　　净亏损　　6500 美元
从资金中扣除后结余　　268445 美元

还有 2000 股在 129¼ 的空单。

6 月 20 日低点 125½。把止损降低到 129½,止损被触发,我们在 129½ 买入 2000 股。现在账户情况如下:

## 第 8 章  隔夜图交易方法

在 129¼ 卖空 2000 股,平仓于 129½,亏损 500 美元

佣金　　500 美元

净亏损　　1000 美元

从资金中扣除后结余　　267445 美元

还有 2000 股在 129½ 的买单。

6 月 27 日高点 132¾。6 月 26 日的过去低点是 128¾。把止损提高到 127¾,止损被触发,在 127¾ 放空 2000 股。现在账户情况如下:

在 129½ 买入 2000 股,平仓于 125¾,亏损 6750 美元

佣金　　500 美元

净亏损　　7250 美元

从资金中扣除后结余　　260245 美元

还有 2000 股在 127¾ 的空单。

在 123¾ 多卖空 1000 股。7 月 19 日低点 118¾。过去 7 月 18 日的高点是 122¼。我们把止损降低到 123¼,止损被触发,在 123¼ 买入 2000 股。现在账户情况如下:

在 125¾ 卖空 2000 股,平仓于 123¼,利润 4500 美元

在 125¾ 卖空 1000 股,平仓于 123¼,利润 500 美元

5000 美元

扣除佣金　　750 美元

净利润　　4250 美元

前期资金　　260245 美元

264495 美元

还有 2000 股在 123¼ 的买单。

上涨继续,我们从高点 136⅝ 到低点 118¾ 计算,1/2 位是 127⅝。股票于 8 月 7 日上涨到了 127⅞,卖出多单并且在 127½ 放空 2000 股。现在账户情况如下:

在 123¼ 买入 2000 股,平仓于 127½,利润 8000 美元

扣除佣金　　500 美元

净利润　　7500 美元

前期资金　　264495 美元

271995 美元

还有 2000 股在 127½ 的空单。

我们在 122 再放空 1000 股,因为已经突破了 3 个底部。在它突破另外 4 个底部时,于 117½ 多放空 500 股。9 月 4 日低点 104½。9 月 6 日高点 109½。我们把所有

持仓的止损降低到 110½。9 月 17 日低点 103¾，9 月 14 日的过去高点是 108¾。我们把止损降低到 109¾。止损被触发，我们在 109¾ 买入 2000 股。现在账户情况如下：

|  |  |
|---|---|
| 在 127½ 卖空 2000 股，平仓于 109¾，利润 | 17500 美元 |
| 在 122 卖空 1000 股，平仓于 109¾，利润 | 12250 美元 |
| 在 117½ 卖空 500 股，平仓于 109¾，利润 | 4575 美元 |
| 总利润 | 34325 美元 |
| 扣除佣金 | 875 美元 |
| 净利润 | 33450 美元 |
| 前期资金 | 271995 美元 |
| 总资金 | 305445 美元 |

还有 2000 股在 109¾ 的买单。

9 月 25 日高点 113⅞。9 月 24 日的过去低点是 109½。把止损提高到 108½。止损被触发，我们在 108½ 卖空 2000 股。现在账户情况如下：

|  |  |
|---|---|
| 109¾ 买入 2000 股，平仓于 108¼，亏损 | 2500 美元 |
| 佣金 | 500 美元 |
| 净亏损 | 3000 美元 |
| 从资金中扣除后结余 | 302445 美元 |

还有 2000 股在 108½ 的空单。

在 103½ 再卖空 1000 股。10 月 15 日跌到了 99，把止损降低到 104，止损被触发，我们在 104 买入 2000 股。现在账户情况如下：

|  |  |
|---|---|
| 108½ 卖空 2000 股，平仓于 104，利润 | 9000 美元 |
| 在 103½ 卖空 1000 股，平仓于 104，亏损 | 500 美元 |
|  | 8500 美元 |
| 扣除佣金 | 750 美元 |
| 净利润 | 7750 美元 |
| 前期资金 | 302445 美元 |
| 总资金 | 310195 美元 |

还有 2000 股在 104 的买单。

10 月 22 日高点 107⅜。10 月 26 日低点 103⅞。把止损提高到 102⅞。止损被触发，我们在 102⅞ 卖空 2000 股。现在账户情况如下：

104 买入 2000 股，平仓于 102⅞，亏损 2250 美元

| 佣金 | 500 美元 |
| --- | --- |
| | 2750 美元 |
| 从资金中扣除后结余 | 307445 美元 |

还有 2000 股在 $101\frac{7}{8}$ 的空单。

在 98 再卖空 1000 股。在 93 再卖空 500 股。11 月 8 日低点 $88\frac{3}{4}$。11 月 12 日高点 $94\frac{3}{4}$。止损降低到 $95\frac{3}{4}$。11 月 14 日低点 $89\frac{1}{4}$。止损降低到 $94\frac{3}{4}$。止损被触发,在 $94\frac{3}{4}$ 买入 2000 股。

现在账户情况如下:

| 在 $101\frac{7}{8}$ 卖空 2000 股,平仓于 $94\frac{3}{4}$,利润 | 14250 美元 |
| --- | --- |
| 在 98 卖空 1000 股,平仓于 $94\frac{3}{4}$,利润 | 3250 美元 |
| | 17500 美元 |
| 在 93 卖空 500 股,平仓于 $94\frac{3}{4}$,亏损 | 875 美元 |
| | 16625 美元 |
| 扣除佣金 | 875 美元 |
| 净利润 | 15750 美元 |
| 前期资金 | 307445 美元 |
| 总资金 | 323195 美元 |

还有 2000 股在 $94\frac{3}{4}$ 的买单。

11 月高点 $99\frac{1}{4}$。11 月 22 日的过去低点在 96。把止损提高到 95,止损被触发。我们在 95 放空 2000 股。现在账户情况如下:

在 $94\frac{3}{4}$ 买入 2000 股,在 95 平仓利润刚好与 1/4 点的佣金相抵。结余 323195 美元。

还有 2000 股在 95 的空单。

再在 90 卖空 1000 股。在 85 卖空 500 股。12 月 13 日低点 $79\frac{7}{8}$。12 月 14 日高点 $84\frac{1}{4}$。12 月 17 日低点 $80\frac{1}{2}$。12 月 18 日高点 $83\frac{3}{4}$。12 月 20 日低点 $79\frac{1}{2}$。因为 $79\frac{3}{4}$ 是 1916 年 3 月 1 日过去的低点,在 80 平掉空头仓位单并且以 79 的止损买入 2000 股。现在账户情况如下:

| 在 95 卖空 2000 股,平仓于 80,利润 | 30000 美元 |
| --- | --- |
| 在 90 卖空 1000 股,平仓于 80,利润 | 10000 美元 |
| 在 90 卖空 500 股,平仓于 80,利润 | 2500 美元 |
| | 42500 美元 |
| 扣除佣金 | 875 美元 |

| | | |
|---|---:|---|
| 净利润 | 41625 | 美元 |
| 前期资金 | 323195 | 美元 |
| 总资金 | 364820 | 美元 |

还有 2000 股在 80 的买单，止损 79。

在 85 再买入 1000 股并且把止损单提高到 82。在 90 再买入 500 股，在 95 再买入 300 股。

### 5. 1918 年

1918 年 1 月 3 日高点 98，1 月 5 日低点 82¼。把所有持仓的止损提高到 91¼。1 月 8 日高点 97¼。1 月 9 日低点 93½。止损提高到 92½。止损被触发，在 92½ 放空 2000 股。现在账户情况如下：

| | |
|---|---|
| 在 80 买入 2000 股，平仓于 92½，利润 | 25000 美元 |
| 在 85 买入 1000 股，平仓于 92½，利润 | 7500 美元 |
| 在 90 买入 500 股，平仓于 92½，利润 | 12500 美元 |
| | 33750 美元 |
| 在 95 买入 300 股，平仓于 92½，亏损 | 750 美元 |
| | 33000 美元 |
| 扣除佣金 | 950 美元 |
| 净利润 | 32050 美元 |
| 前期资金 | 364820 美元 |
| 总资金 | 406870 美元 |

还有 2000 股在 92½ 的空单。

1 月 15 日低点 88½。1 月 16 日高点 91¼。止损降低到 92¼。我们计算 12 月 20 日过去的低点 79½到 1918 年 1 月 3 日的高点 98，发现 1/2 位是 87⅝。而 1 月 18 日的低点是 88¾。在 89 回补空单并且在 89 买入 2000 股，止损 87⅝。2 月 1 日、19 日和 27 日，高点在 98½到 98 之间，没能穿越 1 月 3 日的顶部。我们在 98 卖出平仓并且在 98 放空 2000 股，止损设在 99。

下跌继续。在 93¾ 再卖空 1000 股，因为这是在 2 月 21 日之下 1 点。3 月低点 89½。3 月 6 日高点 91⅞。把止损降低到 92⅞。3 月 25 日低点 86½。4 月 1 日高点 90⅝。我们把止损降低到 91⅝。止损被触发，我们在 91⅝ 买入 2000 股。4 月 2 日和 5 日低点 89¾。我们把止损提高到 88¾。止损被触发，我们在 88¾ 卖空 2000 股。过去的顶部是 4 月 5 日的 91⅝。我们把止损设在 92⅝。止损被触发，在 92⅝ 买入 2000 股。4 月 22 日高点 96¼。4 月 23 日、26 日、27 日和 30 日，低点 93¾。我们把止损提高到 93¾。5 月 5 日，我们在 99 再买入 1000 股，因为股票已经穿越了年初形成的所有顶部。我们把止损提高到96 3/8。我们在104再买入500股,并且把止损提高到101——这是在5月9日的低点之下1点。

在109再买入200股。5月16日高点113 3/4。5月14日低点109 3/8。我们把止损提高到108 3/8。止损被触发,我们在108 3/8卖空2000股。5月22日高点110 1/2。我们把止损设在111 1/2。我们在105 1/2再卖出1000股。6月1日低点96 1/4。我们计算低点79 1/2到高点113 3/4,发现1/2位是96 5/8。我们平掉空头仓位并且在97以止损95 5/8买入2000股。6月10日后,我们把止损提高到96 1/2。在104 1/2再买入1000股。6月27日高点110 1/2。6月25日过去的低点是107 1/4。因此我们把止损提高到106 1/4。止损被触发,我们在106 1/4卖空2000股。7月15日低点101 1/2。7月12日过去的顶部是104 3/4。我们把止损设在105 3/4。止损被触发,我们在105 3/4买入2000股。我们在110 3/4再买入1000股。8月28日高点116 1/2。8月22日过去的低点是110 3/4。我们把止损设在109 3/4。止损被触发,在109 3/4卖空2000股。

9月13日低点107。9月14日高点109 3/4。我们把止损降低到110 3/4。止损被触发,在110 3/4买入2000股。9月27日高点113 1/2。过去的低点109 3/4在9月25日。我们把止损提高到108 3/4。止损被触发,我们在108 3/4卖空2000股。

我们计算6月1日的低点96 1/4到8月28日的高点116 1/2,1/2位是106 3/8。在106 1/2回补空单并且在106 1/2买入2000股,止损105 3/8。止损被触发,我们在105 3/8卖空2000股。

10月9日低点104 5/8。过去的高点是10月8日的108 1/2。我们把止损设在109 1/2,止损被触发,在109 1/8买入2000股。10月19日高点114 1/2。我们把止损提高到111 1/2。止损被触发,我们在111 1/2卖空2000股,在107 1/2再卖空1000股,在102 1/2再卖空500股。11月7日,高点104 1/4,我们把所有持仓的止损降低到105 1/8。11月29日低点94。当天的高点是96 1/4。我们把止损降低到97 1/4。止损被触发,在97 1/4买入2000股。12月11日高点99 3/4。12月6日的过去低点是95 1/4。我们把止损提高到94 1/4。止损被触发,我们在94 1/4卖空2000股。

12月26日低点92 1/2。12月30日高点95 1/4。把止损设在96 1/4。止损被触发,我们在96 1/4买入2000股。12月31日最后的低点是93 3/4。我们把止损放在92 3/4。止损被触发,我们在92 3/4卖空2000股。

**6. 1919年**

1919年1月9日,高点94 3/8。我们把止损设在95 3/8。1月21日低点88 3/4。1月22日高点90 5/8。1月25日高点94。1月27日低点90 3/4。我们把止损放在89 3/4。止损被触发,在89 3/4卖空2000股。2月10日低点88 1/4。2月4日高点91。我们把止损放在92。止损被触发,在92买入2000股。

下表涵盖了从 1918 年 1 月 10 日到 1919 年年 2 月 10 日的交易：

| | | 借方 | 贷方 |
|---|---|---|---|
| | 1918 年 1 月 10 日 | | $ 406870 |
| 92½ 卖出 2000 股 | 平仓于 89 | | 7000 |
| 89 买入 2000 | 平仓于 98 | | 18000 |
| 98 卖出 2000 | 平仓于 91⅝ | | 12760 |
| 93¾ 卖出 1000 | 平仓于 91⅝ | | 2120 |
| 91⅝ 买入 2000 | 平仓于 88¾ | $ 5760 | |
| 88¾ 卖出 2000 | 平仓于 92⅝ | 7760 | |
| 92⅝ 买入 2000 | 平仓于 108⅜ | | 31500 |
| 99 买入 1000 | 平仓于 108⅜ | | 9380 |
| 104 买入 500 | 平仓于 108⅜ | | 2190 |
| 109 买入 200 | 平仓于 108⅜ | 124 | |
| 108⅜ 卖出 2000 | 平仓于 97 | | 22760 |
| 105½ 卖出 1000 | 平仓于 97 | | 8500 |
| 97 买入 2000 | 平仓于 106¼ | | 18500 |
| 104½ 买入 1000 | 平仓于 106¼ | | 1750 |
| 106¼ 卖出 2000 | 平仓于 105¾ | | 1000 |
| 105¾ 买入 2000 | 平仓于 109¾ | | 8000 |
| 110¾ 买入 1000 | 平仓于 109¾ | 1000 | |
| 109¾ 卖出 2000 | 平仓于 110¾ | 2000 | |
| 110¾ 买入 2000 | 平仓于 108¾ | 4000 | |
| 108¾ 卖出 2000 | 平仓于 106½ | | 4500 |
| 106½ 买入 2000 | 平仓于 105⅛ | 2240 | |
| 105⅜ 卖出 2000 | 平仓于 109⅛ | 7500 | |
| 109⅛ 买入 2000 | 平仓于 111½ | | 4740 |
| 111½ 卖出 2000 | 平仓于 97¼ | | 28500 |
| 107½ 卖出 1000 | 平仓于 97¼ | | 10250 |
| 102½ 卖出 500 | 平仓于 97¼ | | 2625 |
| 97¼ 买入 2000 | 平仓于 94¼ | 6000 | |
| 94¼ 卖出 2000 | 平仓于 96¼ | 4000 | |
| 96¼ 买入 2000 | 平仓于 92¾ | 7000 | |
| 92¾ 卖出 2000 | 平仓于 91⅝ | | 2240 |
| 91⅝ 买入 2000 | 平仓于 89¾ | 3760 | |

| | | | |
|---|---|---|---|
| 89¾卖出2000 | 平仓于92 | 4500 | |
| | | $55644 | $603185 |
| | 佣金 | 13050 | 68694 |
| | 净利润 | | $534491 |

1919年2月10日在92买入2000股。2月27日高点95¾。2月25日低点93½。把止损提高到92½。止损被触发。我们在92½卖空2000股。3月5日低点91⅝,与3月1日相同的低点。3月3日的过去高点在94⅝。我们把止损设在95⅝。止损被触发。我们在95⅝买入2000股。3月11日低点95½。我们把止损设在94½。止损被触发。在94½卖空2000股。3月19日低点94¼,止损98。止损被触发,我们在98买入2000股。

市场形成了一系列窄幅运动,4月23日在103形成了高点。4月25日低点99¾。我们把止损设在99¾。止损被触发,我们在98¾卖空2000股。5月1日低点96½。5月3日高点99¾。我们把止损放在100¾。止损被触发,我们在100¾买入2000股。在104再买入1000股。

6月6日高点111¾。6月11日低点106¾。我们把止损提高到105¾。止损被触发,我们在105¾卖空2000股。6月16日低点103¼。我们计算5月1日过去的低点96½到6月6日的高点111¾,1/2位是104⅛。我们在104¼平掉空头仓位并且在104¼买入2000股,止损在103⅛;在109¼再买入1000股。

7月7日高点115⅛。7月11日低点111⅝。我们把止损提高到110⅝。止损被触发。我们在110⅝放空2000股。7月24日高点113⅜。我们把止损放在114⅜。我们在105再卖空1000股,因为这在96½到115½的1/2位之下1点。

8月21日低点98½。8月25日高点101⅝。我们把止损降低到102⅝。止损被触发,我们在102⅝以止损99½买入2000股。

9月4日高点107½。9月5日低点103¼。我们把止损放在102¼。止损被触发,我们在103¼卖空2000股。9月20日低点100½。我们把止损放在103½。止损被触发。我们在103½买入2000股。

10月10日高点112½。10月23日低点108。我们把止损放在107。止损被触发。我们在107卖空2000股,止损放在110。止损被触发。我们在110买入2000股。

11月5日高点112½,与10月10日相同的高点。我们在112卖出平仓并且在112放空2000股,止损113%。我们在107再卖空1000股。12月1日低点101。12月3日高点103¼。我们把止损放在104¼。止损被触发。我们在104¼买入2000股,止损放在100。12月12日低点100½。

### 7. 1920 年

1920 年 1 月 5 日高点 109。1 月 8 日低点 105¾。我们把止损放在 104¾。止损被触发，我们在 104¾ 卖空 2000 股。1 月 19 日低点 104½。1 月 20 日高点 106。我们把止损放在 107。止损被触发。我们在 107 以止损 104 买入 2000 股。止损被触发。我们在 100 卖空 2000 股。在 99 再卖空 1000 股。2 月 27 日低点 92½。我们把止损降低到 95½。止损被触发，我们在 95½ 买入 2000 股。

3 月 20 日低点 102¼。我们把止损提高到 101¼。止损被触发。我们在 101¼ 放空 2000 股。3 月 25 日低点 101¼。我们把止损放在 103¼。止损被触发。我们在 103¼ 买入 2000 股。4 月 7 日高点 107½。4 月 12 日低点 104。止损放在 103。止损被触发。在 103 卖空 2000 股。在 99 再卖空 1000 股。

5 月 24 日低点 89½。5 月 22 日的高点在 92½。我们把止损放在 93½。止损被触发。我们在 93½ 买入 2000 股。6 月 14 日低点 92¾。止损提高到 91¾。止损被触发。我们在 91¾ 卖空 2000 股。6 月 23 日低点 91½。6 月 26 日高点 93。我们把止损放在 94。止损被触发。在 94 买入 2000 股。7 月 8 日高点 95½。我们把止损放在 92½。止损被触发。我们在 92½ 卖空 2000 股，在 87½ 再卖空 1000 股。

8 月 5 日低点 84。8 月 7 日低点 96½。我们把止损放在 87。止损被触发。我们在 87 买入 2000 股。9 月 8 日高点 91½。8 月 23 日低点 88⅛。我们把止损放在 87¼。止损被触发。在 87¼ 卖空 2000 股。下跌随之而来，我们在 85¼ 再卖空 1000 股。

12 月 21 日低点 76¼。12 月 24 日高点 97⅞。我们把止损放在 80⅞。止损被触发。我们在 80⅞ 买入 2000 股。2 月 16 日高点 85。2 月 21 日低点 82¾。我们把止损放在 81¾。止损被触发。我们在 81¾ 卖空 2000 股。3 月 12 日低点 77¾。我们把止损放在 80¾。止损被触发。在 80¾ 买入 2000 股。

下表涵盖了从 1919 年 2 月 10 日到 1921 年 3 月 15 日的交易记录：

|  |  | 借方 | 贷方 |
|---|---|---|---|
|  | 1919 年 2 月 10 日 |  | $534491 |
| 92 买入 2000 股 | 平仓于 92½ |  | 1000 |
| 92½ 卖出 2000 | 95⅝ | 6250 |  |
| 95⅝ 买入 2000 | 94½ | 2250 |  |
| 94½ 卖出 2000 | 98 | 7000 |  |
| 98 买入 2000 | 98¾ |  | 1500 |
| 98¾ 卖出 2000 | 100¾ | 4000 |  |
| 100¾ 买入 2000 | 105¾ |  | 10000 |
| 104 买入 1000 | 105¾ |  | 1750 |
| 105¾ 卖出 2000 | 104¼ |  | 3000 |

| | | | |
|---|---|---|---|
| 104⅛买入 2000 | 110⅝ | | 13000 |
| 109 买入 1000 | 110⅝ | | 1625 |
| 110⅝卖出 2000 | 102⅝ | | 16000 |
| 105 卖出 1000 | 102⅝ | | 2375 |
| 102⅝买入 2000 | 102¼ | 750 | |
| 103¼卖出 2000 | 103 – 1/2 | 500 | |
| 103¼买入 2000 | 107 | | 7000 |
| 107 卖出 2000 | 110 | 7000 | |
| 110 买入 2000 | 112 | | 4000 |
| 112 卖出 2000 | 104¼ | | 1550 |
| 107 卖出 1000 | 104¼ | | 2750 |
| 104¼买入 2000 | 104¾ | | 1000 |
| 104¾卖出 2000 | 107 | 4500 | |
| 107 买入 2000 | 104 | 6000 | |
| 104 卖出 2000 | 95½ | | 17000 |
| 99 卖出 1000 | 95½ | | 3500 |
| 95½买入 2000 | 101½ | | 11500 |
| 101¼卖出 2000 | 103¼ | 4000 | |
| 103¼买入 2000 | 103 | 500 | |
| 103 卖出 2000 | 95½ | | 15000 |
| 99 卖出 1000 | 95½ | | 3500 |
| 95½买入 2000 | 91¾ | 7500 | |
| 91¾卖出 2000 | 94 | 4500 | |
| 94 买入 2000 | 92½ | 3000 | |
| 92½卖出 2000 | 87 | | 11000 |
| 87¼卖出 1000 | 87 | | 500 |
| 87 买入 2000 | 87¼ | | 500 |
| 87¼卖出 2000 | 80⅞ | | 12750 |
| 85½卖出 1000 | 80⅞ | | 5625 |
| 80⅞买入 2000 | 81¾ | | 1750 |
| 81¾卖出 2000 | 80¾ | | 2000 |
| | | $ 51750 | $ 685666 |
| | 佣金 | 18000 | 69750 |

净利润　　　　　　　　$615916

1921年3月15日,在80¾买入2000股。3月22日低点80¾。我们把止损放在79¾。4月14日止损被触发。我们在79¾卖空2000股,止损82¾。止损被触发。我们在82¾买入2000股。5月6日高点86½。我们把止损放在83½。止损被触发。我们在83½放空2000股。下跌继续。我们在78½再卖空1000股。6月23日低点70½。我们把止损降低到73½。止损被触发,我们在73½买入2000股。6月30日低点73⅝。我们把止损放在72⅝。止损被触发。我们在72⅝放空2000股。7月16日低点71½。7月20日高点73½。我们把止损放在74½。止损被触发。在74½买入2000股。

9月19日、26日和30日高点80½。我们在80卖出平仓并且在80放空2000股,止损在81½。10月17日低点77¼;10月20日,高点78⅝,我们把止损放在79⅝。止损被触发,我们在79⅝买入2000股。12月15日低点83¾。我们把止损提高到82¾。止损被触发,在82¾放空2000股。

### 8. 1922

1月6日低点82。1月9日高点83½。我们把止损放在84½。止损被触发。我们在84½买入2000股,并且在89½再买入1000股。在94½再买入500股。在99½再买入300股。

4月20日高点100¼。4月18日低点97。我们把止损提高到96。6月6日高点103½,6月5日低点102⅝。把止损提高到101⅝。止损被触发。我们在101⅝卖空2000股。

……

下表涵盖了从1921年3月15日到1922年6月的交易:

|  |  | 借方 | 贷方 |
|---|---|---|---|
|  | 1921.3.15 |  | $615916 |
| 80¾买入2000 | 平仓于79¾ |  | 2000 |
| 79¾卖出2000 | 82¾ | 6000 |  |
| 82¾买入2000 | 83½ |  | 1500 |
| 83½卖出2000 | 73½ |  | 20000 |
| 73½买入2000 | 72⅝ | 1750 |  |
| 72⅝卖出2000 | 74 | 3750 |  |
| 74½买入2000 | 80 |  | 11000 |
| 80卖出2000 | 79⅝ |  | 750 |
| 79⅝买入2000 | 82¾ |  | 6250 |

| | | | |
|---|---|---|---|
| 82¾ 卖出 2000 | 84½ | 3500 | |
| 84½ 买入 2000 | 101⅝ | | 24250 |
| 89½ 买入 1000 | 101⅝ | | 12125 |
| 94½ 买入 500 | 101⅝ | | 3562.50 |
| 99½ 买入 300 | 101⅝ | | 637.50 |
| | | $17000 | $695991 |
| | 佣金 | 5950 | 12950 |
| | 净利润 | | $673041 |

1922年6月，在101⅝卖空2000股。6月12日和16日低点96¾。我们把止损放在99¾。止损被触发。我们在99¾买入2000股。在104再买入1000股。9月11日高点106½。9月14日低点104½。我们把止损放在103½。止损被触发。我们在103½放空2000股。9月27日和29日低点100¾。9月30日高点102½。我们把止损放在103½。止损被触发。我们在103½买入2000股。在107再买入1000股。10月16日高点111½。我们把止损放在108½。止损被触发。我们在108½放空2000股。11月1日低点103¼。把止损放在106¼。止损被触发。我们在106¼买入2000股。

11月9日高点110¾。把止损放在107¾。止损被触发。我们在107¾卖空2000股。11月28日低点99¾。12月2日高点103½。我们把止损放在104½并且在104½买入2000股。12月26日低点106¼。把止损放在105¼。止损被触发。我们在105¼放空2000股。

### 9. 1923年

1月31日低点104。止损放在107。止损被触发。我们在107买入2000股。3月21日高点109½。3月17日低点107½。我们把止损放在106½。止损被触发。我们在106½放空2000股。

……

下表涵盖了从1922年6月到1923年3月的交易：

| | | 借方 | 贷方 |
|---|---|---|---|
| | 1922.6 | | $673041 |
| 101⅝ 卖出 2000 股 | 平仓于99¾ | | 3750 |
| 99¾ 买入 2000 | 103½ | | 7500 |
| 104 买入 1000 | 103½ | $500 | |
| 103½ 卖出 2000 | 103½ | | |

| | | | |
|---|---|---|---|
| 103½ 买入 2000 | 108½ | | 10000 |
| 107 买入 1000 | 108½ | | 1500 |
| 108½ 卖出 2000 | 106¼ | | 4500 |
| 108½ 买入 2000 | 10¼ | | 3000 |
| 107¾ 卖出 2000 | 104½ | | 6500 |
| 104½ 买入 2000 | 105½ | | 1500 |
| 105½ 卖出 2000 | 107 | 3500 | |
| 107 买入 2000 | 106½ | 1000 | |
| | | $ 5000 | $ 711291 |
| | 佣金 | 5500 | 10500 |
| | 总利润 | | 700791 |

106½ 卖出 2000 股

103 卖出 1000

98 卖出 500

93 卖出 300

6月30日,7月5日、11日和17日形成的低点在89½到89¼,7月14日高点91½。我们把所有持仓的止损放在92½。止损被触发,在92½买入2000股。7月23日高点92¾。7月21日低点91½。我们把止损放在90½。止损被触发。我们在90½卖空2000股。7月31日低点85⅜。8月2日高点88½。我们把止损放在89½。止损被触发。在89½买入2000股。8月30日高点94。8月8日(译注:9月8日?)低点92。止损放在91。止损被触发。我们在91放空2000股。9月25日低点85⅝,与7月31日相同的低点。我们在86½回补空单并且在86½买入2000股,止损84½。在90再买入1000股。11月9日低点94。我们把止损放在93。止损被触发。我们在93卖空2000股。11月17日低点91⅞。我们把止损放在94⅞并且在94⅞买入2000股。在98再买入1000股,在103买入500股。

**10. 1924 年**

2月7日高点109。2月8日低点106½。把止损设在105½。止损被触发。我们在106½放空2000股。在101½再卖空1000股。3月29日低点97。我们计算低点85⅜到高点109,发现1/2位是97。我们在97½回补空单并且在97½买入2000股,止损96。止损被触发,在96放空2000股。

……

## 第8章 隔夜图交易方法

下表涵盖了1923年3月到1924年4月的交易：

|  |  | 借方 | 贷方 |
|---|---|---|---|
|  | 1923.3 |  | $700791 |
| 106½卖出2000股 | 平仓于92½ |  | 28000 |
| 103 卖出1000 |  | 92½ | 10500 |
| 98 卖出500 |  | 97½ | 2750 |
| 93 卖出300 |  | 92½ | 150 |
| 92½买入2000 | 91% | 2000 |  |
| 90½卖出2000 | 99% |  | 2000 |
| 89½买入2000 | 91 | 3000 |  |
| 91 卖出2000 | 86½ |  | 9000 |
| 86½买入2000 | 93 |  | 13000 |
| 90 买入1000 | 93 |  | 3000 |
| 93 卖出2000 | 94⅞ | 3750 |  |
| 94⅞买入2000 | 105½ |  | 21250 |
| 98 买入1000 | 105½ |  | 7500 |
| 103 买入500 | 105½ |  | 1250 |
| 106½卖出2000 | 97½ |  | 18000 |
| 101½卖出1000 | 97½ |  | 4000 |
| 97½买入2000 | 96 | 3000 |  |
|  |  | $11750 | $821191 |
|  | 佣金 | 6325 | 18075 |
|  | 净利润 |  | $803116 |

在96卖空2000股。4月10日、15日和22日低点95½。我们把止损设在98½，止损被触发。我们在98½买入2000股。4月26日高点101。我们把止损提高到98。止损被触发。我们在98放空2000股。6月6日低点94⅛。把止损设在97⅛。止损被触发。我们在97⅛买入2000股，在102和107再分别买入1000股和500股。8月20日高点111¾。我们把止损提高到108¾。止损被触发。在108¾放空2000股。9月8日低点105¼。我们把止损设在108¼。止损被触发。我们在108¼买入2000股。9月25日低点108¼。我们把止损提高到107¼。止损被触发。我们在107¼放空2000股。10月14日低点104¾。10月18日高点107¼。我们把止损设在108¼。止损被触发。我们在108⅛买入2000股。在112再买入1000股。11月26日高点

119¼。12月2日低点116。我们把止损提高到115，并且在117买入500股。在122再买入300股。

**11. 1925年**

1月23日高点129½。1月28日低点125¾。我们把止损设在124¾。止损被触发，我们在124¾放空2000股。2月19日低点122。在121卖空1000股，在116再卖空500股。3月30日低点112¼。4月8日高点115½。我们把止损放在116¼。止损被触发。

……

下表涵盖了从1924年4月到1925年4月的交易：

|  |  | 借方 | 贷方 |
|---|---|---|---|
|  | 1924.4 |  | $803116 |
| 96卖出2000股 | 平仓于98½ |  | $5000 |
| 98½买入2000 | 98 | 1000 |  |
| 98卖出2000 | 98⅛ |  | 1750 |
| 98⅛买入2000 | 108¾ |  | 23250 |
| 102买入1000 | 108¾ |  | 6750 |
| 107买入500 | 108¾ |  | 875 |
| 108¾卖出2000 | 108¼ |  | 1000 |
| 108¼买入2000 | 107¼ | 2000 |  |
| 107¼卖出2000 | 108¼ | 2000 |  |
| 108⅛买入2000 | 124¾ |  | 33250 |
| 112买入1000 | 124¾ |  | 12750 |
| 117买入500 | 124¾ |  | 3875 |
| 122买入300 | 124¾ |  | 825 |
| 124¾卖出2000 | 116¼ |  | 17000 |
| 121卖出1000 | 116¼ |  | 4750 |
| 116卖出500 | 116¼ | 125 |  |
|  |  | $10125 | $909191 |
|  | 佣金 | 5700 | 15825 |
|  | 净利润 |  | 893366 |

我们在116¼买入2000股。4月18日高点118¼。止损提高到115¼。止损被触发。我们在115¼放空2000股。4月30日低点112¾。把止损放在115¾。止损

被触发。在 115¾ 买入 2000 股。4 月 21 日高点 120¼。止损提高到 117¼。止损被触发。我们在 117¼ 放空 2000 股。6 月 5 日低点 113½。6 月 8 日高点 114½。我们把止损放在 115½。止损被触发。在 115½ 买入 2000 股。6 月 15 日高点 117¼。6 月 18 日低点 115¾。止损放在 114¾。止损被触发。在 115¾（译注：114¾?）放空 2000 股。6 月 29 日低点 113¼。止损放在 116¼。止损被触发。我们在 116¼ 买入 2000 股，在 121 再买入 1000 股。8 月 26 日高点 125⅞。我们把止损提高到 122⅞。止损被触发。在 122⅞ 放空 2000 股。9 月 3 日低点 118¼。止损放在 121¼。止损被触发。我们在 121¼ 买入 2000 股。9 月 15 日高点 125⅞。止损放在 122⅝。止损被触发。我们在 122⅝ 放空 2000 股。9 月 28 日低点 118½。我们计算 3 月 30 日的低点 112¼ 到 8 月 26 的高点 125⅞，发现 1/2 位是 119，因此平掉空头仓位并且

在 119¼ 买入 2000 股，止损 118；

在 124¼ 买入 1000 股；

在 127 买入 500 股；

在 132 买入 300 股；

在 137 买入 200 股；

11 月 7 日高点 139⅜。我们把止损提高到 136⅜。止损被触发。我们在 136⅜ 放空 2000 股。在 131⅜ 再放空 1000 股。11 月 10 日低点 128。止损放在 131。止损被触发。我们在 131 买入 2000 股。11 月 14 日高点 138½。我们把止损放在 135½。止损被触发。在 135½ 放空 2000 股。11 月 24 日低点 126⅝。把止损放在 129⅝。止损被触发。我们在 129⅝ 买入 2000 股。12 月 8 日高点 137¼。止损放在 134¼。止损被触发。我们在 134¼ 放空 2000 股。12 月 22 日低点 131¾。止损放在 134¾。止损被触发。在 134¾ 买入 2000 股。

**12. 1926 年**

1 月 4 日高点 138½。我们把止损放在 135½。止损被触发。我们在 135½ 放空 2000 股。之后在 131 放空 1000 股，在 127 放空 500 股。3 月 2 日低点 120。止损放在 123。止损被触发。

下表涵盖了 1925 年 4 月到 1926 年 3 月 5 日的交易：

|  | 借方 | 贷方 |
|---|---|---|
| 结转自 1925 年 4 月 |  | $ 893366 |
| 116¼ 买入 2000 股 | 平仓于 115¼ | $ 2000 |
| 115¼ 卖出 2000 | 115¼ | 1000 |
| 115¾ 买入 2000 | 117¼ | 3000 |
| 117¼ 卖出 2000 | 115½ | 3500 |
| 115½ 买入 2000 | 114¾ | 1500 |

| | | | |
|---|---|---|---|
| 115¾ 卖出 2000 | 116¼ | 1000 | |
| 116¼ 买入 2000 | 122⅞ | | 13250 |
| 122⅞ 卖出 2000 | 121¼ | | 3250 |
| 121¼ 买入 2000 | 122⅝ | | 2750 |
| 122⅝ 卖出 2000 | 119 | | 7250 |
| 119¼ 买入 2000 | 136⅜ | | 34250 |
| 124¼ 买入 1000 | 136⅜ | | 12125 |
| 127 买入 500 | 136⅜ | | 4687.50 |
| 132 买入 300 | 136⅜ | | 1311.50 |
| 137 买入 200 | 136⅜ | 125 | |
| 136⅜ 卖出 2000 | 131 | | 10750 |
| 131 买入 2000 | 135 1/2 | | 9000 |
| 135½ 卖出 2000 | 129⅝ | | 11750 |
| 129⅝ 买入 2000 | 134¼ | | 9250 |
| 134¼ 卖出 1000 | 134¾ | 500 | |
| 134¾ 买入 2000 | 135½ | | 1500 |
| 135½ 卖出 2000 | 123 | | 25000 |
| 131 卖出 1000 | 123 | | 8000 |
| 126 卖出 500 | 123 | | 2000 |
| | | ──── | ──── |
| | | $ 6125 | $ 1055990 |
| | 佣金 | 9625 | 15750 |
| | | ──── | ──── |
| | 净利润 | | $ 1040240 |

我们在 123 买入 2000 股。3 月 16 日高点 128½。把止损放在 125⅛。止损被触发。我们在 125⅛放空 2000 股。3 月 30 日低点 117⅝。止损放在120⅝。止损被触发。我们在 120⅝买入 2000 股。4 月 16 日高点 123½。止损放在 120½。止损被触发。在 120½放空 2000 股。4 月 15 日低点 117。止损放在 120。止损被触发。我们在 120 买入 2000 股。4 月 29 日高点 124⅝。我们把止损放在 121⅝。止损被触发。在 121⅝放空 2000 股。5 月 17 日低点 118⅛。止损放在 121⅛。止损被触发。我们在 121⅛买入 2000 股。之后我们在 126⅛买入 1000 股,在 131 买入 500 股,在 136 买入 300 股,在 141 买入 200 股。7 月 11 日高点 144⅞。把所有持仓的止损放在 141⅞。止损被触发,在 141⅞卖空 2000 股。7 月 24 日低点 137¼。7 月 23 日高点 140½。之后,我们在 145½买入 1000 股。止损被触发。我们在 141½买入 2000 股。之后,我们

在145½买入1000股,在150买入500股。8月9日高点155¼。把止损提高到152¼。止损被触发,我们在152½放空2000股。8月12日低点147½。我们把止损放在150½。止损被触发,我们在150½买入2000股。之后,我们在155再买入1000股。8月17日高点159½。我们把止损提高到156½。止损被触发。在156½放空2000股。8月20日低点148½。我们把止损放在151½。止损被触发。我们在151½买入2000股。

8月24日高点153。我们把止损设在150。止损被触发。我们在150放空2000股。8月25日低点147⅝。把止损放在150⅝。止损被触发。我们在150⅝买入2000股。9月8日高点152¾。我们把止损放在149¾。止损被触发。我们在149¾放空2000股。9月20日低点142¼。把止损放在145¼。止损被触发,我们在145¼买入2000股。之后,我们在150买入1000股。

10月2日高点154¾。止损提高到151¾。止损被触发。我们在151¾放空2000股。在147卖空1000股,在142卖空500股,在140再卖空300股。10月20日低点133¾。我们把止损放在136¾。止损被触发。我们在136¾买入2000股,之后在141¾买入1000股,在146¾再买入500股。11月16日高点153½。把止损放在150½。止损被触发。我们在150½放空2000股。

11月19日低点143½。我们把止损放在146½。止损被触发。我们在146½买入2000股,之后在151½买入1000股,在156½再买入500股。12月17日和27日高点160½。在160卖出平仓,并且在160放空2000股,因为159½是8月17日的高点。我们把止损放在162½。

### 13. 1927年

1月4日和7日低点154。1月5日高点156½。我们把止损设在157½。止损被触发。我们在157½买入2000股。1月13日高点159¼。把止损提高到156¼。止损被触发。我们在156¼卖空2000股。1月27日低点153½。我们把止损放在156½。止损被触发。在156½买入2000股。2月24日高点162½。我们把止损放在159½。止损被触发。我们在159½放空2000股。3月5日和8日低点156½。3月7日高点157¾。我们把止损放在158¾。止损被触发。

下表涵盖了1926年3月5日到1927年3月10日的交易:

| | | 借方 | 贷方 |
|---|---|---|---|
| | 结转自1926年3月5日 | | $1040240 |
| 123买入2000股 | 平仓于125⅛ | | 4250 |
| 125⅛卖出2000 | 120⅝ | | 11000 |
| 120⅝买入1000 | 120½ | $125 | |
| 120½卖出2000 | 120 | | 1000 |

| | | | |
|---|---|---|---|
| 120 买入 2000 | 121$\frac{5}{8}$ | | 3250 |
| 121$\frac{5}{8}$卖出 2000 | 121$\frac{1}{8}$ | | 1000 |
| 121$\frac{1}{8}$买入 2000 | 141$\frac{7}{8}$ | | 41500 |
| 126$\frac{1}{8}$买入 1000 | 141$\frac{7}{8}$ | | 15750 |
| 131 买入 500 | 141$\frac{7}{8}$ | | 5437.50 |
| 136 买入 300 | 141$\frac{7}{8}$ | | 1762.50 |
| 141 买入 200 | 141$\frac{7}{8}$ | | 175 |
| 141$\frac{7}{8}$卖出 2000 | 141$\frac{1}{2}$ | | 750 |
| 141$\frac{1}{2}$买入 2000 | 152$\frac{1}{4}$ | | 21500 |
| 145$\frac{1}{2}$买入 1000 | 152$\frac{1}{4}$ | | 6750 |
| 150 买入 500 | 152$\frac{1}{4}$ | | 1125 |
| 152$\frac{1}{4}$卖出 2000 | 150$\frac{1}{2}$ | | 3500 |
| 150$\frac{1}{2}$买入 2000 | 150 | 1000 | |
| 150 卖出 2000 | 150$\frac{5}{8}$ | 1250 | |
| 150$\frac{5}{8}$买入 2000 | 149$\frac{3}{4}$ | 1750 | |
| 149$\frac{3}{4}$卖出 2000 | 145$\frac{1}{4}$ | | 9000 |
| 145$\frac{1}{4}$买入 2000 | 151$\frac{3}{4}$ | | 13000 |
| 150 买入 1000 | 151$\frac{3}{4}$ | | 1750 |
| 151$\frac{3}{4}$卖出 2000 | 136$\frac{3}{4}$ | | 30000 |
| 147 卖出 1000 | 136$\frac{3}{4}$ | | 10250 |
| 142 卖出 500 | 136$\frac{3}{4}$ | | 2625 |
| 140 卖出 300 | 136$\frac{3}{4}$ | | 975 |
| 136$\frac{3}{4}$买入 2000 | 150$\frac{1}{2}$ | | 27500 |
| 141$\frac{3}{4}$买入 1000 | 150$\frac{1}{2}$ | | 8750 |
| 146$\frac{3}{4}$买入 500 | 150$\frac{1}{2}$ | | 3875 |
| 150$\frac{1}{2}$卖出 2000 | 146$\frac{1}{2}$ | | 8000 |
| 146$\frac{1}{2}$买入 2000 | 160 | | 27000 |
| 151$\frac{1}{2}$买入 1000 | 160 | | 8500 |
| 156$\frac{1}{2}$买入 500 | 160 | | 2250 |
| 160 卖出 2000 | 157$\frac{1}{2}$ | | 5000 |
| 157$\frac{1}{2}$买入 2000 | 156$\frac{1}{4}$ | 2500 | |
| 156$\frac{1}{4}$卖出 2000 | 156$\frac{1}{2}$ | 500 | |
| 156$\frac{1}{2}$买入 2000 | 159$\frac{1}{2}$ | | 6000 |
| 159$\frac{1}{2}$卖出 2000 | 158$\frac{3}{4}$ | | 1500 |

## 第8章 隔夜图交易方法

|  | $7125 | $1324965 |
|---|---|---|
| 佣金 | 14075 | 21200 |
| 净利润 |  | $1303765 |

在158¾买入2000股。之后在163买入1000股,在168再买入500股。4月11日和16日,高点172¾。我们把止损放在169¾。止损被触发。我们在169¾放空2000股。5月2日低点164½。我们把止损放在167½。止损被触发。我们终止了在老股票上的交易。

5月9日,在121½买入2000股新股票。6月1日高点125¾。6月4日低点123。我们把止损设在122。止损被触发。我们在122放空2000股。6月30日低点118⅞。6月25日过去的高点是121½。我们把止损放在122½。止损被触发,我们在122½买入2000股。之后,在127买入1000股,在132再买入500股。8月2日高点138⅜。8月1日的低点是134⅝。我们把止损提高到133⅝。止损被触发,我们在133⅝卖空2000股。8月12日低点129¼。我们把止损放在132¼。止损被触发,在132¼买入2000股,之后在136买入1000股,在141买入500股,在145买入300股,再在150买入200股,在155买入100股。

9月16日高点160½。我们把所有持仓的止损设在157½。止损被触发,在157½放空2000股。之后在152½卖空1000股,在147½再卖空500股。9月29日低点145½。我们把止损放在148½。止损被触发。我们在148½买入2000股。10月4日高点154⅝。把止损放在151⅝。止损被触发,我们在151⅝放空2000股,之后在146⅝再卖空1000股,在141⅝卖空500股,在136⅝卖空300股,在131⅝卖空200股。10月29日低点128⅝。把所有持仓的止损放在131⅝。止损被触发。

我们在131⅝买入2000股,之后在136⅝再买入1000股,在141⅝再买入500股。11月29日高点147⅝。当天的低点是144⅝。我们把止损放在143⅝。止损被触发,在143⅝放空2000股。12月9日低点138。我们把止损放在141。止损被触发。我们在141买入2000股,之后在145买入1000股,在150买入500股。12月24日高点155。我们把止损放在152。止损被触发,在152卖空2000股,之后在147卖空500股,在142卖空300股。1928年3月2日的低点是137½。刚好在12月9日的低点之下1/2点。我们在138平掉空头仓位并且以137的止损买入,止损没有触发,但我们把止损提高到140½,因为过去的3个顶部在140¼。止损被触发。

## 江恩股票市场教程

下表涵盖了 1927 年 3 月 19 日到 1928 年 3 月的交易：

| | | 借方 | 贷方 |
|---|---|---|---|
| | 结转自 1927 年 3 月 10 日 | | $ 1313765 |
| 158¾ 买入 2000 股 | 平仓于 169¾ | | 22000 |
| 163 买入 1000 | 169¾ | | 6750 |
| 168 买入 500 | 169¾ | | 875 |
| 169¾ 卖出 2000 | 167½ | | 4500 |
| 新股票 | | | |
| 121½ 买入 2000 股 | 平仓于 122 | 1000 | |
| 122 卖出 2000 | 122½ | $ 1000 | |
| 122½ 买入 2000 | 133⅝ | | 22250 |
| 127 买入 1000 | 133⅝ | | 6625 |
| 132 买入 500 | 133⅝ | | 812.50 |
| 133⅝ 卖出 2000 | 132½ | | 2750 |
| 132¼ 买入 2000 | 157½ | | 50500 |
| 136 买入 1000 | 157½ | | 21500 |
| 131 买入 500 | 157½ | | 13250 |
| 145 买入 300 | 157½ | | 3750 |
| 150 买入 200 | 157½ | | 1500 |
| 155 买入 100 | 157½ | | 250 |
| 157½ 卖出 2000 | 148½ | | 18000 |
| 152½ 卖出 1000 | 148½ | | 4000 |
| 147½ 卖出 500 | 148½ | 500 | |
| 148½ 买入 2000 | 151⅝ | | 6250 |
| 151⅝ 卖出 2000 | 131⅝ | | 40000 |
| 146⅝ 卖出 1000 | 131⅝ | | 15000 |
| 141⅝ 卖出 500 | 131⅝ | | 5000 |
| 136⅝ 卖出 300 | 131⅝ | | 1500 |
| 131⅝ 卖出 200 | 131⅝ | | 0 |
| 131⅝ 买入 2000 | 143⅝ | | 24000 |
| 136⅝ 买入 1000 | 143⅝ | | 7000 |
| 141⅝ 买入 500 | 143⅝ | | 1000 |
| 143⅝ 卖出 2000 | 141 | | 5250 |
| 141 买入 2000 | 152 | | 22000 |

| | | |
|---|---|---|
| 145 买入 1000 | 152 | 7000 |
| 150 买入 500 | 152 | 1000 |
| 152 卖出 2000 | 140½ | 23000 |
| 147 卖出 500 | 140½ | 3250 |
| 142 卖出 300 | 140½ | 450 |
| | $1500 | $1645777.50 |
| 佣金 | 10100 | 11600.00 |
| 净余额 | | $1634177.50 |

**14. 1928 年**

我们在 140½ 买入 2000 股,之后在 144½ 买入 1000 股,在 149½ 再买入 500 股。3 月 22 日和 26 日高点 152。我们把止损提高到 149。止损被触发,我们在 149 卖空 2000 股,4 月 2 日和 11 日低点 145,与 3 月 14 日和 20 日相同的低点。尽管可以靠着双底平掉空头仓位,我们还是把止损降低到 148。止损被触发。我们在 148 买入 2000 股。4 月 12 日高点 154。我们把止损提高到 151,止损被触发,我们在 151 卖空 2000 股。4 月 24 日低点 143¾。4 月 27 日高点 147。我们把止损设在 148。止损被触发。我们在 148 买入 2000 股。5 月 11 日高点 150¾。我们把止损放在 147¾。止损被触发,我们在 147¾ 放空 2000 股,之后在 142¾ 放空 1000 股,在 137¾ 再放空 500 股。6 月 11 日低点 132⅝。6 月 21 日过去的低点在 136¼。我们把止损放在 137¼。止损被触发,我们在 137¼ 买入 2000 股。7 月 9 日高点 142。我们把止损设在 139。止损被触发,我们在 139 放空 2000 股。7 月 17 日低点 134。我们把止损设在 137。止损被触发。

我们在 137 买入 2000 股,之后在 142 买入 1000 股,在 147 买入 500 股,在 152 买入 300 股。9 月 17 日高点 160⅜。我们把止损设在 157⅜。止损被触发,我们在 157⅜ 卖空 2000 股。9 月 21 日低点 155。我们把止损设在 158。止损被触发,我们在 158 买入 2000 股。之后在 162 再买入 1000 股。10 月 15 日高点 166。我们把止损设在 163。止损被触发。在 163 放空 2000 股。10 月 26 日低点 159⅛。我们把止损设在 162⅛。止损被触发,我们在 162⅛ 买入 2000 股,之后在 167 再买入 1000 股。11 月 16 日高点 172½,我们把止损设在 169½。止损被触发,在 169½ 放空 2000 股。之后在 164½ 再放空 1000 股,在 159½ 放空 500 股,在 154½ 放空 300 股。12 月 17 日低点 149¾,12 月 8 日低点 150¼。还要注意,8 月 23 日和 28 日的低点是 149¼ 和 150½。这些底部提供了一个在 150 附近平掉空头仓位并买入的信号;此外,从 6 月 25 日过去的低点 132⅜ 到 11 月 16 日的高点 172½,其 1/2 位在 152½,3 点的止损从未被触发。

12月17日的低点149¾之后，我们把止损放在152¾。止损被触发，在152¾买入2000股。之后在157¾再买入1000股，在162¾买入300股，在172¾买入200股，在177¾买入100股。

**15. 1929年**

1929年1月22日，高点190¼。我们把止损设在187¼。止损被触发。我们在187¼放空2000股。1月24日低点183½。我们把止损设在187½。止损被触发。我们在187½买入2000股。1月25日高点192¾。把止损设在189¾。止损被触发，我们在189¾放空2000股。1月30日低点179½。我们把止损设在182½。止损被触发。我们在182½买入2000股。2月2日高点188。止损设在185。止损被触发。在185放空2000股，之后在180再放空1000股。2月18日低点171⅛。止损设在174⅛。止损被触发。我们在174⅛买入2000股。2月13日高点180。我们把止损设在177。止损被触发。我们在177放空2000股，之后在172再放空1000股。2月16日低点168¼。我们把止损设在171¼。止损被触发，在171¼买入2000股。之后我们在176¼再买入1000股，在181¼买入500股，在186¼买入300股，在190¼买入200股。3月1日高点193¾。我们把止损设在190¾。止损被触发。

在190¾放空2000股，在185¾再放空1000股。3月6日低点180½。我们把止损设在183½。止损被触发，我们在183½买入2000股。3月8日高点187¼。我们把止损设在184¼。止损被触发，在184¼放空2000股。3月11日低点180½。与3月6日相同的低点。我们把止损设在183½。止损被触发，我们在184¼买入2000股。3月28日高点183¾。止损设在180¾。止损被触发。

我们在180¾放空2000股。4月1日低点176¼。把止损设在179¼。止损被触发。我们在179¼买入2000股，之后在184¼再买入1000股。4月5日高点189。把止损设在186。止损被触发。我们在186放空2000股。4月9日和17日低点183¾。止损设在186¾。止损被触发。我们在186¾买入2000股。4月30日高点190½。我们把止损设在187½。止损被触发。在187½放空2000股。之后在182½再放空1000股，在177½放空500股，在172½放空300股，在167½放空200股。5月31日低点162½。我们把止损设在165½。止损被触发，在165½买入2000股。之后在170½再买入1000股，在175½买入500股，在180½买入300股，在185½买入200股，在190½买入100股。

7月初，股票穿越了194——历史最高点，自从162½的低点以来从未突破隔夜图的底部，表明了强劲的上升趋势。因为我们第一次在165½的买入产生了30点的利润，所以开始金字塔交易，在195½再买入2000股。在200½再买入1000股。7月11日低点197½。我们把所有买单的止损提高到196½。上涨继续，我们在105½再买入1000股。7月20日和24日高点209¾和210。7月22日、24日和29日在204½形成了低点。把所有持仓的止损提高到 203½。止损没有被触发。我们在 210½再买入 500 股，在 215½买入 300 股，在 220½买入 200 股，在 225½买入 100 股。8 月 9 日，最后的低点是 213½。我们把所有持仓的止损提高到 212½。上涨继续，隔夜图没有趋势变化。8 月 14 日高点 245。8 月 15 日低点 235⅝。把所有持仓的止损提高到 234⅝。8 月 19 日低点 237⅝。我们把所有持仓的止损提高到 236⅝。

当你双倍金字塔交易获得了大额利润时要遵守的规则是不要猜测，等到隔夜图上前期低点之下 1 点的止损单被触发而止损，或者在每天高点之下 10 点跟进止损。这个规则仅仅应用于活跃、快速的行情中。例如，从 8 月 14 日的高点到 8 月 15 日的低点，跌了 9⅜点。因此，从下一个极限高位起 10 点的下跌将预示着趋势正准备反转向下。

8 月 24 日高点 260½。8 月 29 日低点 25½，恰好是 9 点的下跌，而且 10 点的止损不会被触发。我们把所有持仓的止损提高到 250½。9 月 3 日高点 261¾，下方 10 点的止损在 251¾。在 251¾卖出平仓所有多头股票。

下表涵盖了 1928 年 3 月到 1929 年 9 月 5 日的所有交易：

|  |  | 借方 | 贷方 |
|---|---|---|---|
|  | 结转自 1928 年 30 月 |  | $1623177.10 |
| 140½买入 2000 股 | 平仓于 149 |  | 17000 |
| 144½买入 1000 | 149 |  | 4500 |
| 149½买入 500 | 149 | 250 |  |
| 149 卖出 2000 | 148 |  | 2000 |
| 148 买入 2000 | 141 | 14000 |  |
| 145 卖出 2000 | 148 | 14000 |  |
| 148 买入 2000 | 147¾ | 500 |  |
| 147¾卖出 2000 | 137¼ |  | 21000 |
| 142¾卖出 1000 | 137¼ |  | 5500 |
| 137¾卖出 500 | 137¼ |  | 250 |
| 137¼买入 2000 | 139 |  | 3500 |
| 139 卖出 2000 | 137 |  | 4000 |
| 137 买入 2000 | 157⅜ |  | 40750 |
| 142 买入 1000 | 157⅜ |  | 15375 |
| 147 买入 500 | 157⅜ |  | 5187.50 |
| 152 买入 300 | 157⅜ |  | 1612.50 |
| 157⅜卖出 2000 | 158 | 1250 |  |
| 158 买入 2000 | 163 |  | 10000 |

| | | | |
|---|---|---|---|
| 162 买入 1000 | 163 | | 1000 |
| 163 卖出 2000 | 162⅛ | | 1750 |
| 162⅛买入 2000 | 169½ | | 14750 |
| 167 买入 1000 | 169½ | | 2500 |
| 169½卖出 2000 | 152¾ | | 33500 |
| 164½卖出 1000 | 152¾ | | 11750 |
| 159½买入 500 | 152¾ | | 3375 |
| 154½卖出 300 | 152¾ | | 525 |
| 152¾买入 2000 | 187¼ | | 69000 |
| 157¾买入 1000 | 187¼ | | 29500 |
| 162¾买入 500 | 187¼ | | 12250 |
| 167¾买入 300 | 187¼ | | 5850 |
| 172¾买入 200 | 187¼ | | 2900 |
| 177¾买入 100 | 187¼ | | 950 |
| 187¼卖出 2000 | 187½ | 500 | |
| 187½买入 2000 | 189¾ | | 4500 |
| 199¾卖出 2000 | 182½ | | 24500 |
| 182½买入 2000 | 185 | | 5000 |
| 185 卖出 2000 | 174¼ | | 21500 |
| 180 卖出 1000 | 174¼ | | 5750 |
| 174⅛买入 2000 | 177 | | 5750 |
| 177 卖出 2000 | 171¼ | | 11500 |
| 172 卖出 1000 | 171¼ | | 750 |
| 171¼买入 2000 | 190¾ | | 39000 |
| 176¼买入 1000 | 190¾ | | 14500 |
| 181¼买入 500 | 190¾ | | 4750 |
| 186¼买入 300 | 190¾ | | 1350 |
| 191¼买入 300 | 190¾ | 150 | |
| 190¾卖出 2000 | 183½ | | 14500 |
| 185¾卖出 1000 | 183½ | | 2250 |
| 183½买入 2000 | 184¼ | | 1500 |
| 184¼卖出 2000 | 183½ | | 1500 |
| 183½买入 2000 | 187¾ | | 8500 |
| 188½买入 1000 | 187¾ | 750 | |

| | | | |
|---|---|---|---|
| 187¾ 卖出 2000 | 174½ | | 26500 |
| 182¾ 卖出 1000 | 174½ | | 8250 |
| 177¾ 卖出 500 | 174½ | | 1750 |
| 172¾ 卖出 300 | 174½ | 525 | |
| 174½ 买入 2000 | 180¾ | | 12500 |
| 180¾ 卖出 2000 | 179¼ | | 2500 |
| 179¼ 买入 2000 | 186 | | 13500 |
| 184¼ 买入 2000 | 186 | | 1750 |
| 186 卖出 2000 | 186¾ | 1500 | |
| 186¾ 买入 2000 | 187¾ | | 1500 |
| 187½ 卖出 2000 | 165½ | | 4400 |
| 182½ 卖出 1000 | 165½ | | 17000 |
| 177½ 卖出 500 | 165½ | | 6000 |
| 172½ 卖出 300 | 165½ | | 2100 |
| 167½ 卖出 200 | 165½ | | 400 |
| 165½ 买入 2000 | 251¾ | | 172500 |
| 170½ 买入 1000 | 251¾ | | 81500 |
| 175½ 买入 500 | 251¾ | | 38125 |
| 180½ 买入 300 | 251¾ | | 21375 |
| 185½ 买入 200 | 251¾ | | 13250 |
| 190½ 买入 100 | 251¾ | | 6150 |
| 195½ 买入 2000 | 251¾ | | 113500 |
| 200½ 买入 1000 | 251¾ | | 51250 |
| 205½ 买入 1000 | 251¾ | | 46250 |
| 210½ 买入 500 | 251¾ | | 20625 |
| 215½ 买入 300 | 551¾ | | 10875 |
| 220½ 买入 200 | 251¾ | | 6250 |
| 225½ 买入 100 | 251¾ | | 2625 |

                    $ 33425  $ 2833577.50
               佣金 24700   58125.00

              净收益   $ 2775452.50

现在,我们的总资金是 2775452.50 美元,你可以极保守并且把交易单位增加到

5000 股。在 251¾ 卖空 5000 股。9 月 5 日低点 245¾。我们把止损设在 248¾。止损被触发，我们在 248¾ 买入 5000 股。8 月 7 日高点 252½。我们把止损设在 249½。止损被触发，我们在 249½ 卖空 5000 股。之后在 244½ 卖空 3000 股，在 239½ 再卖空 2000 股。9 月 10 日低点 238。9 月 11 日高点 243¼。我们把所有持仓的止损设在 244¼。9 月 13 日和 15 日低点 230½。我们把止损降低到 233½。止损被触发。在 233½ 买入 5000 股，止损 229½，然后在 238½ 再买入 3000 股，在 243½ 买入 2000 股。9 月 19 日高点 247½。我们把所有持仓的止损提高到 244½。止损被触发。我们在 244½ 放空 5000 股，在 239½ 再放空 3000 股。9 月 21 日低点 232。把止损设在 235。止损被触发。

我们在 235 买入 5000 股，在 240 再买入 3000 股。9 月 24 日高点 241¾。我们把止损设在 238¾。止损被触发。在 238¾ 放空 5000 股，之后在 233¾ 再放空 3000 股，在 228¾ 放空 2000 股，在 223¾ 放空 1000 股，在 218¾ 放空 500 股，在 213¾ 放空 300 股，在 208¾ 放空 200 股。10 月 4 日低点 206½。我们计算 1928 年 12 月的低点 149 3/4 到 261¾ 的高点，得出 1/2 位在 205¾，然而我们正处于大恐慌中，因此在低点之上 3 点设立止损即在 209½ 设止损跟随向下。止损被触发，我们在 209½ 买入 5000 股，之后在 214½ 再买入 3000 股，在 219½ 买入 2000 股，在 224½ 买入 1000 股，在 229½ 买入 500 股。10 月 10 日高点 234，与 9 月 26 日相同的高点。我们计算 261¾ 的高点到 206½ 的低点，得到 234⅛，即 1/2 位。在 233 卖出平仓并且以止损 235⅛ 放空 5000 股。然后在 230⅛ 放空 3000 股，在 225⅛ 放空 2000 股，在 220⅛ 放空 1000 股，在 215⅛ 放空 500 股，在 210⅛ 放空 300 股。12 月 21 日低点 205，恰好在 1/2 位之下。另外注意 7 月 22 日、24 日和 29 日低点 204½，一个强阻力点，应该平掉空头仓位的位置，但我们只把止损降低到 208。止损被触发。我们在 208 买入 5000 股，之后在 213 再买入 300 股，在 218 买入 2000 股。10 月 22 日高点 218½。我们把所有持仓的止损提高到 215½。止损被触发。

在 215½ 放空 5000 股。之后在 210½ 再放空 3000 股，在 204 放空 2000 股，当 1/2 位和底部被突破时，在 199 放空 1000 股，在 194 放空 500 股。10 月 24 日低点 193½。由于这是一个恐慌日，我们把止损降低到距低点 5 点。我们于 198½ 回补了空单，并且在 198½ 买入 5000 股。10 月 25 日高点 207。我们知道 1/2 位是 205¾，因此在 205 卖出平仓，并且在 205 以止损 208 放空 5000 股。之后我们在 200 再放空 3000 股，在 195 放空 2000 股，在 190 放空 1000 股，在 185 放空 500 股，在 180 放空 300 股，在 175 放空 200 股，在 170 放空 100 股。10 月 29 日，大恐慌，美国钢铁跌到了 166½。我们必须回补空单或者在距低点 5 点设止损跟随向下，因此在 171½ 的止损被触发，在 171½ 买入 5000 股，在 176½ 买入 3000 股，在 181½ 买入 2000 股。10 月 31 日高点 193½。我们把止损提高到 188½。止损被触发。我们在 188½ 放空 5000 股。然后在 183½ 放空

3000 股，在 178½放空 2000 股，在 173½放空 1000 股，在 168½放空 500 股。11 月 7 日低点 161½。我们把止损降低到 166½。止损被触发。在 166½买入 5000 股，在 171½买入 3000 股。11 月 8 日高点 175½。我们把所有持仓的止损设在 170½。止损被触发。我们在 170½放空 5000 股。然后在 165½放空 3000 股，在 160½放空 2000 股，在 155½放空 1000 股。

现在，我们计算 1915 年 2 月 1 日的低点到高点 261¾，发现 1/2 位是 149⅞。我们还知道行情从 1928 年 12 月 17 日的 149¾启动。因此，150 是最强的支撑位。11 月 13 日美国钢铁在 150 交易，而我们不等待剩下的 1/8。在 151 平掉所有空头仓位，并且在 151 以止损 148¾买入 5000 股。之后我们在 156 买入 3000 股，在 161 买入 2000 股。11 月 15 日高点 167½。我们把止损设在 164¼。止损被触发，在 164½放空 5000 股。11 月 18 日低点 159⅝。我们把止损设在 162⅝。止损被触发。我们在 162⅝买入 5000 股。然后在 167⅝买入 3000 股。11 月 21 日高点 171⅛。我们把止损设在 168⅞。止损被触发。在 168⅞放空 5000 股。然后在 163⅞再放空 3000 股。12 月 2 日低点 159¼，仅仅低于 11 月 18 日的低点 3/8 点。我们把止损设在 162¼。止损被触发。我们在 162¼买入 5000 股，之后在 167¼再买入 3000 股。12 月 5 日低点 164½。我们把所有持仓的止损设在 163½。之后在 172¼买入 2000 股，在 177¼买入 1000 股，在 182¼买入 500 股，在 187¼买入 300 股。12 月 9 日高点 189。我们把止损设在 186。止损被触发。我们在 186 做空 5000 股。然后在 181 放空 3000 股，在 176 放空 2000 股，在 171 放空 1000 股，在 166 放空 500 股。12 月 13 日低点 164¼，与 12 月 5 日相同的低点。我们把止损设在 167¼。止损被触发。在 167¼买入 5000 股。然后在 172¼再买入 3000 股。12 月 14 日高点 174¾。我们把止损设在 171¾。止损被触发。

我们在 171¾卖空 5000 股。之后在 166¾再卖空 3000 股。12 月 17 日低点 166¼。我们把止损设在 169¼，止损被触发。在 169¼买入 5000 股。12 月 18 日高点 173½。我们把止损设在 170½。止损被触发。我们在 170½放空 5000 股。之后在 165½再放空 3000 股。在 160½放空 2000 股。12 月 23 日低点 156¾。我们把止损设在 159¾。止损被触发。在 159¾买入 5000 股。之后在 163¾再买入 3000 股。12 月 29 日低点 163⅝。我们把止损设在 162⅝。之后我们在 169¾再买入 2000 股。

**16. 1930 年**

1 月 2 日高点 173⅝。当日低点 166。我们把止损设在 165。价格 166⅛是 1921 年 6 月 23 日的低点 70½和极限高点 261¾之间的 1/2 位。因此，这是一个强支撑和买入位。1 月 13 日低点 168⅝。我们把止损设在 167⅝，因为自从 1 月 2 日以来隔夜图形成了更低的顶部。1 月 18 日低点 167⅐。167⅛的止损被触发，在 167⅝放空 5000 股，止损 170⅝。止损被触发，我们在 170⅝买入 5000 股。在 175⅝再买入 3000 股，在 180⅝买入 2000 股，在 185⅝买入 1000 股。2 月 14 日高点 189，与 12 月 9 日相同的高点。2 月 17 日低点 184½。我们把止损设在 183½。2 月 18 日高点 189½。把止损提高到 186½。止损被触发。我们在 186½ 以止损 190 放空 5000 股。之后我们在 181½ 再放空 3000 股。2 月 25 日低点 177。我们把止损设在 180。止损被触发。我们在 180 买入 5000 股。3 月 1 日和 7 日高点 184。把止损设在 181。止损被触发。

下表涵盖了从 1929 年 9 月到 1930 年 3 月的交易：

|  |  | 借方 | 贷方 |
|---|---|---|---|
| 1929.9 |  |  | $ 2775452.50 |
| 251¾ 卖出 5000 股 | 平仓于 248¾ |  | 15000 |
| 248¾ 买入 5000 | 249½ |  | 3750 |
| 249½ 卖出 5000 | 233½ |  | 80000 |
| 244½ 卖出 3000 | 233½ |  | 33000 |
| 239½ 卖出 2000 | 233½ |  | 12000 |
| 233½ 买入 5000 | 244½ |  | 55000 |
| 238½ 买入 3000 | 244½ |  | 18000 |
| 243½ 买入 2000 | 244½ |  | 2000 |
| 244½ 卖出 5000 | 235 | 47500 |  |
| 239½ 卖出 3000 | 235 | 13500 |  |
| 235 买入 5000 | 238¾ | 18750 |  |
| 240 买入 3000 | 238¾ | $ 1250 |  |
| 238¾ 卖出 5000 | 209½ |  | 146250 |
| 233¾ 卖出 3000 | 209½ |  | 72750 |
| 228¾ 卖出 2000 | 209½ |  | 38500 |
| 223¾ 卖出 1000 | 209½ |  | 14250 |
| 218¾ 卖出 500 | 209½ |  | 4625 |
| 213¾ 卖出 300 | 209½ |  | 1275 |
| 208¾ 卖出 200 | 209½ | 150 |  |
| 209½ 买入 5000 | 233 |  | 117500 |
| 214½ 买入 3000 | 233 |  | 55500 |
| 219½ 买入 2000 | 233 |  | 27500 |
| 224¼ 买入 1000 | 233 |  | 8500 |
| 229½ 买入 500 | 233 |  | 1750 |
| 233 卖出 5000 | 208 |  | 125000 |
| 230⅛ 卖出 3000 | 208 |  | 66375 |
| 225⅛ 卖出 2000 | 208 |  | 34250 |

| | | | |
|---|---|---|---|
| 220⅛ 卖出 1000 | 208 | | 12125 |
| 215⅛ 卖出 500 | 208 | | 3562.50 |
| 210⅛ 卖出 300 | 208 | | 637.50 |
| 208 买入 5000 | 215½ | | 37500 |
| 213 买入 3000 | 215½ | | 7500 |
| 218 买入 2000 | 215½ | 5000 | |
| 215½ 卖出 5000 | 198½ | | 85000 |
| 210½ 卖出 3000 | 198½ | | 36000 |
| 204 卖出 2000 | 198½ | | 11000 |
| 100 卖出 1000 | 198½ | | 500 |
| 194 卖出 500 | 198½ | 2250 | |
| 198½ 买入 5000 | 205 | | 32500 |
| 205 卖出 5000 | 171½ | | 167500 |
| 200 卖出 3000 | 171½ | | 85500 |
| 195 卖出 2000 | 171½ | | 47000 |
| 190 卖出 1000 | 171½ | | 18500 |
| 185 卖出 500 | 171½ | | 6760 |
| 180 卖出 300 | 171½ | | 2550 |
| 175 卖出 200 | 171½ | | 700 |
| 170 卖出 100 | 171½ | 150 | |
| 171½ 买入 5000 | 188½ | | 85000 |
| 176½ 买入 3000 | 188½ | | 36000 |
| 181½ 买入 2000 | 188½ | | 14000 |
| 188½ 卖出 5000 | 166½ | | 110000 |
| 183½ 卖出 3000 | 166½ | | 51000 |
| 178½ 卖出 2000 | 166½ | | 24000 |
| 173½ 卖出 1000 | 166½ | | 7000 |
| 168½ 卖出 500 | 166½ | | 1000 |
| 166½ 买入 5000 | 170½ | | 20000 |
| 171½ 买入 3000 | 170½ | 3000 | |
| 170½ 卖出 5000 | 151 | | 97000 |
| 165½ 卖出 3000 | 151 | | 43500 |
| 160½ 卖出 2000 | 151 | | 19000 |
| 155½ 卖出 1000 | 151 | | 4500 |

| | | | |
|---|---|---|---|
| 151 买入 5000 | 164½ | | 67500 |
| 156 买入 3000 | 164½ | | 25500 |
| 161 买入 2000 | 164½ | | 7000 |
| 164½ 卖出 5000 | 162⅝ | | 9375 |
| 162⅝ 买入 5000 | 168⅞ | | 31250 |
| 167⅝ 买入 3000 | 168⅞ | | 3750 |
| 168⅞ 卖出 5000 | 162¼ | | 33125 |
| 163⅞ 卖出 3000 | 162¼ | | 4875 |
| 162¼ 买入 5000 | 186 | | 118750 |
| 167½ 买入 3000 | 186 | | 56250 |
| 172¼ 买入 2000 | 186 | | 27500 |
| 177¼ 买入 1000 | 186 | | 8750 |
| 182¼ 买入 500 | 186 | | 1875 |
| 187¼ 买入 300 | 186 | 375 | |
| 186 卖出 5000 | 167¼ | | 93750 |
| 181 卖出 3000 | 167¼ | | 41250 |
| 176 卖出 2000 | 167¼ | | 17500 |
| 171 卖出 1000 | 167¼ | | 3750 |
| 166 卖出 500 | 167¼ | 625 | |
| 167¼ 买入 5000 | 171¾ | | 22500 |
| 172¼ 买入 3000 | 171¾ | 1500 | |
| 171¾ 卖出 5000 | 169¼ | | 12500 |
| 166¾ 卖出 3000 | 169¼ | 7500 | |
| 169¼ 买入 5000 | 170½ | | 6250 |
| 170½ 卖出 5000 | 159¾ | | 52500 |
| 165½ 卖出 3000 | 158¾ | | 17250 |
| 160½ 卖出 2000 | 159¾ | | 1500 |
| 159¾ 买入 5000 | 167⅝ | | 39375 |
| 164¾ 买入 3000 | 167⅝ | | 8625 |
| 169¾ 买入 2000 | 167⅝ | 4250 | |
| 167⅝ 卖出 5000 | 170⅝ | 15000 | |
| 170⅝ 买入 5000 | 186½ | | 79375 |
| 175⅝ 买入 3000 | 186½ | | 32625 |
| 180⅝ 买入 2000 | 186½ | | 11750 |

| | | |
|---|---|---|
| 185⅝ 买入 1000 | 186½ | 875 |
| 186½ 卖出 5000 | 180 | 32500 |
| 181½ 卖出 3000 | 180 | 4500 |
| 180 买入 5000 | 181 | 5000 |

|  |  |  |
|---|---|---|
|  | $41050 | $5733677 |
| 我们在181放空5000股） 佣金 | 71175 | 112225 |
| 净利润 |  | $5621452 |

我们在181放空5000股。3月13日低点177¾。3月11日和14日高点182½。我们把止损设在183½。止损被触发。在183½买入5000股。之后在188½再买入3000股，在193½买入2000股。4月1日、7日、10日和16日，高点在198¾到197，但极限高点是198¾。4月3日的过去低点是192¾。我们把止损设在191¾。止损被触发。在191¾放空5000股。之后在186¾再放空3000股，在181¾放空2000股，在176¾放空1000股，在171¾放空500股。

5月5日低点166¼。我们回补空单并且在167买入5000股，因为166⅛是1921年低点到1929年高点的1/2位，还因为1930年1月2日的低点是166。我们用止损165保护多单。之后我们在172买入3000股。5月6日高点175。我们计算150到198¾的1/2位是174⅜。因此，在174卖出多单并且在174以止损176放空5000股。然后在169放空3000股。5月8日低点165¾。我们在166½回补空单并且在166½买入5000股，止损165。之后我们在171½再买入3000股。5月14日高点175⅜。我们在174再次卖出多单并且在174以止损176放空5000股。之后我们在169再放空3000股。5月20日低点166¼。再次回补空单并且在166½买入5000股，止损设在165。之后在171½买入3000股。5月28日高点175。我们在174卖出多单并且在174以止损176放空5000股。之后在169再放空3000股。

6月7日，美国钢铁在166交易。在166½回补空单并且在166½以止损165买入5000股。止损当天被触发，我们在165放空5000股。6月7日美国钢铁跌到了164。现在可以把止损设在167，或者等到隔夜图出现反转，然后在隔夜图再次反转向下的顶部之上设置1点的止损，或者用每天的低点之上3点的止损单跟随向下。

......

下表涵盖了1930年3月到1930年6月7日的交易，包括：

| | | 借方 | 贷方 |
|---|---|---|---|
| | 结转 | | $5621452 |
| 181 卖出 5000 | 平仓于183½ | $12500 | |

| | | | |
|---|---|---|---|
| 183½ 买入 5000 | 191¾ | | 41250 |
| 188½ 买入 3000 | 191¾ | | 9750 |
| 193½ 买入 2000 | 191¾ | 3500 | |
| 191¾ 卖出 5000 | 167 | | 123750 |
| 186¾ 卖出 3000 | 167 | | 59250 |
| 181¾ 卖出 2000 | 167 | | 29500 |
| 176¾ 卖出 1000 | 167 | | 9750 |
| 171¾ 卖出 500 | 167 | | 2375 |
| 167 买入 5000 | 174 | | 35000 |
| 172 买入 3000 | 174 | | 6000 |
| 174 卖出 5000 | 166½ | | 37500 |
| 169 卖出 3000 | 166½ | | 7500 |
| 166½ 买入 5000 | 174 | | 37500 |
| 171½ 买入 3000 | 174 | | 7500 |
| 176 卖出 5000 | 166½ | | 37500 |
| 169 卖出 3000 | 166½ | | 7500 |
| 166½ 买入 5000 | 174 | | 37500 |
| 171½ 买入 3000 | 174 | | 7500 |
| 176 卖出 5000 | 166½ | | 37500 |
| 169 卖出 3000 | 166½ | | 7500 |
| 166½ 买入 5000 | 165 | | 7500 |

                $ 23500  $ 6163007

           佣金 19875  43375

           净收益    $ 6119702

补正：

1927 年 3 月 10 日到 1930 年 6 月 7 日

509600 股, 25 美元每 100 股

应该是 50 美元每 100 股, 差一倍      $ 127403

869700 股, 4 美元每 100 股的税未计算   34788 162191

净利润共计             $ 5957511

1930 年 6 月 7 日, 还有 5000 股在 165 的空单。

6 月 11 日低点 160½; 6 月 13 日高点 166。我们把空单的止损设在 167。6 月 16

日我们在 161 放空 3000 股。6 月 18 日低点 155。把所有持仓的止损设在 158。止损被触发。我们在 158 买入 5000 股。6 月 20 日高点 162¼。我们把止损设在 159¼。止损被触发。在 159¼ 放空 5000 股。6 月 25 日低点 151⅝。我们把止损降低到 154⅝。止损被触发。我们在 154⅝ 买入 5000 股。我们可以在 152 买入在 149 设止损,因为 150 是 1914 年到 1929 年的 1/2 位。

6 月 27 日低点 153½。把止损设在 153。6 月 30 日美国钢铁穿越了 157½——6 月 24 日和 26 日的顶部,自从 6 月 28 日以来隔夜图第一次形成更高的顶部。为此,我们在 157½ 再买入 3000 股,并且把所有持仓的止损设在 154。

1930 年 6 月 30 日,账户情况如下:

利润

| | | | | | |
|---|---|---|---|---|---|
| 卖出 | 5000 | 165 | 平仓于 158 | | $35000 |
| 卖出 | 3000 | 161 | 158 | | 9000 |
| 买入 | 5000 | 158 | 159¼ | | 6250 |
| 卖出 | 5000 | 159¼ | 154⅝ | | 23125 |
| | | | | | $73375 |
| | | | 扣除 | | 9720 |
| | | | 净利润 | | $65655 |
| | | | 6 月 7 日资金 | | 5957511 |
| | | | 合计 | | $6021166 |

还有 5000 股在 154⅝ 的买单和 3000 股在 157½ 的买单,所有持仓的止损在 154。

7 月 1 日高点 161⅜。把止损提高到 158⅜,因为过去在 6 月 20 日的高点是 167¼,没能穿越这个价位水平预示着市场会出现更低的价位。止损被触发,我们在 158⅜ 放空 5000 股。

7 月 8 日低点 153¼。注意,6 月 27 日的低点是 153½,从这开始,自 5 月 28 日以来——那时股票在 175 交易——隔夜图第一次反转向上。回补空单并且在 153½ 买入 5000 股并设止损在 152½,因为这是一个与 6 月 27 日低点相同的双底。

7 月 9 日高点 158¼,7 月 10 日低点 155¾。我们把止损提高到 154¾。

7 月 10 日美国钢铁反弹到了 158½,在 158½ 再买入 3000 股,并且把所有持仓的止损放在 155½。

7 月 14 日高点 163¾。我们把止损提高到 160¾ 或距高点 3 点位置。我们或者以每天的最低点之下 1 点的止损跟随向上,或者等到隔夜图出现反转,然后把止损设在隔夜图的底部之下 1 点。

7 月 19 日高点 168¾。在 168 卖出平仓多头并且放空 5000 股,因为 169 是 198¾

到 151⅝的 3/8 位。我们把止损设在 170。7 月 21 日低点 162⅝。鉴于隔夜图仍然显示上涨这一事实，我们要注意 7 月 16 日的低点 164¼。我们计算 7 月 10 日的底部 155¾到高点 168¾的 1/2 位是 162¼，因此在 163 平掉空头仓位并且买入 5000 股设止损在 161。

7 月 23 日高点 168½。在 168 平仓多单并且放空。7 月 25 日低点 164¼。我们平掉空头仓位并且买入在 162 或 7 月 21 日的低点之下 1 点设止损。7 月 28 日高点 170。我们平仓多单并放空。7 月 31 日低点 163。在 163½ 平掉空头仓位并且以止损 162 买入，因为 163 是阻力位。

8 月 5 日高点 170¼，一个相对于 7 月 28 日的双顶。我们在 170 平仓多头并且放空设止损在 171。在 165 再放空；然后在 160 再放空，因为这突破了 7·月 21 日和 7 月 30 日的底部。

7 月 10 日过去的阻力位是 155¾。股票于 8 月 13 日跌到了 155½。在 156 回补空单并且以止损 154¾买入。然后在 161——隔夜图反转趋势向上——再次买入。美国钢铁于 8 月 16 日上涨到了 166¾。8 月 18 日回调到 162¾，上涨重新恢复。我们把止损提高到 161¾。8 月 20 日高点 168½。8 月 21 日低点 165¾。止损放在 164¾。8 月 27 日和 9 月 2 日高点 172¼。9 月 4 日低点 167¼，仍然在主要 1/2 位 166¼之上，我们把止损放在 165。9 月 8 日高点 173½。注意在 175 的 3 个顶部——5 月 6 日、14 日和 28 日。1/2 位是 174⅜。9 月 8 日我们在 173 平仓多单并且放空在 176 设止损。如果它穿越了形成于 5 月份的 3 个顶部，我们将为多头账户买入。

9 月 16 日下跌并且突破了 9 月 4 日的低点，我们在 167 再次放空；然后在 164 再次放空，因为再次突破了 166¼的主要 1/2 位。9 月 27 日在 159 再次放空。9 月 30 日突破了 155，处于 7 月 10 日和 8 月 13 日的底部之下；然后反弹，在 10 月 1 日和 10 月 3 日于 160½形成了 2 个顶部。我们把止损放在 161½。然后在 155 再次放空；然后在 149 再次放空，因为它突破了 1929 年 11 月 13 日的低点——大 1/2 位。

10 月 10 日和 14 日低点 144½。平掉所有空头仓位并且以止损 142 买入。10 月 11 日和 15 日高点 151½和 152½。我们卖出平仓并且在第 2 个顶部放空。10 月 18 日我们在 145 平掉空头仓位并且以止损 143 买入。然后在 150 买入更多。10 月 28 日高点 154，超过了过去的 2 个顶部。我们把止损设在 151。止损被触发，再次放空。之后在 146 做空更多。然后当突破 4 个底部时，在 143 放空更多。

11 月 8 日、10 日和 12 日形成了底部。在止损 143 平掉空头仓位并做多。然后在 147 买入更多。要观察的下一个点是 1/2 位 150——11 月 15 日、20 日、21 日和 25 日形成 4 个顶部的地方。在那里将卖出平仓并且以止损 151 放空。在 145 卖出更多；然后在 140 卖出更多。在 135 平掉所有空头仓位并且为多头账户买入，因为这是 8⅜和 261¾之间的 1/2 位，波动区间的一半和除 150 外最强的点。

# 第 8 章 隔夜图交易方法

12 月 18 日和 20 日形成了双顶。在 140 平仓多单并放空。12 月 29 日跌到了 135¾。我们平掉空头仓位并买入,因为 135 是 1/2 位。在 141 买入第 2 批,当它在 1 月 2 日回调时,我们把止损提高到 137。1 月 7 日和 9 日形成了双顶,我们把止损提高到 142,在那里我们再次卖出平仓并放空。1 月 16 日和 19 日于 138½ 形成了双底。这还是 134⅜ 和 145 之间的 1/2 位,因此在 139 平掉空头仓位并买入,以 137 的止损进行保护。1 月 24 日和 27 日是双顶,而且低于 1 月 9 日的顶部。在 143 平仓多单并且再次放空。2 月 5 日我们在 138 平掉空头仓位并买入,因为这是与 1 月 2 日和 19 日相同的底部。我们在 143 买入更多。2 月 16 日我们平仓多单并放空,因为这是一个双项并且在 1/2 位之下,而且还恰好在 11 月 15 日到 25 日形成的顶部之下。

2 月 17 日形成了双底,恰好在过去波动的 1/2 位之上。我们在 145 平掉空头仓位并买入。2 月 26 日股票上涨到了 152¼,没能到达 1/2 位之上 3 点。把止损提高到 149。止损被触发,我们平仓多单并放空。

3 月 4 日股票跌到了 143½,134⅜ 和 152¼ 之间的 1/2 位。我们在 144 平掉空头仓位并且以止损 142 做多。如果股票穿越了 152,特别是如果到达了 153,它将处于非常强的位置,并且预示着市场会到达高得多的价位。

*W. D. Gann*

# 第9章 自然阻力位和时间周期点

以下给出的阻力位是基于自然法则的，既可以用来测算时间，也可以用来测算空间。在这些点附近，股票会遇到阻力，向上或向下，或者从一个顶部到一个底部运行同样的点数。主要和次要运动的顶部和底部出现在这些阻力位上。

当人类第一次开始学习计数时，也许会用自己的手指，先用一只手数到5，再用另一只手也数到5。然后计算一只脚的5根脚趾和另一只脚的5根脚趾，这等于10，他把10和10加到一起，就等于20，这样一直用5和10相加和相乘。这个计算基础带来了10进制系统，用它计算我们的5、10、20、30和其他年度周期，计算阻力点也一样。人们的计算基础是100，对股票也一样，以1美元作为币值的基础。因此，1/4、1/8、1/16位对于顶部和底部以及买入和卖出位全都很重要。

以100为基础，最重要的点是25、50和75，分别是100的1/4、1/2和3/4。下一个重要的点是33⅓和66⅔，这是1/3和2/3位。下一个重要的点是1/8，它们是12½、37½、62½和87½。下一个重要的点是1/16，它们是6¼、18¾、31¼、43¾、56¼、68¾、81¼和93¾。

因为9是最大的数字，它对于时间和空间的阻力位非常重要。与9相关的最重要的点位是9、18、27、36、45、54、63、72、81、90、99、108、117、126、135和144。你会注意到，这些点位大多数都与其他阻力位以及提高重要阻力位的主12图表相一致，因为12只不过是9加上它的1/3。

第二个重要的由数字9构成的阻力位是1/2点，它们是：4½、22½、31½、40½、49½、58½、67½、76½、85½、94½、103½等等。你只不过是把9的1/2即4½加到某一个9的整数位上。

下一个重要阻力位是那些由12及其倍数形成的数字。它们对于计算一年的12个月非常重要。这些点还出现在非常接近以100和9为基础测算的许多其他重要阻力点和360°圆的分割点上。关于12的最重要的阻力点：12、18、24、30、36、42、48、54、60、66、72、78、84、90、96、102、108、114、120、126、132、138、144，以及你可以在主12图表(the Master 12 Chart)或12×12正方形上看到的其他点位。对主12图表的专门说明提供了这些其他的重要阻力点。大多数股票的顶部和底部明显地出现在以12为基础的阻力点附近。

360°的圆,当它被划分成几何片段,就可以解释所有阻力位,并且非常精确地衡量时间、成交量,以及空间。为了得到重要阻力位,把圆2、3、4、5、6、8、9和12等分很重要。

我们首先把圆2等分得到180,这是最强的阻力位,因为它是重心或1/2点。它相当于180个月或15年,是20年周期的3/4和30年周期的1/2,这非常重要。

接下来,我们把圆4等分得到90、180、270和360。这些点非常重要,因为它们相当于7½年、15年和22½年——这是圆的3/4。这些日、周或月时间点标志着重要时间周期的起点和终点,同样,当价格到达这些点时——尤其是时间也配合到位——它们也是重要的阻力位。

我们把360°的圆3等分得到下一个重要阻力位,它的1/3位是120,2/3位是240。这相当于10年周期和20年周期,当然还有第三个点位,360本身,是30年周期。

把圆12等分,我们得到下列重要点位,它们与其他点位相配合;30、60、90、120、150、180、210、240、270、300、330和360。150和210非常重要,因为150是到达180°之前的第30个月,也是120和180之间的1/2。210是180和240之间的1/2点。

把圆12等分后,接下来重要的是把圆24等分,因为1天24小时,地球每小时自转15°,或者说24小时自转360°。因此,我们得到以下点位:15、30、45、60、75、90、105、120、135、150、165、180、195、210、225、240、255、270、285、300、315、330、345、360。如果我们把15平分,得到7½。把它加到任何其他点位上就会得到一个重要点位,它与其他许多阻力位相一致。例如:7½加15等于22½,这是圆的1/16。150是个重要点位,如果我们把它加上15,等于165,这是150和180之间的1/2点;180是最强的角度之一。你可以用同样的方法加7½或15,得到其他重要点位。

把圆8等分,我们还可以得到非常重要的点位,它们是:45、90、135、180、225、270和315。135非常重要,因为它是从45°起的180°。315也非常重要,因为它与135相对,而且是从45°起的90°。

下一个重要的阻力和时间测算点可以通过把圆16等分获得,它们是22½、45、67½、90、112½、135、157½、202½、225、247½、292½、315和337½。

把圆32等分获得的点位也很重要,因为由此测算出的周期与主12图表非常接近,而且在非常接近这些数字的月数出现。这些点位是:11¼、33¾、56¼、78¾、101¾、123¾等等;这只是把11¼加到任何其他数字上得到下一个数字。

具备重要性的最低程度的分割是1/64,它是5⅝,即11¼的1/2。这些是次要的点位,但顶部和底部经常出现在这些点位上,尤其在我们正接近主要周期的终点时。这些点位如下：5⅝、16⅞、28⅛、39⅜、50⅝、61⅞、73⅛、84⅜、95⅝、106⅞、118⅛、129⅜。所有这些点位都是其他重要点位之间的 1/2 点。22½ 是 45 的 1/2，11¼ 是 22½ 的 1/2，而 5⅝ 是 11¼ 的 1/2。

把圆 9 等分非常重要，因为 9 是用到的最大数字。9 等分后，我们得到以下重要点位：40、80、120、160、200、240、280、320、360，这全都是非常重要的阻力位；而且与从不同点位计算出来的其他许多阻力位一致。

把这些点位 2 等分，我们得到：20、40、60、80、100、120、140、160、180、200、220、240、260、280、300、320、340、360。许多股票按照这些圆的时间分割点运行，依照价格和月份形成顶部和底部。我用这些点位和主 12 图表上的点位以及把圆 2、4、8 等分得到的其他重要点位，作为测算时间周期的最重要阻力位。

如果你花时间研究任何股票 10 到 30 年的历史数据，查看所有重要顶部和底部，你就会发现这些点在时间和空间上是多么有效。查看周高低点图，你会发现它们比你在月线图上看到的更有效，因为有些在周线图上形成的底部和顶部不会显示在月高低点图上。然后查看日线图，你会发现运行到这些点的小运动不会全都显示在周高低点图上。

要确定月度运动，重要的是把 1 年 4 等分，这提供了季节性或四季的变化，大约相当于 90°的时间或 90 天，而且这是到达了强阻力位。每隔 3、6、9 和 12 个月就要注意趋势变化。大多数股票在每 12 个月周期的终点会出现重要的趋势变化。接下来重要的是把 1 年 3 等分，重点留意 4 个月、8 个月和 12 个月位置。把 52 周或 1 年 4 等分，得到 13 周、26 周、39 周等重要的趋势变化观察点。把 52 周 3 等分得到 1/3 点。据此，第 17 到 18 周和第 35 到 36 周将是重要的趋势变化观察点。

当任何重要时间周期终结时，观察你的日、周高低点图，寻找到达顶部或者底部的信号。仔细检查你的角度线，因为角度线会确定趋势何时发生变化。有一个很好的规则，用于空间运动超过了 50 点的长期大行情，找出大行情中最大的一次上涨或者下跌，然后，当反转超过这次最大的运动幅度，就意味着趋势发生了变化。另一个方法是取整个运动的 1/12。假如股票已经上涨了 144 点，那么 144 点的 1/12 是 12 点。通常，如果股票已经上涨了这么多而且回调了 12 点，特别是如果之前发生过比 12 点小的反转，那么行情正接近终点。某些股票在走高的途中，回调从不超过总涨幅的 1/4，而某些会回调涨幅的 1/3，某些会回调 1/2。始终从运动最后一次启动的地方开始计算，观察从最后的底部或顶部起的 1/2、1/4 和 1/3 位置，也要留意计算从主要底部和顶部起的各个位置。

下面提供的例子将向你展示我们如何按照时间和空间运动计算美国钢铁的波动。

## 一、例子：美国钢铁公司

这个公司成立于 1901 年 2 月 25 日。普通股的交易于 1901 年 3 月 28 日在纽约股票交易所开始，当时在 42¾ 开盘。因为这是一只新股，它在交易所登记上市前，我们还没有高点和低点可供参考，因此，运用的第一个规则是：如果股票第一次下跌 3 点，就预示着还有新低；如果上涨 3 点，就预示着会走向更高。其次，我们把它放到 90 正方形里。你会看到，我于 1901 年 3 月开始从"0"向上和从"90"向下画出角度线。在它短期的波动后，这些角度线将显示出股票是处于强势还是弱势。

使用 3 点规则，股票从 43 上涨到 46——这是 3 点的上涨——将预示着更高，特别是因为它已经穿越了 45。你会注意到，它在从"90"画出的 8×1 角度线之下，这表明股票处于弱势，而它又处于始于底部的 8×1 角度之上，意味着强势，支撑上涨。美国钢铁走到了 55。现在注意你的阻力位。56¼ 是一个阻力位，因为它等于 45 加 11¼。54 是 9 方图和主 12 正方形上的阻力位。55 是心理点位，当价格穿越了 50 之后，大众在这个价位买入股票，因为他们认为还会走得更高。股票上涨到 55 之后，取 43 到 55 的 1/2，这是 49。突破 49——中点——表明趋势向下。突破这个水平后，跌到了 43 的低位。

下一个计算方法是取 55 的 1/2，即 27½。1901 年 5 月 9 日的恐慌期间，美国钢铁跌到了 24。24 是主 12 图表上一个确切的点，而且 22½ 是角度上的支撑位。取股票的中点 27½ 和 22½°角。得到它们之间的中点，正好是 25，这表明 25 附近是一个强支撑位和反弹买入位。

其次，从顶部 55 到低点 24，半路点是 39½。如果股票穿越了这个点，那么下一个阻力点是 3/4 位——47。1901 年 7 月，股票涨到了 48，维持了数月而没有跌回到 39½ 之下。但是，它没能穿越始于"90"和 55 的 45°角。1902 年 10 月，突破了 39½ 并且跌到了始于底部 24 的 45°角之下，进入了弱势位置。注意，1903 年 7 月，始于"0"和"90"的 45°角相交于 28，而 27½ 是 55 的中点。股票第一次跌到了始于"0"的 45°角之下；然后于 1904 年 5 月直线下跌到了 8⅜，停留在了从"0"——基础或起点开始的 4×1 角度上，在从 1901 年 3 月起的第 39 个月和从 1901 年底部起的 36 个月——出现在偶数周期上——到达了底部。从顶部下跌 46 点意味着一个强支撑位，因为下跌 45 点相当于 45°并且意味着强支撑。9 是 55 的 1/6，一个支撑位，任何下跌到 9 这个数字附近的股票，总是会受到良好的支撑。这是一个股票形成底部的强大数字。

1904 年 8 月，股票第一次穿越了始于 90 的 2×1 角度，并且在 9 月变得很活跃，穿越了始于 55 的 45°角，这显示出上升趋势。20 是从 55 到 8⅜ 的 1/4 位。穿越这个水平意味着股价走高。下一个点是 1/3 位 23⅝，这个价位也被穿越了。下一个点是 1/2

位32⅞。1904年12月,到达了33,在这里攻击始于55的2×1角度,回调,然后穿越33,于1905年4月走到了38,这是从8⅜到55幅度的5/8。注意:39是1903年2月的前期高点。股票于5月跌到了25,停留在1901年3月从0开始的2×1角度上和1904年5月从0开始的45°角左边的2×1角度上,显示出强支撑。还因为23⅛是从8⅜到38的1/2。这些角度使股票维持在这个中点之上。

1905年2月,到达顶部46。我们自然会预期在45有阻力。此外,43¼是从8¾到55的3/4位置,而且是60个月或5年周期的终点,回调开始。1906年7月,跌到了43。从25到46的中点是35½,而33¾是强阻力位。再者,32⅞是55到8⅜的1/2。股票仍然在1901年3月从0开始的2×1角度之上,仅仅在从1904年5月低点开始的45°角之下2点,使之成为一个强买入位。下一个顶部是1906年10月的50,也是与1907年1月相同的顶部。在5点的区间内,维持在45之上派发了4个月。1907年1月,到达顶部的上个月是从1901年4月顶部起的69个月,从1901年2月公司成立日起的71个月;还是从1904年5月低点起的32个月。进入了第7年预示着更低的价格。第7年总是一个恐慌下跌年,而且没能走到1901年7月形成的顶部之上3点,是一个弱势的信号。50是个阻力位,因为它是100的1/2,45加5⅝等于50⅝。1907年1月,美国钢铁突破了始于33的2×1角度。1907年3月,突破了始于1904年5月底部的45°角,还走到了1904年从0开始的45°角之下,使它进入了非常弱势的位置。之后跌到了32——1906年7月的支撑位,还是8⅜到55的一半。29¾是8⅜到50的一半。形成的底部在32附近维持了3个月。1907年7月,反弹到39。注意,1901年3月从0开始的2×1角度与1904年5月从0开始的45°角相交于38,使之成为一个强阻力位而且很难穿过。1907年8月,美国钢铁下跌并突破了32。这是第4次处于这个水平,我的规则指出,当股票第4次到达相同的水平时,几乎总是会穿过并且形成更高的顶部或更低的底部。

1907年11月,美国钢铁跌到了21⅞。阻力位在22½,而20是8⅜到55的3/4点;此外,24是一个强支撑位,就像主12图表上显示的那样。没能跌到1901年3月从0开始的4×1角度和1904年5月从0开始的2×1角度,显示了强支撑。在从1901年4月顶部起的第78个月形成了底部。注意,78¾是一个强阻力位,因为它是90的3/4。这是从1901年3月起的80个月。注意,1904年6月的最后低点是在第40个月上,而40个月后,当时间达到平衡时再次形成了底部。40之所以很强是因为它是360的1/9和120——10年周期——的1/3。

1908年1月,美国钢铁穿越了始于1907年1月的2×1角度,而且3月份穿越了始于1901年5月的2×1角度和1904年从0开始的3×2角度,显示股票进入了强势位置。之后,股票穿越了36——50到21⅞的中点——预示着股价将更高。1908年8月——这是从1901年3月起的90个月,1901年3月从0和90开始的2×1角度相交于 45；另外，始于 21⅞ 的 2×1 角度也相交于 45。股票于 8 月涨到了 48，9 月回调到了 42。现在，股票已经运行了 90 多个月，处于第 1 个 90 正方形之外，使它处于强势位置。我的规则指出，股票总是会在 10 年周期的第 8 和第 9 年走向更高。

1908 年 11 月，美国钢铁穿越了 50 并且在从 1901 年 4 月顶部起的第 90 个月上涨到了 58¾，这预示着顶部和强阻力，而实际上，股票走到了 1901 年的高点 55 之上 3 点，预示着以后会有更高的价格，特别是因为它在 90 正方形之外。股票已经从 1904 年的低点上涨了 50 点，而 1/3 的下跌将把它带回 42——这是形成于 1908 年 9 月的最后低点。1909 年 1 月，美国钢铁跌到 41⅛。笔者预测到了 1908 年 11 月 58¾ 的顶部和 1909 年 2 月 42 的底部。见 1909 年 12 月的《股票行情杂志》(Ticker Magazine)。

1909 年 4 月，美国钢铁穿越了从 58¾ 到 41⅛ 的 1/2 点，收复了 1901 年 3 月从 0 开始的 2×1 角度；5 月份穿越了 58¾——顶部，走到了 1904 年从 0 开始的 45°角之上，使它处于非常强势的位置。问题在于，股票上涨了这许多年后，当它进入了新高区域时如何计算它还会走多远。如果我们把 45 加到过去的重要顶部上——1986 年和 1907 年的顶部 50，我们得到 95。美国钢铁 1909 年 10 月在 94⅞ 交易。记住，我的规则指出，顶部和底部会变成中点。21⅞——底部——到 58⅞ 是 37 点。把它加到 58¾ 上得到 95¾。顶部 94⅞ 使 58½ 成为从 1907 年到 1909 年的中点。我在 94⅞ 卖空美国钢铁，并且指出它不会走到 95。这都记录在 1909 年 12 月期的《股票行情杂志》(Ticker Magazine) 上。当美国钢铁在 94⅞ 交易时，它走得略高于从 1906 年 1 月的顶部 50 开始的 45°角。这恰好是从 1907 年低点起的 73 点和从 1904 年 5 月低点起的 86½ 点。无论什么时候，只要股票从底部或起点上涨到了 84 到 90 点，它就处于卖出区域。尽管这个价格在 90 之上 4⅞ 点，它仅仅从起点上涨了 86½ 点；因此，股票要脱离从 1904 年 5 月的极限低点开始的 90 正方形，必须穿越 99。这是根据空间运动的计算。股票从 1909 年 2 月的低点——这是强阻力点——上涨了 53¾ 点。它在第 102 个月形成顶部。阻力点是 101¼。这是从 1907 年 11 月起的 24 个月，出现在一个精确的周期上，而且是从 1904 年 5 月起的 65 个月。当它到达 67½ 或 67½°角时开始突破。这是从 1901 年起的 104 个月。105 个月即 8¾ 年是一个重要的阻力点。

为了确定阻力位，我们首先计算空间运动的 1/8、1/4、3/8、1/2、5/8、3/4、7/8、1/3 和 2/3 点。76⅝ 是 21⅞ 到 94⅞ 运动的 1/4。1910 年 2 月，美国钢铁跌到了 75，在 1/4 点受到了强支撑。1910 年 3 月，上涨到了 89，在从 75 到 94⅞ 幅度的 3/4 形成了顶部，而且恰好在始于 94⅞ 的 45°之下。1910 年 7 月，美国钢铁跌到了 61⅛，没能跌到 58½——1907 年和 1909 年的中点——表明受到了强支撑。63¼ 是 94⅞ 的 1/3 位置，是一个支撑位。上涨开始，股票于 1911 年 2 月涨到了 82，恰好在 94⅞ 到 61⅛ 的 2/3 点之下，触及 1904 年从 0 开始的 45°角，下跌随之而来。

1911 年 4 月，结束了从 1901 年顶部开始的 10 年周期。1911 年 8 月。美国钢铁突破了始于 61⅛ 的 45°角；1911 年 9 月，突破了始于 1907 年 11 月的 45°角；1911 年 10 月，跌到了 50。注意，这是从 1904 年 5 月低点起的第 89 个月，经历了 7½ 年周期，到达了 90°角。底部 50 是从顶部下跌了 44⅞ 点，使这成为一个强支撑位，因为这是跌了 45 点，而且相当于 45°角。50⅝ 成了一个阻力位，表明这又是美国钢铁的一个买入点；另外，51⅝ 是 8⅜ 到 94⅞ 的一半，而 47⅜ 是 94⅞——股票的最高点——的一半，所有这些全都表明：这是一个非常强的支撑位。股票恰好在始于 1904 年 5 月的 2×1 角度之下，不久股票就回到它之上收复了这个角度。它从顶部下跌了 2 年即正好 24 个月。而且是从 1907 年底部起的 48 个月，时间达到了平衡，这是另一轮上涨运动开始的信号。它还是从 1901 年 3 月起的 128 个月，已在六角形运动之外。见六角形图。

1912 年 9 月和 10 月，美国钢铁在 80——94⅞ 到 50 的 3/4——形成了顶部，没能穿越 1911 年 5 月的高点。注意，10 年前 1902 年 9 月的顶部之后紧跟着一轮下跌。1912 年 10 月，下跌开始，股票在 12 月突破了始于 50 的 2×1 角度，之后走势更弱，并且突破了从 1901 年到 1904 年的所有支撑角度和 1907 年到 1909 年的所有底部。1913 年 6 月。再次跌到了 50——与 1911 年 10 月相同的阻力位，而且从 1909 年顶部下跌了 44 个月、从 1909 年 1 月底部起的 52 个月、从 1907 年低点起的 68 个月和从 1904 年低点超的 109 个月。这是从 1906 年底部起的 7 年即 84 个月。从这里你会发现，根据空间运动和阻力位，股票仍然处于强势位置，而根据角度处于弱势位置而且正在结束从 1907 年起的完整 7 年周期。

1914 年 2 月，美国钢铁反弹到了 67，恰好在从 94⅞ 到 50 的 1/3 位之上 2 点。注意，它到达 67 用了 2 个月，触及始于 1904 年 5 月的 2×1 角度，没能到达始于 1909 年 10 月的 2×1 角度。要结束从 1904 年低点起的 10 年长期，预示着底部在 1914 年 5 月和 6 月；如果是从 1907 年 11 月低点起的 7 年周期，低点将在 1914 年 11 月。由于战争，股票交易所在 1914 年 7 月底关闭，美国钢铁 1914 年 11 月份在新街场外市场于 32 左右交易。因此为了根据时间计算，应该考虑 1914 年 11 月，美国钢铁在那个月到达了低点。然而，这个价位低于交易所开市后的交易价格，因此还必须计算美国钢铁形成低点的确切日期。这是 1915 年 2 月，那时它在 38 交易，恰好是从 1901 年 3 月起的 168 个月或 14 年；从 1909 年顶部起的 64 个月；从 1909 年 2 月起的 72 个月，而且还是在从 1907 年底部起的第 88 个月上，所有强时间周期都指示着底部。股票走到了始于 1904 年 5 月的 4×1 角度之下，但又迅速收复并停留在它之上。这个底部 38 恰好在 94⅞ 到 8⅜ 的 2/3 位之上，而 21⅞ 到 94⅞ 的 3/4 位是 40。1909 年 2 月的底部在 41⅛。37½ 是个自然阻力位，它等于 30 加 7½ 或 22½ 加 15，而 45 的 7/8 等于 39⅜——全都是空间运动的强阻力点。

如何根据时间从这个点开始预测？回溯 10 年，我们发现 1905 年、1906 年和 1907 年 1 月，股票上涨，那么 1915 年、1916 年和 1917 年应该是上升趋势。我们在 1909 年

10月的顶部加上7年得到1916年10月。顶部于1916年11月初到达,那时股票在129交易,紧接着急剧下跌到1918年12月,那时股票在101交易,而最后的低点直到1917年2月才到达,那时它在99交易。这非常接近从1907年3月——那时出现了恐慌——起的10年周期和从1910年顶部起的7年周期。顶部129是从1914年2月底部起的21个月。它在从1915年2月低点起的第22个月突破,在第23个月反弹,在24个月形成了底部。注意,99在角度上的强势位置。它以 8⅜ 为起点构成90点正方形,而且正好在从1916年4月的底部80开始的 $2 \times 1$ 角度上。

180个月即15年周期结束于1916年2月,股票维持在从1904年5月低点开始的 $2 \times 1$ 角度之上,仍然在90的价格之下。1916年8月,股票穿越了1909年的顶部 94⅞,预示着会走向更高。

现在,我们想知道美国钢铁会涨到什么价格,因此我们回头看看1909年、1910年、1911年和1912年在80的顶部。1916年有3个月底部都在80。这个最后的低点一定会变成一个重要的中心或中点。用1909年的顶部 94⅞ 减去1915年38的低点等于 56⅞。把它加到80上得到 136⅞。1917年3月31日的精确高点是 136⅞,股票从1914年的低点上涨了 98⅝ 点,从1904年的低点上涨了128点。回顾5、7、10、15和20年前的底部和顶部总是很重要。取1907年的低点 21⅞ 和1917年的顶部 138⅞,我们发现它们之间的中点是 79¼,证明80的起点变成了10周期的中心或中点。

1917年的顶部是从1909年10月的顶部起的91个月,正好是 $90°$ 角的正方形——仅仅超过了1个月。它还是从1901年顶部起的193个月或16年。注意,1908年11月的顶部是从1901年4月顶部起的90个月。16年是20年周期的4/5。股票会在周期的第8到第9年出现最大的上涨。1917年5月是从1901年3月起的16年零3个月。有一个周期是32年零6个月。到顶部为止,美国钢铁已经走过了这个周期的一半。顶部在第91个月到达和精确的空间运动,表明股票到达了一个会大幅下跌的顶部。1917年的顶部出现在第91个月上,预示着顶部和一个卖空点。此外,成交量非常大表明在派发。

我们知道,1907年是恐慌年,股票于10月和11月形成了低点;那么1917年一定会重演。1910年也是一个熊市年,1917年即7年后,预示着下跌。趋势于1917年6月反转向下,而在1917年12月的恐慌中,美国钢铁在80交易——从1907年起的中点,恰好走到了始于1907年的 $2 \times 1$ 角度之下,在1904年5月从0开始的 $2 \times 1$ 角度之下1点得到了支撑。1917年12月是从1910年7月起的90个月,从1914年2月起的30个月,正好在 33¾ 角度上。这是另一个反弹底部的迹象。我们知道,美国钢铁在1908年和1909年上涨。因此,1918和1919年——10年后——我们预期它像1908年和1909年那样上涨。美国钢铁1918年上涨,并且在1919年10月和11月形成了最后的顶部,恰好是从1909年顶部起的10年。1920年和1921年,美国钢铁追随

1901年、1910年和1911年的走势。1921年6月,在从1914年7月低点起的7年后形成了底部,接近从1907年低点起的14年,从1915年低点起是76个月,从1917年顶部起是49个月,从1901年4月的顶部起是242个月,走完了20年周期——最重要的周期。

取136⅝的顶部,我们发现总价的一半是68¼。股票在它总价的中点之上获得了支撑,表明这是一个很好的买入价。它从顶部下跌了66¼点——另一个阻力位。8⅜到136⅝的1/2点是64。实际上,它维持在这些半路点之上表示强支撑和随后更高的价格。下一个点87¼是38到136⅝的一半。它于1918年2月和1919年2月在这个价位形成了底部。1920年,美国钢铁突破87以后,于1921年6月跌到70½之前,从未再次反弹到91。1922年,钢铁穿越了88——中点——走到了111,然后下跌到86。它在这同一个底部附近停留了4个月,从没有走到1915年低点到1917年高点的中点之下2点。这足以证明,股票在这个主中心有强大的买盘和良好的支撑,随后它将走得更高。1924年5月和6月——恰好是从1904年5月钢铁形成低点起的20年——它在95交易,而且在261¾形成高点之前从未再次在那个价格交易,之后每年都形成更高的顶部和更高的底部。

1928年11月,钢铁在1908年顶部后的20年形成了顶部。1929年1月、2月和3月,顶部在192到193之间相同的价位附近。钢铁下跌,并且于1929年5月在162½形成了最后的低点,略低于1929年2月和3月的低点。

1929年9月3日,钢铁到达了历史高点261¾。注意,1919年7月和1909年10月也曾经到达过顶部。这比1909年的顶部提前了1个月,比1919年的顶部延后了1个月。顶部在从1901年3月起的第343个月到达。这是一个非常重要的数字,它标志着极点并且预示着顶部或底部,因为它等于7乘49,而49等于7乘7。在从1921年低点起的98个月即8年零2个月到达了顶部——在第9年初形成了顶部。注意,股票除息拆股前交易的顶部是在1927年5月,这是从1917年5月顶部起的10年。1929年9月是从1915年低点起的174个月,接近180个月预示着大跌。它还是从1917年顶部起的147个月,从1924年低点起的62个月,从1923年低点起的72个月,从1926年8月顶部起的56个月,从1927年9月顶部起的24个月以及从1917年5月起的147个月。这很重要,因为135加11¼等于146¼,主12×12图表上的一个重要阻力位。

从1904年9月——那时趋势反转向上——到1929年9月是300个月,一个重要周期,这预示着终点。现在,计算空间运动很重要。计算1915年的低点38到1929年的高点261¾,我们得到223¾点的幅度。我们知道,225是非常强的阻力位之一。然后计算1907年的低点21⅞到261¾的顶部,有240点的空间运动,是另一个非常强的阻力位,因为它是360°圆的2/3。从1904年5月的极限低点,钢铁上涨了253⅜点。

255 是 240 和 270 之间的中点,因此是一个非常强的阻力位。

计算 1921 年的低点 70½ 到 1929 年的顶部,其空间运动等于 191¼ 点。这精确地等于 180 加 11¼,另一个强阻力点。钢铁从 1929 年 5 月的 162½ 点到顶部的最后运动接近 100 点。我的规则指出,当股票急剧上涨时,上涨 90 到 100 点就是观察顶部和趋势变化的时候了。

通过多年的市场经验,我发现,股票无法长年累月维持每月超过 1 点的涨幅,或者说它的走势不会强于 45°角。如果股票在最初的几年上涨太快并且股价超前于时间,当股票使自己形成正方形或调整自己的时间周期时,价格就一定会发生急剧回调。我的规则之一是,当时间和空间达到平衡时,股票就会形成顶部或底部。这是钢铁在 261¾ 处于顶部的所有最重要的迹象。

1907 年 10 月,这是钢铁仅次于 1904 年 5 月极限低点的下一个重要的低位。从 1907 年 10 月至 1929 年 9 月,幅度是 262 点。准确地说,时间结束于 1929 年 8 月 23 日。顶部于 1929 年 9 月 3 日在 261¾ 到达,低于以 1907 年 10 月为 0 点开始的 45°角 1/4 点,这表明股票已经返回了 45°角。这说明时间和空间已经达到了平衡。假如股票穿越了这个角度,只要停留在它上面,就预示着更高的价格,但是一旦跌到了它之下,就预示着更低的价格。同样的规则可用于分析其他股票。假使股票沿着 45°角上涨,则必须保持每月 1 点的涨幅,那么钢铁在 1929 年 5 月时价格落后于时间,于是发生了 100 点的快速上涨,使价格向上攻击 45°角,在时间和空间达到平衡时形成最后的顶部。

我以前讲过,重要的顶部和底部会变成半路点或主要的中心。那么,知道钢铁为什么于 1929 年 11 月在 150 形成低点非常重要。我们回到 1928 年 12 月,发现钢铁最后的低点是 149¾——从 172½ 的顶部跌下来。有 3 个周线底部都在这个水平附近。在从这个水平上涨到了 192 和 193 之后,跌到了 162½;然后上涨到了 261¾。从 149¾ 的价位,钢铁上涨到了至那时为止的历史新高位。因此,149¾ 或 150 一定会变成一个重要的中心点或中点。最后的重要低位是 1915 年的 38。我们从 149¾ 减去 38 等于 111¾。然后,我们再加上 111¾,这就精确地得出了 261½。股票在 261¾ 形成了顶部,这使 1915 年到 1929 年的中点产生于 149⅞。1929 年 11 月美国钢铁跌到了 150,这是一个用 147 的止损进行保护的强买入点。

计算股票的总价 261¾,我们发现 3/4 点在 196¼,因此这是一个强阻力位。然后,计算 1921 年 6 月最后的低点 70½ 到极限高点 261¾,我们发现 2/3 点在 198。我建议于 1930 年 4 月放空美国钢铁,止损 199。1930 年 4 月 7 日,钢铁在 198¾ 交易。这是在始于 261¾ 的 8×1 角度之下,一个始于顶部角度上的弱势位置,而我们必须始终考虑始于底部角度上的位置。这时,美国钢铁在始于 1914 年和 1921 年底部的 45°角之上。

根据时间周期考虑股票的位置很重要。1930年4月是从1920年4月高点起的10年和在1910年3月和4月到达的高点之后20年。回溯7年,我们发现了1923年4月的高点,从1930年4月回溯90个月,我们发现钢铁于1922年10月形成了顶部,11月紧跟着一轮急剧下跌。所有这些时间周期都预示着钢铁4月的顶部,如果它到达了强阻力位而且日线和周线图显示趋势向下,这就是一个放空的明确信号而且要一路向下进行金字塔加码。

## 二、展望

知道了美国钢铁的成立日期是1901年2月25日,你可以回顾历史,注意在5、10、15、20和30年周期的终点都发生了什么。

你会发现,1901、1902、1903和1904年钢铁处于熊市并且走向更低。因此,你可以预期在30年周期的终点,价格将会非常低,特别是钢铁于1929年到达极限高点——这是牛市运动中的第3个顶部——之后。你还要回溯20年到1911年和回溯10年到1921年。这些周期预示着1931年应该是一个熊市年。然后你要检查始于底部的几何角度,来识别钢铁何时进入熊市位置,因为它在1929年顶部下行的角度上已经处于极弱的位置。

1930年5月,当钢铁突破了前3个月的底部,走低至178时,跌到了自1915年底部从0开始的45°角之下;当它跌到174时,跌破了始于1921年低点的45°角,它置于非常弱势的地位而且预示着更低的价格。

1930年12月,钢铁跌到了135,在1927年1月的低点 1 11¼开始的2×1角度上。这是波动幅度的中点,一个强支撑点。

### 1. 1931年

股票于1931年2月反弹到了152⅜。这是从公司成立日开始360个月的终点即第1个30年周期的终点。钢铁的趋势变化几乎总是出现在2月份。在它进入了新周期时,趋势反转向下。这个最后的反弹没能到达从 1 11¼ 的底部上行的45°角。然后,下跌并且突破了自1918年5月从0开始的45°角。

1931年4月,突破了135的底部,突破了始于 1 11¼的2×1角度和始于1915年低点38的2×1角度,然后突破了始于1921年低点的2×1角度,这使它处于非常弱势的位置。跌落到从1929年11月的低点150下行的45°角之下和始于1928年12月195的45°角之下,它就处于非常弱的位置,处于这些45°角之下预示着反弹会很小。

1931年6月,低点83¼。价格停留在自1924年5月的低点——底部形成于95——从0上行的45°角上。注意,始于1904年和1915年的4×1角度相交于这些价位驸近,而自1929年9月从0上行的4×1角度相交于84,使这成为一个至少是反弹的强支撑点。

1931 年 7 月,钢铁反弹到了 105½,仍然在始于顶部和底部角度的弱势位置上。

1931 年 9 月,钢铁跌到了 83,在自 1924 年 5 月从 0 开始的 2×1 角度之下,而且在从 1927 年 1 月的 111¼ 下行的 2×1 角度之下,还在从 1929 年顶部下行的 8×1 角度之后。由于大多数从底部开始的强角度都被突破了。它处于非常弱势的位置。

1931 年 12 月,跌到了 36,在自 1928 年 12 月——那时的低点是 150——从 0 开始的 45°角上。在 36,它停留在了从 1925 年 6 月的最后低点 114 下行的 45°角上。这在 1915 年的低点 38 之下 2 点,而且是从 1911 年低点起的 242 个月和从 1927 年 1 月低点起的 60 个月。股票从这里暂时反弹到了 1932 年 2 月——那时它在 52½ 交易。

**2. 1932 年**

这是新的 30 年周期里的 12 年。注意 30 年前是 1902 年 1 月的顶部;另外,20 年前是 1912 年的顶部。

下跌继续,1932 年 6 月,到达低点 21¼,与 1907 年 10 月相同的低点。这是从 1929 年顶部起的 34 个月。这时到达了底部,它在始于 1925 年 3 月低点的 45°角之下。注意,始于 1924 年 5 月的下行 45°角于 1932 年 6 月到达"0",一个底部和趋势变化的迹象。鉴于钢铁于 1904 年 5 月形成了极限低点这一事实,我们要在 5 月和 6 月或周期结束时观察趋势变化。1932 年 6 月是从 1904 年 5 月低点起的 336 个月和从 1930 年 4 月顶部起的 28 个月。注意 1912 年 5 月和 6 月开始反弹的低点。

1932 年 9 月,美国钢铁急剧反弹到了 52½。这与 1932 年 2 月突破失败的顶部相同的高点。仍然在始于顶部的角度上,处于弱势,下跌随之而来。

**3. 1933 年**

1933 年 2 月,钢铁跌到了 23¼。这是一个次级低点和比 1932 年更高的底部,表明支撑良好。这是从 1929 年 9 月起的 42 个月即 7 年周期的一半,从 1930 年 4 月的顶部起的 34 个月,新的 30 年周期里的 24 个月。1913 年 2 月是开始小反弹的低点;1903 年 2 月是开始下跌的顶部。钢铁几乎总是在 2 月出现趋势变化。回溯 7 年到 1926 年,你会发现在 3 月和 4 月的低点。

1931 年 2 月是 30 年周期的终点,由此从 0 开始的 45°角在 1933 年 2 月相交于 24。因此,股票停留在这个角度上,这是一个强支撑角度。

1933 年 7 月,高点 67½。注意,1923 年的低点形成于 7 月和 8 月;1913 年,高点在 8 月,1903 年,新低点形成于 7 月。

1933 年 10 月,钢铁跌到了 34½。这是从 1929 年顶部起的 49 个月和从 1930 年 4 月的顶部起的 42 个月。1923 年 10 月是低点,120 个月即 10 年周期。1913 年的低点也在 10 月,1903 年的低点在 11 月。回溯 7 年到 1926 年 10 月我们发现一个低点;回顾 5 年周期,在 1928 年 10 月,我们发现了一个低点。回溯 15 年或 180 个月,1918 年 9

月是高点。因此,很多迹象表明趋势变化和底部出现在1933年10月。

### 4. 1934年

股票开始向上,1934年2月形成高点59¾。然后,我们看到趋势在2月正反转向下和改变。股票没能到达1933年7月的高点,这是一个弱势的迹象和更低价的信号。59¾这个顶部,在始于1933年7月顶部的45°角之下。回溯历史,我们发现,1904年5月是股票的极限低点,因此我们要预期股票会跌到1934年5月。1934年5月结束了从底部开始的30年周期。另外,回顾1914年和1924年来判断钢铁1934年将如何运行。

1934年9月,低点29½。这是从1929年顶部起的60个月即5年,预示着趋势变化。注意,1924年10月是低点;1914年11月钢铁在场外交易中——纽约股票交易所那时已经关闭——是低点。1904年钢铁在9月开始上涨。回溯7年到1927年,我们发现低点在10月。

### 5. 1935年

1月,钢铁高点40½,一轮弱势反弹,但仍然在始于1932年和1933年低点的45°角之下。然而,它穿越了始于1934年2月顶部的下行2×1角度,从未收盘于这个角度之上,显示出弱势。趋势再次于2月份反转向下,突破了始于1932年和1933年底部的2×1角度。

3月,低点21½,仍然高于1932年和1933年的底部,而且得到了更高的支撑,表明它处于反弹位置。

它是在始于21¼低点的4×1角度之下,但在1933年2月从0开始的45°角之上,也在始于1933年7月高点的2×1角度之上。注意,1925年低点形成于3月,1915年低点形成于2月,1905年4月是顶部。注意,它是从1933年低点起的25个月,从1932年起的33个月,而且是在第2个30年周期里的49个月。回溯7年,我们发现1928年是低点。现在,我们注意1905年、1915年和1925年,发现全都是美国钢铁的价格上涨年。

1935年4月,美国国钢铁开始上涨,穿越了从1934年2月的顶部开始的2×1角度,而且第一次保持在这个角度之上。1935年7月,高点44,触及了始于1933年7月顶部的45°角。8月,钢铁穿越了始于1933年顶部的45°角,而且回到了自1932年6月从0开始的45°角之上。这表明它处于更强的位置。注意自1934年2月的顶部时间从0上行的2×1角度。股价于1935年5月和6月停留在这个角度上,还停留在始于1932年6月低点的45°角上;1935年10月的回调停留在始于1935年3月低点的2×1角度上——也是从1933年7月下行的45°角与从1935年3月低点开始的2×1角度相交的地方。这时(1935年10月)的最低价是42。这表明它在这些角度上获得了强支撑。

1935年11月,上涨到了50。注意,从形成于1931年7月的过去顶部105½下行的45°角将于1935年11月相交于53½。回顾以前的周期,我们发现1905年的高点在12月,1915年高点在12月,1925年高点在11月,1928年低点在12月。回顾5年至1930年——这是一个熊市年,而我们发现低点在12月。1935年,钢铁正在延续和重演1905年、1915年和1925年的牛市周期。

**6. 未来预测:1936年**

为了预测钢铁1936年的走势,你要回顾1906年、1916年、1926年、1921年、1922年和1929年。注意,1906年和1916年的高点在1月到达而且趋势反转向下,但在这些年份里趋势全都是从7月和8月强劲上涨到了12月。1926年,1月高点,5月到达低点,8月高点,10月低点,然后急剧反弹,在12月份形成了当年的高点。

把这些同样的规则应用于任何其他股票,来预测它的未来趋势。画出从顶部和底部的所有角度,检查阻力位,研究成交量并且观察周高低点图以及月线图上的位置。应用所有的规则并且考虑所有的信号,你将能够做出更精确的预测。

## 三、时间和阻力点——根据数字的平方

股票停止上涨或下跌的每一个价格都是某些重要的数学点,这些数学点可以通过划分360°的圆,或者通过12的正方形、20的正方形或者其他数字的正方形或者中点来确定。

没有不能用数学来确定的顶部和底部价格。每个市场运动都是某种原因导致的结果,一旦你确定了原因,很容易就知道为什么结果会那样。

任何事物都会运动到引力中心或某些底部和顶部之间的中点或某些其他重要的阻力点。例如:我们把360°圆2等分等于180。4等分等于90,然后把90再2等分等于45,把45再2等分等于22½,把22½再2等分等于11¼,把11¼再2等分等于5⅝,把5⅝再2等分等于2 13⁄16,这是我们用于时间周期的圆的最小分割。这些点的每一个都是圆的其他某个重要分割点的一半。

股票以不同数字的平方、不同数字的三角点、它们底部的平方、它们顶部的平方运行,或根据时间周期运行到不同平方的中点。因此,对你而言根据这些数字研究阻力位很重要,如下所述:

### (一)数字的平方

每个数字的平方以及某个数字的平方和下一个点之间的中点非常重要。例如:
2的平方等于4; 3的平方等于9。4和9之间的中点是6½。
4的平方等于16。3的平方和4的平方之间的中点是12½。

5 的平方等于 25。16 和 25 之间的中点是 20½。
6 的平方等于 36。25 和 36 之间的中点是 30½。
7 的平方等于 49。36 和 49 之间的中点是 42½。
8 的平方等于 64。49 和 64 之间的中点是 56½。
9 的平方等于 81。64 和 81 之间的中点是 72½。
10 的平方等于 100。81 和 100 之间的中点是 90½。
11 的平方等于 121。100 和 121 之间的中点是 110½。
12 的平方等于 144。121 和 144 之间的中点是 132½。

你可以用同样的方法算出 13、14 等等的平方。

要记住的一件重要的事：以奇数形成低点的股票将运行到奇数的平方，也就是说以 3、5、7、9 或 11 形成低点的股票将运行到奇数的平方，而以 2、4、6、8 或 10 形成低点的股票将运行到偶数的平方点。

股票在低位交易时，它们会在 2、4、6½、9、12½、16 等等附近形成底部或顶部并且遇到阻力。所有这些点对于时间周期也很重要，特别是在月线图上，还应该在周线图上观察它们。当股票非常活跃，到达了高位，而且距顶部或底部的时间周期较长时，那么应该在日线图上观察这些平方点。

## （二）重要的阻力数字——12 到 100

11 到 12：这是一个重要阻力点，无论时间还是价格，因为 12 等于 12 个月，11¼ 等于圆的 1/32、是 22½ 的 1/2。

15 和 16：下一个重要的阻力点是 16——4 的平方。15 也很重要，因为等于 1¼ 年。

18：一个时间和价格的重要阻力数字，因为它等于 9 的 2 倍，1½ 乘 12，圆的 1/20。

20½：16 和 25 之间的中点，因此有时候很重要。

22½ 和 24：22½ 等于圆的 1/16，45 的 1/2。股票之所以常常在第 23 个月形成顶部或底部，是因为 22½° 角出现在这个点上。

24 和 25：它们非常重要，因为 24 等于 12 的 2 倍；25 等于 5 的平方或 100 的 1/4。

26：如果你仔细想想，4 的平方——等于 16 和偶数 6 的平方——等于 36，它们之间的半路点是 26，有时候它是一个重要的时间和价格阻力点。

27 和 28：重要的顶部和底部经常出现在 27 到 28 个月左右，主要和次要的市场运动在这个时间周期结束。原因是 4 乘 7 等于 28，28 等于 2⅓ 年。3 乘 9 等于 27，而出现在 3 的倍数上的任何事物都非常重要，因为它是我们可以使它形成平方的第一个奇数——由于 1 的平方等于 1。

30：任何中点或引力中心也很重要。因此，30——等于 2½ 年——是一个重要的趋势变化时间周期。因为30½是25(5的平方)和36(6的平方)之间的半路点,这使这个周期很重要。

34到36:33¾等于45的3/4。你会记得,结束于1932年7月的熊市运动是从1929年顶部起的34个月。在第34到36个月附近观察趋势变化始终很重要。36等于6的平方使它成为一个强阻力点。3乘12或第3年的终点是强阻力在这个点的另一个原因。

39和40:40是一个《圣经》提到过许多次的数字。以色列的孩子在野外流浪了40年。食物维持了40天。40等于3⅓年。45的7/8等于39⅜。40是圆的1/9。这全都使这些数字对于时间周期和价格阻力位很重要。

42:这是时间和价格阻力的下一个重要数字。它等于时间的3½年或7年周期的1/2。另外,42½是6的平方和7的平方之间的半路点。

45:它是所有数字的主宰。因为它包含了从1到9的所有数字。45°角把90°角分成了两半,使它成了一个重要的引力中心。它等于360的1/8和5乘9。快速上涨或下跌常常出现在第45个月。在用平方绘制的任何一种图表上,你会发现,45会出现在45°角上或90°角上或与这些角度同等的角度上。注意,45出现在9的正方形上、20的正方向上和12的正方形上,这全都证明45是一个主宰数字(Master Number)。以各种可能的方式,把45用于测算价格、时间、空间和成交量活动上。

48和49:这是趋势变化强大和重要的数字。49等于7乘7即7的平方,48等于4乘12即4年的终点。下跌到49到50时,股票经常会遇到阻力并且从这个点开始大幅反弹。同样,上涨到49到50附近的股票会在这个点附近遇到阻力而且至少回调到45。

50:50很重要,因为它是100的1/2。如果我们把5⅝加到45上,我们就得到了50⅝。

52:这个数字具有某些重要性,因为1年有52周,而51⅞是360°圆的1/7。它等于4⅓年。52½是45和60之间的中点,这使它对于观察阻力很重要。

56和57:它们非常重要,因为56¼等于45加11¼即45和67½之间的半路点。56½是49和64之间的中点。

60:这是观察阻力非常重要的数字之一。它是一个重要的时间周期,因为它在时间上等于5年或10年周期的1/2或20年周期的1/4。它是45到49之后最重要的时间周期之一。60等于圆的1/6。在这我们再次使用3的规则,把20乘以3等于60。60等于180的1/3、45和75之间的半路点。股票上涨或下跌到60附近时要注意观察。如果它们停顿了数天、数周或数月,你知道,它们在这个点遇到了阻力,将会发生反转运动。

63到64:62½等于100的5/8。63等于7乘9。64等于8的平方,而且是5⅓年,

60 之后下一个重要的观察点。

66 和 67：66 等于 5½ 年或 5½ 乘 12。67½ 等于 45 加 22½ 或圆的 3/16。

70 到 72：数字 70 在《圣经》里提到了许多次。它等于三个廿年零十年，人类的平均寿命。70 等于 7 乘 10，3½ 乘以 20 年周期。72 等于 6 年，而 72½ 是 8 的平方和 9 的平方之间的半路点。72 等于 360 的 1/5。它还是 12 的平方的 1/2，所以是一个非常重要的时间周期。

78 到 80：它们全都很重要，因为 78¾ 等于 90 的 7/8，80 等于 4 乘 20 和 40 的 2 倍。80 等于 360°圆的 2/9，100 的 4/5。9 的平方等于 81。在你的图表上验证它们你就会发现，大阻力出现在这些点位附近，周期的终点和起点也出现在这些月份附近。

84 到 85：强阻力位，因为 84⅜ 等于 90 的 15/16，而且 84 等于 7 乘 12，相当于 7 年周期。股票在到达第 90 个月或 90 的价格之前，会在这个点遇到强阻力。股票跌到 90 之下后，这是 90 之下第一个重要的阻力位。

89 和 90：90 是所有阻力点中最强的点之一，因为它是一个直角而且等于圆的 1/4。90½ 是 81 和 100——9 的平方和 10 平方——之间的半路点。在活跃的市场中。到达 90 个月、90 周或 90 天时会出现直上直下的行情。90 个月最重要，而 90 周也相当重要。

你应该始终为顶部和底部以及重要的趋势变化观察第 89 个月。许多重要的市场运动开始和结束于第 89 个月，有一些会运行到第 91 个月。注意美国钢铁 1915 年到 1916 年的月线图，观察第 89 个月到 90 个月附近发生了什么。

在日线图上。趋势变化常常出现在第 92 到 93 天，而在重要变化发生之前，往往会运行到第 98 天左右。在日线图上观察这个点很重要。

95 到 96：它等于 8 乘 12。95⅝ 等于 90 加 5⅝，一个相当强的价格和时间变化阻力位。当一个重要的时间周期出现在第 96 到 98 个月时，你常常会发现重要的趋势变化，因为它等于 8 乘 12 而且开始了第 9 年。第 9 年始终很重要，它标志着伴随极限高价或低价的重要运动的终点。

股票经常上涨到 95 至 97 而没能到达 100，然后常常下跌到 97 至 95 并且遇到强支撑，再次反弹并且穿越 100。

99 到 100：重要，因为 100 等于 10 的平方。99 等于 11 乘 9。100 是一个公众买卖或希望价格到达的心理数字。股票常常走到 99 而没能到达 100，而且常常下跌到 99 然后再次开始上涨。

研究所有这些重要的平方和引力中心或中点以及 12 以上数字的平方，就如 360° 圆图上显示的那样。所有这些数学点都有助于你确定趋势变化和阻力点。

# 第10章 阻力位

任何股票都在与以前的某些高位或低位成比例的某些精确数学点上形成顶部或底部。

股票在极限高点和极限低点之间的运动——无论是主要的还是次要的运动——都非常重要,通过对这些波动区间的适当划分,我们可以确定在市场价格运动中——无论上涨还是下跌——将会遇到的阻力点或支撑点。仔细观察这些阻力位与几何角度的关系,你会取得更大的成功并且能以更贴近的止损单交易。

阻力位实际就是几何角度,因为它们是 1/8、1/4、1/2、3/4、1/3 和 2/3,无论大小都是圆的某个比例,因此代表了几何角度。这些阻力位起作用是因为所有股票都以 1/8 点为单位波动。

## 一、波动区间

**1. 1/8 位**

取任何重要运动的极限高点和极限低点,从高点减去低点得到区间,然后把这个波动区间 8 分得到 1/8 位,这是阻力位或买卖点。当股票停在这些价位附近,在它们上面或附近形成底部或顶部而且显示出趋势反转时,这就是买或卖的位置,以止损单保护。

**2. 1/3 和 2/3 位**

在把股票 8 分得到 1/8 位之后,接下来要做的重要事是把波动区间 3 分得到 1/3 和 2/3 点。这些 1/3 和 2/3 点非常强。特别是如果它们落在以前运动的其他阻力点附近或当它们是一个非常宽的运动的分割点时。

## 二、最高卖出价

接下来重要的是股票曾经卖出过的最高价和每个更低的顶部的分割点。

把最高卖出价8分得到1/8位,把它3分得到1/3和2/3位。

这对于股票非常重要,在突破波动区间的中点之后,往往会下跌到最高价的中点,同样也会下跌到其他阻力点上。

当股票上涨时,往往会穿越最高价的中点,然后上涨到波动区间的中点并遇到阻力。

## 三、重要的股票点位

第一位和最重要的点位:考虑股票历史上极限高点和极限低点之间的阻力位。

其次要考虑的重要的点位:股票曾经卖出过的最高价的分割阻力位。

然后考虑每个运行了一年或以上的市场运动的波动区间。取极限高点和极限低点之间的区间,把它8等分得到阻力点。

随后考虑比极端高点稍低的第二个顶点,把它8等分,得到重要的阻力位。

然后取第3个和第4个更低的顶部并且把它8等分得到阻力点。

熊市中,市场在形成了最后的底部并且出现了第一次反弹后,紧接着出现次级回调,随后形成了一个更高的底部。第一次反弹的高点和次级下跌低点之间的中点是一个强支撑点,非常重要。

## 四、阻力位的顺序

当股票正在上涨并且穿越了1/4位时,下一个要观察的重要的点是中点(1/2位)即引力中心,也就是波动幅度的平均点。

然后,中点之上的下一个点是5/8点。

穿越了中点之后,下一个和最强的点是3/4点。

然后,如果区间非常宽,观察运动的7/8点很重要。这往往标志着上涨的顶部。

但在观察阻力位时,要始终注意角度线和主要预测,如果股票开始在这些阻力位附近形成顶部或底部,卖或买就是安全的。

## 五、平均点或中点

始终要记住股票极限高点,或波动区间的中点,是下跌中的支撑或上涨途中遇到卖盘和阻力的最重要的点。这是平衡点。因为它把波动区间分成了2个相等的部分。

要得到这个点,把任何运动的极限低点加到那个运动的极限高点上,并除以2。

当股票上涨或下跌到这个半路点时,你应该用1、2或3点的止损单——视股票是否在非常高的价位或非常低的价位交易而定——卖或买。

区间越宽,时间越长,当到达这个中点时这个价位越重要。

当股票上涨到中点并且从这里回调数点,然后最终穿越了它3点时,你可以预期它成为你的阻力卡上的下一个阻力点。

最强的迹象是股票维持在中点之上1点或更多点,这表明买盘或支撑单设置在这个重要的阻力位之上。

弱势信号是股票上涨并且差1点或数点没能到达中点,然后下跌并且跌破了角度线或其他阻力点。

## 六、主要中点被突破后的下一个阻力位

主要中点被突破后,要观察的下一个阻力位是以前某个运动的下一个中点。对于主要中点,我是指股票历史上极限波动区间的中点。参见后文美国钢铁的例子。

主要中点被穿越后,另一个非常重要的阻力位是最高卖出价的1/2位。这是一个比次级波动的中点更强的支撑位。因为它把最高卖出价分成了两半,而且是一个强买点或卖点——直到它被穿越了1、2或3点,视股票的价格是在非常高的价位、中等还是低价位而定。

## 七、相同价位附近的阻力点

当两个中点或任何其他两个阻力点——无论是在波动区间的还是在最高卖出价的分割点——出现在相同价位水平附近时,你应该把这两个点加到一起并除以2,因为这两个点之间的中点往往是下跌的支撑点或反弹的卖点。

## 八、如何查找阻力位

当你在某一个价位发现了一个重要阻力位或最强的阻力位即中点时,注意是否还有任何其他阻力位,无论是1/8、1/4、3/8、5/8还是2/3点落在这个相同的价格附近。你也许会在相同的价格附近发现3或4个阻力位。发现的越多,当股票到达这个价位水平时遇到的阻力越强。然后取这个相同价格附近的最高和最低阻力位,把它们加到一起算出平均阻力点。

当股票到达这些阻力位时,观察它的活跃程度。如果它正以极大的成交量非常迅速地上涨或下跌,不要认为它会在这些阻力位附近止步,除非它在这些阻力位附近止步或维持了1或2天,然后用止损单卖或买。还要考虑市场是否处于从底部起的第3

个或第 4 个阶段，或者从顶部向下的第 3 个或第 4 个阶段。

## 九、一般波动和极端波动

在正常市场中，道·琼斯 30 种工业平均指数的反弹和回调会运行 10 到 12 点，当超过了这个点数时，会运行 20 到 24 点，然后是 30 到 40 点。当主要顶部和主要底部之间有极端波动时，像从 1896 年 8 月 8 日的低点 28½ 到 1929 年 9 月 3 日的高点 386，以及从 386 的高点到 1932 年 7 月 8 日的低点 40½。你可以除以 16 和 32 得到更接近的数学点而不是除以 8 得到 1/8 点。这些点会与其他运动的次级顶部和底部相吻合。

使用所有这些规则和数字。重要顶部和底部会出现在最强的点上，像 1/3、2/3、1/4、3/8、1/2、5/8 和 3/4 点。

不要忽视这个事实：市场上涨前在底部做准备需要时间，在顶部派发也需要时间。市场运行的幅度越长，完成积累或派发所需的时间越多。

## 十、股票跌到前期顶部之下时

当股票跌落回以前运动的前期顶部之下时。前期底部和这些前期顶部之间的阻力位将是重要的支撑和阻力点。

例如：1929 年的高点之后。平均指数跌回了 1919 年的顶部 119⅝ 之下，并且于 1931 年 10 月跌到了 85½。这还是 1923 年 10 月 27 日的低点。1931 年 11 月 9 日，反弹到了 119⅝——1919 年的顶部。那之后，只要平均指数逗留在 120 之下，你就要观察从低点 28½、低点 38½、低点 42、低点 52 到高点 119⅝ 的前期阻力位。然后，当平均指数上涨到 120 之上时，你要观察到更高顶部的阻力位。最重要的顶部在 195½ 到 197 牛市或熊市最后阶段里的小幅涨跌。

当牛市或上涨的市场正在接近运动的终点时，涨幅或运动通常会变得更小，这是一个平均指数或股票正遇到更大卖盘压力的信号。

例如：假如股票正在上涨并且穿越了先前的顶部上涨了 29 点，然后回调 10 点；随后穿越了过去的顶部上涨了 15 点并且回调 5 到 7½ 点；再次上涨到过去的顶部之上，但仅仅走到了它之上 10 点并回调了 5 点或更多，这是一个弱势或正接近顶部的信号，因为每一轮运动的涨幅都更小。在非常活跃、快速的市场中，如果成交量极大，最后的运动也许是更大的点数。在下跌的市场中颠倒这个规则。

如果股票已经形成了数次 10、15 或 20 点的下跌运动，而且每一次的幅度都变得更短；或者当股票突破底部而且下跌更短时，这是一个卖盘压力正在减小和接近趋势变化的信号，但在快速恐慌性的市场中，最后的下跌也许是反弹非常小的巨大点数。

这是最后一轮的清盘。

在牛市或熊市的最后阶段，通常只使用短运动或小运动的中点。观察最后运动——也许运行数周或数月——的阻力位特别是中点最重要。当超过了3整点时，趋势通常会反转。

## 十一、空转

因为每一种机械都有空转，所以股票市场由于惯性也有空转，它驱动股票略高于或略低于阻力位。平均空转是 $1\frac{7}{8}$ 点。当股票非常活跃并且以大成交量上涨或下跌时，往往会走到半路点或其他强阻力位之上 $1\frac{7}{8}$ 点，不会超过3点。在下跌的市场中应用同样的规则。它往往会超过重要阻力点 $1\frac{7}{8}$ 点，但不会超过3整点。

这是一个可以应用到任何事物的普世规则。如果我们能把地球钻一个洞，然后扔下一个球。惯性会带它超过引力中心，但当它慢下来时最终会停在精确的引力中心上。这是股票在这些重要中心附近的行为方式。

## 十二、美国钢铁阻力位

使用阻力位计算卡，你可以根据1901年至今美国钢铁所有重要底部计算出所有的重要压力位。

第一列向你展示重要的圆周角度，分别是：45，90，120，135，180，225，240，270，315，和360。与之相对的是按照比例划分的圆周角度，分别是：1/8，1/4，1/3，1/2，5/8，2/3，3/4，和7/8。

他们将股票的价格和波动范围8等分或者3等分。

**1. 阻力位之 1901—1929**

在1901到1929这一列的数字表示从0到 $261\frac{3}{4}$ 的成比例点位，高点是美国钢铁在1929年9月3日创下的 $261\frac{3}{4}$。这些压力位非常重要，因为它们代表了美国钢铁曾经的最高价或者最高的报卖价。你可以看到，180°角，或者叫做半路点，是夹在两根红线之间特别标注其重要性的。注意 $130\frac{7}{8}$ 是美国钢铁历史最高价的半路点。

**2. 阻力位之 1904—1929**

下一列展示了美国钢铁1904年创造的历史最低价—— $8\frac{3}{8}$ ——与1929年创造的历史最高价—— $261\frac{3}{4}$。这些阻力位非常重要，因为它们代表了最大的波动幅度，或者说波动幅度的极限。

**3. 阻力位之 1907—1929**

接下来的一列展示了1907年的低点 $21\frac{7}{8}$ 到1929年高点。这些阻力位非常重要，因为这是在极限低点之后出现的稍高的次低点。你应该小心观察所有这些阻力位,注意在周线和日线图上,当股票价位到达这些阻力位之后会有什么样的表现。

### 4. 阻力位之 1915—1929

接下来的一列展示了 1915 年低点 38 到极限高点。这些数字非常重要,因为起始于第二个次低点。注意 149$\frac{7}{8}$ 是这一列的中间点。美国钢铁在 1928 年 12 月走出的低点是 149$\frac{3}{4}$,之后就上涨到 261$\frac{3}{4}$,恰好使得 149$\frac{7}{8}$ 成为了从 38 到 261$\frac{3}{4}$ 的中间点或者说重心。这个位置等于 180°角,这正是美国钢铁在 1929 年 11 月下跌到 150 便筑底的原因。之后美国钢铁反弹到 1930 年 4 月的 198$\frac{3}{4}$ 位置。

### 5. 阻力位之 1921—1929

下一列展示从 1921 年低点 70$\frac{1}{2}$ 到 1929 年 9 月 3 日 261$\frac{3}{4}$。注意半路点是 166$\frac{1}{8}$,解释了为什么美国钢铁数次在这个位置得到支撑。

### 6. 阻力位之 1929

下一列是美国钢铁从 1929 年 9 月 3 日最高价 261$\frac{3}{4}$ 到 1929 年 11 月 13 日低点 150。这一列的半路点是 205$\frac{7}{8}$,接下来要注意 1921 年低点到 1929 年高点之间的半路点是 166$\frac{1}{8}$。在穿越这个位置之后,我们看到下一个重要的点位是 2/3 点,在 198。看一下其他列,有没有其他阻力位大致在同一水平。我们发现 1904—1929 的 3/4 点是 198$\frac{3}{8}$,1901—1929 的 3/4 点是 196$\frac{3}{8}$。这两列数字非常重要,因为这是由极限高价和极限振幅得出的阻力位。所以你应该在 198 位置平多翻空,并且把止损设置于 201,因为这个位置直接显示股票正遇到抛压,在日线图、周线图和角度线上都显示为向下趋势。

### 7. 阻力位之 1930

下一列展示的是从 1929 年 11 月 13 日低点 150 到 1930 年 4 月高点 198$\frac{3}{4}$ 之间的振荡。这一列的半路点是 174$\frac{3}{8}$。在美国钢铁跌破半路点之后就再也没有反弹于其上。这是一个放空的位置,使用 3 个点的止损单作为保护。在股价跌破这个阻力位和另一个在 166 附近的半路点之后一路下跌,到 1930 年 6 月走到 151$\frac{5}{8}$,其间没有碰到任何重要的底部(作为支撑)。这个位置比前面一个重要的半路点高 1$\frac{5}{8}$(实际应当是比前期半路点 149$\frac{7}{8}$ 高 1$\frac{3}{4}$),表明这里有一个反弹,因为在这个半路点位置之上得到了支撑。

股价一直上涨到 1930 年 9 月 8 日,触及 173$\frac{1}{2}$,再一次突破失败,没能穿越 150 到 198$\frac{3}{4}$ 之间的半路点,也没能穿越 5 月 14 日的顶部。这提示在此位置再次做空,使用 3 点止损。趋势向下反转,接着下跌。当股价跌穿半路点(149$\frac{7}{8}$),跌到 149 以下,已经低于 1928 年 12 月 17 日底部,并且也低于 1929 年 11 月 13 日底部 150,表明股价向下一个重要的半路点发展。

最重要的半路点:你会在这张阻力位表格上看到,从 1904 年 5 月的极限低位 8$\frac{3}{8}$

到极限高位261¾的半路点是135。这是最重要的半路点,因为这是美国钢铁完整历史振幅的一半位置。股价在1930年12月17日跌倒134⅜,在1928年底部的整整两年之后的同一天触底。在这个位置,出现了大量吸筹。这是一个平空翻多的点位,设置3点止损。

### 8. 阻力位之1931

在日线图和周线图上,趋势反转向上,股价一直上涨到1931年2月25日,价格是152¼,没能以3个点的差距超越前期半路点149⅞和1929年11月13日底部150。于是应该以153为止损位置做空。通过参考月线图、周线图和几何角度线,你可以看到价格如果跌破角度线,显示趋势向下。

股价下跌,跌破重要半路点135以及1930年12月17日低位134⅜,处于非常弱的位置。下一个重要的半路点是130⅞,这支股票历史最高价的一半。前一个低点是1928年6月的132½,刚好在这个半路点之上。当这个最后的重要半路点失守之后,显示股价走向更低。

下一个需要关注的重要的底部位置是1927年1月形成的111¼,这是股票除息40%后形成最低价。股价出现了恐慌性的下跌,没有得到这个前期底部的任何支撑,所以,你应该观察下一个底部,1923年7月到10月形成的86。到1931年6月2日,股价下跌到83⅛,没能以3点幅度形成对前期底部的破位,显示支撑,形成买入点。

7月3日有一个快速上涨,股价达到105¾。这是2月26日高点152⅜和6月2日低点83⅛之间的1/3位置。在9月内,价格跌破6月2日地点,并持续下跌到10月5日,达到低点62¼。注意历史最高价261¾的1/4位置是65½。在这里价格得到临时支撑,反弹到11月9日的74⅞。这个位置很重要,因为1921年6月的低点70½已经被击穿,表明股价处于弱势位置,会持续向下。之后跟着的是一次下跌。

下一个需要考虑的重要的前期底部是1915年创下的38。1931年12月发生了一次恐慌性下跌,价格直跌到36,比1915年12月的低点38还要低两个点。注意价格创下了一系列低点,但都没有达到35。

### 9. 阻力位之1932

1932年2月19日,股价上涨到52⅝。注意1907年低点21⅞到1929年高点261¾之间的1/8位置是51⅞,价格没有能够达到这个位置之上一个点。

趋势再次转而向下。价格跌破38,并且达到了35,这比1915年低点38低了3个点,是一个更低价格的信号。

下一个重要的前期底部是1907年的21⅞。1932年6月28日,股价下跌到21¼,一个强买入位,在这里应该平空翻多。次级趋势转而向上。

考虑股票价格创下新低之前的前一个高点永远是重要的。所以你应该发现,37是从前一次高点,2月19日的52⅝,到低点,21¼,之间的半路点。股价穿越了半路点,是更高价格的信号,之后于 9 月 6 日上涨到 52½。

**10. 阻力位之 1933**

然后,趋势转而向下。股价跌破 37,前一次走势的半路点,预示更低的价格,并且在 1933 年 3 月跌到 23⅜,在极限低点 21¼上方两个点企稳,这显示出良好的支撑,并且应该在这个位置买入,并以历史极限低价作为止损点。

趋势转而向上。股价穿越 37,前一次走势的半路点,然后穿越了(1932 年)2 月 19 日走出的高点 52⅝和(1932 年)9 月 6 日走出的高点 52½,之后于 7 月 18 日上涨到 67½。注意 65½是极限高点 261¾的 1/4,并且 65 是高点 152⅜到低点 21¼的 1/3。

然后趋势转而向下,价格下跌到 49。注意前一次运动的 5/8 位置是 50⅛。价格在这个位置制造了一系列底部之后,于 8 月 28 日上涨到 58½。之后于 10 月 21 日下跌到 34¾。价格在 21¼到 67½之间的 1/3 位置得到支撑,并且给了你足够的时间平空翻多。

**11. 阻力位之 1934**

价格上涨到 1934 年 2 月 19 日的 59⅞。注意这个价格只比(1933 年)8 月 28 日的高点高一个点。这是 1933 年 7 月 18 日高点 67½到 1933 年 10 月 21 日低点 34¾的 3/4 位置。

**12. 阻力位之 1935**

趋势再次转而向下,股价持续走低,跌破重要阻力点位,最终于 1935 年 3 月 18 日达到 27½。注意 27 是前一次重要运动从低点 21¼到高点 67½的 1/8 位置。价格在这里得到良好支撑,趋势从这里转而向上。

股价穿越 44⅜,前一个重要的半路点,并且在 9 月 18 日上涨到 48⅜。

研究美国钢铁历史上这些日、周和月高低点图,你会发现顶部和底部已经验证了这些重要的阻力位,其中大多数阻力位之都表现在 360°圆周图上。

## 十三、波段走势的半路点

每一个重要的顶底都在之后成为下一次价格运动的半路点的重要的引力中心。这些重要的引力中心或者阻力位通常在自然几何角度线之上或者附近形成。所以,要留意所有这些介于重要顶底之间的阻力位。例如:

从 1929 年高点 261¾到 1930 年 12 月低点 134⅜,我们可以发现半路点是 198。因此,在股价于 198¾创下高点之后,下跌到另一个重要的半路点或者说引力中心,使 198¾这个半路点成为这一次价格运动的半路点,所有这些证明了数学法则或者说引力中心法则。

查看从 1930 年 4 月顶部 198¾到 1930 年内 12 月 17 日底部 134⅜的价格运动,我们发现半路点是 166½。参照阻力位卡片,会在这个价格附近看到另一个重要的半路点和引力中心。

然后,查看从 1930 年 5 月 14 日顶部 175½ 到 1930 年 12 月 17 日底部 134⅜ 的价格运动,我们发现半路点位于 154⅞。我们知道 150 是一个很强的半路点,所以我们将这两个半路点相加,150 加 154⅞,得到这两个半路点的平均值 152⅜。这就是为什么美国钢铁在 1930 年 2 月 26 日走出顶部价格 152¼,并且在之后下跌,创出新低。

## 十四、识别顶部之间和底部之间的半路点的规则

你可以识别任何两个重要顶部之间的半路点,就如你识别极限顶部和极限底部之间的半路点和阻力位一样。在长波段走势中,底部到底部之间和顶部到顶部之间的识别方法如下:

### (一) 顶部到顶部

选取 1917 年顶部 136⅝ 和 1929 年的极限顶部 261¾。这两个顶部价格之差是 125,它的一半是 62½。与 136⅝ 相加,我们得到 199⅛ 作为这两个重要顶部的半路点。这就是美国钢铁在 1930 年 4 月走到 198¾ 就停止的原因之一。所以,198¾ 就成了一个重要的半路点或者卖出位置。

当 1909 年走出顶部 94⅞ 的时候,你应该指出 1901 年顶部 55,并且计算出这两个顶部之间的半路点。

当美国钢铁在 1917 年走出顶部 136⅝ 的时候,你应该指出 1909 年顶部 94⅞,并且得出这两个顶部之间的半路点是 115¾,并且注意到价格波动范围以及市场在这个位置附近遇到了阻力。

### (二) 底部到底部

同样非常重要的是,在每一次不同年份的价格运动之后,你应该指出底部位置,并且根据之前的底部计算出阻力位,方法就如同计算顶部到顶部或者顶部到底部一样。例如:

1907 年 10 月,美国钢铁的价格处于低位 21⅞,1911 年 10 月,在恐慌性的下跌之后,价格是 50。这两个底部之间的半路点是 36,这就表明,当价格跌破 50 之后,另一个重要的点位就应该由这些底部决定,是 36。1914 年 12 月,股价跌破了 50,在 1915 年 2 月跌到 38。在这两个底部之间的半路点之上两个点位置企稳,这是一个强势的信号。当然,在 38 获得支撑还有其他原因。

1916 年,从 1 月到 4 月,美国钢铁走出同样的低点 80,在 1917 年下跌,同样走出

低点80。这是一个非常重要的底部，因为在不同的两个年份中的多个不同月份于同样位置得到支撑。当价格下跌，跌破了80这个底部，你应该寻找之前的低点来计算底部到底部之间支撑。前一个底部是1915年的底部38。从底部38到底部80之间的范围是42个点，使得半路点是59，1/4位置是69½。在1920年12月，股价跌破80，并且在1921年6月下跌到70¼，仅仅比两个底部之间的1/4位置高了3/4个点。所以这是一个良好的支撑和买入价位。

1923年的8月和9月，美国钢铁在85½位置走出一系列底部。1927年1月，最后一个底部是111¼，从这里股价一直上涨到261¾，使这些底部成为重要计算依据。在1931年5月，美国钢铁跌破了111¼底部，我们应该考虑的下一个点位应该是1921年底部70¼，再下一个重要的位置应该是1915年低点38。我们应该观察这些底部之间的阻力位。

1931年6月，低点83⅛。从底部方面考虑，为什么美国钢铁坚持了三个月不跌破83⅛？你会看到从111¾到38之间的3/8位置是83¾，使这个位置成了强支撑。并且，半路点是74⅝。在1931年10月，每股钢铁跌到62¼，从这里反弹到74½，在半路点之下。

下一个重要的可作为计算依据的低点是1907年10月的21⅞。从这个底部到1921年低点70¼，我们发现1/8位置是64¼，另一个支持1931年10月低点62¼的原因。这两个底部之间的半路点是46⅛，5/8位置是40，3/4位置是34，以及7/8位置是27⅞。这是为什么1935年3月低点位于27½的原因。

在1932年6月底部21¼之后，当美国钢铁开始持续上涨，我们应该在上涨过程中再次计算底部到底部之间的阻力位，尽管在股价牛市运动或者波段上涨过程中顶部到顶部之间的计算更加重要。在上涨过程中，我们可以观察到1927年低点111¼到极限低点21¼之间的阻力位。

## （三）结论

所有顶部和底部都与其他顶部和底部存在数学关系。不存在任何一个无法根据某些重要角度线或者阻力位而计算出的小顶部或者底部，只要你持续关注所有这些震荡幅度。然后，要留意每天的价格运动，以及在这些位置的成交量。

对于其他你想要研究的股票，使用上面同样的规则，用同样的方式计算重要顶部和底部之间的震荡幅度。留意日线图和周线图上的几何角度，因为他们会告诉你，趋势在这些永恒不变的阻力位附近发生改变。

## 十五、克莱斯勒公司

### (一) 月线图

克莱斯勒公司于1925年合并,接管了老的麦克斯韦尔汽车。在新股发行之后,于1925年12月达到高点57。根据我们的规则,我们应该把最高价格除以2。57除以2是28½。在1926年3月,价格准确地下跌到了这个位置,28½,在随后大涨到140½之前,这是最低点。这证明了我们之前介绍给你的最高价分割规则的重要性。

在达到底部28½之后,股价逐渐上涨。根据我们的规则,我们应该把从57到28½之间的距离除以3和8来得到上涨过程中的阻力位。注意42⅜是这次价格运动的半路点。股价会在这个点位附近遇到值得考虑的阻力,但是最终上涨到了更高水平。

极限高价是1928年10月达到的140½。把这个价格分割为1/8、1/4、1/2等等。并且观察这些数字代表的重要的时间区间。140½的1/4是35⅛。注意在价格创下顶部之后的第35个月走出了低点12,然后反弹。极限低点是顶部之后第45个月走出的价格5。70个月,这是最高价数字的一半,对应1934年8月,此时股价到达了最后一个低点29¼。所以,你可以看到根据极限顶部和底部观察时间区间的重要性。留意当价格和时间正方形匹配时会发生什么。

从1928年10月的顶部140½开始,你应该在月线图上画一条45°角度线,从顶部往下画,然后再从同一个月份的0刻度线往上画。这些角度线以每个月2个点的速率相互靠近。所以,从它们的起始位置起140个点之后,它们在第70个月份相交于70价格位置。这应该是1934年8月。我们的规则说过,要在重要的角度线相互交叉的位置观察重要的趋势改变。这些角度线在1934年8月走到一起是在29¼买入的另一个重要的原因,这是快速上涨前的最后一个低点。

1935年7月,从140½顶部向下的45°角度线与股价走势相交。交叉位置是价格59,并且在这之后,再没有回到57以下,一直上涨到1935年11月的价格90。在1935年9月价格62位置,这条角度线穿过了从公司合并日期1925年6月位置起,由0刻度线画出的2×1角度线。在1935年10月85位置,这条角度线穿过了从1932年6月低点5,由0刻度线画出的2×1角度线。克莱斯勒股价在10月末的收盘价格是85。在11,股价上涨到90。注意89¾是140½到极限低点5之间的5/8位置。仅次于半路点72¾的强阻力位被穿越。

### (二) 周线图

我已经教过你从极限高点和极限低点开始的时间区间的重要性。注意在这些时间区间会发生什么。在周线图上,从高点 140½ 引出的向下的 45°角度线会与 0 刻度线相交于第 140 周。这发生在 1931 年 6 月 6 日那一周。克莱斯勒股价在这一周下跌到低点 13½,这在那时是新低,然后反弹,在 1931 年 8 月最后一次达到 25。下一个需要观察的重要的时间区间是地 280 周,或者说顶部价格数量的两倍。这发生在 1934 年 2 月 17 日那一周,当时克莱斯勒股价是 60,接下来的一周股价是 60⅜。在这里发生了派发筹码,价格再也没能超过这个位置一个点以上,直到下跌到 29¼。在 350 周结束的时候,或者说时间区间是最高价数值的两倍半的时候,注意发生了什么。在 1935 年 6 月 22 日结束的时候,股价创下本周的新高 50⅜,并且再也没有回踩到 48 以下,一直上涨到 1935 年 11 月的 90。这说明了时间区间的一贯的重要性。

  在周线图上,下一个要关注的重要的时间区间是从 1932 年 6 月低点 5 开始的。1935 年 11 月 16 日是从这个点开始的第 180 周的周末。这一周也是从 1933 年 3 月低点开始计数的第 141 周。从 1932 年 6 月开始画出的 2×1 角度线与第 180 周纵轴相交于 90。这个角度线每周向上移动 1/2 个点。1935 年 11 月 16 日也是从 1934 年 3 月 3 日顶部开始的第 90 周,并且 90 是圆周的 1/4,这是一个非常强的阻力点。从 1932 年 3 月顶部画出的 45°角度线与从 1932 年 6 月低点画出的 2×1 角度线相交于 90。基于所有这些原因,你应该开始观察克莱斯勒股价趋势的转变,并且卖出,使用 90 之上 3 个点的止损作为保护。

## (三) 平衡空间运动

  要看到价格如何在上涨波段和下跌波段中平衡,价格运动如何在一段长时间之后在相同尺度的空间或者相同尺度的价格点位上爆发,请参照"平衡图"。这张图表展示了道·琼斯平均指数从 1929 年 6 月 1 日到现在的运动。

  在这张图上,我们已经用红色墨水画出了贯穿全图的横线。然后从红色的 0 刻度线开始,我们向上数出想要记录的点位数值,也就是道·琼斯平均指数从前一次重要的反转点开始到下一次重要调整之前的全部上涨幅度数值;然后再从红色 0 刻度线开始,向下数出道·琼斯平均指数直到下一次趋势改变的全部下跌幅度数值。比如:

  一只股票可能上涨了 100 点,并且在上涨过程中没有发生过 10 点以上的回调,然后,在最终的冲高走势之后,第一次发生了 10 个点的调整,这是支撑已经消失,趋势发生改变的信号。

  回到道·琼斯平均指数图表上,最新的一个低点是 1929 年 6 月 1 日的 293½,这个点之后跟随着的是历史上的最终大冲刺和大上扬。平均指数在 1929 年 9 月 3 日上涨到了极限高点 386,也就是在 14 周之内获得了 92½ 的涨幅,大恐慌从这里开始。

  你会发现,在 1929 年 10 月 29 日爆发的恐慌性下跌中,股价数值直线奔向 150。这比 9 月 3 日的顶点低 150 点。随后两天强劲反弹,平均指数上涨 42 个点。从 1929

# 第10章 阻力位

年10月31日到11月13日,历史上最大的下跌发生了,平均指数下跌180点,你可以在图表上看到。在这之后,(截至写作本文时)最后一次伟大的上涨发生了,在1930年4月17日见顶,上涨了98个点。之后,又一次大跌(未见重要的反弹)爆发在1930年12月17日,平均指数下跌90点。

1931年2月,这是最近的一次大幅上涨,指数上涨了40点。在这之后,下跌变得短暂,上涨变得频繁。1932年5月4日爆发的下跌是从前高向下37个点。之后指数又下跌了20到27个点。然后,1932年7月8日,到达底部。1932年9月之后,又一次快速上涨,在趋势改变前平均指数上涨了40点,这个数字与1931年2月的上涨幅度完全相同。

在此之后,没有那一次价格运动能在趋势改变之前让平均指数上涨超过20点,直到1935年9月18日那次27个点的上涨,这次上涨还有一个7到10点的调整。这些在图上也可以看到。

在个股上,通过使用这种平衡图,你可以经常发现上涨和下跌的具体数字。这是一种确认其他指标的非常重要的方法。非常珍贵,如果你能一直坚持和研究的话。

## (四) 收盘价和开盘价

你应该在所有日线图、周线图和月线图上记录开盘价和收盘价。用 o 代表开盘价,x 代表收盘价。

下面的规则,结合阻力位和角度线使用,将会对确认趋势很有帮助。

**1. 收盘价**

一只股票的收盘价在日线图、周线图、月线图、季线图、年线图上都是最重要的。

如果一只股票收盘于半路点之上或者顶部附近,这就指示着更高的价格。

如果收盘于半路点之下,或者在日、周、月低点附近,这就指示着更低的价格。

要展示上涨趋势,股价就应该保持在日、周、月的重心之上的位置,等于是停留在45°角度线之上。

股价可能在一日之中上穿越角度线或者阻力位,然后又下穿,但要确认强势向上,就必须收盘在角度线或者阻力位之上。

在下跌的市场中,股价可能在一天之内多次上穿阻力位或者重要的角度线,但收盘于其下,这说明趋势还是向下的。

我认为收盘价远比开盘价重要,因为收盘时的价格才是清算所给出的价格,代表了一天结束时真正的价格位置。无论价格在当天的开盘时间走出多高多低,收盘价格才决定这一天到底是赚钱还是赔钱。

**2. 开盘价**

股价经常会收盘月阻力位或者重要的角度线之下,然后第二天又开盘于之上,这说明价格处于强势。如果价格一直保持强势,那就指示了更高的价格。

在下跌的市场中,股价经常会收盘于阻力位或者重要的角度线之上,然后第二天又开盘于之下,这说明了股价处于弱势,止损单即将被执行,指示了更低的价格。

### 3. 三日收盘规则

当股价连续三天高收,或者连续三天获利,这就指示了上涨趋势和更进一步的上涨运动。下跌时规则也一样,股价连续三天收低(则指示了下跌趋势和更进一步的下跌运动)。但是,这个规则只能应用于高价活跃股。

### 4. 7 到 10 天收盘规则

在非常活跃的市场中,总是要留意连续 7 天或者 10 天收高的股票。7 到 10 天收盘规则是最重要的,因为连续 7 天收高或者收低的股票,经常会发生短期的趋势反转。即便在非常活跃,快速运动的市场中,也很少见到一只股票连续超过 10 天收低或者收高却不发生一定幅度的反转的。

市场越活跃,成交量越大,这条规则越起作用。

## 十六、阻力位的 9 个依据

有 9 种数学方法可以作为计算阻力位的依据。阻力位可以通过如下方法决定:

从顶部和底部画出的角度线。

水平线。

竖直线或者主要、次要循环结束的时间。

高点时间 0 刻度线画出的重要角度线被上穿,或者低点时间 0 刻度线画出的角度线被踩破。

从双重底、三重底,或者双重顶、三重顶画出的角度线交叉或者粘合。

双重顶、三重顶被上穿,或者双重底、三重底被踩破。

个股过去价格运动形成的阻力位。

成交量。

时间和价格成正方形。

在同一个点位上,你得到的确认依据越多,这个阻力位的力量就越强,交易也就越安全,但是,不要忽视时间因素和主预测的价值。

## 十七、周移动平均或者说均值点

周移动平均指的是当周最高点和最低点的半路点。均值点非常重要。当股价收高于这个点,说明趋势依旧向上。如果股价收低于这个点,就说明趋势向下。

如果股价多周收于同一个均值点附近，说明这只股票已经做好了扭转重要趋势的准备。要留心观察第一个出现的向上或者向下的突破。

如果周移动平均多周处于同样的位置，然后股价上涨，成交量放大，那么下一周的均值点就会升高，趋势持续向上。

顶部巨大的成交量和底部极小的成交量是非常显著的。在一只股票已经上涨了数周之后，又出现了成交量巨大，并且高低点之间振幅宽广的一周，并且股价收低于均值点，特别是收在当周低点附近，那么这是一个最终顶部出现，趋势改变的信号。

查验 1932 年 6 月底部的任何成交活跃的股票，你会看到成交量收缩，然后注意到股价上涨的第一周，伴随着成交量放大，收盘价高于均值点。当价格快速、恐慌地下跌，走到底部的时候，成交量放大，振幅变宽，并且股价收高于这一周的均值点或者说移动平均点，那么这就是趋势改变的信号。

*W. D. Gann*

1935 年 11 月

# 第 11 章　高级图表和其他

高级图表是不变的,它代表了自然角度和不变的阻力点位,无论价格,时间还是成交量。这些点不会变化,你应该仔细地在每张不同的高级图表上研究它们,并学会如何应用它们。

## 一、高级十二方图

这张高级图表是十二方图,即 12×12 正方形,第一个正方形结束于 144,第二个正方形结束于 288,第三个正方形结束于 432,第四个正方形结束于 576,这些将包含大部分你所需要的。但是,你可以根据需要组成任意多的正方形。

|    | 1 | 2 | 3 | 4 | 5 | 6 | 7 | 8 | 9 | 10 | 11 | 12 |
|----|---|---|---|---|---|---|---|---|---|----|----|----|
| 12 | 12 | 24 | 36 | 48 | 60 | 72 | 84 | 96 | 108 | 120 | 132 | 144 |
| 11 | 11 | 23 | 35 | 47 | 59 | 71 | 83 | 95 | 107 | 119 | 131 | 143 |
| 10 | 10 | 22 | 34 | 46 | 58 | 70 | 82 | 94 | 106 | 118 | 130 | 142 |
| 9  | 9 | 21 | 33 | 45 | 57 | 69 | 81 | 93 | 105 | 117 | 129 | 141 |
| 8  | 8 | 20 | 32 | 44 | 56 | 68 | 80 | 92 | 104 | 116 | 128 | 140 |
| 7  | 7 | 19 | 31 | 43 | 55 | 67 | 79 | 91 | 103 | 115 | 127 | 139 |
| 6  | 6 | 18 | 30 | 42 | 54 | 66 | 78 | 90 | 102 | 114 | 126 | 138 |
| 5  | 5 | 17 | 29 | 41 | 53 | 65 | 77 | 89 | 101 | 113 | 125 | 137 |
| 4  | 4 | 16 | 28 | 40 | 52 | 64 | 76 | 88 | 100 | 112 | 124 | 136 |
| 3  | 3 | 15 | 27 | 39 | 51 | 63 | 75 | 87 | 99 | 111 | 123 | 135 |
| 2  | 2 | 14 | 26 | 38 | 50 | 62 | 74 | 86 | 98 | 110 | 122 | 134 |
| 1  | 1 | 13 | 25 | 37 | 49 | 61 | 73 | 85 | 97 | 109 | 121 | 133 |

图 11-1　十二方图

这张图表可以应用于任何东西——时间,空间、价格或成交量,涨跌的点数,天数,周数,月数和年数。

在第一个从 1 到 144 的正方形里,我画出了更细的角度线,来显示小正方形①里的中心或者最强的阻力位。对于小的高低点来说最强的小中心是:14,17,20,23,50,53,56,69,86,89,92,122,125,128,131。大中心②是遇到最强阻力的地方。这些数字是 66,67,78 和 79。股票涨/跌至这些价格,将遇到强大的阻力。下一个强的角度线是 45°,在其上最强的阻力数字是 14,27,40,53,66,79,92,105,118,151 和 144。十二方图上另一条 45°对角线是同样强的。这些数字是 12,23,34,45,56,67,78,89,100,111,122,133。

穿过每个 1/4 大小③的正方形中心的 45°线,它所经过的这些数字是次强的。这些数字是 7,20,33,46,59,72,61,50,39,28,17 和 6。在正方形的另一边,在你经过中点之后,这些数字是 73,86,99,112,125,138,139,128,117,106,95 和 84。在正方形顶端和低端上的数字,是形成重要的高低点的重要价格,因为它们是相反的数字,并且等于中点④。第一个正方形的这些数字是 1,13,25,37,49,61,73,85,97,109,121,133。高点数字是 12,24,36,48,60,72,84,96,108,120,132 和 144。这些对于量度天数、周数、月数和年数是非常重要的。

从东向西穿过正方形中心,把正方形等分的这条相反角度线,是非常强的角度线之一,因为它等于 1/2。任何股票涨/跌至这些价格,将遇到阻力,并形成高/低点。这些数字是 6,7,18,19,30,31,42,43,54,55,66,67,78,79,90,91,102,103,114,115,126,127,138,139。请记住,任何东西从起点移动 3 段的时候,它到达它自身位置的平方,这是第一个强阻力。当它移动 6 段就到达相反位置,即等于它自身位置的一半,遇到更强的阻力。从自身位置移动 9 个位置或段,它就到达 3/4 点,另一个平方。第 8、9 段是最强和最难通过的点,因为这是死亡区域。下一个更强的是结束于 144 的第 12 段或第 12 列。任何东西到达这一点遇到最强阻力。但是,一旦它移到这个正方形外,进入第 2 个正方形里 3 个点,也就是 147,将显示更强。但是,在到达这点以后,它将不再回到 141,即第 1 正方形里 3 个点。当股票进入第 2 个 12 方形,它移动得更快。当从任何高/低点时间或月数,进入第 2 个正方形,那么它就运动得更快,无论上涨还是下跌。应用同样的规则到第 3、4、5、6 个正方形。在高级十二方图的第 3、4 个正方形里,你将发现,根据时间分段,在用月数来量度时,大部分大牛市和大熊市达到极点。所有其他应用于空间运动,角度和时间的规则,都可以和高级十二方图一起使用。

---

① 指 3×3 正方形。
② 指 12×12 正方形的中心。
③ 指 12×12 正方形的 1/4 大小,即 6×6 正方形。
④ "相对"是指正方形顶端与底端相对。"等于中点"指它们相加除 2 等于中间值。

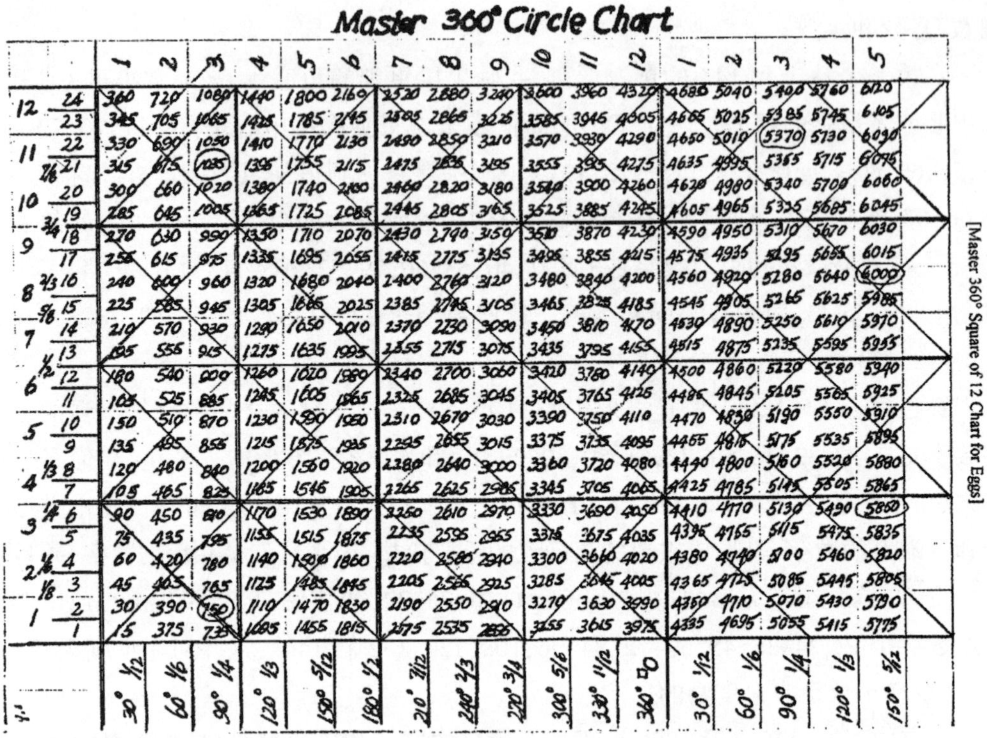

图 11-2 十二方图结合 360°圆周或称圆方图

## 二、九方形

你已经知道了高级十二方图的解释(它代表天数,周数,月数和年数),并且在十二图或圆方图中的时间量度,也可以用于测量价格走势和阻力位。

九方形是非常重要的,因为 9 个数字用于使得每件事情得到保证。不从 0 开始重复,我们就不能超越 9。如果我们把 360°除以 9,就得到 40,它表示 40°,40 个月,40 天,40 周,40 年,并且说明了为什么底部和顶部经常出现在这些以圆的 1/9 量度的角度线上。这就是为什么以色列的孩子有 40 年处于在野的[①]。

如果我们把 20 年,即 240 个月除以 9,得到 26⅔ 个月,形成一个重要的角度 26⅔°,或月数、天数、年数。9×9=81,完成了第一个九方形。请注意这个角度,以及它们如何穿过中心。第二个九方形结束于 162。注意这是与主要中心相对的。第 3 个九方形结束于 243,它等于 243 个月或 20 年零 3 个月,由于这个时间经常在周期改

---

① 原文"the children of Israel were 40 years in the wilderness"。圣经典故。

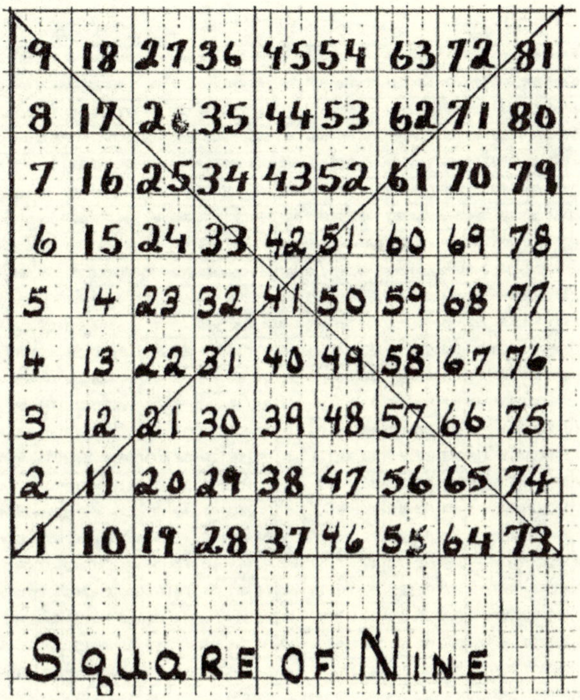

图 11-3 九方形

变之前经常流逝,有时超过 3 个月或更多。第四个九方形结束于 324。请注意 45°线穿过 325,预示着这里的周期改变。完成 360°需要 4 个九方形,还多 36。注意 361 等于 19×19,那么证明九方形在计算重要角度线和探明差异上具有重大价值。

在中心从 1 开始,注意 7,21,43,73,111,157,211,273 和 343,都在一条 45°线上。来到另一边,请注意 3,13,31,57,91,133,183,241 和 307 落在另一条 45°线上。请记住,你有四种方法可以从中心沿着 45°线,或 180°线,90°线穿越,在测量一个平面时,它们都大致相同。注意 8,23,46,77,116,163,218,281 和 352 都落在从主要中心引出的角度线上。还要注意,4,15,34,61,96,139,190,249 和 315 都落在从主要中心引出的另一条角度线上。所有这些都是重要的阻力位置,并量出重要的时间因子和角度线。

要把九方形和高级十二方图,以及 360°圆周图联系起来,非常仔细地研究。

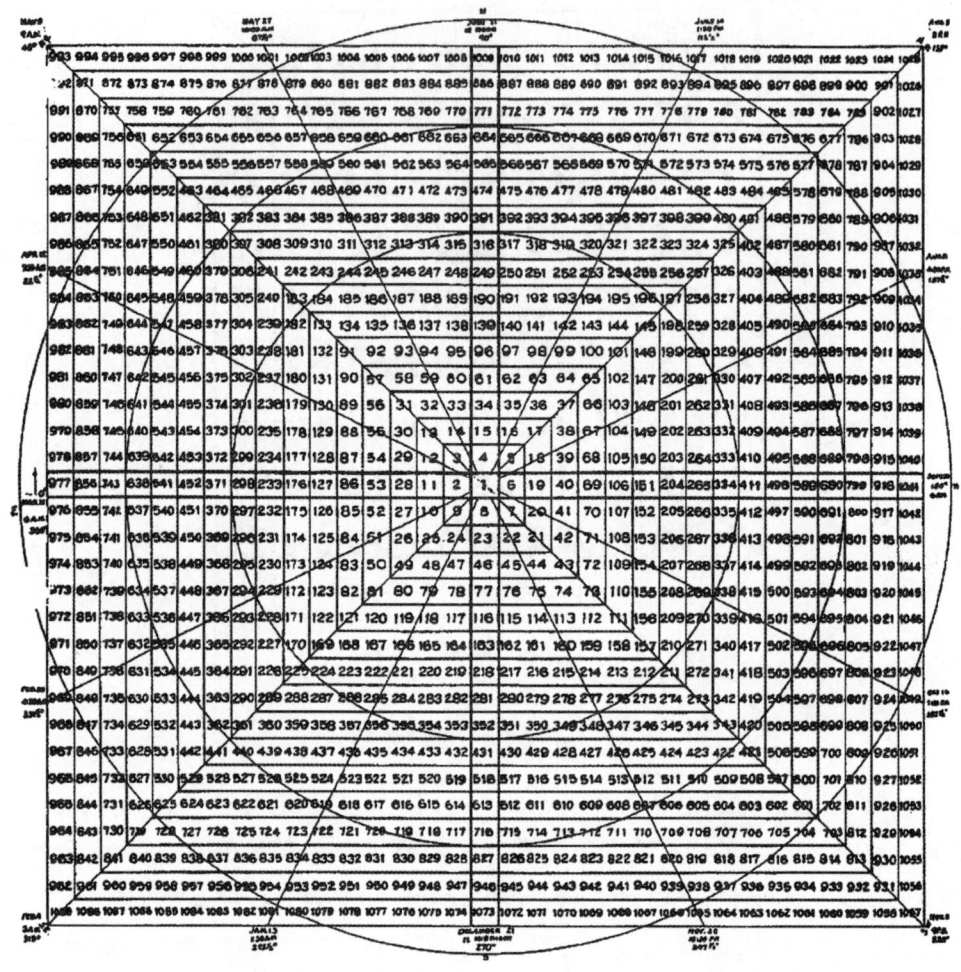

图 11-4 360°圆周图

## 三、6 个九方形

你将会看到 6 个不变的图表,每个包括 81 个数字。第一个九方形从 1 到 81,每件事必须有一个底,一个顶和四个边,才能成为一个正方形或立方体。第一个结束于 81 的正方形是底,地基,地板或起点。第 2、3、4、5 个正方形是四条边,都同样包含 81 个数字。第 6 个九方形是顶,意味着它是倍数,这参考圣经,或一个东西通过自乘复制自己。$9 \times 9 = 81$,$6 \times 81 = 486$。我们也可以使用 $9 \times 81 = 729$。数字 5 是这些数字中最重要的数字,因为它是平衡或者主要中心。在它两边各有四个数字。注意在九方形里,它如何被显示为平衡或中心数字。

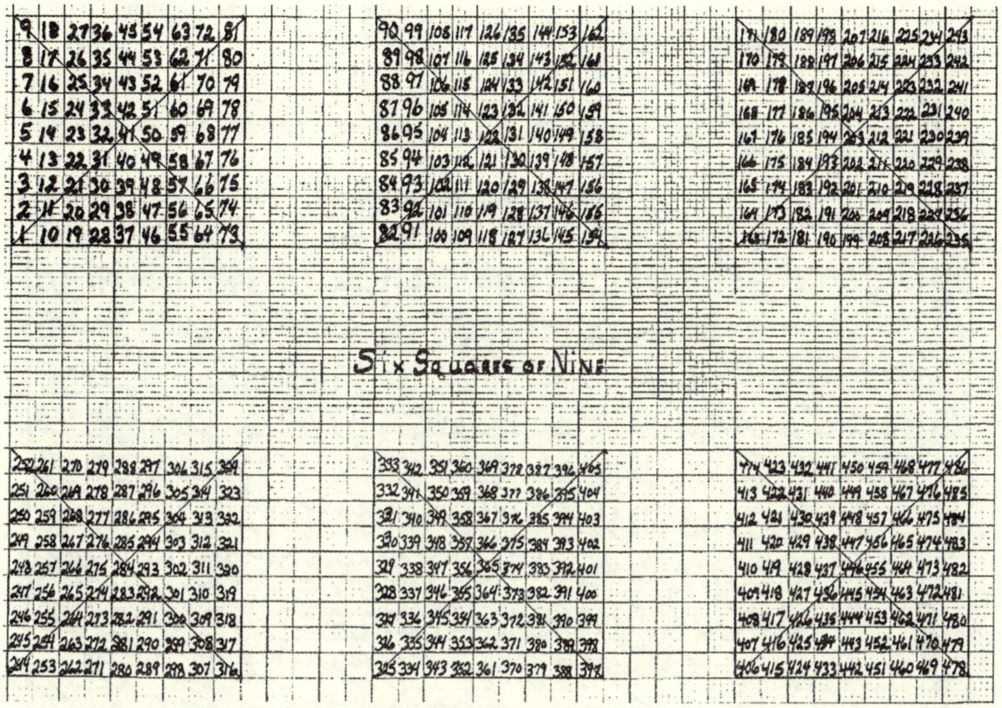

图 11-5　6 个九方形

我们从中心 1 开始，一圈圈环绕直到我们遇到 360，来将圆变为正方形。注意九方形出现在 361。这里的原因是：它等于 19×19，1 作为开始，1 到 360 代表开始点到结束点。361 是一个开始下一个循环的转换点。我们应该保留第一个空间，或使它为 0，那么我们将得到 360。在数学里，每件事情必须证明。你可以从中心开始并向外计算，或者从外围开始并向内计算。从左边开始，并向右到中心，或者到外边缘，或者是正方形边。

注意九方形或圆周的正方，我们从 1 开始，向上到 19，然后继续横穿，直到获得 19 列。再次得到 19×19 正方形。注意，在重要的中心里，即所有从四角和东、南、西、北引出的角度线达到中心的地方，数字 181 出现，显示了在这一点，我们正在穿过赤道或重心，并在圆周的另一半开始。

我们有几何角度线工作的理由、原因和缘由的天文学和数学证据。在你获得进展，证明了自身的价值，我将给你高级数字和神奇字句。

图 11－6　圆周的正方

## 四、六边形图表

因为每件事都是周期运动，没有什么是直线运动，所以这张图表向你展示了角度如何影响非常低价和非常高价的股票，以及为什么股价越高，它们运动得越快，因为它们向外移动，导致在45°线之间的距离是如此之远，以至于没有什么能阻止它们，它们自然加速上涨和下跌。

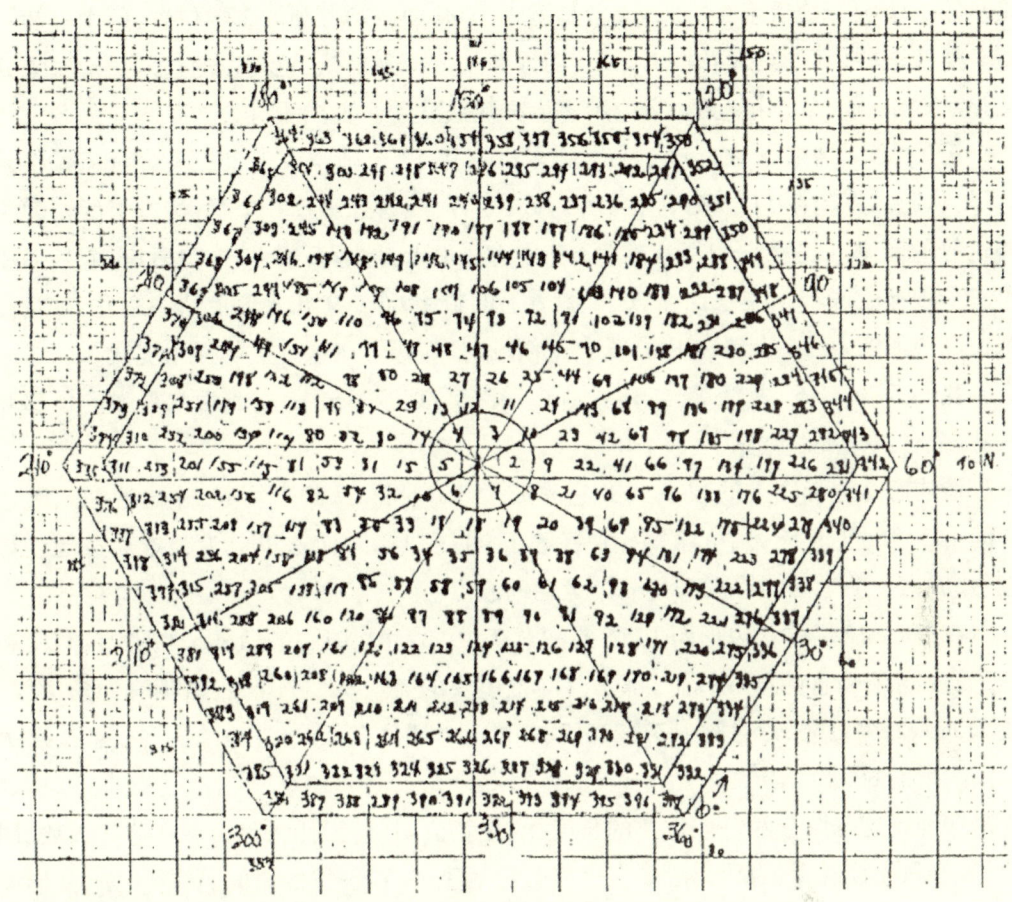

图 11-7 六边形图

我们以中心为"1"的圆开始,虽然这只包含1,但是这个圆同样是360°。然后,我们在这个圆周围放上一系列圆,六个数组成第二个圆,比第一个圆多6,第二个圆结束于7,使得在这个角度线上的7成为非常重要的月份、年份、周和天,第7天是神的日子和休息日。第3个圆结束于19。第4个元结束于37——比前一个圆多18。第5个圆结束于61,比前一个圆多24。第6个圆结束于91,比前一个圆多30,第7个圆结束于127,比上一个圆多36。注意从第一个圆开始,我们每转一圈就多6。换句话说,当转动六圈时,我们多了36。注意这组成了第一个六边形,因为这等于127个月,说明了一些运动为什么要运行10年零7个月,或者持续到它们到达六边形图的平方,或者重要的最后一条45°线。

第8个圆结束于169,比上一个圆多42。不止一个理由说明,这是非常重要的角度,一个重要的时间因素。它是14年零1个月,即7年周期的一倍。通过对照图表,你将会发现,重要的高点和低点在这条角度达到顶点。

第9个圆结束于217,比前一个圆多48。第10个圆结束于271,多54。注意271

是从第一个圆开始后第9个圆,或者是第3个90°或270°,圆的3/4位置,一个强势位置。所有这些可以通过高级12图表,四季和九方形来确认,也可以通过六边形图来确认显示数学证明总是精确的,无论用多少方法或从哪个方向去计算。

第11个圆结束于331,比上一个圆多60。第12个圆结束于397,它完成了这个六边形,从起点算起在11个圆里多了66。66个月,或者5年零6个月,标志了股票的主要走势的高潮。注意它们经常在第60月达到顶点,然后反转①,并在第66个月形成第二个顶部或底部。注意在高级12图表上的数字66。在九方形上请注意它,并且注意在六边形图上,66出现在180°线上,所有这些确认了在这一点的强角度线。

我们有一条66°线,一条67½°线和一条68°线,确认这一点成为双重强的顶部和底部,或者双倍涨跌空间。

请注意六边形图上的数字360,它完成了360°圆。从起点算起,这出现在六边形图的150°线上,但是从中心测量,它将等于90°或180°,使这里成为很难通过的强势点,并成为一个运动的终点和另一个运动的起点。

在中心为"1"的六边形图上,还要注意7,19,37,61,91,127,169,217,271,331,和397都在这条径直的角度线上,都是时间上重要的点。从"1"开始,跟随其他角度线,注意2,9,22,41,66,97,134,177,226,281和342都是在相同的90°线上,或者按六边形图测量的60°和240°线。

仔细看这张图表的每条重要的角度线,你就会明白,为什么阻力会在这些天数、周数、月数和年数遇到,为什么股票在这些强势的重要位置,按照时间,要停下来,并形成顶部和底部。

当股票穿越到120°线上方时,尤其是在127°或127点,走出第一个六边形的平方以外,它的影响将变得更快速,它将更快地上涨下跌。注意在中心附近,从6到7你会遇到180°线,或者90°线,但是当股票离开162,在遇到其他强的角度线之前,它将向上到169。那就是为什么,当股票变得越高和它们从时间中心运动时,快速涨跌会出现。

记住所有东西都在寻找重心,重要的顶部和底部根据重心,以及从重心、基础或起点(无论是高点,还是低点)得到的时间值而形成。笔直向上或水平的角度线,可能正好与股票运行的天数、周数、月数或年数相同。因此,股票涨到22½将遇到22½°线。如果它运行超过22½天,它将在22½周,或者22½月遇到这条角度线。当这些角度线被遇到,并且遇到的角度线向上时,它越高,遇到的阻力越大。向下运行时,这条规则相反。

市场走势的形成和其他事情的构造是一样的。它就像建造一座大楼。首先是地

---

① 注意这里"反弹"和前面的"顶点",不是指下跌中的反弹,和上涨的顶点,而是上涨趋势中的下跌和下跌趋势中的上涨,以及涨跌的极限。

基,然后必须完成四堵墙,最后封顶——但不是所有的【都要封顶】。因为市场里的时间与空间,这个立方体或六边形完全证明这套法则有效。当一座大楼被建造时,它是根据四方形或六边形来建造的。它有四堵墙或四条边,一个底部和顶部,因此,它是一个立方体。

在制定股市里的20年周期中,第一个60°或5年,从形成立方体的底部开始。第二个60°就到了120°,完成第一条角度线,或第一条边,并且用完10年周期。第三个60°或第二条边结束于15年或180°。这是非常重要的,因为我们完成大楼的一半,必然在这里遇到最强的阻力。第四个60°,即20年或240个月,组成第三条边。我们现在完成了大楼的2/3,一个达到顶点并完成20年周期的位置。第五个60°,即300°,天,周或月,完成了25年,第一个五年的重复,但是它组成大楼的第四条边,是非常重要的角度线。第六个60°,即360°完成一个整圆,用我们的时间来算结束于30年,它在45°线上每月变化1°组成顶部。这是一个完整的立方体,然后我们重新开始。

将这与六边形图联系起来学习,对你会有帮助。

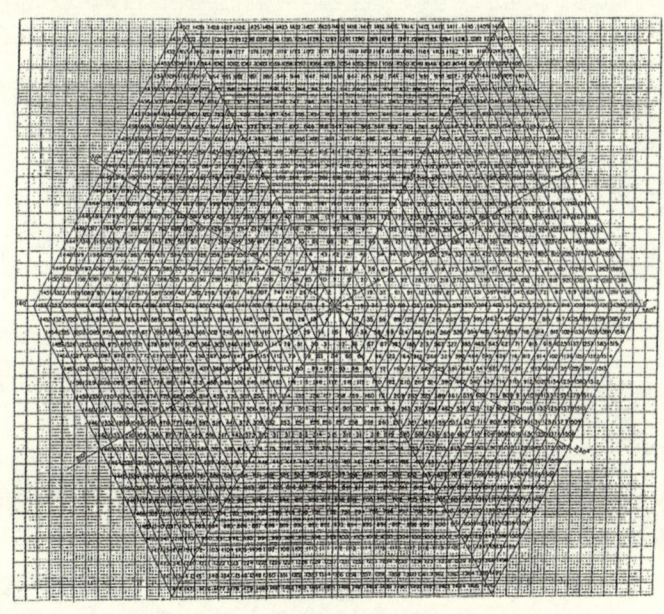

图 11-8

## 五、高级360°圆周图

这个图表从"0"开始,围绕圆周运行至"360"。我们首先将圆除以2得到180°,再将180除以2得到90°,然后将90除以2得到45°,再将45除以2得到22½。继续将22½除以2得到11¼°,最后将11¼除以2得到5⅝°——所有这些组成了圆周里的重要角度线。

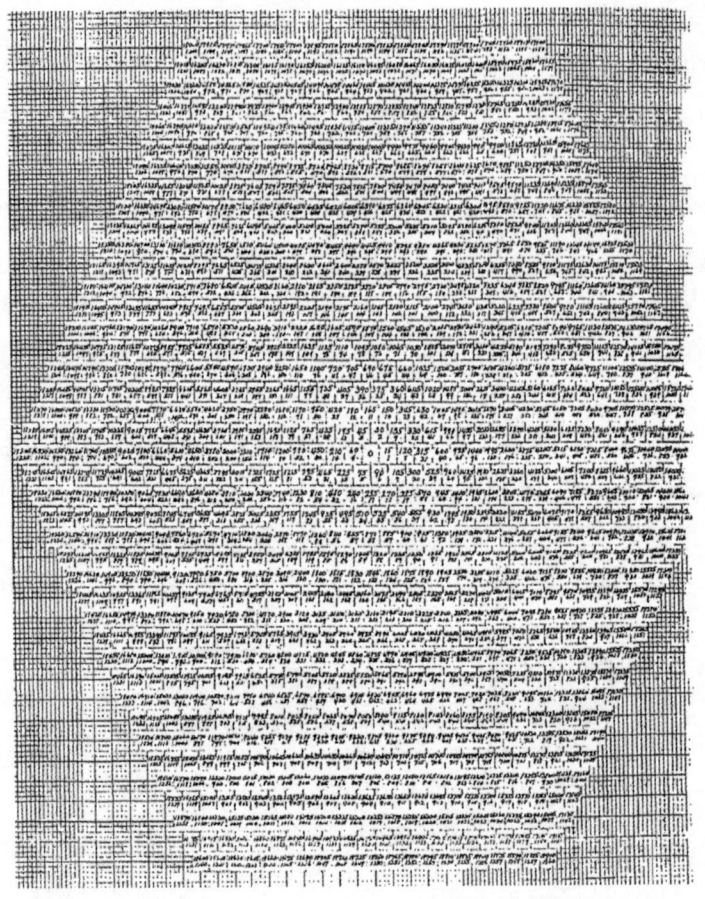

图 11 – 9

我只显示了从 3¾° 到 360° 的所有重要角度线。这些角度线用红色画出来,因为它们是重要的角度线。

将圆周除以 2 之后,下一个重要的数字就是除以 3。通过除以 3,我们就得到 120°、240° 和 360°,使之成为重要的三角位置。然后我们将 120° 除以 2 就得 60°,150°,210°,300° 和 330°。我们将 60° 除以 2 就得到 30° 及其相应比例部分。将 30° 除以 2 就得到 15° 以及散布在圆周里的相应比例的角度线。然后将 15 除以 2,我们就得到散布在圆周里的 7½°。

将一天 24 小时按圆周分割等于每小时 15°。这个圆有 48 个是 7½°,它在量度日、周、月的时间周期方面很重要。

仔细地研究高级 360° 图表,你将会发现为什么周期会重复。当任何事物运转到 180° 时,将会向对立面下降;每个角度上升到 180° 时就到达圆周另一边上的对冲位,这就是为什么顶部和底部每次都出现在这些角度上的原因。例如,在某个时候出现在 90° 或 90 个月的顶部,将相隔 90° 或 90 个月后出现,将会有相似的顶部,它们引起快速

# 第 11 章 高级图表和其他

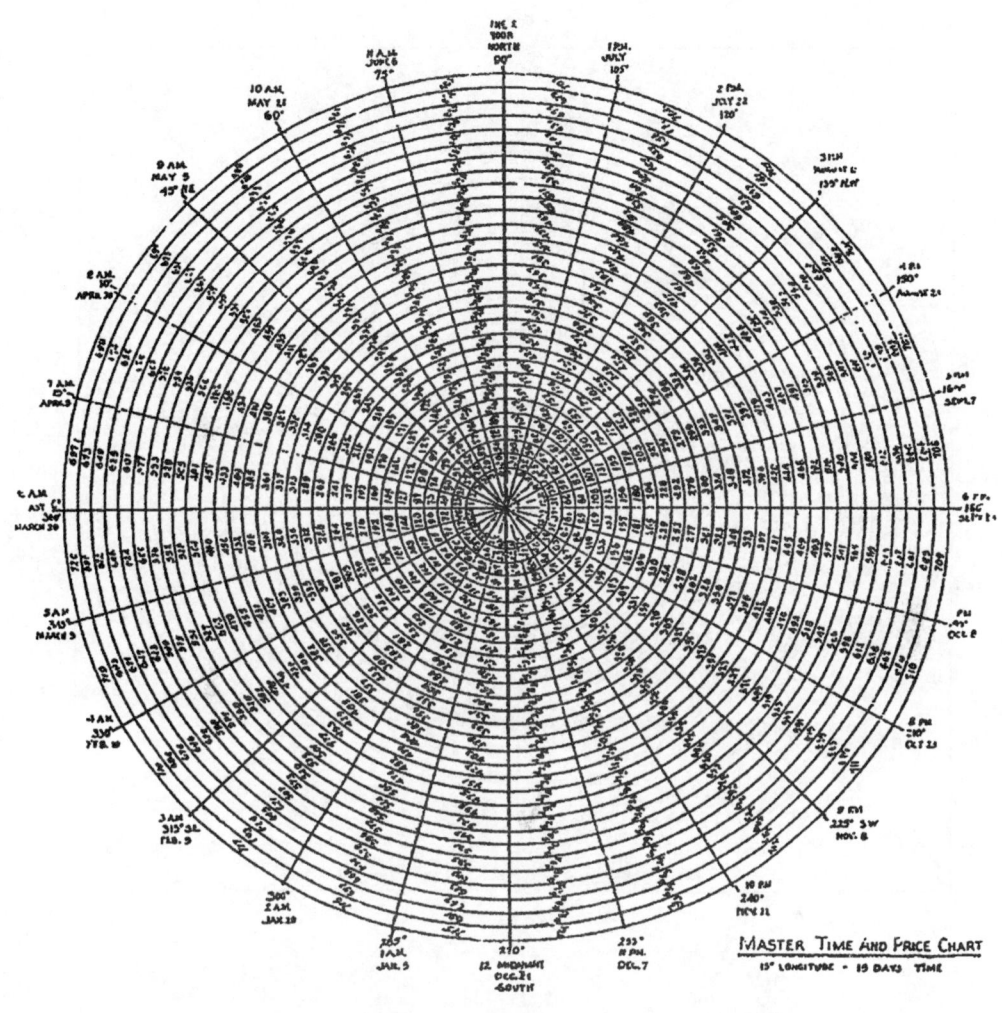

图 11－10

波动和急速涨跌。因为这个角度是如此陡峭，以至于股票在反转之前，不能长时间保持。

注意每 14 年和每 15 年，或 180 个月出现一次的，或者遇到一条 180°线或一条笔直上下的角度线时的顶点。当接近这条角度线时，走势多么快速，它们上涨和下跌得多么快，反转多么迅速。45°、135°、225°、315°也是一样。当顶部和底部有规律的，并且间隔相等月份时，注意这是如何证实这些重要的市场运动。注意 22½°线，以及下一个重要角度线，30°线，然后是 45°线。然后注意 60°和 67½°是紧邻在一起的，但都是非常重要的角度线。还要注意 112½°与 120°，都是重要角度线，并且紧邻在一起，预示着重要的顶部和底部。还要注意 150°和 157½°，紧邻在一起的强角度线，预示着重要的顶部和底部。一直依此类推下去。

当圆周被 2 等分和 3 平分，以及再次等分时，我们在 360°圆周里得到如下重要角

311

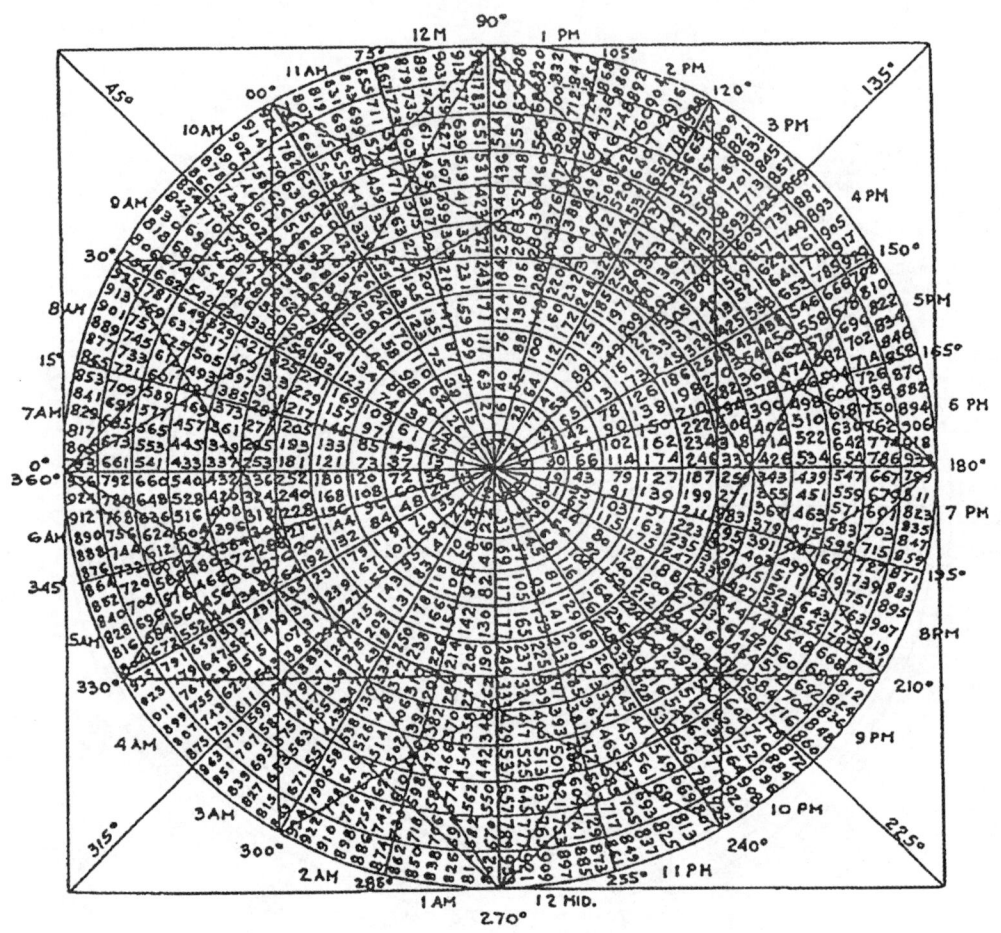

图 11–11

度线和时间,空间与成交量的量度值。

5⅝,7½,11¼,15,16⅞,22½,27⅞,30,33¾,37½,39⅜,45,50⅝,56¼,60,61⅞,67½,73⅛,75,78¾,82½,84⅜,90,95⅝,101¼,105,106⅞,112½,118⅛,120,123¾,129⅜,135,140⅝,146¼,150,152⅞,157½,163⅛,168¾,174⅜,180,185⅝,191¼,196⅞,202½,208⅛,210,213¾,219⅜,225,230⅝,236¼,240,241⅞,247½,253⅛,258¾,264⅜,270,275⅝,281¼,286⅞,292½,298⅛,300,303¾,309⅜,315,320⅝,326¼,330,331⅞,337½,343⅛,348¾,354⅜,360(它完成了这个圆)。

这些数字都是通过一个角度分割获得的,是1/2,1/3,1/4,1/8,1/16,1/32 和 1/64 量度值。

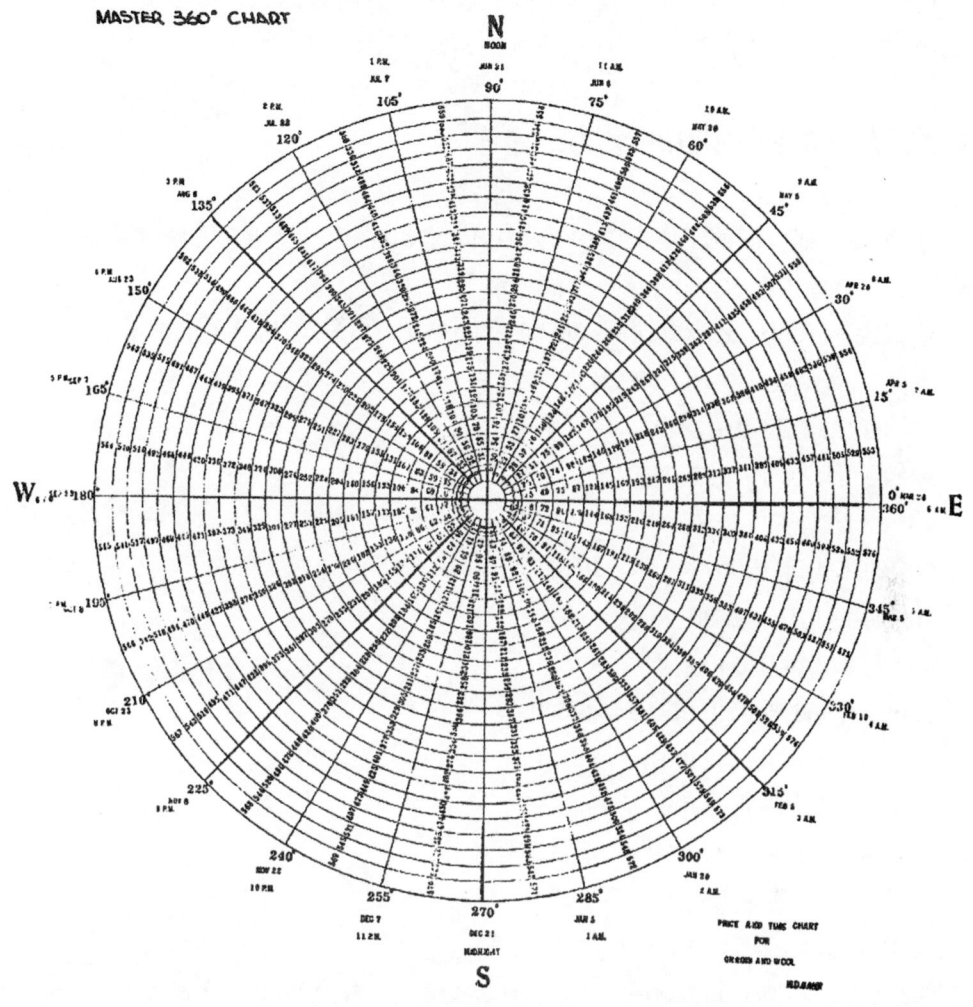

图 11-12

将这些数字与你的高级十二方图、九方图、六边形图和高级 360°图相比较,你会发现它们如何证实了重要的角度线和时间因子。

数字 7 在决定周、日、月和年上的顶部是如此重要,以致至我们必须将圆周 360°的第一个 1/7 是 $51\frac{3}{7}$,第二个 1/7 是 $102\frac{6}{7}$,第三个 1/7 是 $154\frac{2}{7}$,第四个 1/7 是 $205\frac{5}{7}$,第五个 1/7 是 $257\frac{1}{7}$,第六个 1/7 是 $308\frac{4}{7}$,第七个 1/7 完成这个圆周,等于 360°,360 天,360 周,360 个月或 360 年。如果你将这些数除以 2,你也将得到其他重要的和有价值的角度线,它们将会证实并对应其它图表上的其它角度线。

一年的 1/7 或一个圆周的 1/7,说明了为什么如此多的快速市场运动在第 49 天或第 52 天达到顶点,以及为什么第 7 周在顶点方面如此重要,第 7 个月和第 7 年也是如此。

1½ 乘以 51¾ 等于 77⅛，说明了为什么在这个点附近的角度线如此强大，以及为什么第 77 天，第 77 周，第 77 个月对顶点是如此重要。

## 六、高级 360°圆周图的平方

高级 360°圆周图的平方就是 90×90，包含 8100 个正方形，区域或空间。因此，360 的正方形将包含 32400[①] 个小空间。

这就说明了为什么股票在同一区间上下波动这么多次，因为它正在作出正方形里每个空间的单元数或摆动。例如：

$90^2$ 的 1/8 等于 1012½

$90^2$ 的 1/4 等于 2025

$90^2$ 的 1/2 等于 4050

$90^2$ 的 3/4 等于 6075

$90^2$ 的 1/3 等于 2700

$90^2$ 的 2/3 等于 5400

$360^2$，或 360 乘以 360 等于 129600。

$360^2$ 的 1/4 等于 32400

$360^2$ 的 1/3 等于 43200

$360^2$ 的 1/2 等于 64800

$360^2$ 的 2/3 等于 86400

$360^2$ 的 3/4 等于 97200

$360^2$ 的 7/8 等于 113400 这些位置对成交量，还有时间和价格量度，都非常重要。

假如你想知道用来填充或设计 90×90 正方形的天数。一年有 365 天，20 年就是 7300 天，算上闰年的话会比这多一点。因此，大约需要 22 年 2 个零 10 天来设计 90×90 正方形上每一个摆动。

## 七、螺旋图表

螺旋图表描绘了任何从零开始，并开始一圈圈的旋转的东西的正确位置、时间和空间。它准确地显示了随着一圈圈的螺旋，数字是如何逐渐增大的；以及为什么随着股票变老，它们的运行变快；或者当价格达到更高价位时波动更加迅速。在中心点、起点或零点，需要 45°来代表 1 个点。当股票从中心开始转动 7 圈，那么它就需要 7 个点

---

[①] 32400 = 90×360

来到达45°。当它围绕中心转动12圈,那么在触及45°线之前,它需要10个点的空间。这也就意味着,股票可以在一个方向运行10个月,而不会遇到任何导致非常大的反弹的事情。在这张图表上,我们仅仅显示了45°,60°,90°,120°,135°,180°,225°,240°,270°,300°,315°和360°。这显示了圆周被2,4,8分割的部分,也显示了的1/3位和2/3位,全都是必要的和重要的角度,我们将它们像这样放置,以便你能看到空间和时间是如何形成剧烈波动的。

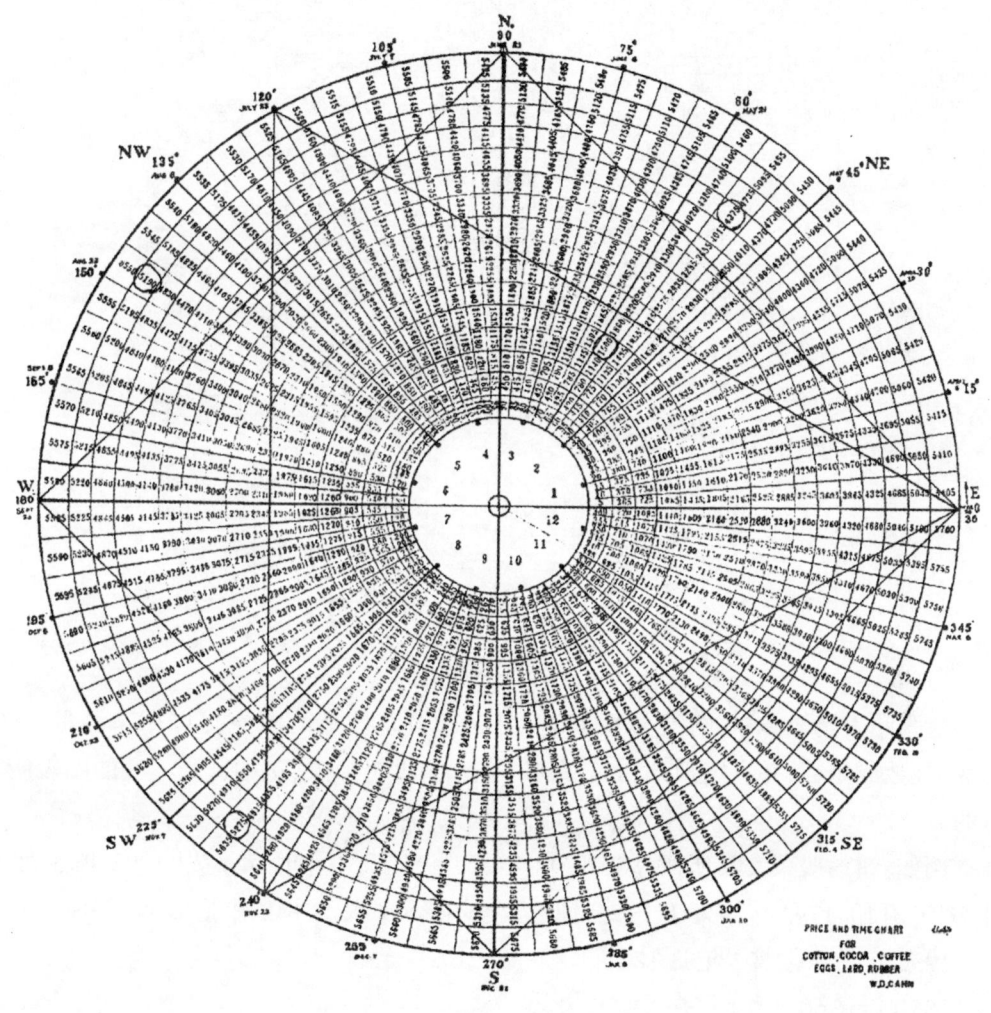

图 11 - 13

## 八、纽约股票交易所的不变图表

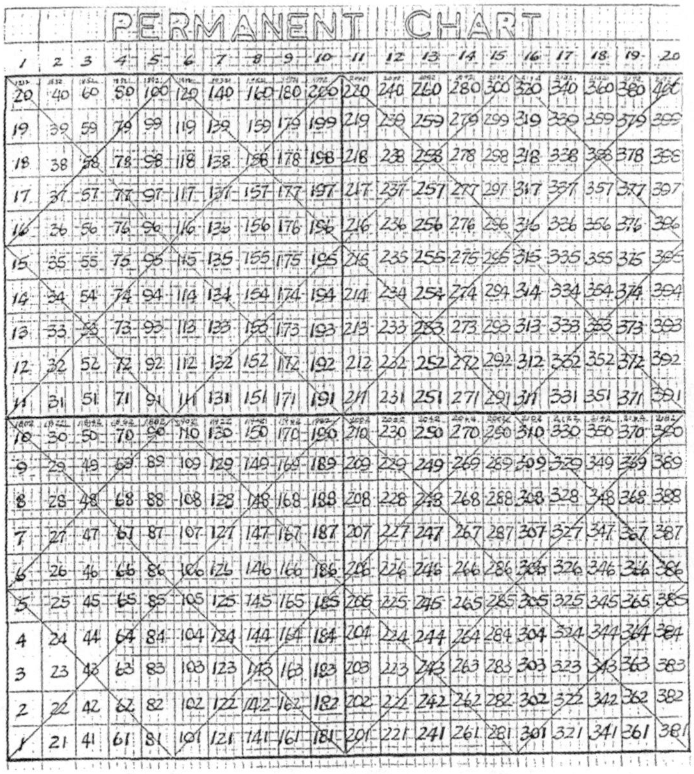

图 11-14

这张图表是 20×20 的正方形，即高 20，宽 20，总计是 400，它可以用来测量天数、周数、月数或年数，并决定顶部和底部何时在强角度上形成，正如这张不变的图表所显示的。

例如：纽约股票交易所成立于 1792 年 5 月 17 日。因此，我们以 1792 年 5 月 17 日的"0"开始，1793 年结束于 1，此时股票交易所示 1 岁。1812 年是 20；

1832 年是 40；1892 年是 100；

1852 年是 60；1912 年是 120；

1872 年是 80；1932 年是 140。注意，139（即 1931 年）到达 45°，位于第 20 行之下，这是第 7 个区域，或者第 7 个空间，它指明了 1931 年是熊市的结束和牛市的开始。但是，在第 139 年末到达这个角度时，我们一定要留意 1931 年的 5 月和 6 月左右的突破。

你会注意到，将正方形分成相等部分的数字，经过 10、30、50、70、90、110 等等。1802 年是 10，1822 年是 30，1842 年是 50，1862 年是 70。注意 1861 年，此时内战爆发，是在数字 69 上,它是一条 45°线。然后,注意 1882 年 5 月末在一条 90°线上,同时水平横穿的 180°的 1/2 位置。

1902 年,它又位于 110 这个 1/2 位置;在 1903 年和 1904 年到达 45°线。注意 1920 年和 1921 年在 129 到达 45°线;1922 年,牛市的第一年,位于 1/2 位置的 130。注意 1929 年是第 137 个数字,或第 137 月,并且到达 45°线,1930 年位于第四个正方形上的 1/2 位置,一个强阻力位,预示了一个急速的暴跌。

138 又是高级十二方图上的 1/2 位置。

1933 年是第 8 区的 141 上,位于 20×20 正方形的第二象限的中心或 1/2 位置。

1934 年和 1935 年的 5 月末,分别是 142 和 143。1935 年出现在第 8 区这个重要中心的 45°线上,而且是在第二个正方形(整个正方形的 1/2)的 1/2 位置上,它预示着一个下跌,和在 1936 年内的上涨的底部。随后在 1937 年到达 145,它位于这个正方形里向上这列的 1/4 位置。

如果你研究周数,月数和年数,并将它们应用在这些重要的位置和角度线上,你将会看到,它们在过去的走势中如何决定重要的顶部和底部。

## 九、美国钢铁公司的名字图表

美国钢铁公司的名字,包括 17 个字母。因此,根据它的名字组成美国钢铁公司的不变正方形,就需要 17×17,即平方数 289。因此,17(实际上是美国钢铁历史最低价的 2½倍),是一个重要位置。

价格 34,51,68,85,102,119,136,153,170,187,204,221,238,255,272 都是重要的,因为它们在美国钢铁公司的名字和角度图上达到重要的摆动位置。

基本数字或低点,例如 9,美国钢铁的最低数字,根据它的与其名字相一致的摆动,所有这些有时导致它与其他股票有轻微摆动。因为每个股票根据它自己的基础、起始点、数字和名字来运行。

对于自然角度和高级图表,美国钢铁运行良好,因为它的数字是 9,并且始终正好出现 9 点摆动,结束于 261,它距离起点或最低位是 28 个 9。

研究所有这些不同表格将有助于你理解阻力位。

## 十、美国的不变高级图表

我们对美国使用 7 的平方,因为美国的名字包括 7 个字母,它的平方是 49,一个非常重要的和必要的数字。

我们的美国图表开始于 1492 年 10 月 12 日。组成这些 7 的平方,并且放上这些年。你将会注意到,它是如何显示出美国恐慌的年份以及繁荣的年份。

你也可以组成一个 21×21 的正方形,它是美利坚合众国这个名字的字母数。这些角度线和重要位置,全都将相同于我们使用"美国"这个名字,因为 7 的 3 倍是 21。但是,你会得到一些更强的角度线和更重要的位置,如果你组成 21×21 正方形的话,它会延伸到 441,它的 1/2 是 220½。你研究这些不变图表越多,你就越会重视它们的巨大价值,并且会看到数字的确决定未来的每件事情,以及几何角度和数学点可以量度每个阻力位、时间、价格、空间和成交量。

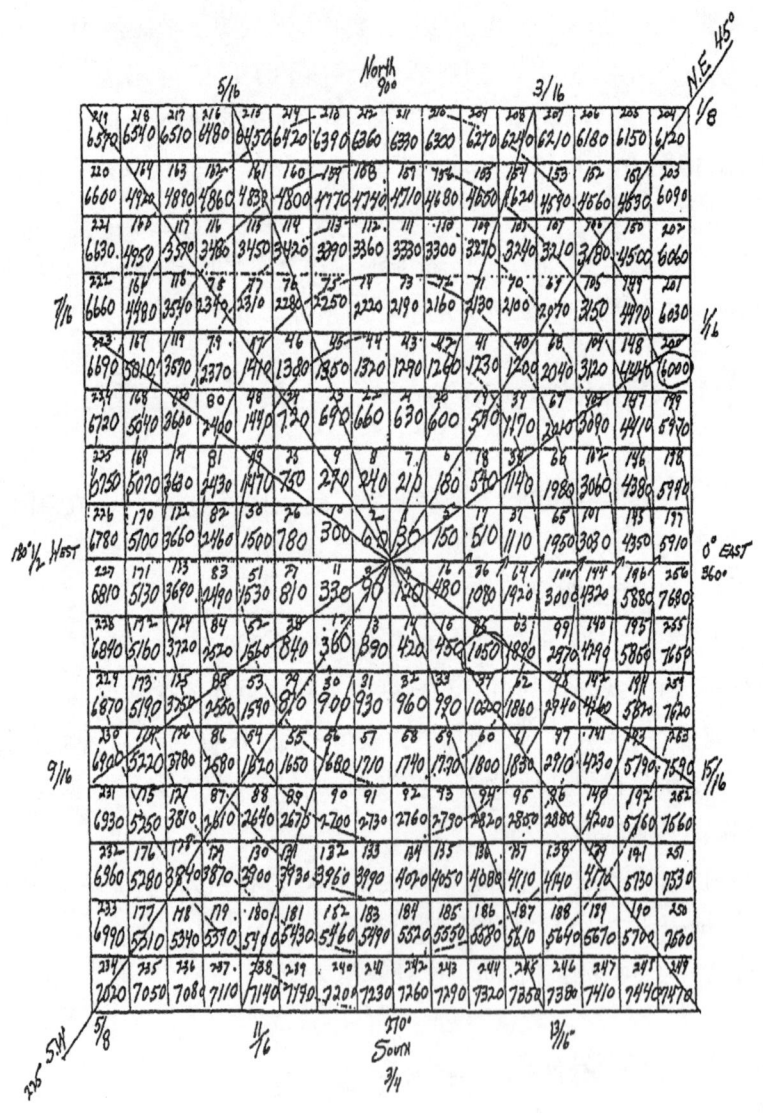

图 11－15

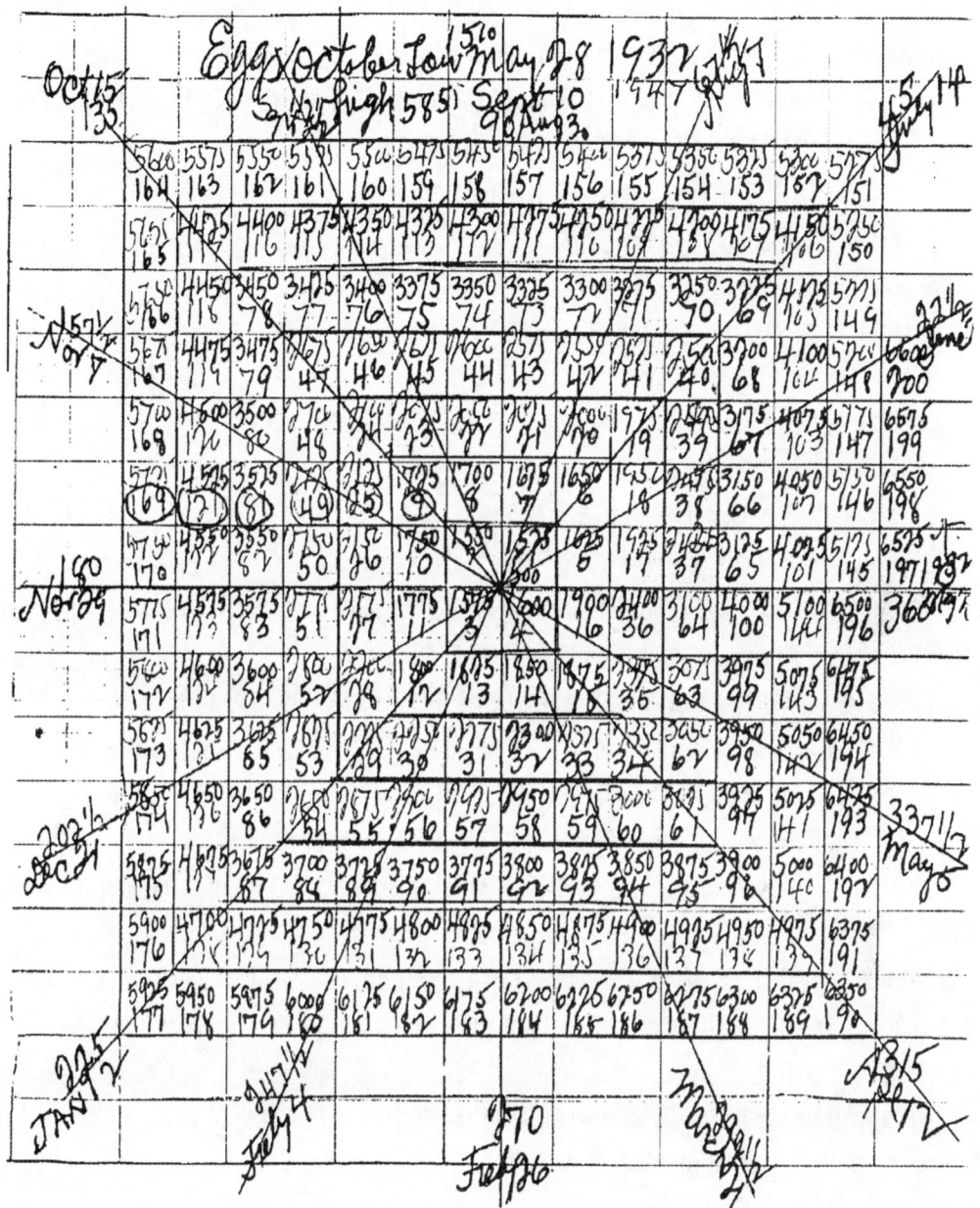

图 11-16

## 十一、季节性和年度时间周期

年度不能按日历月分割来获得时间周期:要用 4 季、季节的一半、1/3 和 2/3 年分割。一年或任何 12 个月的时间周期:可以用 16 来分割,这大约是 23 天,说明了为什么股票的市场运动通常持续 3 周或 1 个月。

牛市中，趋势正在上涨时，调整会持续 3 到 4 周，然后重新恢复主趋势。下跌或熊市中，反弹或上涨会持续 3 到 4 周，然后继续下降趋势。自然的季节性时间周期

这些季节性时间周期可以从任何特定季节的起点开始，但我的经验证明，最好从春季——每年的 3 月 21 日——开始。这些周期如下：

3 月 21 日到 5 月 5 日 = 1/8 年或 1 季的 1/2

5 月 6 日到 6 月 20 日 = 1/4 年或 1 季

6 月 21 日到 7 月 23 日 = 1/3 年

7 月 24 日到 8 月 8 日 = 3/8 年

8 月 9 日到 9 月 23 日 = 1/2 年

9 月 24 日到 11 月 8 日 = 5/8 年

11 月 9 日到 11 月 22 日 = 2/3 年

11 月 23 日到 2 月 4 日 = 7/8 年

2 月 5 日到 3 月 20 日 = 1 个季节年度

当出现极限高点和极限低点以及次级顶部或底部时。如果你观察这些日期，你会发现这些价格常常出现在这些季节性变化的日期附近。

（参考道·琼斯 30 工业平均指数从 1889 年到 1951 年的高点和低点：W. D. 江恩）

要从任何高点或低点得到确切的时间周期：你首先在高点或低点日期上加上 1/8 年或 6½ 周；其次，加上 13 周或 1/4 年，直到周年日，正如你在时间周期表上看到的。这个时间表显示了所有重要的高点和低点以及价格记录的日期。沿标记为"6½ 周"或 1/8 年的列向下看，你会得到从任何高点或低点日期开始的所有 1/8 年的周期。

回顾历史价格记录，你会发现：最高价或最低价出现在先前高点或低点日期之前或之后的 45 到 50 天的可能性最大。因此，1/8 年或 6½ 周和 7/8 年或 45½ 周的周期对于观察趋势变化非常重要。

假如你想从 1951 年 1 月查找时间周期，从表中你会注意到：过去 62 年间，高点和低点有 82 次出现在 1 月份期间，这些周期如下：

| | | | | |
|---|---|---|---|---|
| 1/8 | — 7 次 | 5/8 | — | 18 次 |
| 1/4 | — 4 次 | 2/3 | — | 9 次 |
| 1/3 | — 10 次 | 3/4 | — | 9 次 |
| 3/8 | — 8 次 | 7/8 | — | 6 次 |
| 1/2 | — 11 次 | 周年日 | ——8 次， | 总共 82 次。 |

其他所有总数见表中所示。

1951 年 2 月 13 日，第一个高点 257。5 月 4 日，高点 264½。第 3 个高点，1951 年 9 月 14 日。

对于周年日:你会发现,9月份出现了10次,而总共有73个1/8到7/8年的周期,使9月份总共有33次。这些周期中的11个出现在1/4年,11个出现在1/2年,基于季节性周期,这是在9月份,使9月对于趋势变化非常重要:重要的变化日期——基于历史高点——是9月4日、30日、12日、3日、10日、8日、13日、14日。鉴于1939年9月13日是平均指数下跌到1942年4月28日低点92.69前的最后高点这一事实,使9月13日对于顶部非常重要。考虑1948年6月14日到1949年6月14日和1950年6月12日的1/4年,使9月12日到14日成为预期趋势变化的极限高点的重要日期。

假如1951年9月14日形成高点之后,你想确定下一个重要底部何时出现。从1951年9月14日起,1/4年是1951年12月14日。从1951年5月4日的高点起,5/8年出现在12月20日,使12月成为陡直、剧烈下跌和9月之后下一个低点周期的最重要月份。

12月对于低位也很重要,因为证券交易所关闭后的低点在1914年12月24日,而且那是处于战争期间(现在,我们也处于战争期间),使12月对于大跌很重要。另外,1941年12月7日:对日战争爆发。因此,所有迹象都指向1951年12月会大跌。

参考每月极限低点的图表你会发现,在过去的62年间12月有30次,绝大多数低点出现在12月份期间。

## 十二、道·琼斯30工业平均指数

### 1. 高点和低点

1889年到1951年

(参考时间图表)

不同年份期间每月的高点和低点总数:是指极限高点或次级高点和极限低点或次级低点。

| 极限高点 | 极限低点 | 极限高点 | 极限低点 |
| --- | --- | --- | --- |
| 1月 23 | 18 | 7月 10 | 16 |
| 2月 17 | 18 | 8月 12 | 18 |
| 3月 16 | 17 | 9月 18 | 18 |
| 4月 14 | 15 | 10月 14 | 16 |
| 5月 15 | 22 | 11月 15 | 17 |
| 6月 11 | 24 | 12月 4 | 30 |

下表统计的是前期高点或低点过后6½周、13周等关键时间周期后市场出现高点或低点的次数,表中数据是按月统计的。

| 周 | 1月 | 2月 | 3月 | 4月 | 5月 | 6月 | 7月 | 8月 | 9月 | 10月 | 11月 | 12月 |
| --- | --- | --- | --- | --- | --- | --- | --- | --- | --- | --- | --- | --- |
| 6½ | 7 | 9 | 8 | 7 | 7 | 8 | 10 | 10 | 7 | 8 | 4 | 10 |
| 13 | 4 | 16 | 8 | 8 | 11 | 9 | 7 | 8 | 11 | 11 | 3 | 11 |
| 17 | 19 | 4 | 14 | 6 | 7 | 11 | 8 | 9 | 8 | 11 | 3 | |
| 19½ | 8 | 4 | 9 | 7 | 12 | 7 | 10 | 9 | 8 | 10 | 9 | 8 |
| 26 | 11 | 3 | 10 | 4 | 12 | 6 | 8 | 11 | 8 | 8 | 8 | 9 |
| 32½ | 10 | 6 | 9 | 8 | 4 | 11 | 9 | 8 | 7 | 8 | 7 | 11 |
| 35 | 9 | 9 | 11 | 3 | 10 | 4 | 12 | 6 | 8 | 11 | 8 | 7 |
| 39 | 9 | 8 | 9 | 11 | 4 | 9 | 4 | 12 | 6 | 8 | 11 | 8 |
| 45½ | 6 | 7 | 9 | 10 | 8 | 8 | 4 | 9 | 9 | 6 | 11 | 8 |
| 52 | 8 | 8 | 7 | 8 | 8 | 14 | 3 | 10 | 4 | 12 | 7 | |
| 合计 | 83 | 68 | 94 | 72 | 84 | 81 | 90 | 78 | 83 | 84 | 84 | 82 |

**2. 价格区间：**

平均指数或个股运行的价格区间以及到达的极限高价或低价，是要考虑的非常重要的因素。市场到达极限高低点的月份也是非常重要的。

1951 年 5 月 4 日：高点 264½。你要在 4 月 28 日附近观察顶部，因为 1944 年 4 月 28 日是最后的极限低点，而 1946 年的高点在 5 月 29 日。如果你看看 5 月的时间周期那一列，你会发现，32 次出现在 5 月 1 日和 10 日之间，给出了顶部可能出现在 5 月 10 日之前的强烈迹象。5 月 1 日和 5 月 5 日之间有 14 次。

如果我们使用 1/16 年即大约 23 天，并且从 5 月 29 日——1946 年的高点——减去 23 天。我们得到 5 月 6 日作为一个重要时间。从 1951 年 5 月 4 日的高点到 6 月 29 日，工业平均指数跌了 23½ 点。我们把 5 月 4 日加上 1/4 年得到 8 月 4 日，而平均指数那时进入了新高，预示着 9 月是下一个观察趋势变化和最终顶部的月份。如果你把 5 月 4 日加上 26 周或 1/2 年，这给出了 11 月 4 日——这接近季节性时间周期，平均指数于 11 月 5 日再次开始下跌。

如果你花时间用这些图表和时间周期研究和实践，你很快就会认识到它们的价值，而且通过应用所有规则和阻力位，你将能够相当准确地确定趋势变化。

## 十三、股市预测方法

### (一) 图表的种类

你应该备有年线、月线、周线和隔夜图（overnight chart）。你会发现，在周线图上，股票常常反转为次级趋势，并且持续 2 周或 3 周，但第 3 周不会形成更高的顶部或更低的底部；然而，有时候会维持数周而不会超越第一个 2 周反弹形成的价位。在这种情况下，在 2 周的反弹或回调走势的高点或低点之后，以 3 点的止损买入或卖出总是安全的。如果市场走势更强，应该继续上涨到第 3 周，或下跌到第 3 周，视情况而定。这些规则可以像用于牛市那样运用于熊市。

隔夜图要显示出趋势反转，必须走到过去的顶部或底部之外 3 点。隔夜图基于底部。只要形成更高的底部，上升趋势就会继续。只要形成更低的底部，下降趋势就会继续。所有运动的依据都从底部开始计算。市场要上涨，底部必须逐步向上或抬高，如果要下跌，底部必须降低。

## (二) 如何预测

市场的每一个运动，都是自然法则效果出现前已经长期存在，甚至可以提前数年确定的前因导致的结果。未来只不过是过去的重演，就像《圣经》明确指出的："已有的事，后必再有。已行的事，后必再行。太阳底下无新事。"——传道书 1:9

任何事都有主次，为了准确地预测未来，你必须知道主要周期，因为大部分获利产生于出现极端波动时。

股票的主要周期每 49 到 50 年出现一次。极限高价或低价的"大赦年"周期，从 50 年周期的终点持续 5 到 7 年。

"7"是个致命的数字，在《圣经》里被多次提及，它由行星土星控制，而土星带来了经济紧缩、萧条和恐慌。7 乘 7 等于 49，它被称为致命的邪恶年，导致了极端波动。

最重要的时间周期是 20 年周期或 240 个月，与其他任何周期相比，大多数股票和平均指数运行地更接近这个周期。5 年是 20 的 1/4，10 年是 20 的一半而且非常重要，因为它等于 120 个月。15 年是 20 的 3/4 而且也很重要，因为它等于 180 个月，就像 7½ 年等于 90 个月一样，因为 84⅝ 等于 90 的 15/16。

另一个重要的主要周期是 30 年，由行星土星引起。这颗行星每 30 年围绕太阳公转一周。土星主导着地球上的产物，并在每个 30 年周期的终点导致了它们的极限高价或低价，这使股票形成了高点或低点。所有周期中最重要的是 20 年周期。

另一个重要的主要周期是 10 年周期，它每 10 年引发同样的波动和极限高点或低点。股票明显地于每个偶数的 10 年结束。次级周期是 3 年和 6 年。最小的周期是 1 年，常常在第 10 或第 11 个月就出现趋势变化。

在快速运动的市场中，会伴随着 6 到 7 周的回调走势，但市场经常持续数月，仅仅回调 2 周，然后也许停顿 2 或 3 周再重新恢复主趋势。市场经常在第 3 周直线上涨或下跌。这个规则同样适用于每日运动。快速运动只会逆着主趋势运行 2 天，第 3 天，与主趋势方向相同的上升或下降将重新恢复。

在所有运动中使用角度线，并且计算主要或次要运动的 1/3、2/3、1/4 和 3/4 点。

一半最重要,因为它相当于45°角——这是最强和最关键的角度。2/3也很重要,它相当于一个三角形,或者120°。

以自然法则为基础的所有这些规则,也同样适用于时间、空间和成效量图。

不要盲目猜测。始终坚持考虑市场的主要时间周期。然后观察周线图和隔夜图,直到它们出现反转或时间已到。所有行情都运行3到4段。第3或第4段运动标志着顶点。反转信号总是在时间到期前给出,然后,市场也许会在同一区域形成2个或3个向上或向下的波段,走得略高于或低于顶部或底部,从这里发出了警示信号。当出现这样的信号时,市场不是在吸筹就是在派发。

## (三) 股票预测的时间规则

股市运行10年周期时,以5年周期完成上涨和下跌——一个5年周期向上,一个5年周期向下。

**规则1**:市场运动不会在没有出现3到6个月或1年的反向回调的情况下一直向上或向下运行超过3到3½年的时间。许多运动在第23个月就到达了顶点,而不是消耗完2整年。观察周线和月线图,确定顶点是否会出现在运动的第23个或第24个月,或者在34到35、41到42、49到60、67到72或84到90个月。

**规则2**:牛市运动运行5年——2年向上,1年向下,再2年向上,完成一个5年周期。5年运动的终点出现在第59或第60个月。始终坚持在第59个月观察趋势。

**规则3**:熊市周期下跌5年。先下跌2年,然后上涨1年,再下跌2年——完成5年的下跌走势。

**规则4**:从任何顶部加上10年,会提供给你另一个具有大约相同平均波动的10年周期顶部。

**规则5**:从任何底部加上10年,会提供给你下一个具有大约相同平均波动的10年周期底部。

**规则6**:熊市运动会消耗一个7年周期,或从任何完成的底部起的3年和4年。从任何周期的终结底部起,先加上3年得到下一个底部;然后加上4年得到7年周期的底部。

**规则7**:从任何完成的顶部起,加上3年得到下一个顶部;然后在第二个顶部上加上3年得到第二个顶部。在第二个顶部上加上4年得到第三个也是10年周期的最终顶部。

**规则8**:从任何顶部加上5年,会得到下一个伴随着大约相同平均波动的5年周期底部。为了得到5年周期的顶部,从任何底部加上5年得到下一个伴随着相同平均波动的顶部。1917年的大熊市运动底部——加上5年——得到1922年的小牛市运动顶部。我为什么说"小牛市运动顶部"?1919年是顶部——加上5年,把1924年作为5年熊市周期的底部。参考规则2和规则3,会告诉你牛、熊运动从不会在同一个方向上运行超过2年。

自1919年开始的熊市运动下跌了2年——1920年和1921年。因此,我们只能在1922年得到一个1年的反弹;然后是2年的下跌——1923年和1924年,完成了5年熊市周期。你如果回顾1913和1914年你就会发现,要完成从1913和1914年的底部开始的10年周期,1923和1924年一定是熊市年。然后注意,1917年熊市年的底部加上7年等于1924年,同样是熊市周期的底部。

**规则9**:如何对任意一年做出年度预测。退回10年,未来的一年的运动会非常接近过去的10年周期。例如:1932年会像1902、1912和1922年那样运行。

有一个30年的主要周期,它会经历3个10年周期。从目前后推10年和20年对未来影响最大。不过,在完成30年周期时,最好有30年的历史记录,以便检查并做出对未来的预测。例如:为了做出1922年度的预测,我要核对1892年、1902年和1912年,并且观察月度运动中的小变动。不过我知道,1922年运行得会最接近1912年。但是,某些股票运行得会接近1892年和1902年的波动。记住,每只股票都从它自己的基点或它自己的顶部或底部运行,而非总是按照平均指数的顶部或底部。因此,单独评判每只股票并且把它们保存在周线和月线图上。

**规则10**:极限大周期。必定永远存在主和次、小和大、阳和阴。那就是股票的10年周期有3个重要运动——2个顶部相隔3年,另一个相隔4年——的原因。它再次运行5年的运动,2年向上、1年向下,然后再一个2年向上。市场最小的完整周期或时间消耗是5年,10年是一个完整的周期。5乘10等于50,这是最大的周期。在50年大周期的终点,就会出现极限高价和极限低价。回顾历史记录,你就能验证这一点。数字"7"是时间的基础,股市的大恐慌和大萧条每7年发生一次,这是极端和大于3年的下跌。注意1907年,1917年等等。7乘7是致命的——等于49年,在第49或50年引发了极端波动。记住,你一定要从底部或顶部开始计算所有的周期,无论是主要周期还是次要周期。极端波动还会发生在30年周期的终点,正如你回顾30到50年看到的那样。

**规则11**:月度运动可以用像年度运动那样的相同规则确定。即,把底部加上3个月,再加4个月,一共加7个月得到次级底部和回调位。但要记住,牛市的调整也许仅仅持续2或3周;然后上涨重新恢复。这样一来,市场也许持续上涨12个月,而不会突破月底部。大级别的上涨行情,调整不会持续超过2个月,第3个月再次开始上涨,年度周期规则一样——2年向上,第3年向下。这同样可以应用于熊市——反弹不会持续超过2个月。大多数反弹运动消耗6到7周。一周是7天,7乘7等于49天,一个至关重要的反转点。始终观察年度趋势,并且考虑你是在熊市里还是牛市里。许多时候,在月线图显示上涨的牛市年,股票会调整2或3周,然后停顿3或4周,再进入新区域并且上涨 6 到 7 周以上。在判断反转运动前,始终考虑大时间周期是否已经耗尽,而不要仅限于从主要顶部和底部考虑你的时间信号。

**规则 12**:日线上的波动按照与年度和月度周期相同的规则运行,当然,它只是它们的一小部分。每 7 和 10 天出现重要的日线变化。趋势的月度自然变化出现在第 6 到 7、9 到 10、14 到 15、19 到 20、23 到 24 和 29 到 31 个月。这些次级运动根据个股的顶部和底部出现。在从过去的顶部或底部开始的 30 天观察趋势变化。这非常重要。然后从顶部或底部开始的 60、90、120 天观察趋势变化。180 天或 6 个月非常重要,有时候标志着更大的趋势变化。另外,要从顶部或底部开始的第 9 和第 11 个月观察重要的次级,有时候往往是重大的趋势变化。

注意股票是否每年都形成更高或更低的底部很重要。例如,如果股票连续 5 年每年都形成更高的底部,然后形成了一个比前一年更低的底部,这是一个反转的信号,而且也许标志着一个长期的下跌周期。同样的规则也可以应用于熊市中那些多年形成更低的顶部的股票。

研究我给你的所有教导和规则。一遍遍地阅读,因为你每读一遍其意义就会变得更加清晰。研究图表并实践规则以及它们在过去的表现。这样,你就会进步并且领悟和体会到我的预测方法的价值。

## (四) 股市预测指导

首先要记住,时间是最重要的因素。时间因素会使空间和成交量的失去平衡。时间到了,向上或向下的空间运动和大成交量将会开始,时间主宰这一切。始终要考虑你的年度预测。

其次,考虑每只个股并且根据它距底部或顶部时间间隔上的位置确定它的趋势。每只股票都从它自己的底部和顶部开始运行它自己的 5、10、20、30、50 和 60 年周期,无论是什么股票的运动,即使是那些在同一板块的股票,它们也可能会走出自己独特的走势。

第三,月度反转或趋势变化常常发生在 2 到 3 个月之后。变化开始于第 3 个月,视你所处的主时间因素而定。

第四,周时间规则。股票会下跌 2 到 3 周,有时候 4 周,但通常反转或趋势变化会出现在第 3 周,而且只会逆着主趋势运行 3 周。牛市会有 2 周的下跌,也可能 3 周,而在第 3 周的中间趋势会反转向上,而且第 3 周的收盘价会更高。某些情况下,趋势变化直到第 4 周才会出现。然后,会出现反转,而且第 4 周的收盘价会更高。所有这些规则也可以颠倒过来用于熊市。

第五,伴随大成交量的快速上涨或下跌大约会运行 7 周。这是上涨或下跌的极点。在第 49 到 52 天左右观察底部或顶部,尽管有时候底部或顶部会出现在第 42 到

45天而且趋势会开始变化。

记住,任何大运动——无论是月的、周的还是每日的运动——的终点,吸筹或派发一定会消耗一些时间。因此,你必须考虑这一点。观察你的角度线和时间周期。市场下跌了7周之后,也许横盘短短的2或3周,然后反转向上,这与趋势在第3个月变化的月规则相一致。

关于日时间规则,日线图提供了第一个趋势变化,但要记住,这也许仅仅运行7到10天,然后重新跟随主趋势。周线图会提供下一个重要的趋势变化,但要记住,也许运行不会超过3到4周,或者在极端情况下不会超过6到7周,然后反转并跟随主趋势。

在月线图上,也许会反转并下跌3到4个月,然后反转并再次跟随主趋势,或者在熊市里上涨3到4个月,然后反转并跟随主趋势,尽管通常在熊市里,股票反弹从未超过2个月。它们在第3个月开始突破并且跟随主趋势向下。

决不能在没有参考每支个股始于顶部或底部的角度线和所处周期的情况下,就确定主趋势在方向上的改变。出现极端上涨或下跌时,市场第一次反向运行到上一段运动的1/4或1/2时,你可以考虑趋势已经反转向上或向下了。

观察空间运动很重要,因为无论时间在哪个方向上耗尽,空间运动都会通过回撤上一轮运动1/4、1/3或1/2的幅度显示出反转,这表明主趋势已经改变。

## 十四、如何从顶部和底部使用角度

角度线要从股票标记为"0"的起涨点底部和那些标记为"T"——它们是从顶部设置下行角度线的路线——的图表顶部开始使用。记住,你想从底部到顶部画角度线时,要做的第一件事是先画45°角,然后在45°角的两边画出下一个2×1角度线。许多情况下,你不得不长时间使用其他角度线,在需要时就把它们画在图表上。当然,如果你的股票正在非常迅速地上涨,你就画上1×4和8×1角度线。股票在急剧下跌时也同样——向下画上你的8×1和4×1角度线,使用每1/8英寸1点的刻度,就如模式图的示例那样。

股票要维持在45°角之上,必须每月形成1点的涨幅,即必须每月抬高它的底部1点。要维持在上升8×1角度线之上,必须每月抬高它的底部8点;而要维持在4×1角度线之上,必须每月抬高它的底部4点。要维持在3×1角度线之上,必须每月抬高它的底部3点;而要维持在3×2角度线之上,必须每月抬高它的底部1½点或每年形成18点的涨幅。在45°角的右手边,开始6×1角度线,股票只要每年形成2点的涨幅。如果股票上涨不到这几个角度之上,就处于非常弱势的位置,当然,是在正方形的熊市一边。

45°角右边的4×1角度表示每年3点的增幅,3×1角度表示每年4点的增幅。下一个2×1角度表示每年6点或每月1/2点的增幅。

突破45°角后下跌,并且突破了这个角度,股票就处于非常弱势的位置——特别是如果它距起点的距离很长——并且预示着更低的价格。

45°角右边的3×2角度线,以12个月8点的比率上升,或者要维持在这个角度之上每月需要2/3点的增幅。没必要从很久以前画这些角度。你可以计算并确定它们穿过的地方。例如:假如1900年1月份,股票在15形成了底部,而我想计算20年后的1930年1月45°角将在哪里穿过。45°角以每月1点的比率上升,10年是120个月或120点,把它加到15的底部上;1930年1月,45°角将在135穿过。所有其他角度都可以用这个方法从很久以前开始计算。

我在模式图上标记了这些角度的测量度数,你会看到它们是:3¾°、7½°、15°、18¾°、26½°、30°、33¾°、37½°、45°、52½°、56¼°、60°、63¾°、71¼°、75°、82½°、86¼°和90°。你不必为测量这些角度费心。要得到这些准确的角度,你只要计算间距并相应地画出你的线或角度。

在你的模式图上,你会注意到,从顶部和底部画的每个角度都由它们的交点验证了自己。例如:从"0"画出的8×1角度线和从90画出的8×1角度线,二者相交于45,从"0"向右5⅝点。再以从"0"画出的角度和从90向下画出的角度为例,你会发现,它们在45相交于11¼,与8×1角度距离相等,当然,从"0"测量是它两倍的距离。

这些角度以这种方式得到验证的原因,是因为45°角或45点、45°或从"0"到45的任何事物都是90的一半。因此,从"0"开始向上的和从90开始向下的相同角度,一定相交于45°角或引力中心。

## (一) 从底部开始的角度的规则

从任何底部、基础或起点都可以开始画两条45°角度线,一条从直角向上运行,一条从直角向下运行。你也可以从任何顶部开始使用45°角或任何其他角度,从顶部向下运行的45°角,表示每月1点的下跌,取决于你的价格刻度;从顶部向上运行的45°角,表示每月1点或1°的增幅。

例如:取美国钢铁1929年11月13日的低点,那时在150交易。向上开始45°度角,它每月增进1点;然后从150开始向下开始45°角,股票要逗留在45°角上必须每月下跌1点。

1930年11月是从1929年11月开始的12个月,美国钢铁于1930年11月份在138——这在从150的底部开始的45°角上——形成了低点。

1930年12月,美国钢铁形成了极限低点134⅜。这是在从150开始的45°角之下2点,但停留在从1927年1月形成的低点111½开始的2×1角度线之上。1930年12

月,美国钢铁收盘于从底部 150 开始的 45°角之上。只要它停留在这个角度之上,就处于更强的位置,但要重新回到最强的位置,必须穿越从 150 向上的 45°角并且停留在这个角度之上。

记住,任何股票只要跌到日、周或月的 45°角之下,就处于非常弱的位置,并且预示着会下跌到下一个角度。然而,如果股票重新回到 45°角之上,就处于更强的位置。同样的规则也可以应用于从任何顶部向上的 45°角。当股票穿越了日线、周线或月线图上的角度并且停留在 45°角之上时,就处于非常强势的位置。

股票一旦跌落到或上涨到任何重要角度之下或之上,然后涨回或跌回这个角度之上或之下,重新收复它的位置,那么它再次改变了趋势。

月线图和周线图上的角度比日线图上的角度更重要,因为每日趋势可以频繁地改变,而重大的趋势变化由月高低点图和周高低点图显示出来。

当股票突破或穿越重要的角度时,始终要考虑它距基点或起点的距离。距离起点越远,趋势变化越重要,无论这是穿越从顶部开始的角度,还是突破从底部开始的角度。

每只股票都根据自己的极限高点和低点或顶部的平方形成它自己的正方形。例如:美国橡胶——143 是用来测算宽度的总高度,以 90°角向右移动 143 个空间或 143 个月,再向下分成一个正方形,就像我在月高低点图上画的那样。你会发现,这计算出了正方形的 1/4、1/2、3/4、1/3 和 2/3 等等。要通过这个正方形需要 143 个月也就是 11 年零 11 个月。这个时间周期将结束于 1931 年 12 月——这是一个观察美国橡胶趋势变化的关键点。

## (二)为什么几何角度对股票有效

为什么所有角度中 90°是最强大的角度?因为它是垂直的或直上直下的角度。90°角之后,下一个强大的角度是什么?180°角,因为它使 90°角形成了正方形,是从 90°角开始的 90°。

180°角之后下一个强大的角度是什么?270°角,因为它与 90°相冲,或者是从 90°角开始的 180°——这是圆的 1/2、最强的点。

270°角之后,下一个最强的角度是什么?360°角,因为它结束了圆并且回到了起点,而且与 180°即中点也就是 1/2 的角度相冲。

90、180、270 和 360°角之后下一个最强的角度是什么?120°和 240°,因为它们是圆的 1/3 和 2/3。120 等于 90 加 30——这是 90 的 1/3。240 等于 180 加上它的 1/3 或 60,这形成了这些强大的角度,对于时间测算尤其有价值。

下一个强势角度是什么?45°,因为它是 90°的 1/2;还有 135°,因为它是从 45°开始的 90°;还有 225°,因为它是从 180°开始的 45°;还有 315°,因为它是从 270°开始的

45°。另外，225°角是从 45°开始的 180°；315°角是从 135°开始的 180°。

90°、180°、270°和 360°角形成了第一个重要的十字，称为正十字（Cardinal Cross）。45°、135°、225°和 315°角形成了另一个重要的十字，它被称为斜十字（Fixed Cross）。这些角度对于时间、空间和成交量的测算非常重要。

为什么 22½度角比 11¼度角更强？因为它是它的 2 倍；同样的原因，45°角比 22½度角更强。此外，67½度角等于 1½乘 45°，因此任何向 90°运动的角度都相当强。78¾比 67½更强，因为它是 90 的 7/8，因此它是到达 90 之前最强的点和时间、空间以及成交量的观察点之一。许多股票在第 78 到 80 周、月或日左右会出现重要的运动并且形成顶部或底部。

为什么角度或圆的 1/8 对于时间和空间测算最重要？因为我们把美元划分成了 1/4、1/2 和 1/8。我们使用 25 美分即 1/4 美元、50 美分即 1/2 美元，而且很久以前我们还有过 12½美分的硬币。但我们货币基础最重要的数字是 4 个 1/4，而我们却在所有计算中使用 1/8。股票的波动是基于 1/8、1/4、3/8、1/2、5/8、3/4、7/8 和完整的数字。因此，任何空间以及时间测量，当时间角度改变时，都会比 1/3 或 2/3 点更接近这些数字，原因很简单，以 1/8 的比率运行的波动一定更接近这些数字。以 100 美元或面值作为股票价格的计算基准并且把这些价格转换为度数，12½相当于 45°、25 相当于 90°、37½相当于 135°、50 相当于 180°、62½相当于 225°、75 相当于 270°、82½相当于 315°、而 100 相当于 360°。

例如：当股票在第 180 天、周或月于 50 卖出时，它是在与它的时间数相同的角度度数上。1915 年 1 月 1 日，美国钢铁在 38 形成了低点，最接近价格 37½，这是 100 的 3/8 并且相当于 135°角。美国钢铁 1915 年 2 月 25 日是 14 岁即 168 个月并且挑战 135°角，这表明钢铁落后于时间，但是在 38 维持于 135°角或价格 37½之上，使它处于强势位置。然后当钢铁穿越 200——这相当于 2 个 360°的圆——上涨到 261¾时，它在第 3 个 100 里或最靠近 225°度角，最接近 62½。在它穿越了半路点或 180°角后，就处于最强的角度。钢铁在第 3 个 100 的半路点是 250；262½是下一个点或 5/8 点，这相当于 225°。

在主时间角度的章节，你会发现，从钢铁成立的时间到形成极限顶部的时间，每个时间角度运动了多远。研究这些时间角度，你会看到，当每个时间角度到达以下这些月数时发生了什么：24、36、48、60、72、84、90、120、135、157½、180、210、225、240、270、300、315、330、345 和 360 个月——这相当于 360°。在主时间角度的章节，我们还向你展示了，当时间角度 5、6、7、8 和 9 与其他时间角度相交或处于美国钢铁成立时间的位置时发生了什么。当然，同样的规则也可以用于任何其他股票。你会看到，当每个主时间角度回到与美国钢铁成立时相同的位置，或者回到它到达过的任何极限高价或极限低价时发生了什么。你将学到这些主时间角度何时回到它们的初始位置或者相同的角度或度数。因此,根据运动的能量你会知道确切的周期尺度。主时间角度的指导向你提供了所有市场运动的原因,而且可以提前多达 2000 年把它们计算出来。我们使用的数字是由美国政府的天文学家计算的,因此绝对准确。仔细研究所有这些数字并且对各种股票的运动进行比较,将使你信服它们的价值。

### (三)如何使用几何角度

我的股市操作方法全都是根据数学点或几何角度。阻力位全都是几何角度,因为它们是 1/8、1/4、1/2、3/4、1/3、2/3 等等,它们都是圆的成比例部分,无论圆是大还是小,因此,代表几何角度。

有 3 个要考虑的重要因素:价格、时间和空间运动。例如:当价格到达 45 时会遇到阻力,因为它相当于 45°角。当价格突破 45°角时,无论价格是在 45、67、90、135、180,还是其他任何位置,这削弱了这个位置的重要性,而且如果它距起点很远就更加重要。股票突破从起点开始的 45°角时到起点的距离最重要。例如:股票在上涨的早期阶段会在 45°角上停留许多次,后来回调并再次停留在它上面,然后长时间上涨,回调并且再次停留在 45°角上;然后长时间上涨,回调并且再次停留在 45°角上;然后冲击更高的价位,第 4 次突破了 45°角,这使它处于极弱的位置,因为它距起点如此之远,而且自从股票形成最低点以来已经消耗了这么长的时间。在熊市或下跌的市场中颠倒这个规则,而且不要忘了考虑:当角度被突破时,月和周高低点图最重要。日线图可能会突破角度再重新恢复,而且日高低点图要长期维持 45°角,除非在大牛市运动的终点出现最后的大突击时才有可能。

假如股票突破 45°角时是在 135 并且在第 135 个月。这是在一个强阻力位突破了一个强角度,而且是在相谐的时间冲击并突破了一个强角度。这是时间和空间在阻力位或几何角度上的平衡,并且预示着随后将出现大跌。在熊市运动的终点颠倒这个相同的规则。

考虑过了阻力位、时间和几何角度这 3 个重要的因素之后,第 4 个和下一个非常重要的因素是顶部或底部的成交量。成交量在顶部附近增加和在底部附近减少,就是说,当熊市运动已经运行了很长时间而且将近结束时,成交量减少是一个市场正准备出现趋势变化的迹象。

## 十五、钒钢周高低点图和成交量

这张图表开始于 1928 年 9 月 29 日。我用每个宽 1/8 的空间代表 25000 股。例如:在截止于 1928 年 9 月 29 日的这周,成交量是 26600 股,高点 85、低点 76,用 1/8 代表它。同样,下一周的成交量是 25000 股或略低,而且股票逗留在一个狭窄的交易区间内,但成交量在逐渐增加,到截止于 10 月 27 日这周,成交量是 111400 股,而股票上涨到了 88¼。我用 4 个空间的宽度代表 100000 股。注意 11 月 10 日或截止于 11 月 10 日这周,股票从 84¼ 上涨到了 108,成交量是 238,900 股。下一周,成交量是 116400 股,而价格仅仅走高了 3 点。然后,股票突破了 45°角并且跌到了 85。在截止于 12 月 8 日这周以及下一周,价格在这个相同的价位附近,维持在从底部开始的 4×1 角度之上,并且最终回到了 12 月 10 日这周到达的低点。在这个下跌过程中成交量很小。截止于 12 月 22 日这周,成交量只有 25000 股。然后,股票再次开始上涨。

在截止于 1929 年 1 月 19 日这周期间,成交量 138800 股。接下来这周成交量是 61200,下一周,伴随着股票仅仅走低了 1/2 点,成交量只有 25000 股。然后,在截止于 2 月 9 日这周,伴随着 175000 股的成交量紧跟着一个快速反弹。这是顶部。伴随着 74200 股的成交量,一个快速回调随之而来。下一周,伴随着 153000 股的成交量,底部在相同的价位附近。在截止于 3 月 2 日这周期间,成交量是 51500 股。然后,接下来的两周成交量很小,只有 33500 股和 32200 股。这时,股票再次向下突破 22¼度角或从 1928 年 9 月 29 日开始的 2×1 角度,下跌随之而来。在截止于 6 月 1 日那周,底部于 68 到达,成交量只有 33700 股。接下来的这周成交量只有 27000 股,这表明卖盘并不重,而且已经结束。股票在截止于 7 月 20 日这周期间反弹到了 97。成交量只有 48700 股,成交量不足表明那时买盘还不足以推动股票上涨到更高。下跌随之而来,成交量很小。底部在截止于 8 月 10 日这周期间于 77½到达。在接下来的这些周,成交量是 25000 股或更少,在截止于 8 月 31 日这周期间下降到了 8800,这表明这个价格已经没有太多的股票可供卖出,有人正在吸纳供应的股票。

在截止于 9 月 14 日这周,股票以 138400 的成交量推进到了 100 的价格。注意,股票没能穿越 4 月 6 日的顶部,而这两个顶部全都在 2 月 16 日和 23 日的沉重成交量之下,这表明,发生在 104 和 115 之间的大派发是由那些不打算为买回股票花费很长时间的人造成的,而且当股票接近 100 的价位时,他们再次大量地卖出。

在截止于 9 月 28 日这周,伴随着很小的成交量下跌,但突破了 45°角而且股票继续走向更低。在截止于 10 月 26 日这周期间,成交量增加到了 56600 股。接下来的一周成交量是 50600 股,表明这时候有沉重的清盘。在截止于 11 月 9 日和 16 日这周,成交量下降到了 17200 股和 29000 股。最后的底部于 11 月 13 日在 37½到达。然后,紧接着反弹到了截止于 12 月 14 日这周,但成交量很小,只增加到 31000 股,而在见顶这周只有 21000 股。回调随之而来,但成交量仍然更小,只有 12300、11300 和 13800 股。底部在截止于 12 月 21 日这周期间到达,那时的成交量是 19000股,然后是横向盘整的两个狭窄交易周,总成交量不超过 25000 股。这表明股票已经彻底地清算,而且正准备走向更高,但在截止于 1930 年 2 月 1 日这周——那时股票穿越了 12 月 14 日的高点,成交量增加到了 92000 股。然后,在 2 月 8 日这周期间有一个小回调,但成交量只有 23000 股。在接下来的这周上涨重新恢复，成交量达到了 62400 股。下一周成交量是 48300 股。然后，在截止于 3 月 1 日这周，有一个小回调，但成交量仅有 36500 股，这表明买盘好于卖盘，还没有沉重的卖盘压力。

上涨重新恢复，成交量每周都在增加，直到截止于 3 月 29 日这周，那时股票伴随着 206000 股的成交量在 124½ 卖出。这是自从 1928 年 11 月以来任何时候的最大成交量，一个 20 点的调整随之而来，但在截止于 4 月 5 日这周期间，成交量只有 83600 股。在接下来的这周，股票形成了更高的底部，表明市场仍然没有到达顶部。

在截止于 4 月 19 日这周期间，成交量是 184600 股；在截止于 4 月 26 日这周期间，成交量是 258100 股。随着股票从极限低点上涨到 105 点，成交量几乎相当于已发行股票的总量，这清楚地表明大回调的顶部已经到达。在截止于 5 月 3 日这周期间，大跌随之而来，成交量达到了 304000 股，首先突破了从低点 103½ 开始的 45°角，接着从 37½ 开始的 45°角也被突破，在截止于 5 月 10 日这周期间，股票伴随着 310400 股的成交量跌到了 87，成交量打破了到那时为止的所有纪录。股票跌到了 22½°角或从 37½ 的低点开始的 2×1 角度附近。这是一个为期 2 周、下跌 57 点的大调整。从低点 37½ 到高点 143¼，中点等于 90⅜。股票跌得超过它 3⅜ 点。这是由巨大的成交量和冲量导致的，然而，股票通常会走得超过中点 3¾ 点，然后重新恢复原趋势，尤其是在它出现过大跌幅时。下跌的点数越大，在主中心或中点附近为波动留有的余量也就要越大，当然，流通盘很小的钒钢股比流通盘极大的股票，其运动更快，幅度也更宽。

在截止于 5 月 10 日这周期间，成交量 242400 股，而且接下来的一周价格穿越了顶部上涨到了 118½。下一周，以 248600 股的成交量上涨到了 120¼，表明交易量正在一路向上增加，而价格并没有相应地上涨。

在截止于 5 月 31 日这周期间，股票以 135700 股的成交量到达了 124，一个卖盘多于买盘的迹象，而且价位接近派发开始的位置，这表明会再次出现非常大的卖盘。

在截止于 6 月 7 日这周期间，价格上涨到了 125。从顶部 143½ 到低点 87，2/3 位在 126¾。然后计算股票的总值 143¼，我们发现它的 7/8 位在 125⅜。这使 125 成为一个非常强的阻力位，因为这是在股票总值的 7/8 位，而且接近股票波动幅度的 2/3 位。125 之所以是一个强阻力位，是因为 25 等于 100 的 1/4。

在截止于 6 月 7 日这周期间，钒钢以沉重的成交量突破了从低点 87 开始的 45°角，当周的总成交量是 237100。价格走低到 100，并且停留在 22½ 度角或从 37½ 开始的 2×1 角度线上。6 月 9 日，钒钢突破了 100，当然，走到了 2×1 角度线之下，并且跌到了 89½，这时在引力中心或从 37½ 到 143½ 的中点附近获得了支撑。然而，根据成交量图，钒钢在角度上处于弱势位置，而且根据没有成交量的周线图和月高低点图，它也在角度上处于弱势位置，但这时正预示着一轮反弹。但是，如果能维持一段时间而不突破5月10日87的低点,将预示着一个更大的反弹,很可能达到最近跌幅的1/3到1/2。

从11月13日的低点到4月份的高点,总成交量是1672600股,按每周运动1/8的间距相当于25000股计算,会把它带到我标记的第67个空间,你从成交量图上会发现这个空间超过了这个成交量,因为实际上某些周的成交量不到25000股。我们已经标注了顶部和底部,这使我们略微超出了平衡。5月3日和10日这两周,总成交量是614000股,使到那时为止的总成交量高达2282000股,在截止于5月10这周,把它带到了第91个空间,使我们的成交量图远至6个空间。注意,这两周的成交量大约是从37½到143¾的总成交量的1/3,当然,抹去了上涨的一半。因此,自然应该跟着一个反弹,因为根据时间,下跌太快了。到6月7日这周,总成交量达到了3170800股。这把我们带到了空间126,用红笔标记,而在成交量图上的距离远至8个空间。因此,截止于6月7日这周的成交量,随着空间运动精确地停留在从37½开始的2×1角度线上,而且在开始于6月9日的这周,将靠着这个角度攻击101到100¾。6月9日的价格是101¾,随后股票跌到了89½。在股票脱离了一系列伴随着很小成交量的狭窄的波动区间后,精确地保存你的成交量图,这样你的角度会更有效。

## 十六、道·琼斯30工业指数的月成交量图——1921年6月至1930年5月

对这张成交量图的研究将证明它非常有趣和有价值。你会发现,1921年6月、7月和8月,成交量下降到了每月10000000到15000000股。1928年3月,历史上第一次成交量达到了每月80000000股。从这时起,随着上市公司从1928年6月的调整(那时指数在194)到1929年9月的顶部(那时指数到达了381)开始持续走高,成交量巨大,指数从未出现超过1个月的回调,而且任何时候都没有突破前一个月的底部10点。成交量在1928年10月放了巨量,而且在11月和12月持续放大,实际上,持续放大直至1929年8月,那时成交量再次超过了100000000股,9月份成交量超过100000000股;参考图表,注意10月份在顶部的巨量,自从1929年5月,指数第一次突破到了前一个月的水平之下,表明趋势已经反转向下。所有的成交量记录都在10月份(那时成交量达到了141000000)被打破。在11月的最终调整或最后的清盘波动中,成交量下降到了80000000。之后,指数每月都在逐步上涨,伴随着相当大的成交量形成了更高的底部和更高的顶部,直至1930年3月,那时成交量达到了90000000股。4月,总成交量达到了111000000股,指数的涨幅非常小。5月上旬,指数跌到了4月份的底部之下,这是自11月到达低点以来的第一次,急剧下跌随之而来。5月份成交量巨大,高达80000000股;6月,成交量持续放大,指数在6月9日跌到了250。

这轮从1929年11月到1930年4月的成交量运动,表明熊市中会出现反弹。

注意,从1929年1月到1929年5月的底部,4月的反弹刚好把指数带到了1929年出现派发的巨大的成交量之下。注意,这张图表的刻度是每1/8英寸2点,而非1英寸,就从1921年8月的低点和1923年11月的低点开始的角度而论,角度的值是两倍,即,2×1角度等于45°角,4×1角度等于2×1角度或22½度角。例如:从1928年6月低点开始的2×1角度相当于45°角。注意,指数在1929年5月停留在这个角度上,它第一次被突破是在1929年10月,而且大跌随之而来。注意从1921年8月开始的4×1角度——它相当于22½°或2×1角度,在1930年4月准确无误地到达这个角度之下。然后考虑从1923年11月开始的下一个4×1角度——它也相当于22½度角,注意3月和4月指数走得略高于这个角度,但指数在1930年5月开盘时跌落到了这个角度之下,然后突破了从1929年11月开始的45°角,实际上这个45°角从图表的起点以2个空间1点的比率计算,是2×1角度或22½°角。从1929年11月开始的2×1角度相当于45°角。这个角度在1930年6月与从1919年10月顶部的角上开始的2×1角度相交于248,因为2×1角度或45°角从那里穿过、相交,使248成为一个非常重要的点。另外,注意1930年1月的低点是246。如果突破了这个角度,而且突破了1月这个246的低点,这预示着平均指数将会跌得非常低。

## 十七、快速上涨和快速下跌

在月线和周线图上,股票为什么在突破67½度或45°角之前会快速上涨,迅速而急剧地反转,再迅速地下跌?

这是因为大成交量推动价格上涨,直到在高位真正突破45°角,这可以从时间、空间和成交量的组合图中看出来。成交量图会显示角度被突破,而时间图仅仅显示每月或每周的一个空间,不会显示角度被突破。

例如,绘制美国钢铁从1929年5月31日到目前的周成交量图,你会看到,它在1929年9月的高点之后的突破是如此剧烈,因为在突破周线或月线图的角度之前,成交量就突破了角度。

我们正在寄给你钒钢从1929年到目前为止带成交量的周线图。这张图表会显示给你,当用时间和空间绘制成交量时股票是如何运行的。

为什么股票在长期下跌之后要花很长的时间才能重新恢复,而且会在低位逗留这么长的时间?

因为在底部附近成交量变得很小,需要很长时间超越跌幅的正方形。当股票在2或3个月里下跌100点或以上时,比如说正好100点,那么在低位要超越跌幅的正方形需要100个月。在周、月和日高低点图上,股票一定会自己形成正方形。穿越45°

角时的价格越低股票的走势就越强；股票价格越高，而且距基点或起点的距离越大，突破45°角时——实际上突破任何角度——股票就越弱。

为什么在日、周或月高低点图上股票常常穿越45°角，然后短期上涨，下跌并停留在45°角上？

这是因为在第一次穿越45°角时，是在耗尽或超越跌幅的正方形之前穿越的它。因此，当出现次级调整并且停留在45°角上时，这是处于到达跌幅正方形的时刻，那个时点之后，更大的上涨随之而来。在牛市的顶部颠倒这个规则。这解释了股票从顶部急剧、快速地下跌，然后上涨并且形成一个稍高的顶部或一系列稍低的顶部，直至在一个较高的水平超越了涨幅的正方形并且突破了45°角，然后一个快速下跌随之而来。

股票形成更高的底部和更低的顶部时要遵循什么规则？

在月线、周线或日线图上，股票上涨并且形成更高的底部时，你要始终从更高的底部开始画角度线。然后，在到达牛市的最后阶段，而且突破了从最后的底部开始的这些重要角度时，你就会知道，趋势已经反转向下。这个规则同样可以用于下跌的市场中。从每个更低的顶部开始画角度，并且观察它们，直到股票穿越了从第2个、第3个或第4个更低的顶部开始的45°角。从第2个更低的顶部或第2个更高的底部开始画角度总是非常重要，从那里开始测算时间也同样很重要。

当股票处于非常弱或非常强的位置时，总是会由它在角度上的位置和按照成交量的适当间距绘制的成交量图显示出来，也就是说，考虑总股数会向你显示股票何时处于强势或弱势位置，以及买盘还是卖盘处于支配地位，使你能够确定是供应在增加还是需求在减少。

## 十八、拿不准时用什么规则？

当你拿不准股票的位置并且不知道趋势时，你当然不应该进场交易。等到它突破阻力位或穿越阻力位，或者等到它穿越重要的角度或突破重要的角度，表明将向哪个方向运动后再做决断，特别是在股票处于长期的停顿或横向盘整时，参考《华尔街股票选择器》。一般而言，出现重要的趋势变化时，成交量会有所显示。当股票从低位或盘整期开始上涨时，通常成交量会增加；同样，在高位长期盘整之后，当开始活跃地下跌时，成交量也会增加。当股票开始上涨并且处于强势位置时，在角度上会以保持在从底部开始的强角度之上显示出来。同样，下跌开始时，如果股票处于非常弱势的位置并且跌得非常快，会以角度的位置，也就是说，跌到并且保持在强角度之下显示出来。对于日、周和月高低点图，极限低位的重要角度直到耗尽适当的时间才会被穿越；极限高位的重要角度直到耗尽足够的时间才会被突破。因此，角度非常重要，因为角度被突破时通常意味着时间已经耗尽，不管你知道与否，而且趋势变化将会随之发生。

## 十九、人类的躯体

人的头上有 7 个孔——2 只眼睛、2 个耳朵和 2 个鼻孔，相当平均，每边 3 个。据此，我们得到了 3 的法则，而且知道了为什么变化会出现在 2 以后的阶段和第 3 阶段里的原因。头上的第 7 个孔是嘴巴，任何东西都从这里下去。研究你的 7 年周期，注意你的状况会由此走下去并且形成顶部或底部。

女人比男人更完美，因为她们能够创造生命。她的身体有 12 个孔。男人的身体只有 11 个。12 相当于黄道 12 宫。实际上，男人只有 11 个孔证明了为什么是男人背叛了基督而不是女人。注意 11¼° 角。注意你所有不同图表上的数字 11。研究你所有永恒图表上 7 乘 7 也就是 49 的位置。你就会明白为什么以色列的孩子围着杰里科（Jericho）的墙转了 7 圈，在公羊的角下 7 次以及墙在第 7 天倒塌。占星术的证据也支持这个法则，但以任何方法或通过任何科学证明的任何事物，只有通过算术和几何学的证明才是正确的。

时间周期和每个角度的尺寸都可以由人体来代表。你每只手都有 5 个手指。它们在腰部和腹部之上，并且代表 10 年周期或 2 个 5 年周期，是 20 年周期的 1/2 和 1/4。你有 10 个脚趾，但要注意，这边 5 个另一边也有 5 个。这表明，基线下的 10 年周期一定会运行到基线上面 10 年周期的对面，但 10 和 20 年的顶部和底部会出现在从基点或起点开始的适当距离。研究一下你四肢的不同部分。注意，你手指有 3 段，第 3 指节或你手指的末端比其他 2 节短，而拇指其实只有 2 段或 2 节，你的其他手指却都有 3 节。知道了这个秘密，你就会明白为什么拇指如此重要。研究所有这些主图表，应用于空间、时间，你会发现顶部和底部产生的原因，以及如何确定阻力位。回顾你拥有的任何历史图表，研究遇到最大阻力的位置。注意价格，然后用周、月和日确定时间，你就能学会如何推断未来的运动。检查你的主十二图表和九的正方形，然后根据时间，从东到西考虑你的几何角度，然后从不同的基点或起点考虑你的角度，你就能够确定股票的位置。

九方图、十二方图和几何角度全都是数学点，不但不互相矛盾，而且还协调一致，从不同的角度证明了这些数学点。

*W. D. Gann*
1931. 1. 17

# 附录一　奥本汽车

奥本汽车的附图已经标记了所有重要的自然角度,显示分割 360°圆得到的自然阻力。我们已经从顶部和底部绘制了 45°角。每只股票都按照价格和时间使它自身形成正方形,当它向一个方向或另一个方向突破正方形时。会继续沿着相同的方向运动,直至到达取决于时间或价格的另一个重要 45°角或阻力点。我们使用 $11\frac{1}{4}$、$22\frac{1}{2}$、$33\frac{3}{4}$、45、$56\frac{1}{4}$、69、$67\frac{1}{2}$、$78\frac{3}{4}$、90 等等角度。然后,从重要顶部或底部起,在时间穿越 45°角的地方沿对角线画 45°角。

两条右侧角度线的交叉点对于趋势变化非常常重要,就像我们将在奥本汽车的例子中展示的那样。

奥本汽车于 1930 年 4 月 1 日在 $263\frac{3}{4}$ 形成了极限高点;然后于 4 月 10 日形成了第 2 个高点,于 1930 年 4 月 16 日形成了第 3 个最后的高点,那时价格到达了 $262\frac{3}{4}$。我们从 4 月 1 日的顶部画 45°角,从形成于 4 月 16 日的最后顶部画另一个 45°角;然后,横向计算日数,画平分始于顶部的 45°角。

例如:4 月 15 日,始于 4 月 1 日的 45°角和始于 $11\frac{1}{4}$ 天的 45°角,精确地相交于奥本那时形成的低价点。换言之,4 月 15 日。奥本在 2 个 45°角上形成了底部;然后反弹到 4 月 16 日。突破 45°角,趋势反转向下。

注意 23°即我们到达 $22\frac{1}{2}$°角的日数,奥本在第 22 天形成了低点,仅仅反弹了 1 天,然后,突破了 $33\frac{3}{4}$ 的日线时间角度;接着突破了更重要的 45°角,表明它的走势一直在变弱。它在从顶部起的第 27 天于 180 形成了底部。180 始终是一个重要的阻力点,因为它是 360°圆的一半。奥本随后反弹到了 291。下一个重要的阻力位是 $202\frac{1}{2}$ 即 $22\frac{1}{2}$ 加 180。奥本的这个顶部恰好在 45°角之下。接着,它突破了从 $56\frac{1}{4}$ 起的 45°角。

5 月 20 日,跌到了 150,另一个重要的自然角度;因为它是圆的 5/12。这个底部在第 40 个交易日到达。然后:奥本在第 45 个交易日——这个日期对趋势变化和顶部非常重要——反弹到了 172。接着,突破了从底部 150 画出的 45°角;继续下跌;突破了始于 $78\frac{3}{4}$ 的 45°时间角度,然后突破了从 90 的时间角度开始的 45°角。90 比 45 强两倍,对于趋势变化非常重要。

6月23日,这是一个重要的季节性趋势变化日期。奥本跌到了91:维持在90°的价格角度或阻力——它对顶部或底部而言始终很重要——之上1点。这在第67天:而67½是一个强势角度。

7月17日:奥本在第86天反弹到了141,但是没有到达从101¼天开始的45°角。接着,它突破了从112½开始的45°角,然后突破了从低点91画出的45°角:这表明它处于弱势。而且正在走向更低。注意:91是从4月1日和4月16日顶部画出的45°角的最低的平行角度或最低的45°角。这条平行线与4月1日的顶部角度线之的距离为53点,与4月16日的顶部角度线之间宽59点。底部出现在第120日的时间角度上,而120很重要,因为它是圆的1/3。

8月12日,奥本跌到了102,恰好在101¼的自然阻力角度之上,而且这个角度出现在第108天,恰好在从第135日的时间角度开始的45°角之上。

9月8日,奥本反弹到了135。挑战始于4月1日顶部的45°角。这在135°的自然阻力角度上,它是圆的3/8而且非常强大。股票第一次反弹到始于顶部的45°角总是可以放空,用角度之上3点的止损单进行保护,这个点是一个安全的卖空点是因为价格是135,这相当于2个直角相交。接下来;奥本突破了始于底部102的45°角和始于第135天的45°角。它继续突破角度并且进入了更弱的正方形,直至到达最终的底部。

1930年11月5日。奥本跌到了60⅜。60始终很重要,因为它是圆的1/6。它在从4月1日起的第177个交易日形成了这个底部。注意:在第180个交易日,奥本形成了一个更高的顶部,趋势第一次反转向上。底部落在了第190日的角度线上即自顶部日期往后第190日起绘制的45°角度线上。

11月17日,自1930年4月以来,奥本第一次穿越了始于4月1日顶部的45°角。当时价格到了77,趋势反转向上:使奥本进入了非常强势的位置,因为它在如此低的价位穿越了45°角。

注意:11月20日的顶部形成于82½,恰好在始于4月16日顶部的45°角之下。随后下跌,于1930年11月28日到达了底部72½。

11月29日,奥本第一次穿越了始于4月16日顶部的45°角,表明它处于更强的位置,主趋势已经反转向上:因为它已经走到了平行角度的通道之外。这个低点形成于78¾附近,一个自然角度,奥本在穿出了这个45°角之后,直至1931年4月14日上涨到295½之前,从未在更低的价格卖出过。

自奥本收复失地即重新回到始于1930年4月16日顶部的45°角之上后,开始重返45°角并且在始于60⅜的45°角左边形成了更高的平行角度线,恰好与它从263⅜到60⅜的下跌运动相反。

1930年12月18日,奥本涨到了119¾。这个价格接近60⅜的2倍,而120是圆的1/3。这个顶部出现在第36个交易日。

12月23日,奥本跌到了91½,并且于12月27日形成了第2个底部,维持在90°的阻力点之上。注意:90是60⅜到119¾之间的中点,这表明奥本处于强势位置。92的最后低点在第43个交易日到达;而价格在从33¾日绘制的45°角之上。

1931年1月5日,奥本在从1930年4月顶部开始的第225个交易日反弹到了116,225始终很强,因为它是圆的5/8。然后,奥本下跌并且突破了从60⅜的底部画出的45°角。

1月14日和17日,跌到了101¼,这是一个自然阻力角度。注意101¼处的交叉角和价格在第60个交易日见底这个事实,我们的规则告诉你,这对于趋势变化非常重要,因为它是圆的1/6。趋势反转向上,奥本继续进入强势角度位置。

1931年1月22日,奥本穿越了始于第60个交易日、用绿色标记的45°角;1月26日,再次穿越从底部60⅜画出的45°角。在第67½交易日的角度上的价格是128。当股票再次站上始于底部的45°角时,它就处于非常强势的位置。奥本在1931年4月14日于295½形成顶部之前,从未回到始于60⅜的45°角之下。在穿越了60⅜的45°角之后,上涨持续显示出强势;因为它进入了始于底部的45°角左边的强势区间。

1931年2月9日,奥本穿越了从1930年12月18日形成的顶部119¾画出的45°角。这是另一个非常强势的迹象。

2月26日,奥本在从底部起的92个交易日或恰好超过第90日——它对于趋势变化始终很重要——2天,于217形成了顶部。注意:自然阻力位在213¾。然后,奥本回落到这个角度之下;跌回了用绿色标记的120日的时间角度之下。这使它进入了更弱的位置并且预示着下跌。你看,奥本上涨就像下跌一样,45天、90天和其他重要的时间天数始终发挥着重要作用。

3月7日,奥本跌到了175,恰好在180——这是圆的一半——之下5点。并且到达了一个45°角度线——它位于从顶部119¾画出的45°角和从1930年11月20日在82½形成的第一个顶部画出的45°角之间的1/2距离处。奥本在第100个交易日形成了这个顶部,在第101日穿越了120的绿色角度——这是时间角度。然后,在从顶部217开始的45°角上形成了一个持续2个交易日的顶部。然后,穿越了始于顶部217的45°角并且从未回落到它之下,继续在60⅜的45°角左边的强势区间运行。

4月14日,奥本到达了极限高点295½。这是一个季节性变化日期,因为最后的高点出现在1930年4月16日,从这开始大跌随之而来。注意:从形成于1931年1月14日和19日的底部101¼和103½画出的45°角度线之间的距离是同样的59点。4月14日:第180日的角度相交于290。这是两个直角的交点——一个从263¾到91的相等波动宽度的平行角度,另一个从极限点101¼到295½。当天,奥本上涨到了这些

290 的平行角度之上,下跌并收盘于 287,在这些角度之下预示着弱势。奥本仅仅有 1 天收盘于它刚跌穿的平行角度线之上。然后,开始连续跌破这些平行角度线:直接进入更弱的位置。

注意 292½ 是一个重要的阻力位,因为它等于 270——这是圆的 3/4——加上 22½,而奥本没能走到这个角度之上 3 点的位置;另外要考虑的是,奥本从 60⅜ 到 295½ 上涨了 235⅛ 点,接近圆的 2/3,强阻力位的另一个原因。你应该检查自然阻力位,看看这个点位附近的其他重要的点。例如:奥本的极限高点是 514,最后运动的极限低点是 60⅜。它们之间的中点是 287⅛。奥本的历史极限低点是 31¾。它们之间的半路点是 272½。那么,当奥本跌到第一个中点 287⅛ 之下时,表现出了弱势;突破历史波动的中点 272⅞ 时,表明极弱。下一个重要的点是 257 即 514——奥本曾经卖出过的最高价——的 1/2。因此,当奥本跌到 257 之下时,它就处于非常弱的位置并且预示着进一步的急剧下跌。

4 月 20 日,奥本跌到了 180,在自然角度或圆的 1/2 上获得了支撑。这是从 1939 年 4 月起的 315 个交易日,而且在从低点 60⅜ 起的第 136 个交易日和第 166 个日历日上。165 很重要,因为它是 150°角和 180°角之间的 1/2。奥本在从 1931 年 4 月的低点 101¼ 起的第 45 个交易日形成了底部。它位于最低的 45°角度上。

从 60⅜ 到 295½ 的中点在 177¾,奥本位于这个半路点之上表明处于强势位置并且准备反弹。这时,178½ 在始于 103½——1931 年 1 月 19 日的低点——的 45°角上,它是最后和最低的 45°角——这是最强的支撑点,在这里一定会出现反弹,用它之下 3 点的止损单买入奥本股票。

4 月 24 日。奥本反弹到了 219,到达了始于 3 月 7 日底部 175 的 45°角;然后回落到 213¾ 的价格角度之下,并且突破了 146¼ 的日角度。

1931 年 4 月 30 日,奥本跌到了 187,停留在始于低点 103½ 的 45°角上。急剧反弹随之而来,5 月 1 日:奥本上涨到了 227½,恰好在始于 157½ 日的绿色 45°角之下。这是从顶部 119¾ 开始的 45°角。价格 225 在一个强阻力价位上,相当于 225°上——圆的 5/8,而且奥本没能走到它之上 3 点。一个大突破在当天下午随之而来,奥本跌到了 184——这是在从 1931 年 1 月 19 日的底部 103½ 开始的最低的 45°角之下 3 点,还恰好在始于第 135 个交易日的绿色 45°角度线之上和从 1930 年 11 月 5 日起的第 146 个交易日上,以及从底部起的第 179 个日历日上,这是一个底部或趋势变化的强烈迹象。奥本迅速站上了最低点的 45°角度线;然后穿越了从 60⅜ 画出的 45°角。

5 月 5 日,奥本涨到了 225½,冲击 225 自然阻力角的相同阻力位。它触及始于低点 183 的 45°角和始于 5 月 1 日顶部的 45°角,而且刚好位于从 157½ 日开始 45°角之下,这是一个强阻力点。

5 月 6 日,奥本跌到了 203,在从 146¼ 日开始的 45°角上,而且恰好在 202½ 角度和自然阻力之上,受到了强大的支撑,随后反弹并且穿越了始于 60⅜ 的 45°角——这使它再次处于一个非常强势的位置。

1931 年 5 月 9 日,奥本上涨到了 252。这刚好在始于 219——3 月 30 日的低点——的 45°角之下,而且是在从 1931 年 4 月 14 日顶部起的第 22 天。你会注意到,257 是奥本曾经卖出过的最高价 514 的 1/2。5 月 9 日是从 1930 年 4 月 1 日起的第 330 个交易日——这很重要,从 60⅜ 起的 103 个交易日和 185 个日历日,5 月 9 日,奥本跌落到了从 168¾ 日开始的 45°角之下,跌到了 237,停留在始于 1930 年 12 月 18 日形成的顶部 119¾ 的 45°角上。

当前的日期是 1931 年 5 月 9 日。奥本处于角度上的强势位置。而且是一个以 260 作为止损位——514 的 1/2 之上 3 点——进行做空操作的位置。股票处于角度上的强势位置。你必须观察始于顶部 295½ 的 45°角和始于 180、以绿色标记的角度。只要奥本能维持在始于 60⅜ 的 45°角之上,就仍然处于反弹的状态,但当它突破始于 60⅜ 的 45°角和始于 101¼ 及 101½——1931 年 1 月 14 日和 19 日的底部——的最低的 45°角时,就预示着大跌。

如果奥本能穿越 260,下一个阻力点在 273 附近,再下一个在 287 附近;如果通过了前期顶部 295½ 或穿越了 300,那么,这将预示着市场会到达一个更高的价位。你应该始终从过去的重要底部观察 1/4 和 1/2 点。就奥本目前的位置而言,要观察的点在 180 和 252 之间。还有 237¾——295½ 到 180 的 1/2。奥本 5 月 9 日恰好收盘在这个点附近,接近 240——圆的 2/3——一个重要阻力位。如果奥本突破了 234 即中点价位下面 3 点的位置,那么它将预示着市场会找到更低的价位处。

*W. D. Gann*
1931.5.9

# 附录二 W.D.江恩的市场预测数学模型——数学价格、时间和趋势计算器

这个图表以透明塑料制成,这样你就可以把它放在日、周或月高低点图上;一眼就看出时间和价格在几何角度上的位置。设计这个图表是用来提供快速、准确、简单的计算,节省时间,避免错误。

这个 12 的正方形对于计算时间周期而言是非常重要的。因为一年有 12 个月。144 的正方形是大正方形。而且比任何其他正方形——包括时间和价格——更有效,因为它包含了从 1 到 144 的所有正方形。这个图表被分成了 9 部分——包括时间和价格,因为 9 是最大的数字。日线图的 9 个空间相当于 9 天、9 周或 9 个月的时间。在日高低点图上,9 相当于谷物的 9 美分,股票的 9 点或棉花的 90 点。

144 正方形的 1 列包含了 144。这相当于谷物的 144 美元、股票的 144 点,或者在棉花上使用 1/8 英寸 10 点的刻度相当于 1440 点。

主 144 正方形包含 324 平方英寸,每平方英寸包含 64 个单位,这等于 20736。这是 20736 周或月,可以把它的成比例部分用于时间和价格测量,因为这是个巨大的周期。

**1. 144 正方形的大周期**

这个正方形的时间周期是 20736 日、周或月。它的一半是 10368 天。1/4 是 5184 天。1/8 是 2592 天。1/16 是 1296 天。1/32 是 648 天。1/64 是 324 天。1/128 是 162 天,而 1/256 是 81 天或 9 的平方。

**2. 周时间周期**

周的大周期是 2962 周零 2 天,这个周期的 1/2 是 1481 周零 1 天。1/4 是 740 周零 4 天。1/8 是 370 周零 2 天。1/16 是 185 周零 1 天。1/32 是 92 周零 4 天。1/64 是 46 周零 2 天。

**3. 月时间周期**

月的大周期是 681 个月 23 天。它的一半是 28 年 9 个月零 23 天。1/4 是 14 年 5

个月零 8 天。1/8 是 7 年 2½ 个月。1/16 是 43 个月。从任何重要高点和低点开始查看周和月时间周期,以确定未来的趋势。

## 一、主宰数字

主宰数字是 3、5、7、9 和 12。数字 9 及其倍数最重要。下一个最重要的数字是 7,一个在《圣经》中比任何其他数字提到的次数都多的数字。一周有 7 天——7 个日历日以及 5 个交易日,而且它们的倍数应该运用于日线、周线和月线图。7 的平方等于 49;这是一个非常重要的时间周期。2 个 7 的平方等于 98,3 个 7 的平方等于 147,4 个 7 的平方等于 196,而 196 还是 14 的平方。下一个重要数字是 5;它是 1 和 9 之间的平衡数字。5 的平方等于 25。2 个 5 的平方等于 50,这恰好超过 7 的平方 1 点,使 49 到 50 对于趋势变化非常重要。3 个 5 的平方等于 75,4 个 5 的平方等于 100,而 100 还是 10 的平方,它对于趋势变化也很重要。

数字 3 是在数字 7 之后《圣经》提到的下一个数字,而且很重要,因为 3 × 3 等于 9——3 的平方。3 必须以任何可能的方式运用。3 × 7 等于 21,3 × 5 等于 15,3 × 9 等于 27,3 × 12 等于 36——非常重要。因为它等于 6 的平方。数字 12 也在《圣经》里多次提到而且极其重要。耶稣挑选了 12 个门徒。一年有 12 个月,黄道有 12 宫。144 正方形里 12 的重要倍数是 12、24、36、48、60、72、84、96、108、120、132 和 144。它们对于日、周和月的时间与价格全都很重要。

关于数字 9,7 × 9 等于 63 而且极其重要。因为 8 的平方等于 64,因此,63 到 64 附近对于观察趋势变化非常重要。7 × 12 等于 84 而且非常重要,下一个数字是 90,而 90 是圆的 1/4,它对于时间和价格变化非常重要。下一个重要数字是 9 × 12,等于 108 或 144 的 3/4。

千万不要忽略 360° 圆与 144 正方形的关系,因为圆的成比例部分和 144 的成比例部分相符合。2½ 乘以 144 等于 360,1¼ 乘以 144 等于 180——圆的 1/2,90 等于 144 的 5/8。9 是 144 的 1/16;18 是 1/8,36 是 1/4,45 是 5/16,它对于时间和价格变化以及阻力位始终非常重要。48 是 144 的 1/3,54 是 3/8,63 是 7/16,72 是 144 的 1/2,81——9 的平方——是 144 的 9/16,90 是 5/8,99 是 11/16,108 是 3/4,117 是 13/16,126 是 7/8,135 是 144 的 15/16。这些是 12 正方形里最重要的数字,当主计算器的日、周或月时间周期到达这些点时,应该密切观察。记住:你应该始终观察日线图上的第一个趋势变化迹象,同时注意在周线图或 7 日时间周期——这是下一个重要的图表——上的位置。月线图对于主趋势的变化极具重要性。

# 附录二　W.D.江恩的市场预测数学模型——数学价格、时间和趋势计算器

## （一）3和5的重要性

无论日线、周线还是月线图上的价格和时间运动,都有3个要点:价格、时间和成交量,斜度或趋势——这是几何角度——它显示了是否时间正在影响并驱动价格以平缓的角度或陡峭快速的运行角度上涨或下跌。另外还有4个影响价格的因素:价格、时间、成交量和速率。时间是最重要的因素,因为当时间到了时,成交量放大,市场的速率或速度加快,角度线的斜度或趋势就会更快地向上或向下。

在日、周或月高低点图上,还有3个要考虑的要点:它们是最低价、最高价以及区间或最高价和最低价之间的1/2。

## （二）时间和价格5要素

它们是高点、低点、中点、开盘价和收盘价。趋势由收盘价表明。尤其在市场非常活跃时。如果价格收盘在中点之上或接近高点,趋势就向上。如果价格收盘在中点之下或接近低点。卖盘大于买盘,趋势向下,至少暂时向下。关于主时间和趋势计算器,适用于主时间因素和几何角度的所有规则。

时间和价格阻力最强的点:

在使用144正方形时,最强的点是1/4、1/3、2/3、3/8、1/2、5/8、3/4、7/8和完整的144正方形。

角度相交最多的点,价格和时间阻力最强。

## （三）三角点

三角点或绿色角度穿过之处最重要。它们是72、144、36、48、96、108,当然,还有72和在顶部及底部的144正方形的终点。

# 二、144正方形中的正方形

这些角度相交处的正方形对于时间和价格阻力极具重要性。它们是36、45、54、63、72、99、108和顶部及底部144正方形的终点。当价格在36点,而日、周或月的时间周期也是36时,时间和价格就形成了正方形,这对于观察趋势变化非常重要。用144正方形,你可以得到从1到144的任何正方形。假如你想得到72的正方形,你把时间移到72,如果价格在图表上移动到72,价格和时间就达到了平衡或形成了正方形,而且是在45°角及主价格、时间和趋势计算器的中点上。

## (一) 在哪里观察趋势变化

大多数趋势变化出现在 144 正方形一半的时间周期上，还有正方形的终点或 144 正方形的 1/3、2/3、1/4 和 3/4 点。你必须始终观察最高价及次高点和低点的时间正方形，还有最低价和第 2 或第 3 个更高底部的时间正方形，还有使区间形成正方形所需的时间和 144 正方形中正方形结束的地方。

例如：小麦曾经卖出过的最低价是 1852 年 3 月的 28 美分每蒲式耳。因此，每 28 个月就会使最低价形成正方形。小麦曾经卖出过的最高价在 1917 年 5 月 11 日，当时 5 月合约在 325 卖出，因此，要使这个最高价形成正方形需要 325 个月。5 月合约曾经卖出过的最低价是 44 美分，因此，使最低价形成正方形需要 44 个月的时间。44 和 325 之间的区间是 281 美分，使这个区间形成正方形需要 281 个月、281 周或 281 天。观察主图表你会发现，2 个 144 正方形等于 288，因此，你应该在 281 和 288 之间也就是接近第 2 个 144 正方形的终点时观察趋势变化。7×44——极限低点——等于 308，因此，$6\frac{1}{2}$×44 等于 286：这在 144 正方形的终点或第 2 个正方形的终点之内 2 点，使 286 成为一个观察趋势变化的重要时间周期。使 325——5 月小麦的最高价——的区间形成正方形，因此，在 144 正方形中当时间到达 36 日、周或月时，你可以观察会遇到的阻力，你会发现从 72——这是核心正方形——向下运行的 45°角和从 36 的价格刻度上横向画出的线相交于 36。用这个方法，你会发现，主图表指示出一个与最高价、最低价和区间正方形相一致的时间和价格阻力位。从任何商品期货或股市平均指数或个股的最高价、最低价或区间开始的所有时间周期，都应该用同样的方法计算。

通过回顾图表，使用价格、时间和趋势计算器的数学功能，把计算器覆在图表上计算历史走势，你将取得成功。这样，你将学会如何计算并且向自己证明主计算器的巨大价值。

## (二) 小时时间周期

当市场非常活跃而且形成了一个宽幅的价格区间时，就像保存日高低点图那样保存小时高低点图很重要，而小时图会给出最先出现的趋势变化。

一天 24 小时。因此，穿过 144 需要 6 天的时间，而要穿过 144 的正方形总共需要 864 天。

目前，除了节假日，所有交易所都是每周交易 5 天，而且大部分每天交易 5 小时，因此，以每周 5 天、每天 5 小时的速度穿过 144 需要 28 天零 4 小时。（谷物的交易时间是每天 225 分钟或 3.75 小时，或以每周 5 天、每天 3.75 小时的速度穿过 144 需要 38 天零 $1\frac{1}{2}$ 小时。）

## (三)大年度时间周期

要穿过 144 的正方形——这等于 20736,需要 56 年 9 个月 23 天,这是一个非常重要的时间周期。下一个重要周期是这个时间周期的 1/2——28 年 5 个月零 8 天,和 1/4——14 年 2 个月 19 天。14 年周期始终非常重要,因为它是 2 个 7 年周期。14 年等于 168 个月,而 169 个月是 13 的平方,使它对于趋势变化非常重要。这还是一个重要的时间阻力点。

这个大周期的 1/8 等于 7 年 1 个月零 10 天。这个周期非常重要。1/16 等于 42 个月 20 天。1/32 等于 21 个月零 10 天。这是一个重要时间周期。因为它接近 22½ 个月——这是 360°圆的 1/16。

## (四)9 个空间和 9 个时间周期

划分为 9 部分的图表,为价格阻力或时间阻力提供了所有 9 的正方形。正如上述:谷物的日线图是 9 美分,周线和月线图也同样,即每 1/8 英寸 1 美分。不同的商品,使用的价格刻度也不同。(见对不同商品的专门讲授。)

划分成 9 部分的图表。为价格或时间阻力提供了 16 个 9 的正方形,正如上述:这在日线图上是 90 点,周线图 135 点,月线图 270 点,9 个空间相当于 180 点。

红色角度全都画在 9 的正方形上。45°的核心正方形从 72 画出,因为 72 是 144 的 1/2;这些角度出现在 144 和 72。

直线用绿色,它们是 144 价格或时间正方形的 1/3。

## (五)绿色角度

绿色角度是 2×1 角度,它以 1 个时间单位 2 个空间或 2 点的比率向上运行。45°角之下的另一个角度是 1×2 角度。对于谷物每 1 日、1 周或 1 个月的时间单位,要运行 1 个空间或 1 美分每蒲式耳需要 2 个时间单位。这些角度从顶部以 2 点或 2 个空间每蒲式耳或者以 1/2 个空间、1/2 点或 1/2 美分每时间单位的比率向下运行。绿色角度和红色角度之间的间距决定了价格能上涨或下跌多远。

当市场进入核心正方形时,对于趋势变化很重要;在进入正方形时,正方形中的时间角度和位置决定了价格是否正在上涨或下跌。另外,当价格跌到核心正方形的 45°角之下时,它根据自最高价或最低价开始的时间显示出弱势。

## (六)何时开始一个新正方形

当日、周或月线图的时间周期超过 144 时,你就要开始一个新的正方形。但要得到它的位置,你只需把主正方形移动到 144,把它放在图表上得到下一个正方形的位置

### (七) 最强和最弱的点

144 正方形中角度相交或数学平分最多的地方是阻力最大的点，比如 25 和 2×1 角度相交之处。

以市场的历史行情研究和练习，不久你就能学会如何非常迅速地用主图表确定趋势。

### (八) 如何使用 144 正方形

遵守主预测课程中给出的所有角度规则。

把这个图表的底部或 0 放在日、周或月线图上，或者把图表的底部放在最低价上，或者放在最高价、最低价和区间的正方形上，显示时间和价格在哪里达到平衡。

当你计算极限高点的中点或区间的中点时，把图表的顶部或底部放在中点上，它会给出准确的位置和趋势。然而，如果你把中心或 72 放在价格的中点上，那么你会得到准确的时间位置，并且发现在 144 的主正方形和核心正方形中——它开始于 72，正方形的引力中心或 1/2 点——价格如何随着时间运行。

## 三、日历日和交易日

对于任何种类的图表，我们都是每时间单位移动一个空间。因此，要完成 144 正方形需要 144 个交易日或 144 个日历日。当价格走出一个正方形进入另一个时，通常会出现趋势变化，这个主图表上的周期和几何角度会告诉你趋势会向哪个方向改变。

**闰年：**

在计算时间周期得到确切的日数和周数时，必须考虑闰年并加上额外的日数。自 1864 年起，闰年如下：1868 年、1872 年、1876 年、1880 年、1884 年、1888 年、1892 年、1896 年、1904 年、1908 年、1912 年、1916 年、1920 年、1924 年、1928 年、1932 年、1936 年、1940 年、1944 年、1948 年和 1952 年。

## 四、高级正方形的位置

为了用 144 正方形得到市场的位置，把它放在日、周或月线图上，从极限低点、极限高点、0 或区间的 1/2 点或最高卖出份的 1/2 开始。你还可以把图表的顶部放在最高卖出价上。这样，你就能一目了然地得到确切的时间和位置或者角度。

把主计算器放在 1 月上得到 12 年周期，每个月同样如此。

你应该有从重要高点和低点开始的以日、周和月计算的所有时间周期，这样你就能迅速地在主图表上查到它们。

用这个方法更新所有时间周期,你可以得到主图表上的位置,而且不用看日、周或月线图就知道趋势。你应该备用每个重要顶部和底部开始的月度时间周期。

144主正方形可以减少你的工作量,你必须学习和实践,带上所有的时间周期研究主正方形。学会如何用它准确地得到顶部和底部。工作和实践会带来准确的判断和利润。我已经尽我所能。现在就看你能否努力了。如果能,你必定会成功。

## 五、如何在图表上放置144正方形

要在你的任何图表上——日、周或月线图——得到正确的位置,你必须把主图表正确地放在它们上面。主图表顶部有价格和时间图——W. D. 江恩字样。始终把它放在你图表的底部,除了当你用72或标有"底部"0的底部放置时,把它向上移动到更高的价格。

把图表的0放在你的任何其他图表上,或者任何高点或低点的同一日的低点上。把主图表的72——这是144的1/2——放在价格区间的任何中点上或最高卖价的1/2点上。

始终把主计算器放在所有以前的高点和低点上,来得到趋势变化和价格阻力。千万不要忽略极限高价和极限低价。另外,高点到低点的1/2和任何商品或股票曾经卖出过的最高价的1/2最重要。

## 六、时间周期和价格阻力

360°圆对于时间周期和价格阻力最重要。首先,我们把圆2等分,得到180——这是一半,它对于日、周或月的时间或价格最重要。其次,我们把圆3等分,得到120、240、360的三角点。第三,我们把圆4等分,得到90、180、270和360——这是正方形而且最重要。

把圆8等分,得到8个45°角的周期——45、90、135、180、225、270、315和360。其次重要的是把圆16等分:得到22½度角。我们把圆32等分,得到11¼度角和时间周期及其倍数。

下表显示了每个5⅝的分割,我们把它一直向下延续到16栏——这等于90或圆的1/4,而且16是64的1/4。这个排列横读给出了每一个倍数,粗线之间的数字最重要。

## 七、圆的64图表

| | | | |
|---|---|---|---|
| 1. 5⅝ | 17. 95⅝ | 33. 185⅝ | 49. 275⅝ |
| 2. 11¼ | 18. 101¼ | 34. 101¼[191¼] | 50. 281¼ |
| 3. 16⅝[16⅞] | 19. 106⅞ | 35. 196⅞ | 51. 286⅞ |
| 4. 22½ | 20. 112½ | 36. 202½ | 52. 292½ |
| 5. 28⅛ | 21. 118⅛ | 37. 208⅛ | 53. 298⅛ |
| 6. 33¾ | 22. 123¾ | 38. 213¾ | 54. 303¾ |
| 7. 39⅜ | 23. 129⅜ | 39. 219⅜ | 55. 309⅜ |
| 8. 45 | 24. 135 | 40. 225 | 56. 315 |
| 9. 50⅝ | 25. 140⅝ | 41. 230⅝ | 57. 320⅝ |
| 10. 56¼ | 26. 146¼ | 42. 236¼ | 58. 326¼ |
| 11. 61⅞ | 27. 151⅞ | 43. 241⅞ | 59. 331⅞ |
| 12. 67½ | 28. 157½ | 44. 247½ | 60. 337½ |
| 13. 73⅛ | 29. 163⅛ | 45. 253⅛ | 61. 343⅛ |
| 14. 78¾ | 30. 168¾ | 46. 258¾ | 62. 348¾ |
| 15. 84⅝[84⅜] | 31. 174⅜ | 47. 264⅜ | 63. 354⅜ |
| 16  90 | 32  180 | 48. 270 | 64. 360 |

1 到 10 的平方对于观察时间和价格阻力很重要，因为它们是圆的重要度数。它们是：1、4、9、16、25、36、49、64、81、100、121、144、169、196、225、256、289、324 和 261——它是 19 的平方。

把圆 6 等分，我们得到 2 个阻力和时间周期——没有包含在其他图表中。它们是 60 和 300。

另外，把圆 12 等分也非常重要，因为一年有 12 个月，而且对于时间周期准确有效。以下是一些没有在上表中列示的度数：30、150、210、330。

把圆 24 等分：得到经度的 15°周期，大约等于 15 天时间。因为 1 天 24 小时，地球绕它的轴线自转 1 周，这些周期相当重要。下面这些度数没有包含在其他图表中：15、75、105、165、195、285、345。

在圆的 64 图表中，从左到右横读，第 2 列总是第 1 列的 90°。例如：第 1 列是 5⅝，17 的下一列是 95⅝也就是增加了 90。对应 33 的是 185⅝——这是从 95⅝起的 90°；对应 49 的是 275⅝或从 185⅝起的 90°。

第 1 列第 8 行粗线之间是 45，分别对应下面的 135、225 和 315。这 4 个每个都相距 90。

第 1 列的底部对应 16 的是 90，横读是 180、270 和 360。这些数字全都是从第 8 行数字——它们对时间和价格阻力最重要——起的 45°。

要了解圆上这些度数的价值和重要性，你取最高价和最低价以及时间周期——尤其是周和月的——进行验证，你会发现它们是多么准确地运行到这些重要的度数。

记住，你必须始终从极限低点或次级低点开始计算价格上涨了多少点或多少美分。从极限高点或次级高点下跌了多少美分。还有，在主要中点或次要中点或引力中心之上或之下多少美分。你会发现，形成的重要中点非常接近圆上的这些自然度数。

例如：5 月大豆极限高点 436¾，极限低点 67，中点在 251⅞。看看图表你会发现，圆的 64 图表中第 45 对应的是 253⅛。这个中点非常接近这个数字。其次，436¾ 的 1/2 是 218⅜，而第 39 对应的是 219⅜。非常接近这个自然阻力度数。现货大豆的极限低点是 44，44 和 436¾ 之间的半路点是 240⅜。240 是圆的 2/3 或三角点，而 241⅞ 是圆的 64 图表中第 43 对应的数字。极限低点 44 仅仅比 45——重要的阻力位——少 1。67——5 月期货曾经卖出过的最低价，它在 67½——它是 64 图表中第 12 对应的数字——的 1/2 点之内，或 0 和 90 之间的 3/4，而且 67½ 是 45 和 90 之间的中点，这就是 5 月大豆在 67—69 之间形成 5 年低点的原因，它预示着随后的大涨，因为在 3 个不同的年份里，67—69 之间有一个三重底部。

接下来考虑时间周期，1932 年 12 月 28 日是 5 月大豆的低点，1947 年 12 月 28 日是它的 15 年或 180 个月——这是圆的 1/2 或 360° 的 1/2，使它成为一个非常重要的时间循环。5 月大豆子 1948 年 1 月 15 日到达极限高点。只超过 15 年周期 18 天。用同样的方法验证所有其他时间周期和时间循环，你会发现它们是多么准确地以 360° 圆运行。

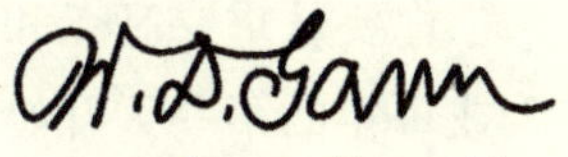

*W. D. Gann*
1953 年 12 月 29 日

# 附录三 周时间周期高级计算器——确定股票和商品的趋势

这个高级计算器显示了每7天的周时间周期,一年总共52周。这相当于364个日历日,因此,在每年底增加1天,7年增加7天,时间周期出现在重要高点或低点的日期前1周。另外,你必须为每个闰年加1天。假如你想得到15年的时间周期,你把15乘以365。加上闰年数,然后把总天数除以7得到每7天的周时间周期以便使用计算器。

52的平方是2704,我们可以用它来测算周、日、月、年或小时周期。使用日周期时,当然要通过52的正方形,需要2704天。这等于386周零2天或大约7年2个月,非常接近7½年——90个月——的重要周期。

如果我们用小时使2704平衡或成方,把2704除以24——一天的小时总数,也就是地球绕它的轴线自转一周的小时数——得到112⅔天。

52的正方形——它由7日周期构成——是最重要的价格和时间测算方法之一。除了数字3之外,数字7在《圣经》里提到的次数比任何其他数字都多。这两个数字对于价格和时间变化全都非常重要。

你要从重要高点和重要低点的实际日期开始计算时间周期,而不是从每月的第一天或每年的第一天开始。

这个计算器宽104——这等于2年。从计算器底部横向延续的时间周期,从左向右到104——这完成了2年;到208——这完成了4年。在计算器的顶部,横向向左,时间周期运行到312——这完成了6年;到416——这完成了8年;到520——这完成了一个10年周期。

## 一、时间周期的分割

把一年用1/8分割——等于6½周;

1/4分割——等于13周;

1/3 分割——等于 17 周；

3/8 分割——等于 19½ 周；

1/2 分割——等于 26 周 一个最重要的时间和阻力位；

5/8 分割——等于 32½ 周；

2/3 分割——等于 35 周；

3/4 分割——等于 39 周 对于趋势变化非常重要；

7/8 分割——等于 45½ 周；

1 年——等于 52 周。

这些角度从价格和时间的每个时间周期开始运行，以便平衡正方形并且显示价格和时间周期指示出的趋势变化的阻力位。

## 二、时间和价格的第三和第四维度

我们知道 3 个维度即长、宽和高，而市场运动还有第 4 个维度或要素。我们用高级计算器或者每 7 天、7 周或以上的时间周期的 52 正方形证明第 4 维度；价格关系也同样。7×52 等于 364 或 7 年。

### (一) 圆、三角形和正方形

360°圆和 9 个数字是所有数学计算的基础。正方形和三角形形成于圆内，而其内还有一个圆和一个正方形，其外还有一个正方形和一个圆，这证明了市场运动的第 4 个维度。

### (二) 价格

要考虑的要点如下：

1. 最低价。

2. 最高价。

3. 1/2 点，极限高点和极限低点之间的中点或平均点。正像主计算器显示的那样。通过从 1/2 点或引力中心画 45°角，我们得到了第 4 个维度。

4. 成交量。这是驱动市场上涨或下跌的动力，但记住，时间是最重要的因素，当时间到达时，成交量就开始推动市场上涨或下跌。

### (三) 时间

我们把时间划分成段或周期，用来确定趋势变化。

1. 日最高最低价。

2. 周最高最低价。

3. 月最高最低价。

4. 年最高最低价。

周和年时间周期对于趋势信号和趋势变化最重要。

日划分成小时、分钟和秒。一天的 4 段如下：日出、正午、日落和午夜。最重要的是：正午，那时太阳正当头或在 90°角上；午夜：与正午的相冲点或 180°和从日落起的 90°。

因为我们使用 7 天时间的计算器，7 天的 1/2 也就是 3½天对于观察趋势变化很重要。始终从任何重要高点或低点起的第 3 和第 4 天观察次级趋势变化——它后来也许会变成一个主要趋势变化。

### (四) 7 日周期

从任何重要高位或低位起的 7 个日历日周期极其重要。14 天最重要，21 天是下一个重要周期。调整往往会持续 2 周，有时候 3 周，然后重新恢复主趋势。熊市中的反弹往往持续 14 天，有时候 21 天。然后重新恢复下降趋势或主趋势。

### (五) 7 日的倍数

7 的平方也就是 49 天对于趋势变化非常重要。你可以在 42 天后观察这个变化，但第一个变化迹象也许会直到第 45 或 46 天——这是一年或 365 天的 1/8——才出现。一年的 1/16 等于 23 天。因此，46 天和 23 天时间对于观察趋势变化都很重要。

其次重要的是 63 到 65 天，因为 7×9 等于 63；而 8 的平方等于 64。81 天也就是 9 的平方也极其重要。90 到 91 天是一年的 1/4 或 7×13。它对观察趋势变化极其重要。当然，下一个重要的时间是 182 天或一年的 1/2 左右。

## 三、年度周期

下面，我们将涉及四季或年度分割——春、夏、秋、冬，它们对于观察趋势变化很重要。但是时间划分要从重要高点和低点的实际日期开始。

重要的年度周期是：1、2、3、5、7 、9、10、12、14、15、18、20、21、22½、24、25、27、28、30、40、45、49、56、60、84 和 90——这是大周期。我们把周期分成 1/2——这最重要，还要分成 1/8、1/3 和 2/3，在这些成比例的周期观察趋势变化。例如：

90 年大周期等于 1080 个月；

1/2 是 45 年或 540 个月；

1/4 是 22½年或 270 个月；

1/8 是 11¼ 年或 135 个月；

1/16 是 5⅝ 年或 67½ 个月。

30 年周期或任何其他周期都可以用同样的方法分割。

### (一) 7 年的倍数

7 年的倍数或 84 个月对于观察趋势变化全都很重要。它们是：7 年、14 年、21 年、28 年、35 年、42 年和 49 年。其中 49 年最重要。因为它是 7 的平方。另外 56 和 63 非常重要，因为 63 等于 7×9，81 是 9 的平方，也非常重要。

价格也可以用 7。例如：98，2×49；126，2×63；162，2×81；等等。

### (二) 年度时间周期——三角形和正方形

当从任何重要低点起的一年的 1/3 时间点，同时遇到在从另一个重要顶部或底部起的一年的 1/4 或 1/2 的时间点时，对于趋势变化极其重要。年度时间周期的 1/2 始终最重要，就像最高卖价的 1/2 和价格区间的 1/2 对于阻力位很重要一样。实践、研究和比较，把计算器放在周线高低点图上，你会发现这些价格和时间周期是多么有效。

## 四、时间、价格、成交量、速度、斜率或趋势

当时间周期完成时，成交量增加，市场开始更快地上涨或更快地下跌。

斜率或趋势主要用 45°角——它最重要——确定，但其他角度也可以用来确定趋势。斜率或趋势是第 4 维，它通过角度显示出缓慢还是快速；是非常陡直——在 45°角之上，还是平坦而和缓——在 45°角之下——这导致了缓慢爬行的市场，后来也许会重返重要角度并且加大角度的斜率，开始更快速地上涨。

这全都显示在主计算器或 52 的正方形上。

使时间和价格形成正方形或达到平衡的 3 种方式：

（1）用周时间周期平衡最低价和最高价。

（2）平衡区间——极限高点和极限低点之间的总点数。

（3）用周时间周期平衡价格和时间，来得到第 4 维，就像 52 主正方形上显示的那样。

## 五、价格刻度

价格刻度以 104、208、312、416 和 520 上下移动，它与时间周期达到平衡。对于谷物，这个刻度是每蒲式耳 4 美分。股票是每股 1 美元。价格段同时间周期一样，可以

分成 1/8 和 1/3。

棉花、咖啡、可可和鸡蛋的刻度——每 1/8 美分相当于 10 点。因此,52 代表价格 520;对于棉花或在 100 点到 1 美分交易的任何其他商品,104 代表 1040。

鸡蛋——周高低点图——鸡蛋以 5 点的最小波动交易。我们在日高低点图上使用 1/8 英寸 10 点的刻度。经验证明,1/8 英寸 25 点——这相当于 1 周时间——的刻度最有效。因此,对于鸡蛋,计算器上的 52 个间距代表 1300 或 13 美分;104 代表 2600;156 代表 3900;208 代表 5200 或鸡蛋 52 美分每打,等等。1 年的时间周期提供了一个 13 美分的区间,它的 1/2 等于 6½ 美分,1/4 等于 325 而 1/8 等于 162。因此,如果你想得到 26 美分之上的价格阻力位:你要加上 6½,这等于 32¼,等等。

这全都展示在相当于计算了 40 年的价格附表上。你要做的是穿过标记为 "1/2" 的分段,得到每年的确切日期。当时间在 1/2 或从重要高点或低点起的 182 天时,同样。你可以从这张表上:在 52 正方形的基础上得到价格阻力位。

## 六、如何使用高级计算器

计算器的一列可以用于 1 个月或 1 年,但设计这个计算器是为了用于周线高低点图。来确定重要的趋势变化。

### (一) 如何在周线图上使用计算器

把计算器的底边或 "0" 放在任何价格下的 "0" 点上或者把它放在最低价上。然后你会看到角度在哪里穿过,在哪里标示出阻力位。

把计算器标记为 "顶部" 的最高价放在形成重要价格的确切日期上,然后你会看到从顶部下行的重要阻力角度。

### (二) 核心正方形或 1/2 点

把计算器放在最高卖价的 1/2 点或区间的 1/2 点上。把计算器 1/2 或 26 周的标记放在图表上形成低点或高点的相同的线上。把计算器上的 26 放在 1/2 点上,将显示出阻力和价格处于强势还是弱势。

## 七、45°角的核心正方形

45°角的核心正方形开始于 26——52 的 1/2,并且向上或向下运行。它相交于 26——52 的 1/2。从 "0" 向上运行的 45°角相交于 52 和 104;从顶部或最高位向下运行的 45°角相交于 52 并终止于 "0"。从任何重要高点或低点开始的所有重要 45°角,全都相交于 1/4、1/2、3/4 等等,正如你所看到的,它们平衡了时间和价格。

## 八、最重要的时间周期

最重要的时间周期,是从重要高点和重要低点日期开始的 1、2、3 年或以上时间的周年日。其次重要的是年度时间周期的 1/2;第三重要的是每年的 3/4 或 39 周;第四,1/3 或 17 周和 2/3 或 35 周也是趋势变化非常重要的时间周期。

当你计算时间周期时,你还必须考虑以下这些周期的重要性:3 年周期、5 年周期、7 年周期、10 年周期、15 年周期——30 年周期的 1/2、20 年周期——60 年周期的 1/3 和 30 年周期——360 个月的完整循环。从重要顶部或底部开始的时间周期越长,波动就越大,另外在整个周期结束前,每年的时间周期至少要为闰年额外增加 1 天。

时间价格周期表显示了 52 周或 364 个日历日的精确时间。通过计算闰年和以每年 1 天的比率增加的时间,你就能知道要减去多少时间对整个周期进行调整。

## 九、季节性时间周期

在计算季节性时间周期时,我们并非从 1 月 1 日开始计算时间,而是从 3 月 21 日春季开始的日期计算时间周期。这些周期以 1/8、1/3 等等标记在图表上,它们如下:

|  | |  |
|---|---|---|
| 5 月 5 日 | 完成了 | 1/8 或 6½ 周——从 3 月 21 日起 |
| 6 月 21 日 | 完成了 | 1/4 或 13 周 |
| 7 月 23 日 | 完成了 | 1/3 或 17 周 |
| 8 月 5 日 | 完成了 | 3/8 或 19½ 周 |
| 9 月 22 日 | 完成了 | 1/2 或 26 周 |
| 11 月 8 日 | 完成了 | 5/8 或 32½ 周 |
| 11 月 22 日 | 完成了 | 2/3 或 35 周 |
| 12 月 21 日 | 完成了 | 3/4 或 39 周 |
| 2 月 4 日 | 完成了 | 7/8 或 45½ 周 |
| 3 月 20 日 | 完成了 | 1 年或 52 周 |

## 十、仲季周期

它们是 5 月 5 日、8 月 5 日、11 月 8 日、2 月 4 日。重要的趋势变化出现在这些仲季日期附近;但应该在上述所有时间周期附近观察重要的趋势变化。

时间周期和重要高点及低点表,以顶部 1 到 38 的数字显示。重要时间周期标以精确的日期。如果你想查看第 7 年。移动到标记为"7"的列并且向下移动到 1/2 点。你会发现。7½年是 398 周等等,而在同一条线上的任何价格都是重要阻力位。

用高级计算器研究、实战并验证,你将认识到这些 7 的倍数的时间和价格周期是多么有价值。

W.D.Gann

1955 年 1 月 10 日

# 附录四　如何从认购和认沽期权交易中获利

要在股票交易中取得成功：每个人都要尽己所能地学习有关股票市场的知识和市场操作方法；以便取得最大的成功。他应该学会尽可能冒最小的风险获取最大的利润。研究和学习的越多，取得的成功就越大。

许多人并没有意识到，没有准备好知识就进入股市开始交易是危险的；也没有意识到，亏损比获利容易得多。然而，如果你懂得并运用适当的规则进行投机；股票投机或投资的风险并不比任何其他行业大；而与风险相比，潜在的利润比任何其他行业都大。

## 一、什么是股票的认购和认沽期权

认购和认沽期权是一道保险。它为你的利润提供了保护，使你可以冒有限的风险交易股票。认购期权是你和卖方之间的一纸合约，他愿意以一个固定的价格卖给你股票并在30天内交割。在这30天的任何时间，你都有随时交割的权利。你的损失仅限于你为之支付的佣金，这就跟用看涨期权买保险一样。

例如：

假如某人要卖房子，他愿意以5000美元的价格卖给你，并且在60天后以那个价格交付。你支付给他100美元，作为买入这座房子或放弃的权利。如果30天或60天后，你能以500美元或1000美元的利润卖出这座房子，那么你就可以行使你的权利以5000美元的价格买入这座房子并把它卖给买家，这样你就能获利。但如果权利到期，而你没能把房子以更高的价格卖出，那么你只损失了100美元而不必买入这座房子。

这同样适用于买入股票的认购期权。例如：如果你在克莱斯勒于105左右交易时买入认购期权，期限30天、执行价格110，你支付142.50美元——这包括联邦税。假如30天到期前，克莱斯勒上涨到了115——这使你获利500美元；你可以在到达115时随时卖出克莱斯勒并要求以110交割股票。但如果克莱斯勒在你买入期权后的10天内在115交易，而且你认为趋势向上：克莱斯勒正在走高，那么你可以持有而不行使你的权利或卖出股票。在30天结束之前,如果克莱斯勒在129交易,你可以在129卖出100股克莱斯勒,然后要求以110交割你的认购期权,获利900美元,再减去你的手续费和为认购期权支付的成本。另一方面,在你以110买入认购期权之后:如果它从来没有上涨到110之上,而且在30天结束时克莱斯勒在110之下交易,当然,你没有利润并且仅仅损失了为认购期权支付的金额。

认沽期权是你与某人之间的一种约定权利义务关系的协议,你从他人手里买入认沽期权,可以在买入后的30天内随时以固定的价格付给他股票。认沽期权的成本是每100股137.50美元。我们以此为例:当克莱斯勒市场价在105时,比如说,你认为它正在走低并于100买入30天期的认沽期权,并为其支付了137.50美元。这意味着,当克莱斯勒跌到100之下时,你有权以那个价格放空100股:因为你从他手里买入认沽期权的那个人,必须在30天期限内随时以100的价格接受你付给他的100股克莱斯勒股票。我们假设克莱斯勒走到了100之下并跌到了95。你可以在它走到95时买入100股;然后持有到30天结束。与此同时,如果克莱斯勒涨到了105——你赚了10个点的利润:你可以卖出平仓。然后,在期权到期时如果克莱斯勒仍然在100之上交易,你买入的与看跌期权方向相反的股票就会获利;如果只是让期权到期,你损失的仅仅是你支付的佣金,但另一方面,如果你不做与认沽期权相反的交易,而股票下跌,我们假设,在30天结束时股票在90交易,然后你买入100股克莱斯勒。你的经纪人付给你从他那里买入认沽期权的那个人100股股票。你赚了1000美元的利润,再减去你买入期权的成本和你的手续费。

认购和认沽期权绝对安全。因为每一份认购和认沽期权都由可靠的认购和认沽经纪商销售,并且由完全可靠的纽约证券交易所会员背书:兑现他在卖出期权时同意支付给你的股票或接受期权协议上同意接受的你的任何股票。

此外,这样讲会更清楚:当你买入一支股票的认购期权时,如票价走到了你买入时的价格之上,你是市场的多头,就像你直接买入了股票一样——除了你的风险是有限的之外。另外。当你买入一支股票的认沽期权时,意味着你是买入认沽期权时股价的空头,但你不必缴纳任何保证金或承担任何损失——除了你为认沽期权支付的佣金之外。然后,当它跌到你买入认沽期权时约定的股价之下时,你就赚取了利润。就像你做空股票一样。

## 二、价差或双腿交易

如果你买入同一支股票的认购和认沽期权,这叫价差交易。例如:假设克莱斯勒在100交易,而你不确定它会上涨还是下跌,但你想在行情出现时获利,因此,我们假设你在96买入了认沽期权,在104买入了认购期权。我们假定市场开始调整并且跌到了95。然后徘徊不前而且看起来好像形成了底部。你就买入100股克莱斯勒,你知道如果市场继续下跌也不会有任何损失,因为你有一份96的认沽期权。我们假定你是正确的,市场开始上涨。克莱斯勒在30天到期前涨到了110,你在104买入的认购期权有了6点的利润。你还仍然持有逆着96的认沽期权买入的股票。现在,你可以卖出平仓200股股票,其中100股的利润来源于在104的认购期权,而你的认沽期权到期时,没有体现出任何价值。

当你从同一个人那里买入认购和认沽期权时,通常买入的价差交易期权价格会非常接近市场。对于某些股票,你通常可以通过支付一笔额外的佣金以市价买入价差交易期权。通常买入价差交易期权并不划算,除非是非常活跃的股票——在这30天期间有非常宽的波幅,在这一个月的时间里提供给你一个逆着认沽期权和认购期权的操作机会。如果股票在任一方向上运动了10或15点或者更多,你都可以赚一些钱。然而,花费如此多的费用买入价差交易期权并不总是(不)可取的,除非市场看起来将非常活跃,而且正处于一个价位比较高的阶段。

经纪人为认购和认沽期权提供了以下定义;认沽期权是一种可转让合约,受让者可以在一个固定日期或之前以特定的价格付给出让者一批确定的证券。认购期权反之。期权价差交易是同时买入一份认购期权和认沽期权。佣金是为认购期权、认沽期权或价差交易期权支付的费用。出让者是出让或卖出认沽期权、认购期权和价差交易期权的人。背书人是纽约证券交易所的会员单位,由其像背书支票那样担保认沽期权、认购期权或价差交易期权合约。由这些期权提供的保险功能被认为是有价值的。

## 三、如何卖出认购和认沽期权

认购期权和认沽期权由在市场中做交易的交易者和大操作者卖出,交易者可以买入或卖出认购期权和认沽期权但它们始终由纽约证券交易所的会员背书。通常,一份认购期权要花费你142.50美元,它的价格取决于股票的活跃性和市场的形势。认沽期权反之。期权规定的股票价格与当时市场价格相差的点数取决于股票的价格和市场的活跃性。然而,通常以卖出认购和认沽期权为生意的交易者都按照溢价的方式进行销售。例如:道格拉斯航空在56交易,你支付300美元的佣金给卖家就可以买入一份有效期30天、执行价格56的道格拉斯认购或认沽期权,因此,当它从你买入认购或认沽期权时的价格上涨或下跌3点时,你就赚回来了你为买入期权支出的那些钱,也就是股价显示出了那么多的利润,然后当它在于你有利的方向上走得超过3点时,你以市价买入的认购或认沽期权就有了净利润。

通常,我偏向于以142.50美元的价格买入每100股一份的看涨期权或137.50美元的价格买入每 100 股一份的看跌期权,并且以距正在交易的股票价格一个固定的点数买入认购或认沽期权。

## (一) 为什么卖出认购和认沽期权

也许你会问这样的问题:如果在买入认购和认沽期权中有机会冒很小的风险获取巨额利润,为什么交易者和那么多的投机者会卖出它们?

通常,如果股票下跌 4 或 5 点,场外交易者就愿意买入,因此,他会以低于当前股价 3 到 5 点的价位卖给你认沽期权,你支付给他 137.50 美元的佣金;如果股票跌到了他愿意买入的价位甚至更低的价位时,你卖给他股票,他会对在那个价位买入股票感觉很满意。另一方面,有些大交易者累积了大量的股票而且已经有了很大的账面利润时,他们愿意卖出全部或部分有 5 或 10 点利润的股票,因此,他们愿意卖给你他们所持有的股票或所持有(的 5 或 10 点利润)股票的认购期权,他们卖出期权的另一个原因是他们知道它们可以始终保护自己。如果市场非常强,你将在他们卖给你的认购期权上获利,也就是你会兑现股票。另一方面,假如他们卖给你认沽期权,市场开始快速下跌而且看起来好像要走向更低。在你买入的认沽期权有利润的价位,他们会放空,使用高杠杆并且一直持仓到你执行认沽期权为止。这就像保险业一样是完全合法的生意。而且对买家和卖家都很公平。

## (二) 卖出认购和认沽期权的时间长度

通常,你可以买入有效期 7 天、2 周和 30 天的认购和认沽期权,有时候你可以买入有效期 60 天或 90 天的,但大多数卖出认购和认沽期权的交易者不会签发超过 30 天的期权。但是,你可以经常咨询你的经纪人或认购和认沽期权经纪人,得到你要买入的 30、60 或 90 天有效期的认购和认沽期权的报价。如果价格合适,你就可以买入它们。

我的建议是:买入有效期 30 天的认购期权和认沽期权比你买入有效期 7 天或 2 周的期权能赚更多的钱,因为时间太短——除非市场非常活跃——无法向你提供足够宽的获利区间。然而,当你买入有效期 7 天或 14 天的认购或认沽期权时,你可以支付比 30 天有效期更少的佣金。通常,7 天的佣金是 62.50 美元;2 周的是 87.50 美元。

## 四、如何买入认购和认沽期权

如果你不是在纽约市居住,你可以下指令给你的当地经纪人,他会为你的账户买入由纽约证券交易所背书的认购和认沽期权,并且通过你的纽约经纪人或你在首府的交易代理商打到你的信用账户中。然后。当你想执行你的认购或认沽期权,也就是想购入或卖出股票兑现利润时,经纪人会为你处理好交易。当你买入或卖出股票时,要始终通过纽约证券交易所的会员经纪人进行交易。

认购和认沽的单位是100股,而有时候你也许可以买入零散的或50股的认购和认沽期权,但当你买入认购和认沽期权时,务必确定是由纽约证券交易所背书的。通常会有对赌行会以10股、25股或其他数量卖给你认购和认沽期权;但背面没有证券交易所的背书,而且如果有了获利,难以保证你会得到兑现。

## (一) 认购和认沽期权经纪人

在纽约,有许多为了佣金而买入和卖出认购和认沽期权的期权经纪人。他们有纽约证券交易所背书的认购和认沽期权。任何可靠的经纪人都应该经得起调查,为了保护你自己,你应该查清你买入认购和认沽期权的期权经纪人是否可靠,以及认购和认沽期权是否由纽约证券交易所的会员公司进行担保。

## (二) 直接买入认购和认沽期权的优势

如果你想直接下单买入认购或认沽期权,你可以把支票或汇票直接寄给你纽约的期权经纪人,他会根据你的指令为你的账户买入认购或认沽期权,并按你的要求直接寄给你或支付到你的开户银行或你的经纪人。

直接下单给认购和认沽期权经纪人而不是通过场外经纪人的私人电报,优势是通过邮政电报或西联电报你常常可以得到更快的服务,因为所有直接下单给经纪人的买卖指令都优先于场外经纪人的私人电报。因此私人电报自然会耽搁你的买入认购或认沽期权指令的传递,如果市场非常活跃。这也许会导致不利于你1个点或更多点的后果,反之,如果你的指令通过西联电报或邮政电报直接发到认购和认沽期权经纪人,就会更快地执行。例如:假如你决定买入克莱斯勒的认沽期权,你认为克莱斯勒可能见顶而且你想进场:赶快!——如果你把指令发给认购和认沽期权经纪人,你的电文应该如下:

"买入一份每份100股的30天有效期的克莱斯勒认沽期权"。

在收到这个指令时,认购和认沽期权经纪人会马上以最有利的价格买入一份克莱斯勒认沽期权,并且会拍电报给你他买入的价格。

在发出指令前,你当然要把资金汇给认购和认沽期权经纪人,因为直到资金到手他才会下单。然而,你可以随着上述电文电汇给他137.50美元。另一方面,如果你想买入一份克莱斯勒的认购期权。你的指令应该如下:

"买入一份每份100股的30天有效期的克莱斯勒认购期权",而随着这份电报。如果你还没有把钱汇给你的经纪人,你可以汇给他142.50美元支付认购期权的佣金。

如果不急着进场,你可以拍电报给认购和认沽期权经纪人,询问克莱斯勒、通用汽车、美国钢铁或任何股票的 30 天有效期认购和认沽期权的价格。然后,他会把他能买到的价格——这个价格会根据情况随时改变——拍电报给你。在收到他的电报后,如果你认为价格离市场足够近而你可以在 30 天内赚钱,那么你就可以把买入指令拍电报给你的经纪人。

### (三) 认购和认沽期权买家的优势

认购和认沽期权买家的极大优势是他的风险始终是有限的。另一个优势是他可以不必支付利息。例如:如果你买入一份认购期权,而股票正在对你有利的方向上运行,在这 30 天里你不必支付利息,直到你要求兑付股票并且完成交割。

自从证券交易委员会把买入股票的保证金提高到 55% 以来,这使买入认购和认沽期权具有极大的优势。例如:如果你想买入 100 股股价为 100 美元的股票,你必须支付 5500 美元的保证金。另外在持有的过程中你还要支付利息。但是你要是买入一份认购期权——比如,距市场 5 点、有效期 30 天的期权——这只需要花费 142.50 美元。然后,如果股票在这 30 天期间上涨到 110 美元,你就获得了远大于 100% 的利润。另一方面,如果你支付了 5500 美元买入了股票,而股票上涨使你有了 1000 美元的利润,你资金的净回报率不到 20%,同时,如果你以保证金买入了 100 股股票,它也许会下跌 10 或 20 点。你可能会亏损 1000 多美元,具体金额要依据你是否持有它或使用止损单限制你的风险。

## 五、如何用认购和认沽期权代替止损单

买入认购和认沽期权的另一个优势是保护你已经做多或做空的股票。当市场非常疯狂和活跃时,突发的意外事件可能会导致股票高开或低开数点——因为过去已经发生了许多次,而将来还会再次发生——在这种情况下如果你想得到保护避免损失,那么你可以使用止损单。倘若股票在距你的止损单 3、4 或 5 点开盘,你的股票将以市价卖出。比如:你有 100 股在 100 买入的克莱斯勒股票,某天晚上收盘于 97,而你的止损单在 95,一夜间发生了意想不到的事件;第二天早上,股票开盘于 90,你的股票会以市价 90 止损卖出。你将多亏损 5 点,这超过了你设置止损单的预期损失。当克莱斯勒在 100 左右交易时,如果要取代止损单,你可以在 95 买入一份认沽期权,然后,当股票在 90 低开并且继续跌到 80 时,95 的期权会保护你的股票也就是你可以以 95 的价格执行认沽期权,而在一夜间的下跌中不会有任何损失,认沽期权保护了你免受意外损失。

反之,假如你是克莱斯勒的空头——价位在100,而且有一张在105的止损单。如果发生了意外,克莱斯勒开盘于110,那么你的止损单会高于你的预期5点执行,你会多损失500美元也就是超过你的预计5点。另一方面,如果你买入了一份克莱斯勒的认购期权来保护你的空单,一天早晨克莱斯勒在你的止损单之上5点开盘于110,那么认购期权会保护你,因为你有一份以认购期权的价格买入股票的合约,你可以要求执行它抵补你的空单损失。

因此,你看,当你是市场的多头或空头时,你可以用认购或认沽期权作为保险或保护,就像你用它们限制你在市场中进出的风险一样:当你想在一支你认为也许会在一个方向上出现快速行情的股票上获利时,可以把你的风险总额限定于为认购或认沽期权支付的佣金。

## 六、何时买入认购和认沽期权

认购和认沽期权的买入时机是当股票非常活跃或刚开始活跃之前。你可以通过阅读、研究和应用我的书中的规则,确定何时买入认购和认沽期权以及买入什么股票的期权。

我会给你一些帮你确定买入认购或认沽期权的规则:

**规则1** 在双重或三重底部附近买入认购期权,或者在双重或三重底部附近买入股票并买入认沽期权——如果股票突破了前期底部,它会保护你。我所说的概念是:如果股票维持在低位,然后上涨;然后,数月后调整到那个相同的低位并形成了底部,这是一个双底。然后,如果它上涨并且第3次调整到这个低位附近,这是一个三重底部。

在顶部颠倒这个规则。在双重或三重顶部买入认沽期权,或卖空股票并买入认购期权——在股票穿越了前期顶部的情况下进行保护。

你在买入认购或认沽期权前:如果股票维持在底部或顶部附近,即使股票运行得非常迅速而且非常活跃,也最好等待数周或数日,给股票时间来完成吸筹或派发,在吸筹或派发完毕通常会出现一波波澜壮阔的行情。这一点你可以通过在图表上研究股票的历史行为来发现它。

**规则2** 当穿越先前的顶部价位时买入认购期权。如果股票在顶部的一个狭窄交易区间内逗留了数周、数月或者甚至数年——正像我书中提到的那样,然后突破了先前的顶部,它必定会表现得很活跃。那就是买入认购期权的时机。正如我将在后面的例子中证明的那样。

当股票在低位附近维持了很长时间,然后突破了第一个支撑点时颠倒这个规则。买入认沽期权,或者卖空股票并买入认购期权进行保护。

**规则 3** 如果股票上涨到了数月前或数年前的顶部,但没能穿越它,在回调后开始反弹并形成了一个更低的顶部,也就是第 3 个顶部而且没能穿越它,这是一个卖空股票并买入认购期权——在股票走向更高的情况下进行保护——的位置。这还是一个买入 30 天认沽期权的位置,因为如果这个顶部是一个最终的顶部而且股票会开始了长期下跌,你会在认沽期权上获利,而且同时你还可以通过支付保证金放空股票。

在长期下跌之后反转这个规则。如果股票相距数周形成了第 2 个或第 3 个更高的底部。然后显示出了上涨的活力,这是买入认购期权或者买入股票并买入认沽期权进行保护的时机。

**规则 4** 当股票在相同的水平附近维持了数月而且没能突破第一个支撑点时,如果开始变得很活跃。买入认沽期权并买入股票,或者在开始上涨时买入认购期权。

当股票在顶部位维持了数月而没能穿越第一个顶部时颠倒这个规则。当下跌(的活力)开始时买入认沽期权,或买入认购期权并放空股票。

**规则 5** 在股票上涨并穿越了一个维持了数周或数月的前期顶部。并且上涨到了这个顶部之上数点,然后回调到前期顶部之后,买入认沽期权并买入股票,或者买入认购期权。

在熊市中反转这个规则。当股票突破前期底部并且走到它之下数点,然后反弹回前期底部时,买入认购期权并逆之放空股票,或者买入认沽期权。

**规则 6** 在牛市中,在趋势向上时等待 5、10 或 12 点的回调。然后买入认购期权,或者买入股票并买入认沽期权来保护多头部位。

在熊市中,等待 5、7、10 或 12 点的反弹,然后买入认沽期权,或者卖空股票并买入认购期权保护空头交易。

**规则 7** 当股票回调到过去涨幅的 40% 到 50% 时。买入认购期权,或者买入股票并买入看跌期权进行保护。

熊市中颠倒这个规则:当股票反弹到先前运动的 40% 到 50% 时,买入认沽期权。或当它反弹到这个比例时买入认购期权来保护空头头寸。例如:假如股票从 100 涨到了 120。下跌到 110 是这个涨幅的一半或 50%。如果所有迹象都指向主趋势为向下的熊市,那么当股票反弹 40% 到 50% 时,你可以买入认沽期权。例如:1937 年 3 月 6 日到 11 日,美国钢铁于 126½ 形成了顶部。在 50 多点的上涨之后,可以预期一轮大调整,而且这是买入认沽期权的时机。3 月 22 日。美国钢铁跌到了 112½,从顶部下跌了 14 点。50% 的反弹是 7 点或到 119½,在这里你应该买入认沽期权。3 月 31 日,钢铁上涨到了 123½,超过了 50%,提供了一个买入 30 天有效期认沽期权的大好机会。它产生了利润,因为钢铁在 30 天内下跌了 24 点。

## 七、何时加码买入认购和认沽期权

假如股票向上突破,快速上涨并且显示出了上升趋势。你买入了第一个月的认购期权并且有了利润。趋势仍然向上,当穿越了以前的顶部或阻力位时。你买入下个月的认购期权,而且可以在市场中买入认沽期权保护你在第一笔认购期权上获得的利润并继续持有你的初始股票仓位。当2或3个月里出现了50或60点的行情时,许多交易者都这么做。他们每月继续买入认购期权并且继续持有他们的股票,与此同时他们通常买入认沽期权取代止损单来保护他们的利润,从而以非常小的风险赚取了大量利润。

## 八、如何进行与认购和认沽期权相反的交易

假如你在50的价位买入了通用汽车的认购期权。这时,你买入的通用汽车看涨期权在47交易。你已经在50买入了有效期30天的认购期权。当通用汽车上涨到50并维持了数天,而且看起来不会穿过它时,那么你可以卖空100股通用汽车;然后,无论通用汽车往哪个方向走。向上还是向下,你都能赚钱。如果它涨到了55;你的认购期权仍然有5点的利润,而你在50放空的股票有5点的亏损,但它能被抵消,因为你可以要求执行认购期权买入100股。你在50卖空之后;如果你是对的,通用汽车跌到了45或40,那么当你的认购期权到期时,它没产生什么价值,而你卖空的股票下跌了5点或更多,你可以平仓你的空头头寸获取利润。

与认购期权相反交易的例子:假如道格拉斯航空正在50左右交易,你买入了执行价46、有效期30天、100股一份的认沽期权。道格拉斯跌到了46或45并维持了数天,看来好像形成了底部并且不会走向更低,而你不能确定在看跌期权有效期余下的时间里它会往哪个方向走,因此,你在46的价位逆着你的认沽期权买入100股道格拉斯股票,随后,如果它上涨了5点,你就在买入的股票上赚取了利润。而且你不可能亏损,因为你有一份认沽期权。然后,如果它跌了5点,你的认沽期权就有了5点的利润,而且你可以执行认沽期权的100股空头股票。除了佣金费用和为认沽期权支付的权利金以外,你并没有损失。

许多买入认购和认沽期权的精明交易者逆着期权交易而赚钱,在认购和认沽期权到期时,期权没有利润,而他们却能获利;因为他们在市场波动中交易。通常在一个月期间;你可以逆着认沽期权买入或逆着认购期权卖出数次,获取从2点到5点或更多的小额利润而且也可能获取10点的利润,并且交易始终处于期权的保护之下,而在期权到期时期权并没有什么利润。

有些交易者用这个方法管理认购和认沽期权：假如他们在 100 买入了股票的认购期权，而股票上涨到了 110；然后，他们在更高的价位买入 30 天期限的认购期权。当第一份认购期权到期时——有利润，他们要求兑付股票而不是卖出平仓；然后买入认沽期权来保护他们的利润，而且继续买入认购期权并买入认沽期权：一路向上进行金字塔交易，直到他们认为主趋势变化的时间已到才卖出他们的股票。

这个交易方法在市场的下降趋势中相反。买入认沽期权并放空，在一路下跌中买入更多的认沽期权，持有空头股票；然后买入认购期权保护空头头寸，跟随主趋势数月或只要主趋势向下就一直跟随。

## 九、买入认购和认沽期权的股票种类

股票在高位时总是比在低位运动得更快，因此，通常买入在每股 75 美元和 150 美元之间交易的股票的认购和认沽期权，你能赚最多的钱，而当你买入在 5 美元和 10 美元之间交易的股票认购和认沽期权时，会有极大的风险。

下一个价格区间在 20 美元和 36 美元之间。在这个区间中，你常常能以市价或正在交易股票价格的 1 到 2 点之内买入认购和认沽期权。在股票穿越了每股 36 到 40 美元之后，上涨会更快，并从这里上涨至每股 60 到 75 美元，你会比在低位买入股票期权赚更多的钱。

同样，买入在 100 美元或更高价位交易的股票的认购或认沽期权，你将赚更多的钱，因为它们跌得会更快，直到跌到 50 到 40 附近，然后大多数情况下跌势会放缓。因此，买入低价股的认购或认沽期权。你的获利机会较小。后面我会给出例子，通过观察和研究图表你会发现：当低价股走出了吸筹区后常常会有非常大的获利机会。同样，当股票在高位一个狭窄交易区间内逗留了很长时间，然后突破时，你可以买入认沽期权赚钱。

## 十、认购和认沽期权交易实例

**1. 克莱斯勒汽车**

1932 年 7 月 30 日，注意：周线图上，克莱斯勒在 5 美元形成底部之后已经在一个狭窄的交易区间内逗留了 8 周。当穿越 8 美元时，它突破了前几周的顶部并预示着更高。那时，你也许可以在 10 美元左右买入克莱斯勒的认购期权。它在 30 天内上涨到了 16，又在 6 周内上涨到了 21¾。提供了 10 到 12 点的潜在利润。这笔交易可以这样实现：先观察图表并注意股价在一个狭窄交易区间内进行长期盘整（或长期拥塞），然后不做任何猜测，只等股票上涨到前几周的顶部之上表现出它自己，然后你买入认购期权。

1933 年 4 月 25 日，克莱斯勒再次穿越了 8 周的顶部。这对你可能已经在 15 左右买入了 30 天期的认购期权。它上涨到了 21½，而趋势并没反转向下，股票持续上涨直至到达 39½。提供了大约 20 到 24 点的潜在利润。在股票上涨到你有了 10 点或更多利润的价位时，你可以买入认沽期权——它会保护你的利润，或者在你执行了低位买入的股票之后，用止损单来保护利润。

1934 年 2 月 3 日到 3 月 1 日，克莱斯勒在 60 左右形成了顶部，表明遇到了强大的阻力。3 月 1 日左右，你也许可以在 55 买入认沽期权，股票开始了下降趋势并且在 30 天内跌到了 49，然后反弹到 56。而你也许在出现反弹前已经于 55 左右买入了认购期权——它会保护你的空头仓位：那么你可以持有空单。股票于 5 月 19 日跌到了 36½；然后反弹到 44，在 8 月 7 日持续下跌到了 29¼。认沽期权提供了另一笔 20 到 25 点的潜在利润，而且如果你买入了认沽期权，然后在它走低之后买入认购期权保护你的利润，就可以限定风险不超过 280 美元。

1935 年 3 月 12 日，克莱斯勒到达了 31 的低点；它曾经于 1934 年 8 月在 29¼ 形成过底部，并且于 1934 年 9 月在 29⅜ 形成了双底。这轮到达 31 的下跌是第 3 个更高的底部，而且是一个在这里以 29¼ 之下的止损单买入股票或者买入认购期权的位置，因为这是一个双重和三重底部。那时，你也许可以在 34 或 35 左右买入认购期权，因为股票窄幅盘整了很长时间。它在 4 周里上涨到了 37，趋势继续上涨到了 5 月 25 日，到达 49½，提供了至少 10 点的潜在净利润。然后，股票调整到了 41½：这是一个前期顶部和一个再次买入认购期权或买入认沽期权并进行与它反向交易的位置。

1935 年 7 月和 8 月，克莱斯勒穿越了 60——1934 年的前期顶部，维持了 4 周而没有跌回 57 之下，按照我书中的规则，这是一个止损在 57 的买入位置。穿越了 1934 年的顶部预示着更高。在一个狭窄交易区间维持了 4 周之后，9 月 10 日左右，你也许在 65 买入了认购期权。在 30 天内，伴随着向上的主趋势上涨到了 74½。你可以再买入认购期权，也可以在第一笔期权到期时执行它之后买入认沽期权并持有你的股票。

1935 年 11 月，克莱斯勒上涨到了 90，而且在穿越了 69 之后从来没有出现过超过 5 点的回调。这又是一个以 142.50 美元的初始风险赚取 25 到 30 点净利润的好机会，而你也许在开始金字塔交易并赚取了大量利润的过程中买入了更多的认购期权。

要坚持观察股票是否形成了顶部或底部并维持了数月而没有到达第一个支撑位；然后，当它跌到新低或涨到新高表现得很活跃时，这是买入认购和认沽期权的时机。（参考规则 4）

1936 年 2 月 3 日，克莱斯勒跌了大约 10 点，于 91½ 形成了低点，然后于 4 月 13 日上涨到了 103⅞；然后于 4 月 30 日再次跌到了 91⅝ 并在这个区间内维持到了 6 月 5

日,当时它再次跌到了91⅝。从2月到6月初,几乎5个月的时间,它维持在一个狭窄的区间内而没有突破91½的低点:在这个价位附近做底这么多月,预示着无论在哪个方向上都应当出现一轮大行情。6月初,你可以在97左右买入克莱斯勒有效期30天的认购期权,但如果你等到穿越98的数周顶部,你将在7月初买入有效期30天的认购期权。买入价可能在100到101左右。在30天里,它上涨到了116。那时你有了12到16点的利润。7月27日,直接上涨到了124⅞,从6月5日的低点上涨了32点,而从未出现过超过5点的回调。如果你已经在低点附近买入了(认购期权,你可以执行成股票),然后买入认沽期权进行保护并一直持有股票。第二个月:你可以再买入认购期权。这轮行情无疑给你带来了以认购期权赚取25点或更多利润的良机。

在不到2个月的时间内,(市场出现32点的急速上涨之后,你自然要预期一轮调整。在这些快速行情之后,通常会调整到一半或50%的价位处(见规则7)。当克莱斯勒在124左右时,你也许在119到117之间买入了认沽期权。8月21日:克莱斯勒跌到了108⅝,下跌16点,给了你一个在认沽期权上至少赚取6到7点利润的机会。然后,它在108⅝和117之间维持了5周,随后再次开始上涨。当它开始上涨时,你可以再次买入认购期权。它在30天里上涨了18点,涨到了130½,为认购期权提供了另一个绝好的获利机会。

1936年11月12日,克莱斯勒在138¾形成了行情的高点。这是一个重要的点,因为形成于1928年10月6日的顶部是140½。你应该在这些价位附近卖出多头股票并且以140½之上的止损位放空。这是个买入认购或认沽期权的位置。你可以买入认购期权然后放空,或买入认沽期权——预计它不会走出新高。你也许在130或更高的位置买入了看跌期权。在30天里,克莱斯勒跌到了121,然后持续下跌到110¾——它于1937年1月4日到达的价格,跌了28点。你当然有机会在这轮下跌中以认沽期权赚取15或29点的利润,或者在你买入第一份认沽期权而它开始下跌之后,你可以买入认购期权作为保护并且在下跌中持有股票。

1937年1月4日左右是买入认购或认沽期权的时间,因为股票已经跌到了于1936年8月21日形成的低位108⅝附近。你可以在这个位置买入认沽期权然后买入股票——预计在大幅反弹前不会突破前期低位,或者当到达110¾时,买入30天有效期的认购期权,执行价也许在117。在30天到期前,克莱斯勒上涨到了124,2月11日上涨到了135¼,提供了15点的潜在利润。这是另一个买入认购期权并放空——预计股票不会穿越138¾的前期顶部——的位置:也就是在你看到它受到前期高点的压制后,可以买入认沽期权。克莱斯勒首先跌到了124;然后于3月3日反弹到了134⅞。这是相同价位水平附近的第3个顶部,135¼是一个比138¾更低的顶部,而134⅞略低于其他顶部。这是一个以前期顶部之上的止损位放空股票的绝好时机和一个买入认沽期权的良机,因为如此接近前期顶部。它在30天内跌到了120;然后你可以再买入30天期的认沽期权。5月13日,股票跌到了106½,从顶部下跌了29点,提供了以认沽期权赚取20点或更多利润的机会。然后,克莱斯勒于5月24日反弹到了115:一个8½点的反弹——这是弱市中的正常反弹。5月24日,当克莱斯勒在114⅝左右交易时,认沽期权报价是:执行价110、30天期的期权佣金为137.50美元。

**2. 美国钢铁**

我们将提供给你一些有关在哪里买入美国钢铁认购和认沽期权更有利的例子:

1932年5月7日到6月28日,这期间美国钢铁的高点和低点是31½和21¼。当钢铁跌到22左右时,你可以买入认购期权:因为1927年的低点是21⅞。那时你也许可以在25或更低的价位买入认购期权,或者可以买入认沽期权并且逆着它买入了股票。另一个交易方式是等到美国钢铁穿越了32的顶部——这是在7或8周的顶部之上,然后买入认购期权。在30天里它上涨到了44,9月6日涨到了52½,认购期权产生了25到38点的潜在利润。

1933年7月18日,美国钢铁上涨到了67½,7月21日跌到了49,3天里下跌了18½。那时,最好买入有效期7天或2周的认沽期权。然而,当它在高位附近时,如果你已经买入了30天期限的认沽期权,你将会获利,因为股票于8月16再次跌到了49,而且直到它于1933年10月21日跌到34¾之前,从未反弹到58之上。

1935年1月8日,美国钢铁在40形成了高点。3月18日,跌到了27½。这是一个买入认购或认沽期权的位置,因为这个低点接近1934年9月17日的低点——那时钢铁股价在29¼——这两个低点形成了双底。你可能已经买入了股票并买入了认沽期权作为保护,或买入了认购期权,或者你可能一直等到美国钢铁穿越了40——1月的高点,然后再买入认购期权。它在穿越了40之后,直到于1936年4月9日上涨到72。从未再次回到过40价位。因此,你看,如果你买入了股票并买入了认沽期权,或者直接买入了认购期权,一旦有了利润,你可以把止损单上移,或买入认沽期权保护利润并为了大利润坚定持有它。

1936年4月,你可以在66左右买入30天期限的美国钢铁认沽期权。它在30天内跌到了54¼,提供了一个在30天里赚取10到12点利润的好机会。

10月3日到1937年1月9日:美国钢铁维持在一个72到80的区间里,也就是在4个月的时间里股价都在一个8点的区间内盘整。钢铁那样的窄幅盘整意味着它正在为某个方向上的大行情做准备。

11月23日,当它跌到了72时,到达了1936年4月9日的顶点位置,这是一个买点,即一个买入认沽期权并买入股票或者直接买入认购期权的位置,而买入认购期权最可靠的位置和更好的时机是于1937年1月7日穿越了80的时候。那时,你也许可以在85买入30天期限的认购期权。最后的低点在1月12日形成了79,而在接下来的29天里也就是到2月11日,美国钢铁到达了109½,产生了24点的潜在利润。因为趋势仍然向上,你也许可以在它之下 5 点买入认沽期权保护你的利润并继续持有股票。你也可以买入 30 天期限的认购期权。

1937 年 3 月 11 日,美国钢铁上涨到了 126½,在 60 天里上涨了 57½ 点。这样,在一个 8 点区间内的长期沉闷期后,通过买入认购期权,你有机会在 60 天里赚取超过 50 点的利润。在这个急剧上涨之后,你可以买入认沽期权。3 月 22 日。美国钢铁跌到了 112½,下跌了 14½ 点。3 月 31 日,反弹,在 123½ 形成了顶部,低于第一个顶部。这是一个买入认沽期权并放空的时机,因为它接近前期顶部。这时你也许可以在 117 左右买入认沽期权。30 天后,美国钢铁跌到了 99。那么。如果你是期权的空头。你可以买入认购期权保护你的利润或设置止损单保护利润。5 月 18 日,美国钢铁跌到了 91⅝,在 48 天里下跌了 32 点。这表明:当股票在长期沉闷后变得活跃时,交易认购和认沽期权有冒小风险赚取巨额利润的大好机会。

## 十一、买入低价股的认购或认沽期权的规则

许多低价股在一个狭窄的交易区间内逗留了许多年,市场为买入认购或认沽期权提供不了任何获利机会。因此,如果你交易低价股太频繁而不是等待明确的迹象,就会损失为认购和认沽支付的金钱。

你必须有规则来确定何时买入低价股的认购和认沽期权,因为如果你仔细研究低价股的波动特点,你就会发现(在股票开始从低位运动时研究和观察,)有时候确实有获利的大好机会。你还必须耐心等待股票突破一个 4 到 6 个月甚至是几年的盘整区间高点,然后买入认购,例如:

**1. 约翰斯·曼维尔**

1929 年 2 月,约翰斯·曼维尔上涨到了 242 的高点。在 1929 年,买入高价股的认沽期权,即便是低于当时的市价 20 点、30 点,你也能获得非常丰厚的利润。如果你使用认沽期权来保护你曾经获得的多头利润,也是非常不错的。当时的机会遍地都是。但我想更加保守一点地向你说明如何在正常的市场中通过交易认购和认沽期权来获利。

1932 年 4 月、5 月、6 月和 7 月期间,约翰斯·曼维尔每月都在 10 美元形成低点,而那期间的高点是 16。1932 年 7 月中旬左右,在正常的市场形成底部之后,开始上涨,当然,在它于 10 美元左右停留了数月之后,你可以买入看跌期权——也许在它之下 1 点,同时可以买入股票。而最安全和最佳的买入时机是当它在 8 月穿越 16 时;你可能已经在 19 或 20 买入认购期权。那是在 4 个月的区间之上,表明它将上涨。它在 30 天里涨到了 29,而且 9 月初在 33 交易。在给出了上涨信号之后,买入低价股的认购期权的确有赚取 10 到 12 点利润的机会。

1933年3月，约翰斯·曼维尔跌到了13，在1932年的前期低位之上3点，这是一个以10之下的价格为止损位的买入位置，即一个买入认沽期权并买入股票的位置；或者是一个买入认购期权的位置。

5月，股票穿越了33——1932年9月的高点，表现出了上涨的动力，预示着更高的价格。你可以在穿越了33之后买入认购期权，这将使你在30天里至少赚15点的利润。7月，约翰斯·曼维尔股价到达了60。

1935年7月，约翰斯·曼维尔穿越了57的一系列顶部。这是买入认购期权的时机。

1935年8月：穿越了67——1934年2月的顶部，又一个买入认购期权的时机，因为这表明了明确的上升趋势。直到它于1936年2月到达129价位处从未回调超过10点。你可以在一路上涨中继续买入认购期权，或买入认沽期权保护你在认购期权上的利润以便于获得更多利润。

**2. 波音航空**

1934年9月到1935年7月，这支股票在11¼和6¼之间一个5点的区间内进行盘整。从1935年3月到6月，它进入了在6¼和8¼之间2点的盘整区间。1935年7月，上涨到了9美元，穿越了前3个月的顶部。这是一个买入认购期权的位置。然而，如果你等到它在8月穿越了12，处于所有这些高位之上时买入认购期权，你就可以赚取大量利润，因为直到它于1936年1月上涨到26½之前，从未回撤到12以下。注意，股票到达高位后上涨得更快。我曾经说过，股票走到36到40之上后，上涨得会更快。1937年3月，波音涨到了49½，在13天里上涨了13点。

**3. 道格拉斯航空**

1935年3月，低点17½。10月和11月，高点35。12月，低点34。然后，当月穿越了前期高位并上涨到了59，产生了25点的涨幅，这是上涨到36之上后的第一个月。当然，买入30天期限的认购期权会赚大钱。

1936年1月，道格拉斯在50½形成了低点，当月上涨到了75½，30天里产生了25点的涨幅，再次证明股票在走到50之上后会涨得更快，并且会有更好的获利机会，因为它们进入了高位。1936年11月，道格拉斯的高点77。12月，高点77¾。

1937年1月，高点77。相同水平附近3个月的顶部。这是一个买入认购期权并放空的时机，因为股票的高点是82——形成于1936年10月。这还是一个买入认沽期权的时机，因为你可以在5点以下买入，或者等到股票突破了68——1936年12月的低点，然后买入30天期限的认沽期权。股票下跌很快，在认沽期权有了利润之后，你可以买入认购期权并在下跌中持有。

1937年5月，道格拉斯跌到了47½：从1月的高点下跌了39点，为在一路下跌中进行金字塔交易和卖空股票或者一旦你的认沽期权有了利润后持有空头并用认购期权保护它提供了绝好的机会。

……

上述例子向你表明了在关键时刻和股票很活跃时利用认购期权和认沽期权的优势和机会。在任何商业经营中,没有人可以指望取得极大的成功,除非他们不断地研究和学习更多的相关知识。假如你保存很多股票的月和周高低点图并进行研究,世界上没有什么生意能以同等风险和资金提供比利用认购期权和认沽期权投机更大的利润回报。遵守我的书中订立的规则。你将学会如何成功地交易认购和认沽期权。

你对市场研究得越多,你对认购和认沽期权以及学习如何操作研究得越多,你在交易中的优势就会越多。

*W. D. Gann*

1937 年 5 月 26 日

# 附录五 如何卖出认购和认沽期权

## 一、如何卖出认购和认沽期权

许多人知道如何买入认购和认沽期权,但很少有人知道如何卖出或知道还可以卖出它们并获得卖出期权的佣金。

当你卖出股票的认购和认沽期权时,你只是在进行与买入认购和认沽期权相反的操作,而且卖出期权具有更大的优势,尤其是在特定的市场时期。

假定你想做多买入,你当然想在最低的价位买入但你无法确定准确的底部。例如:我们假定美国钢铁当前市场价位在 66 美元,你觉得如果它跌到 62 左右你就愿意买入。你已经通过经纪人开立了交易账户,并具有买入美国钢铁所需的保证金。你要求你的经纪人卖出 100 股 30 天期限的美国钢铁认沽期权——它总是低于市场 2 到 3 点甚至多达 10 到 15 点不等。我们假定经纪人在 62 为你卖出了美国钢铁 30 天期限的认沽期权,并且收到了 112.50 美元——它被计入了你的账户。这是你从买家收到的佣金。然后,我们假定美国钢铁在 30 天期限的认沽期权到期时,没有跌到 62。那么你将会得到为卖出认沽期权所收的 112.50 美元的佣金。

然后,如果你还想买入美国钢铁,你可以在经纪人能得到的最低价位上,再卖出一份 100 股 30 天期限的认沽期权。在这种情况下,我们假定钢铁正在 63 左右交易,经纪人为你在 59 卖出认沽期权,再次收到 112.50 美元记入了你的账户。然后,假如美国钢铁跌到了 58,而且在 30 天结束时收盘于 58。从你那里在 59 买入 100(移)股美国钢铁认沽期权的人,将以 59 的价格把股票卖给你或要求经纪人买入股票,你将以 59 的价格买入钢铁,并且获得 250 美元——你两次卖出认沽期权收到的佣金。

然后,我们假定你愿意在美国钢铁上赚取 4 到 5 点的利润,你指令你的经纪人卖出美国钢铁 30 天期限的认购期权。我们假定他在 64 卖出了认购期权,你再次收到了 112.50 美元的佣金。如果 30 天结束时美国钢铁没能到达 64,那么你依然持有着前期的股票并且你的账户已经收入了 375 美元——你卖出认购和认沽期权收到的佣金。

我们假定 30 天结束时美国钢铁在 63 交易。你委托你的经纪人卖出美国钢铁 30 天期限的认购期权,他在 67 卖出并为你的账户收入 112.50 美元。假如在 30 天结束时即认购期权到期时,美国钢铁在 69 交易,你卖给他认购期权的人会要求执行期权;你的经纪人就以 67 的价格卖给他 100 股美国钢铁。在 67 卖出于 59 买入的钢铁,赚了 8 点的利润即 800 美元,再扣除手续费和利息。另外你还收入了卖出认购和认沽期权的佣金 450 美元,这是额外的利润,因为你并没有冒险买入或卖出美国钢铁而没有卖出认沽和认购期权那么大的风险。

## 二、卖出认购期权成为市场的空头

假如你认为市场高得足以放空,但你无法确定会在何时、何处到达顶部。当你决定卖空时,美国钢铁正在 75 左右交易。然后,你指令经纪人卖出 100 股 30 天期限的认购期权。他在 80 卖出了看涨期权;这意味着如果在 30 天结束时美国钢铁于 80 之上交易,你卖给他认购期权的人将会执行它也就是会以 80 的价格从你手里买入钢铁股票,而你将会以 80 的价格做空 100 股美国钢铁,并且收入 112.50 美元——你卖出认购期权时收到的佣金。

你也许能卖出认购期权 2 次、3 次、5 次或更多次,并且在被行权之前一直收入佣金。假如钢铁在 80 被执行,那么这将会使你在 80 成为空头。这时你决定卖出认沽期权。你的认沽期权成交于 75,这带给你 5 点的利润:你再次收到了 112.50 美元 30 天期限看跌期权的佣金。我们假定 30 天结束时美国钢铁在 74 交易,那么你卖给他认沽期权的人会要求行权。这意味着你在 75 买入了 100 股美国钢铁并回补了空头头寸,赚取了 5 点的利润也就是 500 美元,再扣除手续费和税:同时。你还通过卖出认购和认沽期权额外赚取了 225 美元。而且并没冒额外的风险。

## 三、如何在卖出认购和认沽期权时保护自己

不管你想不想进入市场。你都可以卖出认购和认沽期权,并且在认购和认沽期权到期前买入或卖出股票保护自己。例如:

假如你在 80 卖出了美国钢铁的认购期权,而你不是多头或没有买入美国钢铁股。当它上涨到 78 时,你不想再卖空它,因为市场看起来非常强。为了保护自己,你在 79 买入了 100 股美国钢铁。然后,我们假定在 30 天结束时它收盘于 87;你卖给他看涨期权的人要求交付股票,你在 80 被执行认购期权或卖给他股票。你有 1 点的利润,因为你在 79 买入了股票,你还赚了卖出认购期权收到的 112.5 美元的佣金。

假如你在 72 卖出了美国钢铁 30 天期限的认沽期权。然后市场变弱并且快速下

跌。当它到达 74 时,你判断它好像正在走向更低,为了保护自己,你于 74 卖空 100 股美国钢铁。然后,我们假定股票下跌并收盘于 69,而你在 72 卖给他认沽期权的人以 72 的价格交付给你股票,这使你退出了市场还带给你 2 点的利润和 112.50 美元的佣金。

当你是市场的多头或买入了股票时,卖出 30 天期限的认购期权直到被执行期权,几乎总是对你有利,因为如果你错了而且市场逆你而行,你将赚取卖出认购期权所收的佣金,这会有助于你弥补股票的亏损。

当你是股票空头时,大多数情况下,卖出 30 天期限的认沽期权并且赚取佣金对你有利,因为如果市场下跌——往往如此——而且没能到达看跌期权的执行价,你还是可以赚取卖出认沽期权的佣金,而且仍然是股票的空头,可以卖出下一个 30 天期限的认沽期权并且再收入 112.50 美元的佣金。

我了解许多交易者,当他们是市场的多头或买入了股票时,他们每 30 天卖出认购期权,有时候在买入看涨期权的人有机会执行期权兑付股票前,持有股票达 6 或 12 个月。在那期间,他们通过每 30 天卖出认购期权,每次都赚取了超过 1 点的利润。

## 四、买入认沽期权的同时卖出认购期权

我们假设你在 60 买入了美国钢铁,而且想对它进行保护并限定你的亏损风险(损失)。然后,你在 57——这在你的买入价之下 3 点——买入了 30 天期限的认沽期权,同时,你在 65 卖出认购期权。这仅仅花费一小笔费用也就是你在买卖认沽和认购期权时支付和收入佣金的差额。如果发生了一些意外事件和某些不利消息,导致美国钢铁下跌并且在 30 天结束时收盘于 50,你将在 57 离场,因为你可以在 57 执行你的认沽期权。这就是我们所说的在市场的一个方向上卖出认沽或认购期权赚取利润来保护另一个方向上的交易。

## 五、卖出认沽和认购期权的业务安排

你可以就卖出认购和认沽期权等业务安排联系你的经纪人。纽约证券交易所的任何(经纪公司)会员都可以背书认购和认沽期权。然而,许多公司并不办理这项业务,但你的经纪人会推荐一家愿意背书你要求的认购和认沽期权的公司。如果你的经纪人不能在这个问题上为你提供帮助,你可以联系认购和认沽期权交易商协会的任何会员。

为了卖出认购和认沽期权,通常,你必须至少存入股票价值 30% 的保证金,如果是认购期权,你可以抵押股票,因此,无论是你行权要求买入股票还是卖出股票,你的

经纪人总是会得到保护。

卖出认购和认沽期权不但有30天期限的,还有60天、90天、某些情况下还有更长时间期限的,尤其是在沉闷和不活跃的市场中。这些较长期限的期权通常并非以诸如125美元或112.50美元等固定费用卖出,而是以市价250、300、400或500美元卖出。换言之,你得到的是与市场上涨下跌点数等价的一揽子佣金。

你的经纪人或认购和认沽期权交易商协会会员可以向你提供期权价格和报价(单和)交易情况的细节。

如果你阅读一下《如何从认购和认沽期权交易中获利》这本书,再参考一些我们研究分析过的几只活跃股票走势图。你就能够学会在保护自己的同时,获取期权买卖交易中的利润。

1941年2月